Birgit Griese · Hedwig Rosa Griesehop

Biographische Fallarbeit

Birgit Griese
Hedwig Rosa Griesehop

Biographische Fallarbeit

Theorie, Methode
und Praxisrelevanz

VS VERLAG FÜR SOZIALWISSENSCHAFTEN

Bibliografische Information Der Deutschen Nationalbibliothek
Die Deutsche Nationalbibliothek verzeichnet diese Publikation in der
Deutschen Nationalbibliografie; detaillierte bibliografische Daten sind im Internet über
<http://dnb.d-nb.de> abrufbar.

1. Auflage Juni 2007

Alle Rechte vorbehalten
© VS Verlag für Sozialwissenschaften | GWV Fachverlage GmbH, Wiesbaden 2007

Lektorat: Stefanie Laux

Der VS Verlag für Sozialwissenschaften ist ein Unternehmen von Springer Science+Business Media.
www.vs-verlag.de

Das Werk einschließlich aller seiner Teile ist urheberrechtlich geschützt. Jede Verwertung außerhalb der engen Grenzen des Urheberrechtsgesetzes ist ohne Zustimmung des Verlags unzulässig und strafbar. Das gilt insbesondere für Vervielfältigungen, Übersetzungen, Mikroverfilmungen und die Einspeicherung und Verarbeitung in elektronischen Systemen.

Die Wiedergabe von Gebrauchsnamen, Handelsnamen, Warenbezeichnungen usw. in diesem Werk berechtigt auch ohne besondere Kennzeichnung nicht zu der Annahme, dass solche Namen im Sinne der Warenzeichen- und Markenschutz-Gesetzgebung als frei zu betrachten wären und daher von jedermann benutzt werden dürften.

Umschlaggestaltung: KünkelLopka Medienentwicklung, Heidelberg
Gedruckt auf säurefreiem und chlorfrei gebleichtem Papier
ISBN 978-3-531-14887-8

Inhalt

1. Einleitung..7

2. Biographische Fallrekonstruktion..23
2.1 Das narrative Interview, narrationsstrukturelle Analyse, Objektive
    Hermeneutik und psychoanalytische Ansätze...................................23
2.2 Rekonstruktion im Paradigma Narrative Identität............................38
2.2.1 Textsortenbestimmung, Segmentierung und ‚Prozessstrukturen'..............53
2.3 Auswertungs- und Abkürzungsstrategien im Paradigma
    Narrative Identität..71

3. Biographische Erzählung, Fallverstehen und Praxisrelevanz...................81
3.1 Biographische Diagnostik..81
3.2 Das Fremdwerden der eigenen Biographie......................................93
3.3 Biographische Ressourcen und stellvertretende Deutung................99
3.4 Das ungelebte Leben..106

4. Fallrekonstruktionen im Horizont problematischer Lebenslagen..................113
4.1 Biographische Erzählung und das Themenfeld ‚Demenz'..................113
4.1.1 Informationen zum Interview und Erzähleinstieg..........................113
4.1.2 Das Ende der Stegreiferzählung und Zusammenfassung..................123
4.1.3 Interviewauszüge und Kommentare im Kontext Praxisrelevanz..............133
4.2 Biographische Erzählung und das Themenfeld
    ‚(Alkohol-)Abhängigkeit'..139
4.2.1 Informationen zum Interview und Erzähleinstieg..........................139
4.2.2 Das Ende der Stegreiferzählung und Zusammenfassung..................148
4.2.3 Interviewauszüge und Kommentare im Kontext Praxisrelevanz..............168
4.3 Biographische Erzählung und das Themenfeld ‚Krankheit'..................172
4.3.1 Informationen zum Interview und Erzähleinstieg..........................172
4.3.2 Das Ende der Stegreiferzählung und Zusammenfassung..................178
4.3.3 Interviewauszüge und Kommentare im Kontext Praxisrelevanz..............183
4.4 Biographische Erzählung und das Themenfeld ‚Arbeitslosigkeit'............188
4.4.1 Informationen zum Interview und Erzähleinstieg..........................188
4.4.2 Das Ende der Stegreiferzählung und Zusammenfassung..................198
4.4.3 Interviewauszüge und Kommentare im Kontext Praxisrelevanz..............209

5. Ausblick: Biographieforschung und Praxisrelevanz...................................213

Literaturempfehlungen...231
Literatur...231

1. Einleitung

Das Thema Biographie bzw. Autobiographie – dessen Kernbedeutung sich laut Misch „kaum näher (...) als durch die Erläuterung dessen, was der Ausdruck besagt: die Beschreibung (graphia) des Lebens (bios) eines Einzelnen durch diesen selbst (auto)" (1989: 38) bestimmen lässt – steht im Mittelpunkt dieser Publikation. Die Veröffentlichung enthält speziell Informationen für am Thema Biographieforschung interessierte Wissenschaftlerinnen[1], ist mit Blick auf eine wissenschaftliche Ausbildungspraxis an Universitäten und Fachhochschulen gestaltet sowie im Hinblick auf eine berufliche Praxis formuliert worden, die sich einer Biographieorientierung verschrieben hat oder verschreiben möchte. Konkreter: Es werden vornehmlich forschungs- und praxisrelevante Fragen und Perspektiven erörtert, die für diejenigen Wissenschaften und Berufsfelder von Interesse sind, die einen ausgeprägten *Fallbezug* aufweisen und *soziale Probleme* bearbeiten. Doch auch diese ‚Adressatenbestimmung' ist noch zu ungenau, vielfältige Professionen[2] ‚tummeln sich' in diesem Feld:

> „Die Bearbeitung und Regulierung sozialer Probleme wird in modernen Gegenwartsgesellschaften zu einem erheblichen Teil den sozialen Dienstleistungsberufen überantwortet. Diesen Berufen ist gemeinsam, daß sie personale Dienstleistungen erbringen, also für und mit Personen arbeiten, um durch Prozesse der Beratung, Erziehung, Bildung, Therapie und Pflege deren gesundheitlichen, psychosozialen, bildungsbezogenen usw. Status zu verändern" (Merten/Olk 1996: 570; vgl. auch Fischer 2007: 28).

In erster Linie wird in dieser Arbeit an die rekonstruktive Sozialforschung angeknüpft und an die Soziale Arbeit[3] als Praxisfeld gedacht, doch wurden auch erwachsenenbilnerische und pflegerische Handlungsfelder bei der Auswahl der präsentierten Fallrekonstruktionen berücksichtigt. Über Positionierungen zum Biographischen innerhalb der Erziehungswissenschaft gestaltet sich hier der thematische Einstieg, obwohl auch die soziologische Biograpieforschung einen

---

1 Statt großem ‚I' wird mal die männliche, mal die weibliche Form verwendet, wenn die geschlechtliche Zuordnung nicht feststeht oder sich Bezeichnungen auf ein Kollektiv beziehen.
2 Die Professionsdebatten, innerhalb derer auch den hier verhandelten rekonstruktiven Methoden eine wichtige Funktion zukommt, werden ausgeklammert. Wir werden primär von einer professionellen Praxis sprechen und die Erörterung der Frage, ob bzw. inwieweit es sich bei pädagogischen bzw. sozialen Berufen um Professionen handelt, unberücksichtigt lassen (stellvertretend zur Frage der Profession(en) vgl. Combe/Helsper (Hg.) 1996). Eine professionelle Praxis, so ließe sich hier knapp und in Anschluss an Fischer resümieren, zeichnet sich durch die Verschränkung mit theoretischen Wissensbeständen im Handeln aus (vgl. ders. 2007: 23).
3 Wenngleich es gute Gründe gibt, die für eine Differenzierung zwischen Sozialarbeit und Sozialpädagogik sprechen, wird im Folgenden der Begriff der Sozialen Arbeit verwendet, der beide Perspektiven miteinbezieht (ausführlich vgl. Rauschenbach 2002: 255ff.; kurz Fischer 2004: 62; Merten/Olk 1996: 570).

Ausgangspunkt geliefert hätte. Unabhängig vom gewählten Fokus ist jedoch grundsätzlich festzustellen: Biographieforschung zeichnet sich durch ihre interdisziplinäre Strukturierung aus.

Grundlage wissenschaftlicher biographischer Fallrekonstruktionen sind zumeist aus dem Stegreif erzählte autobiographische Geschichten, aber auch schriftliche Autobiographien werden interpretiert (stellvertretend vgl. Garz 2007), in denen die Erzähler – hier wie dort – Identität, soziale Welten, Handlungsstrukturen und Deutungsmuster präsentieren.[4] Der Gegenstand Biographie steht nicht nur im Zentrum wissenschaftlicher Biographieforschung – zunehmend gewinnt er in den sozialen Berufen an (handlungsleitender) Relevanz. Vorderhand ist jedoch festzuhalten, dass die Biographieforschung innerhalb der Allgemeinen Erziehungswissenschaft eine zentrale Rolle spielt. Im Zuge der Neugliederung der Sektion Allgemeine Erziehungswissenschaft in der Deutschen Gesellschaft für Erziehungswissenschaft avancierte 2001 – neben der Bildungs- und Erziehungsphilosophie, der Wissenschaftsforschung und der Pädagogischen Anthropologie – die Erziehungswissenschaftliche Biographieforschung zu einem eigenständigen und damit wichtigen Bestandteil der Allgemeinen Erziehungswissenschaft in der BRD (vgl. Wigger 2002). Den Themenfeldern Lernen und Bildung im Lebensverlauf (exemplarisch vgl. von Felden 2006) und im historischen Kontext (stellvertretend sei auf die Beiträge in von Felden (Hg.) 2007 verwiesen), Erziehungs- und Generationenverhältnisse im Wandel der Zeit (vgl. Ecarius 2003; 2002a; 2002b; 2002c; Herzberg 2004) sowie den Kontingenzen und Widersprüchlichkeiten des (sozialen, menschlichen) Daseins wird besondere Aufmerksamkeit gewidmet (für einen Einblick vgl. Cloer 2002: 124; für einen detaillierteren Überblick vgl. Krüger 2003; Marotzki 2002). Doch auch entwicklungspsychologische und anthropologische Fragen werden im Rahmen einer erziehungswissenschaftlichen Biographieforschung verhandelt (vgl. Schulze 2002: 131). Dass die Biographieforschung einen zu favorisierenden Zugang zu Lern- und Bildungsprozessen, die es dringend empirisch zu erforschen gelte, darstellt, wurde Anfang des Jahrtausends unter anderem von Vertretern der Erwachsenenbildung betont (vgl. insbesondere Arnold u.a. 2000). Ganz allgemein gilt die Biographieforschung als „Forschungsfeld mit theoriegenerierender Kraft", die „Anschluß an grundlegende erziehungs- und sozialwissenschaftliche Diskurse" findet (Krüger 2003: 43). Besteht hinsichtlich der Bedeutung der Biographieforschung für die Erziehungswissen-

---

4 Grundsätzlich gilt natürlich, dass die autobiographische Stegreiferzählung Produkt einer mündlichen Präsentation des Lebens (und eines Interviews) ist, während es sich bei einer autobiographischen Erzählung um eine schriftlich fixierte Form der lebensgeschichtlichen Betrachtung handelt (bezüglich unterschiedlicher theoretischer Positionen, die einen Vergleich (unter Vorbehalt) erlauben, vgl. Griese 2000: 58ff.).

schaft und der ihr zufallenden Aufgaben und Funktionen Einigkeit, ist doch darauf hinzuweisen, dass ein Dissens das Feld durchzieht, der den Begriff der Biographie in seinem Kern berührt. Schulze spricht in diesem Zusammenhang von den „soziologisch orientierten" Forscherinnen, die den Gegenstand Biographie „vom Individuum ablösen" und ihn der „Gesellschaft zurechnen" (2002: 138), und denjenigen, die das Individuelle, Einzigartige, das Eigensinnige des Subjektiven hervorzuheben trachten (vgl. ebd.: 138f.). In Anlehnung an Dieck ließe sich also fragen: „Was aber ist der Gegenstand der biographischen Methode: das Leben oder die Biographie?" (2001: o.S.). Was die Ausrichtung in dieser Veröffentlichung betrifft, ist anzumerken, dass die sozialwissenschaftliche Haltung den Zugang zu und den Umgang mit empirischen Daten, sprich: mit lebensgeschichtlichen Erzählungen, bestimmt. Das Leben oder das Gewordensein eines Menschen bleiben in dieser Abhandlung das schlichtweg Unhintergehbare und Unbeobachtbare (ausführlich vgl. Kapitel 2.2).

Jenseits dieser Ortsbestimmungen des Biographischen trifft auf die Erziehungswissenschaft bzw. die Pädagogik folgende Beschreibung zu:

> „Da ist zunächst die beträchtliche Expansion des Pädagogischen insgesamt, was sowohl ihr Personal wie ihre Aufgaben betrifft. Da ist die Ausdifferenzierung und Verselbstständigung vieler Praxisbereiche und der ihnen zugeordneten Teildisziplinen und die Erweiterung der Praxisfelder über das Jugendalter hinaus auf den gesamten Lebenslauf und viele Bereiche des öffentlichen Lebens. Da ist die unaufhebbare Pluralisierung der Paradigmen, Forschungsrichtungen und Wissensformen" (Schulze 2002: 132).

Sowohl die Erziehungswissenschaft als auch die Praxisfelder pädagogischen Handelns differenzieren sich in der Gegenwart zunehmend aus, so die Beobachtung und Diagnose von Schulze (ausführlich vgl. auch Merten/Olk 1996). Der Alltagsverstand lässt bei dem Begriff der Pädagogik meist die Bildungswissenschaften – eine Bezeichnung, die gegenwärtig häufiger für die wissenschaftliche Ausbildung der Lehrer verwendet wird – bzw. die Schulpädagogik und Idee vom ‚Unterricht' als Zentrum pädagogischen Handelns vorstellig werden, doch umfasst die Pädagogik bei weitem mehr: Neben einer allgemeinen bzw. systematischen Pädagogik, einer historischen und einer vergleichenden Erziehungswissenschaft ist zwischen Wirtschafts-, Erwachsenen- und Sonderpädagogik sowie Sozialer Arbeit zu differenzieren (vgl. Lenzen 2002: 38f.). Biographieforschung ist entsprechend nicht nur in der Allgemeinen Erziehungswissenschaft – der Ort, an dem Grundlagenforschung betrieben, Forschungsaktivitäten beobachtet, philosophische und wissenschaftliche Bestimmungen der Gegenstandsbereiche vorgenommen werden – beheimatet, sondern spielt auch in den pädagogischen ‚Subdisziplinen' eine Rolle, in denen ebenfalls (Grundlagen-)Forschung betrieben *und* auf die Professionalisierung des Praxishandelns Bezug genommen wird. Mit Blick auf die Biographieorientierung, auf die Theorie-Praxisverschränkungen ist zu konstatieren, dass vornehmlich im Rahmen der Erwachsenenbildung und insbesondere in der Sozialen Arbeit Transferüberlegungen angestellt worden sind.[5]

Fallen die Stichworte Pädagogik, Berufspraxis und Biographie zusammen, gestaltet sich das Feld wesentlich unübersichtlicher, und der interessierte Leser wird mit einer Vielzahl an Begrifflichkeiten konfrontiert. In den wissenschaftlichen und/oder praxisbezogenen Diskursen tauchen Bezeichnungen wie biographische Arbeit, biographisch orientierte Bildungsarbeit, biographische Kommunikation, biographisches Lernen, biographische (Selbst-)Reflexivität, pädagogische Biographiearbeit, Biographieorientierung oder auch biographieorientierte Methoden auf, um nur einige der Begriffspaare bzw. der zusammengesetzten Begriffe zu nennen. Dausien kommentiert kritisch, dass mit dem Begriff Biographiearbeit

> „sehr Unterschiedliches bezeichnet wird, angefangen von esoterisch anmutenden Kursen zur Selbstfindung, über therapeutische Angebote und langjährig erprobte Ansätze der Erwachsenenbildung bis zu Verfahren der narrativen Gesprächsführung" (2005: 7).

Um etwas Ordnung im begrifflichen ‚Chaos' zu schaffen, unterscheidet Dausien zwischen Biographieorientierung und Biographiearbeit. Biographieorientierung wird als die grundlegende, konzeptionelle Ausrichtung des professionellen Handelns in sozialen Berufsfeldern gefasst, während sich die Bezeichnung pädagogische Biographiearbeit auf diejenigen Praktiken bezieht, die die interaktive Dimension der Arbeit Professioneller mit ihren Adressatinnen umschließt: „Pädagogische Biografiearbeit meint (...) allgemein die methodisch-reflektierte Unterstützung der biografischen Alltagsarbeit von Lernenden, Rat- und Hilfesuchenden in einem professionellen Rahmen" (ebd.: 9). Ein weiterer Begriff, der in der Erwachsenenbildung und der Sozialen Arbeit die Praxisrelevanz des biographischen Ansatzes begründet, ist der Begriff der ‚biographischen Arbeit' bzw. der ‚biographischen Strukturierung'.

Der terminus technicus biographische Arbeit ist eng mit sozialwissenschaftlichen bzw. gesellschaftstheoretischen Betrachtungen verbunden (vgl. Kraul/Marotzki 2002: 8). Ob die Gesellschaftsdiagnosen in Anlehnung an Beck,

---

5 Selbstverständlich kommt der Biographieforschung in sämtlichen Feldern Bedeutung zu; vgl. diesbezüglich insbesondere Krüger/Marotzki (Hg.) 1999. Beispielsweise werden berufsbiographische Analysen in allen disziplinären Richtungen durchgeführt, gleichgültig ob es sich um Lehrer (stellvertretend vgl. Ricker/Griese 2002), um Sozialarbeiterinnen/-pädagoginnen (exemplarisch vgl. Schweppe 2004; Bock 2003) oder um Erwachsenenbildnerinnen (vgl. z.B. Nittel 2002) handelt. Biographische Perspektiven fließen ebenfalls ein, stehen das professionelle Handeln von Lehrern, die Schulkultur oder die Schülersicht zur Disposition (stellvertretend vgl. die Beiträge in Ullrich/Idel/Kunze (Hg.) 2004, um hier nur einige Beispiele zu nennen).

Giddens oder Lash (stellvertretend vgl. von Felden 2006: 54ff.; Alheit/Dausien 2002: 408) oder im Rekurs auf Plessner und Luhmann (vgl. Fischer 2002: 69ff.) formuliert werden, ist von nachgeordneter Bedeutung. Entscheidend sind vielmehr die Annahmen, dass „Komplexität und funktionale Ausdifferenzierung" der Gesellschaft beständig zunehmen und dass sich Lebenslagen und -welten pluralisieren (Hanses 2004: 1). Im Horizont dieser theoretischen Erklärungen zur Verfasstheit moderner Gesellschaften wird der so genannten Individualisierungsthese außerordentliche Relevanz beigemessen, die hier im Rekurs auf einen ihrer prominenten Vertreter präsentiert wird:

> „Individualisierung rückt das Selbstgestaltungspotenzial, das individuelle Tun ins Zentrum. Auf eine Formel gebracht: Die Gestaltung der *vorgegebenen* Biografie wird zur *Aufgabe* des Individuums, zum Projekt – wenigstens de jure, weniger de facto. Individualisierung ist allerdings kein bloß subjektiver Sachverhalt, demgegenüber eine objektive ‚Sozialstruktur' der ‚Klassen' und ‚Schichten' fortbesteht, die für das Denken der Individuen verschlossen ist. Individualisierung ‚verflüssigt' die ‚Sozialstruktur' der modernen Gesellschaft. Zentrale Institutionen wie (zivile, politische und soziale) Grundrechte sind an das Individuum adressiert, gerade nicht an Kollektive oder Gruppen. Das Bildungssystem, die Arbeitsmarktdynamik, Karrieremuster, ja Mobilität und Märkte ganz allgemein haben individualisierende Konsequenzen. Flexibilisierung der Erwerbsarbeit bedeutet Individualisierung von Risiken und Lebenszusammenhängen. (...) Individualisierung ist (...) keine Sache des ‚Überbaus' – der Ideologie –, dem gegenüber der ‚Unterbau' – die objektive Lage – als ‚eigentliche' Realität unterschieden und aufrechterhalten werden kann. Individualisierung ist sozusagen der ‚Überunterbau', eben die paradoxe ‚Sozialstruktur' der modernen Gesellschaft. Was heißt: Die Lebensbedingungen der Individuen werden ihnen selbst zugerechnet; und dies in einer Welt, die sich fast vollständig dem Zugriff der Individuen verschließt. Auf diese Weise wird das ‚eigene Leben' zur *biografischen Lösung systemischer Widersprüche*" (Beck 2001: 3, Hervorhebungen im Original).

Soziale bzw. gesellschaftliche Risiken und Problemlagen sind also, analog zur Individualisierungsthese, vom Einzelnen zu bearbeiten, zu balancieren und in einen Zusammenhang zu stellen, der sich Biographie nennt. In den allermeisten biographietheoretischen und -analytischen Ansätzen werden gesellschaftliche Strukturen und subjektive Sinnkonstruktionen im Kontext von Biographie und Identität als sich wechselseitig konstituierend betrachtet (exemplarisch vgl. Fischer-Rosenthal 1990: 19f.; Fischer-Rosenthal/Rosenthal 1997: 405ff.; Dausien 2002: 82ff.; Kade/Nittel 2003: 745). Aus biographietheoretischer Sicht, die sich mit dem Individualisierungstheorem verschränkt, werden Erzählungen über sich und die soziale Welt konsequent als biographische Arbeit verstanden, die vor dem Hintergrund einer lebenslangen Auseinandersetzung mit pluralen und widersprüchlichen sozialen Anforderungen stattfindet (stellvertretend vgl. Alheit 1995; 2002; Schulze 2005; Fischer 2002; Goblirsch 2007, Fischer und Goblirsch sprechen in diesem Zusammenhang von biographischer Strukturierung). Angesichts gesellschaftlicher Veränderungen mit ihren für Menschen unter Umständen problemerzeugenden Strukturen bieten sich biographische Perspektiven geradezu an, wie Dausien, eine der Wissenschaftlerinnen, die sich hinsichtlich der Verschränkung von biographietheoretischen und praxisrelevanten Perspektiven verdient gemacht hat, feststellt: „Wenn [also, B.G./ H.R.G.] Subjekte im Alltag biografische Arbeit leisten, um sich selbst und ihre Welt zu interpretieren und daraus soziale Praxis zu entwickeln, dann ist es sinnvoll, dass pädagogische Arbeit an diese ‚Arbeit' anknüpft und sie unterstützt" (2005: 7). Die gesellschaftliche Situation als Voraussetzung und als Problem – Akteure in sozialen Berufen sind stets mit der Dimension des Biographischen konfrontiert:

> „Professionelle in pädagogischen und sozialen Arbeitsfeldern haben es mit Aufgaben und Problemlagen zu tun, die immer auch eine biographische Dimension beinhalten. Lernende und Ratsuchende bringen, vereinfacht gesagt, ihre (Lebens-)Geschichte mit in die Lern- oder Beratungssituation, sie haben Erfahrungen gemacht und orientieren sich an Erwartungen und Entwürfen für die Zukunft. Handeln und Denken, Bildungsinteressen und Lernsituationen werden durch diesen biographischen Hintergrund mitstrukturiert" (Dausien/Rothe 2005: 107).

Welchen Sinn es für Professionelle in sozialen, pflegerischen oder pädagogischen Handlungsfeldern macht, sich dezidiert mit Lebensgeschichten von Klienten auseinander zu setzen, wurde besonders deutlich in der Sozialen Arbeit formuliert. *Fallverstehen* ist hier ein wesentlicher Bestandteil und eine Voraussetzung professioneller Handlungsvollzüge. Um professionelle Arbeit erfolgreich zu gestalten, müssen in der Praxis die Selbstsichten der Klienten oder Ratsuchenden, ihre biographischen und lebensweltlichen Kontexte berücksichtigt werden. Grundsätzlich besteht die Attraktivität des biographischen Ansatzes darin, dass die Sichtweisen der Klientinnen so in den Mittelpunkt rücken. Biographieorientierung trägt somit einem unter anderem von Lindmeier konstatierten Paradigmenwechsel in Theorie und Praxis Rechnung, der von ihm unter dem Stichwort ‚Hinwendung zum Subjekt' subsumiert wird. Dieser Wechsel der Aufmerksamkeitsrichtung (nicht nur) in der Sozialen Arbeit ist mit dem Anliegen verschränkt,

> „dass der Stimme derjenigen, die unsere pädagogischen Hilfen in Anspruch nehmen, mehr Gewicht bei der Planung, Durchführung und Bewertung der Maßnahmen zur Unterstützung und Begleitung ihres Erziehungs- und Bildungsprozesses eingeräumt werden muss" (Lindmeier 2006: 11).

Mit dem Positionswechsel hin zum ‚Subjekt' verbindet sich häufig eine weitere ‚Neujustierung' des pädagogischen bzw. sozialarbeiterischen Blicks, den Bartmann im Horizont der bereits angeführten gesellschaftstheoretischen Grundannahmen innerhalb der Biographieforschung und im Kontext des Ressourcenbegriffs wie folgt skizziert:

"Unabhängig von jeglicher Art der Benennung und trotz manch begrifflichem Klärungsbedarfs verweist das hier zum Ausdruck kommende, seit den 1980er Jahren gewachsene Interesse auf zwei Grundannahmen, die konstitutiv für den Begriff der Ressource in den jeweiligen Fachdisziplinen sind: Erstens gewinnt infolge der Annahme zunehmender gesellschaftlicher Individualisierungsvorgänge und in der sich daraus für die Subjekte ergebenden ‚lebensweltliche(n) Diffusitätssteigerung im Rahmen reflexiver Modernisierungsprozesse' (Tiefel 2004: 9), die eine Fragmentierung von Erfahrungen zur Folge hat, die Frage des Umgangs mit der sich zügig verändernden Gesellschaft an Relevanz. Infolgedessen geraten die jeweiligen Potenziale des Einzelnen stärker in das Blickfeld des wissenschaftlichen Interesses. Damit verknüpft zeigt sich zweitens ein Subjektverständnis, in dem der Einzelne als Akteur seines Lebens Berücksichtigung findet. Ressourcen bringen demnach den Anteil des handelnden Subjektes im je spezifischen Kontext zum Ausdruck, und die zunehmende Beachtung verweist auf einen Bedeutungszuwachs der einzelnen Person sowohl für Theoriegenerierung als auch für pädagogische oder psychosoziale Praxisfelder (vgl. Keupp 1987). Zugleich offenbart sich hier ein Paradigmenwechsel: Der Fokus wissenschaftlicher Forschung und professioneller Praxis bleibt nicht auf Defizite konzentriert, sondern richtet sich auf die dem Individuum zur Verfügung stehenden Potenziale und damit auf Ressourcen aus" (Bartmann 2007: 82f.).

Das Individuum, seine Lebenswelt, seine Ressourcen stehen also im Mittelpunkt aktueller pädagogischer Diskurse. Die Methoden der Biographieforschung wiederum sollen zum Einsatz kommen, um Deutungs- und Handlungsmuster sowie Ressourcen der Klientinnen beispielsweise in die Hilfeplanung zu integrieren (vgl. Helmholf-Schlösser 2005: 32). Biographische Fallarbeit bietet grundlegend die Option, „Lebensgeschichten in ihren historischen und sozialen Bedingungsgefügen zu rekonstruieren, kollektive Dimensionen zu entdecken und daraus Ansatzpunkte für Handlungsstrategien zu entwickeln" (Dausien 2005: 8). Standen zunächst zentrale Perspektiven der Biographieforschung und Anschlüsse an die Praxisseite allgemein zur Disposition, wird nachstehend die Frage erörtert, welche Methoden im beruflichen Handeln thematisiert bzw. zum Einsatz kommen – die Darstellung erhebt allerdings keinesfalls den Anspruch auf Vollständigkeit.

Es lässt sich eine Vielzahl methodischer Ansätze zur biographischen Arbeit in unterschiedlichen Praxisfeldern lokalisieren (für einen Überblick vgl. Lindmeier 2006: 23–43). Viele der praxisbezogenen Methoden dienen als Anleitung zur *biographischen Selbstreflexion*, die im Hinblick auf Lern- und Bildungsprozesse von Relevanz sind. Methodenvorschläge und Übungen reichen von der Entdeckung lebensgeschichtlicher Prägungen, der Bearbeitung lebensgeschichtlicher Erfahrungen, von der Beschäftigung mit Ereignisfolgen oder lebensgeschichtlichen Brüchen bis hin zur Reflexion von Handlungsmustern (exemplarisch vgl. Behrens-Cobet/Reichling 1997; Ruhe 1998; Gudjons/Pieper/Wagener 2003; Lindmeier 2006). Hinsichtlich methodischer Empfehlungen und Vorschläge im Kontext biographischer Arbeit konnte sich unter anderem die Arbeit von Gudjons, Pieper und Wagener (2003) etablieren. Übungen zur biographischen Selbstreflexion umfassen Themenfelder wie Familie (Beziehungen, Erziehungsstil, Interaktionsmuster, Normen und Werte, Familiengeschichte), Kindheit (Spiel, Peers, Ängste, Träume, existenzielle Erfahrungen) oder den schulischen und beruflichen Werdegang, die reflexiv erschlossen werden sollen. Aber auch das Selbstbild, der Körper, das soziale Geschlecht sowie die Lebensgeschichte insgesamt können den Gegenstand reflexiver Auseinandersetzung bilden. Die zum Einsatz kommenden Methoden sind sehr unterschiedlich: vom lebensgeschichtlichen Erzählen (Erinnerungsarbeit), gelenkten Phantasiereisen, über kreative Methoden (Malen, Basteln, Schreiben) und Formen der Körperarbeit bis hin zur Auseinandersetzung mit kritischen Lebensereignissen (Lebenslinien/Lebenspanorama). Die Übungen werden in den didaktischen Formaten Einzel-, Paar- oder Gruppenarbeit präsentiert. In diesen Anleitungen zu einem reflexiven Umgang mit der eigenen Biographie treten wissenschaftliche bzw. biographietheoretische Erwägungen oftmals in den Hintergrund; Bildung, Selbsterfahrung und -reflexion stehen im Zentrum, einzelne Methoden verfolgen das Ziel, die Teilnehmer einer pädagogischen Veranstaltung miteinander bekannt zu machen. Deutlich ausgearbeiteter und theoretisch fundiert ist das von Mader vorgestellte Konzept der *guided autobiography*, in dem existenzielle, überindividuelle Lebensthemen (z.B. Arbeit, ökonomische Situation oder Tod) schreibend bearbeitet und in der Gruppe verhandelt werden (vgl. ders. 1989). Auch wenn die „(lern-)biographische Selbstreflexion des Pädagogen" als „Voraussetzung für das biographische Fremdverstehen" betrachtet werden kann (Pohl 1998: o.S.; ausführlich vgl. Beneker 2007), bleibt die Form der Zuwendung zum anderen in vielen der hier erwähnten Arbeiten relativ unprofiliert, im Mittelpunkt steht der Bildungsaspekt.

Gesondert ist auf Lazarus und Bosshard zu verweisen, die im Kontext chronisch psychisch kranker und drogenabhängiger Menschen einen pragmatischen Ansatz entwickelten, der (ebenfalls) Bildungserfahrungen in das Zentrum unterstützender Aktivität stellt. Der Ansatz selbst versteht sich als eine Art ressourcenorientierte Biographiearbeit. Statt sich auf Krankheit oder Abhängigkeit zu konzentrieren, soll der Blick auf Bildungserfahrungen gelenkt werden. Im Prozess der Unterstützung bzw. Begleitung geht es

> „darum, sich gemeinsam auf die Suche nach leicht auffindbaren, leicht zugänglichen wie aber auch nach verdeckten oder gar nach verschütteten interessengeleiteten Aktivitäten zu machen, die eine genießende und aktive Teilnahme an den Entfaltungen und Errungenschaften der Kultur im weitesten Sinne ermöglichen können" (Lazarus/Bosshard 2005: 63).

Positive Bildungs- und Lebenserfahrungen stehen im Zentrum dieses Ansatzes, der auf Hilfe zur Lebensbewältigung abhebt, indem positive Erfahrungen rekapituliert und Entscheidungs- und Handlungsfähigkeiten (re)aktiviert werden (vgl. ebd.: u.a. 5, 73).

Für die Praxis Sozialer Arbeit wiederum liegen unterschiedliche Handlungsmodelle vor. Zum Beispiel fokussieren das Konzept einer *dialogischen Biographiearbeit* (vgl. Köttig/Rätz-Heinisch 2005; Köttig 2007) oder das Modell der *narrativen Gesprächsführung* (vgl. Rosenthal u.a. 2006) einen interaktiven Lernprozess, in dem Adressaten und Professionelle gemeinsam zu neuen Erkenntnissen gelangen. In den dialogisch gestalteten Kommunikationsprozessen, in denen Biographisches zur Disposition steht, werden Selbst- und Fremdverstehensprozesse initiiert. Der *biographisch-narrative Fragebogen* (vgl. Griesehop 2003: 227ff.) ist eine weitere praktische Variante zur Unterstützung dialogischer Gesprächsführung, die auf Biographisches zielt. Ratsuchende füllen einen Fragebogen aus, anschließend werden in einem gemeinsamen Gespräch Lebensereignisse qualifiziert, Gespräche über vergangene, gegenwärtige und zukünftige Lebenssituationen und Formen der Lebensgestaltung geführt. Trotz der Unterschiede ist diesen Handlungskonzepten gemeinsam, dass sie Teile der Gesprächsführung, die im Rahmen eines narrativen Interviews zur Anwendung kommen (vgl. Kapitel 2), integrieren. Letztlich gilt es, das Gegenüber zur narrativen Rekapitulation des gelebten Lebens anzuregen. Einhellig wird die Ansicht vertreten, dass das biographische Erzählen Möglichkeiten des Selbstverstehens und der -reflexion eröffnet (vgl. Köttig/Rätz-Heinisch 2005: 17; Loch/Schulze 2002: 573), die dem dialogischen Austausch und somit der professionellen Intervention zugrunde liegen. Ebenfalls mit biographietheoretischen Annahmen ist das Konzept des *ungelebten Lebens* verbunden. Hier steht das Ziel im Vordergrund, mit dem Klienten Ungelebtes zu thematisieren und das künftige Leben so zu betrachten, dass größere Wahlmöglichkeiten bzw. Handlungsspielräume entstehen und genutzt werden können (vgl. Baer 2005: 9ff.; Kapitel 3.4).

Ebenso im Bereich der Pflege, die sich sukzessive auch als Feld Sozialer Arbeit konstituiert und ebenfalls Spielarten einer Biographieorientierung einschließt (vgl. Schulz-Hausgenoss 2004), haben Formen einer biographieorientierten Arbeit Einzug gehalten, die in der Gesetzgebung ihren Widerhall finden:

„Gesetzlich verankert wurde die Forderung nach einer biographieorientierten Altenpflege bereits mit der Einführung der Pflegeversicherung in § 80 SGB XI, aus dem hervorgeht, dass die Kassen- und Betriebsverbände Qualitätskriterien und Qualitätsziele vereinbaren müssen, die für die Pflegekassen, deren Verbände und für alle zugelassenen Einrichtungen unmittelbar verbindlich sind. In den daraufhin entstandenen ‚Gemeinsame(n) Grundsätze(n) und Maßstäbe(n) zur Qualität und Qualitätssicherung sowie die Entwicklung eines einrichtungsinternen Qualitätsmanagements nach § 80 SGB XI in vollstationären Pflegeeinrichtungen' vom 16.12. 2003 vollbringen Pflegeeinrichtungen nach Absatz 1 Leistungen u.a. auf der Basis des (...) Ziels: ‚Die Pflege und Versorgung in einer vollstationären Pflegeeinrichtung orientiert sich an einer menschenwürdigen Lebensqualität und an der Zufriedenheit des Bewohners. Unter besonderer Berücksichtigung der Biographie und der bisherigen Lebensgewohnheiten trägt sie zur Befriedigung der körperlichen, geistigen, sozialen und seelischen Bedürfnisse des Bewohners bei und bietet Hilfestellung bei der Bewältigung von Lebenskrisen'" (Herder 2006: 8).

In pflegerischen Handlungsfeldern konnte sich beispielsweise im Hinblick auf Betreuungskonzepte für Menschen mit Demenz die Ansicht etablieren, dass Kenntnisse über die Lebensgeschichte der Betroffenen für die Qualität der Pflege bedeutsam sind. Mithilfe biographieorientierter Methoden sei einerseits der ‚Ist-Zustand' eines an Alzheimer erkrankten Menschen zu stabilisieren (Stichworte: Erinnerungsarbeit, Erinnerungspflege, Reminiszieren), andererseits könne so ein besseres Verständnis der Verhaltensweisen erzielt werden. Biographisches Wissen wird – mit Blick auf die Betroffenen und die Angehörigen – durch Biographiearbeit generiert bzw. erhalten. Im Prinzip lässt sich zwischen zwei Vorgehensweisen in der Biographiearbeit mit Demenzpatientinnen unterscheiden: dem gesprächs- und dem aktivitätsorientierten Ansatz. Gesprächsorientierte Biographiearbeit zielt darauf ab, dem Biographischen in Gruppen- oder Einzelgesprächen, mit oder ohne die Angehörigen, Raum zu geben. Informationen beispielsweise zum familiären Hintergrund, zum beruflichen Werdegang, zu Fähig- und Fertigkeiten, zu Begabungen, Gewohnheiten oder erlebten Schicksalsschlägen werden ausgetauscht und schließlich in der Praxis berücksichtigt (ausführlich vgl. Gereben/Kopinitsch-Berger 1998; Trilling u.a. 2001). Die aktivitätsorientierte Biographiearbeit zeichnet sich durch Integration von Aktivitäten im Alltag aus, die einen Bezug zur Biographie aufweisen (von der Collage bis hin zum Museumsbesuch). Neben einer biographieorientierten Arbeit mit an Demenz erkrankten Menschen spielen biographische Ansätze in der Bildungs- und Kulturarbeit mit älteren Menschen oder in der Altenhilfe eine Rolle, erinnert sei stellvertretend an Geschichts- und Schreibwerkstätten oder Erzählcafés (vgl. Blaumeiser o.J.: 7f.). Grundsätzlich aber unterstreicht Sander, dass eine sinnvolle Konsolidierung der Biographiearbeit in der Pflege nach wie vor ein Umdenken erforderlich macht:

> „Sie [die Biographiearbeit, B.G./H.R.G.] macht eine interpretative und reflexive Neuorientierung in Theorie und Praxis notwendig. Damit meine ich, dass die für das Verständnis von biographischen Konstruktionen notwendige Deutungs- und Interpretationsarbeit bisher wenig beachtet wird, sondern sich eher Vorstellungen über einen kausalen Ursache-Wirkzusammenhang von lebensgeschichtlichen Ereignissen und beobachtbaren KlientInnenverhalten durchsetzen. Die an Alltagswissen und Vorurteilen orientierten Deutungsmuster, warum Menschen so sind, wie sie zu sein vorgeben, sind aber nicht das angestrebte Ergebnis, sondern ein erster wichtiger Anfang für die Entwicklung einer reflexive [sic!] Biographiearbeit in der Pflege" (Sander 2006: 7).

Was in einigen, nicht in allen der hier kurz angesprochenen Ansätze zum Tragen kommt, sind Fragen, die auch in der kritischen und zugleich optimistischen Haltung von Sander zum Ausdruck kommen: Welche theoretische Konzeption von Biographie liegt diesen Ansätzen zugrunde, und auf welche Weise geht der basale Prozess des Verstehens in der jeweiligen beruflichen Situation vonstatten? In der Manier des Alltagsverstandes, im Modus eines emphatischen Nachvollzugs? Und nicht zuletzt: Welcher Art sind die biographischen Informationen, auf denen das Praxishandeln basiert? Verschränken sich in den einzelnen Ansätzen wissenschaftliche Perspektiven mit dem Praxishandeln, oder geht die Praxis eigene Wege? Dass die Praxisrelevanz biographischer Ansätze aus wissenschaftlicher Sicht eindeutig auf der Ebene des hermeneutisch-reflexiven Verstehens angesiedelt ist (vgl. Thiersch 2002: 326), scheint in einigen der praxisbezogenen Konzeptionen vergessen worden zu sein. Neben einer „*wissenschaftliche(n) Kompetenz* gesellt sich für den Professionellen die *hermeneutische Kompetenz* des Verstehens eines (Einzel-)Falles", wie Ackermann konstatiert (1995: 47, Hervorhebungen im Original). Auch Schuhmann merkt hinsichtlich einer Verschränkung von Wissenschaft und Praxis an, dass die Fallrekonstruktion, will die Praxis in diesem Bereich von der Wissenschaft profitieren, notwendig einer Subjekt-, Kontext- und einer *hermeneutischen* Orientierung bedarf (vgl. ders. 2003: 663). Einzelne Praxiskonzeptionen legen allerdings die Vermutung nahe, es sei die vornehmliche Aufgabe einer biographieorientierten Praxis, einen „professionell angeleiteten Erzählraum(es) für den Adressaten, der es diesem erlaubt, zu einer Reaktivierung der biographischen und sozialen Selbsthilfekompetenzen zu gelangen" (Pohl 1998: o.S.), zu schaffen.[6] So argumentiert auch Blaumeiser, dass die Befähigung zur „lebensgeschichtlichen Gesprächsführung" als „Kernkompetenz in der Biographiearbeit" zu gelten hat (ders. o.J.: 7). Ein derartiges Verständnis von Biographieorientierung greift aus vielerlei Gründen zu kurz, nicht zuletzt, da die zentrale Kategorie des (Fremd-)Verstehens und die zugrunde liegenden hermeneutischen Verfahren unthematisiert bleiben. Mag es für die Bildungs- und Kulturarbeit angehen, Kommunikationsmethoden als Zentrum des pädagogischen Handelns zu betrachten – die unbestritten wichtig sind (vgl. Kapitel 5) –, können die im Bereich der Sozialen Arbeit Aktiven eben nicht, wie Hanses und Sander feststellen, jenseits eines „Subjekt- und Strukturbezugs", jenseits des Falles oder der vom Gegenüber präsentierten Sinnhorizonte agieren (dies. 2004: 13).[7] Ein hermeneutischer „*Nachvollzug der subjektiven Perspektive*" lässt sich mithilfe der Methoden qualitativer Sozialforschung realisieren, die Abstand vom „puren Nachvollzug subjektiver Erlebnisperspektiven"

---

6 Auch können ‚dramatische Verläufe', mit denen es die Soziale Arbeit oft zu tun hat, erinnert sei an die Familien- oder Drogenhilfe, nicht ausschließlich auf ein Selbsthilfepotenzial setzen, das sich im biographisch gerahmten Dialog scheinbar selbsttätig entfaltet bzw. zu erkennen gibt.
7 Und die Feststellung trifft nicht nur auf die Soziale Arbeit zu – Hanses/Sander sprechen ganz allgemein von der Pädagogik, die, was ihre Praxisseite anbelangt, hermeneutischer Kompetenzen bedarf (vgl. ebd.). Wir möchten in diesem Zusammenhang nur auf Beratungsaktivitäten hinweisen, die in allen pädagogischen Handlungsfeldern, seien sie nun sozialarbeiterischer oder erwachsenenbildnerischer Art, zunehmen.

nehmen (Terhart 2003: 29, Hervorhebungen im Original). Der Nachvollzug basiert auf folgenden Anhaltspunkten:

> „Wenn soziale Welt als sinnhaft strukturierte, immer schon gedeutete erlebt wird, so ist es im Rahmen von Sozialforschung, die sich am Handeln der Menschen orientiert, zuvörderst und zunächst wichtig, die soziale Welt ‚mit den Augen der Handelnden selbst' zu sehen, d.h. subjektive Sinnstrukturen nachzuvollziehen" (ebd.).[8]

Auch Ansätze wie die *biographische* (vgl. Hanses 2000) oder die *narrativ-biographische Diagnostik* (vgl. u.a. Fischer 2004) setzen auf autobiographische Erzählungen bzw. biographische Mitteilungen, schließen aber prinzipiell die Dimension des Verstehens über die (wissenschaftliche) Rekonstruktion ein. Zudem wird ein Gesprächsmodell favorisiert, das biographische Artikulation nicht nur en passant oder (teil)standardisiert entstehen lässt, sondern lebensgeschichtliche Erzählungen evoziert, analysiert und zum Ausgangspunkt professionellen Handelns bestimmt (ausführlich vgl. Kapitel 3.1). Neben der diagnostischen Seite soll bzw. kann mittels biographietheoretischer und -analytischer Verfahren auch die sich anschließende Handlungspraxis professionalisiert werden (im Hinblick auf Beratungssituationen vgl. stellvertretend Thiersch 2004: 704). Im Zuge der Rekonstruktion werden Verfahren der qualitativen Sozialforschung eingesetzt, um den Prozess der Interpretation zu organisieren. Attraktivität wird den rekonstruktiven Verfahren im Horizont sozialer und pädagogischer Berufe insofern bescheinigt, als mit ihrer Einübung zugleich Wissen und Fähigkeiten erworben werden, die für das professionelle Handeln relevant sind (stellvertretend vgl. Jakob 2002: 926). Durch fall- und feldbezogene Analysen wird im Grunde eine Erkenntnishaltung eingeübt, „die auf einer fallanalytischen Einstellung und einer selbstreflexiven ethnografischen Sichtweise basiert" (ebd.: 930). Anforderungen in der Sozialen Arbeit, aber auch in der Pflege, verschränken sich unseres Erachtens mit dem wissenschaftlichen Diskurs vor allem im Bereich des Fallverstehens, das Gegenstand der Rekonstruktion, Bestandteil der Arbeitsvollzüge in der Praxis und zugleich Voraussetzung professionellen Handelns ist. Die Rekonstruktion biographischer Perspektiven eröffnet einen Zugang, der zu einem differenzierten Verständnis der Welt- und Selbstsicht sowie der ‚Problemsicht' der Hilfesuchenden beiträgt und einen Blick auf Ressourcen gestattet.

---

8 Terhart führt weiter aus, dass in der rekonstruktiven Sozialforschung gelegentlich die Entfaltung von Strukturen intendiert ist, die die Ebene des subjektiven Sinns und das Bewusstsein des Handelnden, dessen Handlungen rekonstruiert werden, überschreiten (vgl. 2003: 29, 30). Auch unser Verfahren überschreitet die Ebene des Artikulierten, des Präsentierten, des Handlungsvollzugs, allerdings gehen wir davon aus, dass sich der vom Gegenüber hergestellte Sinn niemals voll und ganz erschließen lässt. Auch sehen wir keine Möglichkeit, Aussagen über die Verfasstheit des Bewusstseins eines anderen zu treffen (ausführlich vgl. Kapitel 2.3).

Angesichts der erörterten Defizite einer biographieorientierten Praxis ist uns daran gelegen, nicht nur das narrative Interview zu thematisieren und den Vorgang der Erhebung lebensgeschichtlicher Stegreiferzählungen zu schildern (vgl. 2.1), sondern ebenso die etablierten hermeneutischen Verfahren, die biographische Fallrekonstruktionen ermöglichen, in Form eines Ein- bzw. Überblicks zu präsentieren (vgl. ebd.). Die Ausführungen zum narrationsstrukturellen Verfahren, zur Objektiven Hermeneutik und zu psychoanalytisch inspirierten Interpretationsverfahren verfolgen ferner das Anliegen, die Schnittmengen und Abgrenzungen dieser Verfahren mit Blick auf die hier bevorzugte Rekonstruktion lebensgeschichtlicher Interviews im Paradigma Narrative Identität zu erörtern. Obwohl einige Abgrenzungsbewegungen im Modus der Kritik formuliert und praxisrelevante ‚Vorzüge' vorgestellt werden, werden hier keine letzten Empfehlungen für das in Wissenschaft oder Praxis zur Anwendung kommende hermeneutische Verfahren ausgesprochen, denn „die Etablierung von Methodenschulen (hat) [vor allem, B.G./H.R.G.] Ausschlüsse und Abgrenzungen provoziert und den Mythos des ‚richtigen' Verfahrens genährt" (Hanses/Sander 2004: 14). Fallrekonstruktionen können mittels Objektiver Hermeneutik, mithilfe des narrationsstrukturellen Verfahrens (oder unter dem Einsatz beider Verfahren, vgl. XX) sowie im Paradigma der erzählten Identitäten (vgl. 2.2) realisiert werden, obgleich im Zuge der Darstellung des hier eingesetzten Auswertungsverfahrens auch etwas ‚Werbung' für den präferierten Ansatz betrieben wird, der nicht so bekannt ist wie beispielsweise das von Schütze entwickelte narrationsstrukturelle Verfahren oder die Verfahren einer Strukturalen bzw. Objektiven Hermeneutik, die eng mit dem Namen Oevermann verbunden sind. Was uns hingegen im Rahmen dieser Publikation wichtig ist, ist die Präsentation von empirischen Daten. Einführungen in die rekonstruktive Sozialforschung oder in die Biographieforschung begnügen sich oft mit kurzen Interviewausschnitten, um zu erläutern, was beispielsweise unter einem institutionalisierten Ablaufmuster oder einer Verlaufskurve zu verstehen ist. Zwar können aus Gründen des Umfangs auch in dieser Veröffentlichung weder vollständige Erzählungen noch in allen Fällen komplette Segmente dokumentiert und kommentiert werden, wenngleich es sich bei den meisten Auszügen um vollständige Segmente handelt, sprich: um Interviewpassagen, die in sich eine relativ geschlossene Struktur aufweisen, obwohl sie Bestandteil einer größeren Erzählung sind (zu Segmenten und zur Segmentierung vgl. 2.2.1). Vor allem in den Einzelfallrekonstruktionen (Kapitel 4) werden die aus Sicht des Paradigmas Narrative Identität und des damit verbundenen abkürzenden Rekonstruktionsverfahrens notwendige Ein- und Ausgangssegmente der Erzählung abgedruckt und analysiert; nur im Fall der lebensgeschichtlichen Erzählung Clara Hachenbergs (4.4) wird ein Teil des Schlusssegments ausgelassen.

Dem Thema der Praxisrelevanz tragen zum einen die Überlegungen Rechnung, die danach fragen, welche Perspektiven und Ansätze innerhalb der Biographieforschung für die Praxis – neben den hermeneutischen Verfahren – von Aufschlusskraft sind (Kapitel 3). In einem eigenständigen Kapitel werden Annahmen und Handlungskonzepte einer ‚biographischen bzw. narrativ-biographischen Diagnostik' (3.1) verhandelt. Die vorrangig von Riemann entwickelten theoretischen und konzeptionellen Überlegungen zum ‚Fremdwerden der eigenen Biographie' (3.2) schließen sich diesen Ausführungen an. Auch das Konzept der ‚biographischen Ressourcen' (3.3) zeichnet sich durch Praxisrelevanz aus, und nicht zuletzt wird das Konzept des ‚ungelebten Lebens' (3.4) als Perspektive rekonstruktiver Forschung und mögliche Aufmerksamkeitsrichtung einer professionellen Praxis präsentiert. Gleichzeitig müssen aber Einschränkungen formuliert werden: Die Praxisseite pädagogischer und sozialer Berufe kennt zumeist ihre eigenen, je spezifischen Handlungsmodelle, die der Unterstützung, der Hilfe, Beratung oder Intervention zugrunde liegen. Biographieforschung indessen bleibt auch in dieser Abhandlung immer das, was sie ist, nämlich Forschungspraxis. Doch statt Fragen der beruflichen Handlungspraxis komplett in das Feld der beruflichen Praxis zu delegieren, wie es gelegentlich geschieht, wollen wir zumindest ansprechen, welche praxisbezogenen Dimensionen in den theoretischen Abhandlungen aus unserer Sicht angelegt sind und genutzt werden können. Zu betonen ist aber, dass auch in dieser Arbeit das *Verstehen* im Zentrum der Bemühungen steht; die Rezipientin, die fertige ‚Handlungsrezepte' für die berufliche Praxis erwartet, wird enttäuscht werden (müssen). Grenzen und Reichweite der Biographieforschung im Konnex Berufspraxis werden im Ausblick (Kapitel 5) noch einmal aufgegriffen. Zum anderen stellt sich Praxisrelevanz über das empirische Material und die Fallrekonstruktionen her. Die mit sozialen Problemfeldern verschränkten lebensgeschichtlichen Erzählungen geben Auskunft über die Konstruktion von Welt und Identität im Horizont der Themen Demenzerkrankung und Familie (4.1), Alkohol (4.2), chronische Erkrankung (4.3) sowie Arbeitslosigkeit (4.4). Unterschiedliche Professionen sind mit diesen sozialen Problemfeldern bzw. mit Klientinnen oder Patienten konfrontiert, die in diesen Bereichen Hilfe, Unterstützung oder Beratung suchen. So wird das Arbeitsfeld Berufsberatung beispielsweise von Sozialarbeitern oder Erwachsenenbildnerinnen ‚besetzt', mit dementen Menschen und (pflegenden) Angehörigen haben es Professionelle aus der Pflege und/oder der Sozialen Arbeit zu tun. Auch Suchtproblematiken oder chronische Krankheiten werden von einer Vielzahl unterschiedlicher Professionen ‚bearbeitet', nicht zuletzt von Medizinerinnen und Sozialarbeitern. Die in Kapitel 4 vorgestellten Rekonstruktionen, die im Prinzip die diagnostische Seite einschließen, beziehen sich nicht ausschließlich auf die Deutungs- und Darstellungsmuster von Identität, Welt und (sozialem) Problem, sondern sie umfassen jeweils ein Unterkapitel (4.2.1, 4.2.2, 4.2.3, 4.2.4), in dem Interviewauszüge präsentiert werden, die an die von uns als praxisrelevant ausgewiesenen Perspektiven (‚Diagnostik', ungelebtes Leben, Ressourcen, Fremdwerden) anschließen. Was unterdessen bei dem Versuch, Wissenschaft bzw. Forschungsmethoden und Praxis einander näher zu bringen, nie vergessen werden darf, ist der Umstand, dass sich die vorgestellten und interpretierten lebensgeschichtlichen Erzählungen durch ihre Praxisdistanz auszeichnen: Keine der Interviewpartnerinnen erteilte uns ein Handlungsmandat, bat um Beratung, Hilfe oder Unterstützung – vielmehr sind wir mit der Bitte um eine autobiographische Stegreiferzählung an sie herangetreten. An dieser Stelle ist es also angezeigt, einerseits den Interviewpartnern und -partnerinnen für ihre Erzählungen zu danken, die diese Publikation erst ermöglicht haben, andererseits darauf hinzuweisen, dass sie uns nicht als ‚Fall von' begegnet sind, selbst dann nicht, wenn sie zum Zeitpunkt des Interviews in therapeutischen Einrichtungen lebten oder in ihrem Alltag die Unterstützung derjenigen Professionen in Anspruch nahmen, die auch uns interessieren. Denn das

„Handeln der Menschen wird (...) dann zum ‚Fall' [nicht nur, B.G./H.R.G.] für die Soziale Arbeit, wenn das [problematische, B.G./H.R.G.] Geschehen thematisiert ist, Grenzen selbst- oder fremddefinierter Akzeptanzen erreicht sind, Unterstützungsbedarf formuliert und in der Interaktion zwischen Professionellen und ‚Betroffenen' die Unterstützung bzw. die Erforschung des Falls mit dem Ziel einer Veränderung sozialer Unzufriedenheit eingeleitet wird" (Giebeler 2007:11f.).

2. Biographische Fallrekonstruktion

„In jeder Gesellschaft gibt es sozial geprägte Identität in der An-sich-Form, auch rudimentäre situative Darstellungen des Selbst sind historisch universal. Ob das Ich über Formen des Gedächtnisses verfügt, die symbolisch seine gesamte Vita thematisieren, das hängt vom Vorhandensein von sozialen Institutionen ab, die eine solche Rückbesinnung auf das eigene Dasein gestatten. Wir wollen solche Institutionen Biographiegeneratoren nennen. Als Beispiele seien hier genannt die Beichte oder die Psychoanalyse, das Tagebuch oder die Memoiren, aber auch bestimmte Formen der medizinischen Anamnese oder das Geständnis vor Gericht. Seit neuestem wird wohl auch das von Sozialwissenschaftlern veranlaßte biographische Interview hinzuzurechnen sein. Identität-an-Sich ist universell, aber nicht Identität-für-Sich. Diese ist Korrelat von historisch keineswegs allgemein verbreiteten Biographiegeneratoren" (Hahn 2000: 100).

2.1 Das narrative Interview, narrationsstrukturelle Analyse, Objektive Hermeneutik und psychoanalytische Ansätze

Mit erzählten (Lebens-)Geschichten hat es nicht nur die Biographieforschung zu tun, sondern auch die Professionellen bekommen es in ihrer tagtäglichen Praxis, mit Erzählungen, Bilanzierungen oder Berichten der Klienten zu tun (vgl. Engel/Sickendiek 2004: 749) – unabhängig davon, ob sie sich biographischen Ansätzen verpflichtet fühlen oder nicht. Erzählen stellt eine allgegenwärtige Alltagshandlung dar, die es Menschen ermöglicht, ihre Erlebnisse und Erfahrungen auszutauschen, etwas zu erklären, sich zu rechtfertigen oder Handlungen zu begründen. Wie auch Lucius-Hoene begreifen wir „Narrativität (...) als fundamentales Ordnungsprinzip menschlichen Erlebens und Handelns" (1998: 109). Nun ist vorderhand zwischen Alltagskommunikation, dem Erzählen im Rahmen eines so genannten narrativen Interviews und beispielsweise einer pädagogischen Beratungssituation zu unterscheiden, da Zeit und institutionelle Rahmungen differieren. Wird der Raum zur Selbstdarstellung im wissenschaftlichen Kontext so weit wie möglich geöffnet – durch die Art der Erzählaufforderung und die Gesprächsführung, genaue Themenvorgaben und zeitliche Beschränkungen werden vermieden – finden sich in der Alltagskommunikation ‚biographische oder identitätsherstellende Fragmente', die in soziale Situationen eingelassen sind (anschaulich vgl. Hahn 2000: 99f.). Kommt Biographisches im Alltag ganz ‚nebenbei' zur Sprache und wird durch soziale Situationen wie zum Beispiel Kommunikation in der Familie bzw. ‚zu Hause', das Gespräch unter Freunden auf einem Fest oder durch die Kommunikation unter Kollegen auf der Arbeit (ausführlich zur biographischen Kommunikation im Alltag vgl. Fuchs-Heinritz 2005: 14ff.) gerahmt, zielt das durch Wissenschaft und Universität, durch das *Forschungsinteresse* mitstrukturierte Interview auf die Artikulation einer (kohärenten) Lebensgeschichte, die den Lebensverlauf eines Menschen zum Gegenstand hat. Dass sich Kommunikation im pädagogischen Kontext anders gestaltet, ist nahezu selbstevident: Die je spezifische Institution rahmt die Interaktions- bzw. Gesprächssituation, zeitliche Maßgaben, thematische Vorgaben und Zielvorstellungen sind die Regel. Doch gleichgültig, ob Meinungen, Ansichten und Selbstsichten ‚abgefragt' werden oder ob sie sich en passent entfalten – wissenschaftliches und professionelles Verstehen können sich, im Gegensatz zur Alltagskommunikation, nicht einfach auf Formen eines „emphatischen Nachvollzug(s) einlassen", wie Scholz mit Blick auf wissenschaftliche ‚Verstehensleistungen' betont (1999: 1699), sondern es bedarf eines begründeten und nachvollziehbaren Vorgehens. Mit Bezug auf autobiographische Texte konstatiert Garz:

> „Auch der vermeintlich offenkundige Text muß interpretiert werden, um einerseits der ‚Narrativen Verführung' durch das sich eindeutig Gerierende zu entgehen und um andererseits der ‚narrativen Banalisierung' zu entkommen, die nahelegt, daß alles bereits bekannt ist" (2000: 171).

Zwar wird eine *biographieorientierte* Fallarbeit in den Begegnungen mit den Klienten oder Beratungsuchenden den Raum für Erzählungen und Selbstdarstellungen möglichst offen gestalten, um Prozesse der subjektiven Sinnproduktion, um die Strukturen der aktuell geleisteten biographischen Arbeit zu verstehen, doch können sämtliche pädagogische (Teil-)Disziplinen und Praxisbereiche von den Verfahren zur Entschlüsselung des sozialen Sinns, der Selbst- und Weltentwürfen zugrunde liegt, profitieren. Methoden bietet die qualitative Forschung an. In Anlehnung an Haupert (1995) lässt sich feststellen:

> „Über die Rekonstruktion individueller Biographien gelingt es, den theoretisch und professionell-praktisch bedeutsamen Kern von Sozialarbeit, nämlich Leidensgeschichten (als Verlaufskurve) herauszuarbeiten und den notwendigen Fallbezug herzustellen" (ebd.: 41).

Über die vor allem für die Soziale Arbeit hochbedeutsame Kategorie der Verlaufskurve (s.u.) hinaus erscheint es uns wesentlich, Selbst- und Weltdeutungsmuster einer analytischen Betrachtung zu unterziehen und in die pädagogische Praxis einzubeziehen. So ist beispielsweise Krankheit nicht gleich Krankheit – sie wird gemäß subjektiver Krankheitstheorien, in denen auch Selbst- und Weltbilder eine zentrale Rolle spielen, ausbuchstabiert (exemplarisch vgl. Kapitel 4.3). Generell zielt biographische Fallrekonstruktion darauf ab, den Einzelfall als Erkenntnisquelle zu nutzen und Verstehen zu ermöglichen. Insbesondere diese Ziele korrespondieren mit Erfordernissen der Praxis: Thiersch hat diese Parallele Theorie/Praxis, wie viele andere Autoren auch, mit dem Begriff des „hermeneutisch-reflexiven Verstehens" (2002: 326) auf den Punkt gebracht. Die Kunst der Auslegung und des Verstehens ist an die ‚Entschlüsselung' der Sinnleistungen der anderen gebunden und in den meisten Fällen an das so genannte interpretative Paradigma⁹ gekoppelt – einerlei, ob es sich um Fallrekonstruktionen, um Handlungsabläufe in Institutionen oder um subjektive Konstruktionen handelt. Im Zentrum biographischer Fallrekonstruktionen steht indessen die Analyse der sozialen Wirklichkeit als einer von handelnden Subjekten sinnhaft konstruierten und intersubjektiv vermittelten Wirklichkeit, in deren Mittelpunkt das Thema Identität steht.

Das narrative Interview

Biographische Fallrekonstruktionen basieren in der empirischen Sozialforschung in den meisten Fällen auf erhobenen Lebensgeschichten. Diese sozialen Texte, die autobiographischen Stegreiferzählungen, dokumentieren Handlungsstruktur- und Deutungsmuster im Horizont von Welt und Ich. Die Attraktivität für soziale Arbeitsfelder besteht darin, dass Sichtweisen von (potenziellen) Adressaten in den Fokus rücken, wenn sie interviewt werden. Individuelle Ein- und Ansichten bezüglich zentraler Ereignisse/Erlebnisse im Lebensverlauf kommen zum Ausdruck. Aufgrund der offenen Erhebungsform vermitteln die Erzählenden, welche Erlebnisse, Ereignisse, Erfahrungen für sie „biographisch relevant" waren bzw. sind (Rosenthal 2001: 267), die Erzählung liefert Aufschluss, auf welche Weise sie „ihr Leben in einen Sinnzusammenhang, in ein Konstrukt, das wir Biographie nennen, stellen" (ebd.: 268). Qualitative Biographieforschung gründet in der Annahme, dass die Biographie des Einzelnen immer auch als soziales Konstrukt aufzufassen ist: Gesellschaftliche Strukturen und subjektive Sinnkonstruktionen werden im Kontext Biographie/Identität als sich wechselseitig hervorbringend betrachtet (vgl. u.a. Fischer-Rosenthal 1990: 19f.; Fischer-Rosenthal/Rosenthal 1997: 405ff.; Dausien 2002: 82ff.; Kade/Nittel 2003: 745; Fischer 2004). Ziel der Erhebung und Untersuchung narrativer Interviews ist es, sich mit subjektiven Sichtweisen im Spannungsfeld von Konstitution und Konstruktion zu beschäftigen. Im wissenschaftlichen Zusammenhang werden

---

9 Laut Keller handelt es sich beim interpretativen Paradigma um „theoretische und methodologische Orientierungen, die ihren wesentlichen gemeinsamen Ausgangspunkt darin sehen, daß gesellschaftliche Wirklichkeit sinnhaft konstruiert ist und von den Subjekten sowohl alltäglich wie wissenschaftlich in Verstehens- bzw. Interpretationsprozessen handelnd erschlossen wird. In der heutigen bundesdeutschen Soziologieszene lassen sich dazu all diejenigen – mitunter als ‚sozialwissenschaftliche Hermeneutik' zusammengefaßten (...) Untersuchungsperspektiven rechnen, die einen sinnverstehenden bzw. textauslegenden, hermeneutischen Zugang zu ihrem Forschungsgegenstand wählen und in der Regel mit qualitativen Methoden arbeiten" (2001: 116). Zu den Prinzipien einer interpretativen Sozialforschung vgl. auch Rosenthal 2005: 39ff.; ausführlich Bohnsack 2000.

besondere Erhebungsverfahren eingesetzt, um Lebensgeschichten ‚hervorzulocken'; etablieren konnte sich das von Schütze entwickelte biographisch-narrative Interview (vgl. u.a. Schütze 1983). Gliedert Hermanns die Erhebung in fünf Phasen, konkret in

1. Rekrutierung,
2. Einstiegsphase,
3. erzählgenerierende Eingangsfrage/Haupterzählung,
4. erzählgenerierende Nachfragen,
5. Bilanzierungsphase (1995: 184f.),

wird die Erhebung von anderen Autorinnen auch als Drei- (Schütze 1983: 285) oder Vier-Phasenprozess (Hopf 2000: 355ff.; Fischer-Rosenthal/Rosenthal 1997: 414) konzipiert.[10] Nach dem ‚Anwerben' von Interviewpartnerinnen und einer Terminvereinbarung findet zu Beginn der Begegnung ein kurzes Gespräch statt, das der Annäherung dient. Die Modalitäten des Interviews und eine Rekapitulation des (Forschungs-)Interesses stehen anschließend im Vordergrund. Informationen zur Interviewform, zur Tonbandaufnahme, zum Verwendungszweck und zum Forschungsinteresse werden ausgetauscht, die Anonymisierung der Daten wird zugesichert. Die Aufnahme beginnt in den meisten Fällen mit der Erzählaufforderung, die es den Befragten erlaubt, in einem vergleichsweise offenen Erhebungsverfahren „ein Thema in (...) eigener Sprache, in ihrem Symbolsystem und innerhalb ihres Relevanzrahmens" (Bohnsack 2000: 20; Flick 2000: 180) zu entfalten.[11] Mittels der erzählgenerierenden Eingangsaufforderung wird eine Stegreiferzählung provoziert – lebensgeschichtliche Stegreiferzählungen bedürfen der Animation durch Fragen bzw. Aufforderungen, da sie in alltagsweltlichen Kontexten so nicht hergestellt werden (Bude 1985: 334f.; Bohnsack 2000: 120; Schütze o.J.: 188, Anm. 1) –, die angesichts des insgesamt erhobenen Materials in einem Interview auch unter der Bezeichnung Haupterzählung firmiert.[12] Mit der Formulierung von Eingangsfragen wie: Würden Sie mir Ihre Lebensgeschichte erzählen, alles, was für Sie persönlich wichtig war

---

10 Zur Erhebung vgl. ferner Glinka 1998: 10ff.; Jakob 2003: 449f.; Lucius-Hoene/Deppermann 2004: 77f.; Fuchs-Heinritz 2005: 265ff.
11 Doch spielt immer auch die Interaktion zwischen den Interviewpartnern eine Rolle: Narrationen werden situationsbezogen thematisch und rhetorisch angepasst. So hängt zum Beispiel die Wahl der erzählten Episoden von unterstellten oder kommunizierten Erwartungen ab (vgl. Lucius-Hoene/Deppermann 2004: 32f.).
12 Die Haupterzählung ist leicht zu lokalisieren: Der Beginn wird meist durch die Gesprächsübernahme im Anschluss an die Eingangsaufforderung fixiert – falls sich nicht erst eine Ratifizierung des Kommunikationsschemas anschließt –, während das Ende durch eine eindeutige sprachliche Koda angezeigt wird (zur Schlusskoda vgl. Sander 2003: 44; Beispiele finden sich in Kapitel 4).

und ist?' wird Identität' ‚thematisch', durch den Erzählstimulus wird das Konzept Biographie/Lebensgeschichte, das mit chronologischer Ordnung, der Idee der Geschichtlichkeit von Identität (vgl. Lucius-Hoene/Deppermann 2004: 89) verbunden ist, aufgerufen. Der Nachfrageteil besteht in der Regel aus zwei Phasen: Zuerst werden Fragen gestellt, die erneut Erzählungen, detaillierte Schilderungen evozieren und die dem Anliegen geschuldet sind, Unklarheiten auszuräumen oder Informationen über Auslassungen zu erhalten. Den Abschluss bildet die Interviewphase, in der Argumentationen und Bilanzierungen in Gang setzende Fragen gestellt werden können. Die Verschriftlichung des Interviews ist Voraussetzung der Analyse.[13] Was die Auswertung betrifft, liegen unterschiedliche Auswertungsmethoden zur Rekonstruktion vor, und jede Methode besitzt ihre eigenen erkenntnistheoretischen Grundlagen. Hier werden vier Ansätze vorgestellt, die in der Forschungspraxis zum Einsatz kommen. Drei von ihnen, das narrationsstrukturelle Verfahren, die Objektive Hermeneutik sowie der tiefenhermeneutische Ansatz, werden skizziert. Das im Paradigma Narrative Identität angesiedelte Verfahren zur Rekonstruktion ‚erzählter Identitäten' wird in einem eigenen Kapitel (2.2) ausführlich abgehandelt, da die hier präsentierten Rekonstruktionen diesem Ansatz folgen.

Das narrationsstrukturelle Verfahren

Zu den prominentesten Auswertungsmethoden gehört das von Schütze entwickelte narrationsstrukturelle Verfahren.[14] Dieses Verfahren basiert auf erzähltheoretischen Annahmen, so unter anderem auf der These, dass drei Kommuni-

---

13 Die wichtigsten Transkriptionsregeln, die wir verwenden, sind: I. = Interviewerin; A.B. = Initialen des Erzählers (anonymisiert); (Zahl) = Sprechpausen (z.B. entspricht (3) einer Sprechpause von drei Sekunden); äh_und_dann = zusammengezogene (para)sprachliche Ausdrücke; durchgezo- = Wortabbruch; (()) = Beschreibung der parasprachlichen Äußerungen, die ein Wort, eine Aussage, ein Textstück begleiten oder sich ihm anschließen (z.B. ((fragend)), ((lachend)), ((aggressiv)), aber auch ((lautes Ausatmen)) etc.); ‚Unterstreichungen' = laut/betont; (   ) = unverständlicher Interviewauszug, der Abstand zwischen den leeren Klammern gibt in etwa die Länge der unverständlichen Interviewpassage an; (hab ich mir so gedacht) = unsichere Transkription (Textzusammenhang und Aufnahme legen die Vermutung nahe, dass der Inhalt der Klammerung dem Gesprochenen entspricht). Besonderheiten des sprachlichen Ausdrucks (zum Beispiel Dialekt) werden notiert. Allgemein zu Notationssystemen vgl. Ehlich/Rehbein 1976. Angesichts der Verschriftlichung ist zu betonen, dass die Umwandlung von gesprochenen Daten in einen Text schon als Interpretationsleistung zu betrachten ist (ausführlich Flick 2000), die die reichhaltigen Primär- (Interview) und Sekundärdaten (Tonbandaufnahme, Videoaufzeichnung) in reduzierte Tertiärdaten überführt (vgl. Kowal/O'Connell 2000: 440).
14 Hinsichtlich methodologischer und methodischer Grundlagen des narrationsstrukturellen Ansatzes vgl. im Original beispielsweise Schütze 1981; 1983; 1984; stellvertretend Jakob 2003; Brüsemeister 2000.

kationsschemata der ‚Sachverhaltsdarstellung' dem lebensgeschichtlichen Erzählen zugrunde liegen. Textsortenwissen, das in narrativen Interviews zur Anwendung kommt, steht den Sprechenden in Form von Alltagswissen zur Verfügung (vgl. Schwitalla 1997: 18); die Textsorten *Erzählen, Berichten* und *Argumentieren* gelten als typische Darstellungsverfahren im Interview (ausführlich vgl. Kallmeyer/Schütze 1977; knapp Lucius-Hoene/Deppermann 2004: 143).[15] Angenommen wird ferner, dass das Erzählen von (Lebens-)Geschichten einem formalen Aufbau folgt: Dem Erzählen liegt das Strukturmuster von thematischer *Orientierung, Komplikation* und *Auflösung* zugrunde. Des Weiteren wird vorausgesetzt, dass die Zugzwänge des Erzählens, als da wären

- *Gestaltschließung* (eine Erzählung wird begonnen und zu einem Ende gebracht),
- *Detaillierung* (die Geschichte muss so erzählt werden, dass die Zuhörerin diese nachvollziehen kann)
- sowie *Relevanzfestlegung* und *Kondensierung* (die Geschichte dreht sich um das Wesentliche),

zur Gestaltung einer Geschichte beitragen (ausführlich vgl. Schütze 1984; Kallmeyer/Schütze 1977; kurz Alheit 1984: 4f.; Lucius-Hoene/Deppermann 2004: 71; Fuchs-Heinritz 2005: 197). Neben diesen erzähltheoretisch fundierten und im Kognitiven verorteten Ordnungsschemata organisieren vier Figuren die autobiographische Stegreiferzählung. Diejenigen, die ihre Geschichte mitteilen und das gelebte Leben als Erzählung präsentieren, können auf folgende Figuren nicht verzichten:

1. Erzähler müssen sich selbst als (historisches) Ich positionieren, aber auch andere Ereignisträger und ihre Beziehungen zueinander einführen;[16]
2. Ereignisse und Erfahrungen müssen verkettet werden, in diesen Strukturmustern spiegelt sich zugleich die Haltung der Erzählenden (Prozessstrukturen);

---

15 Textsortenwissen ist für Rekonstruktionen von Bedeutung, um zum Beispiel den Schritt der Wissensanalyse (vgl. Anm. 19) zu realisieren (ausführlich zu Textsorten im Verlauf).
16 Das Ich in der Erzählung wird gelegentlich auch als Biographieträger bezeichnet; anderenorts sprechen Kallmeyer/Schütze von Geschichtenträgern (1977: u.a. 172), eine Bezeichnung, die sich sowohl auf das autobiographische Ich als auch auf die so genannten Ereignisträger beziehen kann. Zu betonen ist in diesem Zusammenhang, dass es sich bei Ereignisträgern nicht um Personen handeln muss. Gegenstände, um die sich die Erzählung rankt, wie beispielsweise das Auto, können im Zentrum erzählender Darstellung stehen (vgl. ebd.: u.a. 176, 186, 201).

3. soziale Situationen, Lebenswelten etc. stellen Bedingungs- und Orientierungsrahmen sozialer Prozesse dar, die thematisiert werden müssen, damit die Präsentation einer Geschichte gelingt;
4. die Erzählung basiert auf einer Gesamtgestalt, (nahezu) jede erzählte Lebensgeschichte besitzt ein übergeordnetes Thema. Ein fortlaufendes Thema organisiert die Erzählung über die präsentierten Stationen, Episoden, Ereignisse hinweg, auch wenn das Thema nicht in jedem Segment im Mittelpunkt steht, sondern in den Hintergrund rücken und zusammen mit anderen Themen verhandelt werden kann (ausführlich vgl. Rosenthal 1995: 49ff.).[17]

Die zweite kognitive Figur des autobiographischen Stegreiferzählens wird von Schütze differenziert erörtert (vgl. Schütze 1984: 92ff.; ausführlich ders. 1981). Die als Modi lebensgeschichtlicher Erfahrungsaufschichtung interpretierten Strukturmuster fasst von Felden zusammen: „Schütze hat vier Prozessstrukturen unterschieden, die als heuristische Modelle die Auswertung steuern:

1. Biographisches Handlungsschema: Fühlte sich der Mensch in bestimmten Phasen seines Lebens als aktiv Handelnder, als Mitgestalter seines Lebens?
2. Institutionelle Ablaufmuster: Stellt der Mensch bestimmte Phasen als gesellschaftlich erwartbaren Lebensablauf dar?
3. Verlaufskurven: Fühlte er sich in bestimmten Phasen als Mensch, der nur auf für ihn fremde und ihm übermächtig erscheinende Rahmenbedingungen mühsam reagieren konnte?
4. Wandlungsprozesse: Stellt er Phasen dar, in denen er von Veränderungen seiner Erlebnis- und Handlungsmöglichkeiten überrascht war?" (2006: 73).

Werden die Prozessstrukturen im Zitat im Hinblick auf ihre analytische Funktion thematisiert, ist doch zu betonen, dass sie, ebenso wie die vorab thematisierten Strukturmuster des Erzählens, der formalen Gliederung des Textes, der Einteilung in Segmente zugrunde liegen. Zu beachten ist bei der Segmentierung, einem formalen Analyseschritt, dass die Lebensgeschichte aus (zusammenhängenden) Abschnitten besteht: Der Erzähler markiert die Abschnitte im Sprechen. Der Wechsel der Prozessstrukturen in der Darstellung, die Gliederung in Lebensphasen im Erzählen (Stichwort Chronologie), zeitliche Schwellen, Rahmenschaltelemente, Erzählgerüstsätze, die den Auftakt markieren, und Bilanzen oder „eigentheoretische Kommentare", die eine geschilderte Episode ausleiten, lassen den Beginn bzw. das Ende des Segments erkennen (vgl. Detka 2005: 354f.). Zur Segmentierung führt Schütze aus:

---

17 Die Rekonstruktion der Gestalt ist von Rosenthal dezidierter als von Schütze ausgearbeitet worden. Die Differenzierung in Thema, thematisches Feld, thematischer Rand hilft, der Gestalt auf die Spur zu kommen.

„Standardmittel der natürlichen Erzählsegmentierung sind Rahmenschaltelemente wie ‚ja und dann', ‚jetzt war folgendes' – dies gewöhnlich in Verbindung mit der auffälligen Schlußintonation des vorhergehenden Darstellungsteils, d.h. einer schnell sinkenden Stimme zum Schluß des vorlaufenden Redeabschnitts und einer daran anschließenden kurzen oder längeren Pause. Zudem wird die natürliche Darstellungssegmentierung dadurch vollzogen, daß die segmentierten Erzähleinheiten in der Regel zumindest durch Ansätze einer Ankündigung des nunmehr Darzustellenden eingeleitet sowie durch eine ergebnissichernde Schlußbemerkung oder gar Zusammenfassung, dies häufig in Verbindung mit einer Bewertung und theoretischen Kommentierung des narrativ Dargestellten, ausgeleitet werden" (Schütze o.J.: 99, exemplarisch vgl. Kapitel 2.2.1).

Im Anschluss an die formale Textgliederung wird eine strukturell-inhaltliche Beschreibung der Erzählsegmente durchgeführt. Ziel dieses Auswertungsschrittes ist es, die faktische Erfahrungsaufschichtung zu rekonstruieren, den oben beschriebenen Prozessstrukturen kommt, in ihrer Eigenschaft „als Repräsentanten grundsätzlicher Haltungen gegenüber lebensgeschichtlichen Erfahrungen" (Kraimer 2000: 39) wesentliche Bedeutung zu. In einem dritten Schritt werden die Ergebnisse der strukturellen Beschreibung zusammengefasst. Im Zuge der analytischen Abstraktion werden wiederkehrende Muster der biographischen Entwicklung – thematisch und strukturell – herausgearbeitet (vgl. Detka 2005). Die Feinanalysen des empirischen Materials werden oft mithilfe der in der Grounded Theory verankerten Auswertungsschritte – mithilfe des methodischen Verfahrens des Codierens (vgl. Ricker 2000: 74ff., Tiefel 2003: 155f.; im Original z.B. Strauss/Corbin 1996: 43ff.) – organisiert.[18] Zusammenfassend ist festzuhalten, dass der Schütze'sche Ansatz narrationsstrukturell angelegt ist und die Dimension der Erfahrung im Mittelpunkt der Analysen steht:

„Dabei ist es also auch Ziel der Erzählanalyse des narrativen Interviews, zu den *Orientierungsstrukturen* vergangenen Handelns und Erleidens vorzudringen, also zu jener mit (auch weit zurückliegendem) biographischem Handeln unmittelbar verbundenen Erfahrung, welche von der zum Zeitpunkt der Erzählung sich vollziehenden Erfahrungsrekapitulation zwar überformt ist (...), diese Überformung aber (...) als solche erkennbar bleibt" (Bohnsack 2000: 121, Hervorhebung im Original).[19]

---

18 Die Grounded Theory liefert in biographietheoretischen und -analytischen Untersuchungen meistens das methodologische Rahmenkonzept (vgl. auch Kraimer 2000: 39f.).
19 Die Rekonstruktion des Vergangenen ist mit dem Konzept der Wissensanalyse verbunden. Schütze sieht zuerst die Interpretation narrativer Passagen vor (1983: 276), anschließend werden theoretisierende, evaluative oder argumentative Passagen untersucht und mit Ergebnissen narrativer Segmente kontrastiert (vgl. Wohlrab-Sahr 2002: 7). Auf diese Weise wird die systematische Wiederherstellung der „Orientierungs-, Verarbeitungs-, Deutungs-, Selbstdefinitions-, Legitimations-, Ausblendungs- und Verdrängungsfunktion" möglich (Schütze 1983: 287).

Erfahrungen wiederum lassen sich an die Dimensionen ‚Identität', ‚Lernen' und ‚Bildung' rückbinden – eine Option, die den biographischen Ansatz für eine erziehungswissenschaftliche Biographieforschung interessant werden lässt (stellvertretend vgl. Krüger 2003; von Felden 2006).

Objektive Hermeneutik

Steht bei dem narrationsstrukturellen Verfahren der Zugang zu unterschiedlichen zeitlichen Dimensionen der Erfahrungsaufschichtung im Vordergrund, handelt es sich bei der Objektiven oder Strukturalen Hermeneutik um ein Verfahren, das lebensgeschichtliche Erzählungen zuallererst als *Texte* begreift, in denen sich bestimmte Ebenen unterscheiden lassen: Differenziert wird zwischen einer Textoberfläche, die auch als formale (syntaktische) Ebene bezeichnet wird, und einer semantischen, tiefenstrukturellen Ebene der Bedeutungen.[20] Objektive Hermeneutik basiert auf der theoretischen Annahme, dass menschliches Handeln, zu dem auch das Sprechen zählt, sozial strukturiert bzw. regelhaft organisiert ist. Der Begriff der *Struktur* – häufig wird die Bezeichnung *Regel* synonym verwendet – spielt dementsprechend eine zentrale Rolle. Oevermann siedelt Strukturen als dritte Welt zwischen Natur und Kultur an und bestimmt sie als „Realität sui generis" (Reichertz 1995: 224). Unterschieden wird zwischen universalen Strukturen und Strukturen größerer oder geringerer historischer Reichweite – unterliegen Letztere Transformationsprozessen, reproduzieren sich Erstere vor allem. Grammatik, Logik, Moral und Vernunft zählen zu den Universal- und Bedingungsstrukturen menschlichen Handelns und werden von Oevermann als weitgehend stabil eingeschätzt (vgl. ebd.; im Original u.a. Oevermann 1986: 29, 33). Diese Strukturen stellen letztlich die Grundlagen für menschliche Verständigung, für Kommunikation und Handlung, aber auch für die Interpretation bereit. Dem Konzept liegt ferner eine sozialisatorische Komponente zugrunde: Institutionen wie Familie, Kindergarten, Schule oder Beruf sind für die Vermittlung Sinn generierender Muster zuständig (vgl. Bohnsack 2000: 86ff.). Der gesellschaftlich-kulturelle Hintergrund, der im Prinzip kulturell eingespielte Normalitätsvorstellungen generiert, wird in jeder menschlichen Handlung als latente – sprich: als nicht offenkundige – objektive soziale Sinnstruktur wirksam. Objektive Strukturen sozialer Differenzierung, wie beispielsweise institutionalisierte Verhaltensweisen (Rollenverhalten in Beziehungen,

---

20 Hinsichtlich methodologischer und methodischer Grundlagen vgl. im Original beispielweise Oevermann u.a. 1979; Oevermann 1986; 1988; 2000; stellvertretend Garz 2003; Garz (Hg.) 1994; Schulze 2003; Reichertz 2000; 1995; 1994; Kraimer (Hg.) 2000; Rosenthal 1995; 2005: 71ff.

Familie oder Beruf), entwicklungstypische Verhaltensmuster (Kindheit, Jugend, Erwachsenenalter) oder milieuspezifisch geprägte Strukturmuster zeitigen Effekte, die dem Menschen nicht ohne weiteres zugänglich bzw. bewusst sind. Funktion und Gesetzmäßigkeit der Strukturen können nur reflexiv erschlossen werden, dem Agierenden bleiben sie in der Regel verborgen (vgl. Oevermann 1986: 55): „Mit dem Begriff von den latenten Sinnstrukturen werden objektive Bedeutungsmöglichkeiten als reale eingeführt, unabhängig davon, ob sie von den an der Interaktion beteiligten Subjekten intentional *realisiert* wurden oder nicht" (Oevermann u.a. 1979: 381, Hervorhebung im Original). Die Differenzierung zwischen „objektiven Möglichkeiten" und „wirklichen Verläufen" (ders. 2000: 69) ist einer der zentralen Ansatzpunkte im Prozess der Rekonstruktion. Im Zuge der Auslegung des empirischen Materials gilt es, die Ebene der manifesten, realisierten Sinnstrukturen und die Ebene der objektiven Sinnstrukturen zu kontrastieren, das Vorgehen gestaltet sich sequenzanalytisch:

> „Die *Sequenzanalyse* geht von der elementaren Feststellung aus, daß alle Erscheinungsformen von humaner Praxis durch Sequenziertheit strukturiert bzw. konstituiert ist. Darunter wird hier nicht die triviale Form von Temporalisierung im Sinne eines zeitlichen Nacheinanders verstanden, sondern der nicht-triviale Umstand, daß jegliches Handeln und seine kulturellen Objektivierungen qua Regelerzeugtheit soziales Handeln sind. (...) Regelerzeugung bedeutet in sich Sequenzierung. Jedes scheinbare Einzel-Handeln ist sequentiell im Sinne wohlgeformter, regelhafter Verknüpfungen an ein vorausgehendes Handeln angeschlossen worden und eröffnet seinerseits einen Spielraum für wohlgeformte, regelmäßige Anschlüsse" (Oevermann 2000: 64, Hervorhebung im Original).

Die Auslegung einer (Interview-)Sequenz verlangt zunächst, dass das Textmaterial gemäß dem Wortlaut paraphrasiert wird (vgl. Oevermann u.a. 1979: 395, 359). Extensive und spekulative Auslegungen, die sich im Feld „pragmatischer Erfüllungsbedingungen" (Oevermann 2000: 69f.) bewegen, sollen im Anschluss gewagt werden:

> „Sie [die Sequenzanalyse, B.G./H.R.G.] prozediert im Grundzug so, daß zunächst mit Bezug auf den ersten Parameter an einer gegebenen Sequenzstelle die durch den sie füllenden Akt bzw. das füllende Ausdruckselement regelmäßig eröffneten wohlgeformten Anschlußmöglichkeiten, die pragmatische Erfüllungsbedingungen genannt werden, expliziert werden (analog zu Max Webers ‚gedankenexperimenteller' Explikation von ‚objektiven Möglichkeiten'). Sodann wird auf dieser Kontrastfolie das tatsächlich sich daran anschließende nächstfolgende Sequenzelement einer Fallstruktur oder mehreren, ineinander gebetteten zugerechnet und in seiner objektiven Bedeutung bestimmt" (ebd.: 69; ebenso Oevermann 1986: 41; Oevermann u.a. 1979: 358f.).

Der Text wird daraufhin überprüft, ob die Anwendung oder Abweisung einer als geltend gesetzten Norm/Regel[21] vorliegt, der Begriff der Wohlgeformtheit ist hier ausschlaggebend. Im Zuge der Rekonstruktion gehen die Vertreterinnen der Strukturalen Hermeneutik davon aus, dass der Fall eine „Eigenlogik" besitzt (vgl. Oevermann 2000: 69), die sich durch die Kontrastierung des Materials mit den Erfüllungsbedingungen zu erkennen gibt. Ein Zusammenfallen der (hypostasierten) Regeln mit den im Text präsentierten Handlungs- und Deutungsmustern ist die Ausnahme, nicht die Regel. Dies hängt unter anderem mit der Annahme zusammen, dass die „Entstehung des Neuen, der Wandel des Sozialen" als Normalfall betrachtet wird (Kraimer 2000: 33; Oevermann 2000: 72f.), doch auch Pathologien können sich auf diese Weise zeigen (Oevermann 2000: 70). In der ‚Differenz' zeigt sich also das Besondere des Falls, die Fallstruktur, die allerdings erst im Anschluss an die Analyse mehrerer Handlungssequenzen generalisiert werden kann:

> „Eine in der Perspektive extensiver Sinnauslegung strikt sequenzanalytisch vorgehende Rekonstruktion der objektiven Sinnstrukturiertheit einer Handlungssequenz (und des korrespondierenden Handlungsproblems) liefert die Basis einer Strukturgeneralisierung in Form einer Strukturhypothese. Das sequenzanalytisch rekonstruierte Strukturierungsprinzip ist dann als zu widerlegende Strukturhypothese für weitere, ebenfalls in der Perspektive extensiver Sinnauslegung strikt sequenzanalytisch vorgehende, Einzelinterpretationen fallibilistisch zu benutzen" (Sutter 1994: 54).

Erst die Zusammenschau der „gewonnenen Einzelergebnisse" erlaubt die Generalisierung in Form einer generativen „Fallstrukturformel" (ebd.). Anders formuliert: Findet die zu überprüfende Fallstrukturhypothese im Verlauf der Interpretation weiterer Sequenzen Bestätigung, ist die Rekonstruktion beendet. Die feinanalytische Betrachtung des gesamten Interviewtextes ist unnötig, die erste Fallstrukturhypothese, so Oevermann, lässt sich spätestens nach zwei Seiten Transkriptanalyse formulieren (vgl. ders. 2000: 71).

Erwähnenswert ist, dass es sich bei der Sequenzanalyse gewiss um das Verfahren handelt, das meistens mit dem Begriff der Objektiven Hermeneutik assoziiert wird. Reichertz aber lokalisiert insgesamt vier Varianten einer Strukturalen Hermeneutik (vgl. ders. 1994: 129f.), von denen zumindest das Verfah-

---

21 Sutter spricht in Anlehnung an Oevermann von „clear cases", die konstruiert werden. Der gedankenexperimentelle Entwurf eines „Klaren-Falls-von" dient als Kontrastfolie, auf der Rekonstruktionen basieren (1994: u.a. 59). Wernet führt das Interpretationsprinzip des Ersetzungstests ein, um Kontrastierungen zu ermöglichen: „*Ersetzungstests* verdeutlichen die Besonderheit einer Textbedeutung. Ersetzungstests folgen der gedanklichen Operation des *kontrastierenden* Gedankenexperiments. Letzteres formuliert einen Kontext, in dem der Text eine inadäquate Äußerung darstellen würde. Ersetzungstests stellen Textalternativen vor, die motivierte Abweichungen zu dem tatsächlich vorliegenden Fall aufzeigen" (ders. 2000:74).

ren der Interpretation objektiver Daten zusätzlich angesprochen werden soll. Dies ist insofern gerechtfertigt, als dass dieses Vorgehen Eingang in die interpretative Sozialforschung und insbesondere in die Biographieforschung gefunden hat (vgl. z.B. Rosenthal 1995; Fehlhaber 2007; Haupert/Kraimer 1991; Kraimer 2000; Fischer 2002; 2004; Neubert 2007). Die Interpretation objektiver Daten ist der Fallrekonstruktion ‚vorgestaltet'. Reichertz beschreibt den Vorgang in Anlehnung an Oevermann wie folgt:

> „(1) Man beginnt die Fallrekonstruktion mit der Auslegung der Daten des Falles, die ‚am ehesten unzweifelhafte Objektivität besitzen' (...) und sozialwissenschaftlich relevant sind. (2) Diese Daten sind als interpretierbarer Text zu behandeln. (3) Dieser ‚Handlungstext' (...) ist als ‚erster Textausschnitt' (...) besonders extensiv zu interpretieren" (1994: 131).

Sozialstrukturelle Daten – wie Alter, Einkommen, Vermögen, Beruf etc. – und sozialgeschichtliche Daten – wichtige Stationen im Leben wie Eheschließung, Einkommensentwicklung, aber auch gesellschaftliche Rahmendaten wie beispielsweise die deutsche ‚Wiedervereinigung' oder ‚der 2. Weltkrieg' – werden genutzt, um auf dieser Basis eine „Normalitätsfolie" zu entwickeln (ebd.: 132). Idealtypisch wird also so etwas wie eine ‚Normalbiographie', ein erwartbares Ablaufmuster hypostasiert, auf dessen Grundlage sich die Besonderheiten des Falls abheben können (vgl. ebd.: 132ff.): „Die Vordeutung des Falles durch die Interpretation objektiver Daten macht es möglich, gezielt Fragen an den jetzt zu untersuchenden Text zu stellen" (ebd.: 136). Ein letzter Kommentar sei erlaubt, um die Objektive Hermeneutik aus- und das psychoanalytische Verfahren einzuleiten: Idealerweise wird in Gruppen- bzw. Arbeitszusammenhängen interpretiert – was auch für den narrationsstrukturellen Ansatz gilt.

Psychoanalytische Verfahren

Während sich die Objektive Hermeneutik die Regelhaftigkeit des menschlichen Daseins bei der Analyse zunutze macht, wendet sich der tiefenstrukturell angelegte psychoanalytische Ansatz „den über die Psyche vermittelten Orientierungen und dem *psychisch* Unbewussten zu" (Bohnsack 2000: 83, Hervorhebung im Original). Den Begriff des *Unbewussten* definiert Freud aus psychoanalytischer Warte folgendermaßen:

> „Eine Vorstellung – oder jedes andere psychische Element – kann jetzt in meinem Bewußtsein *gegenwärtig* sein und im nächsten Augenblick daraus *verschwinden*; sie kann nach einer Zwischenzeit ganz unverändert wiederum auftauchen, und zwar, wie wir es ausdrücken, aus der Erinnerung, nicht als Folge einer neuen Sinneswahrnehmung. Um dieser Tatsache Rechnung zu tragen, sind wir zu der Annahme genötigt, daß die Vorstellung auch während der Zwi-

schenzeit in unserem Geiste gegenwärtig gewesen sei, wenn sie auch im Bewußtsein *latent* blieb. In welcher Gestalt sie aber existiert haben kann, während sie im Seelenleben gegenwärtig und im Bewußtsein *latent* war, darüber können wir keine Vermutungen aufstellen. (...) Wir wollen nun die Vorstellung, die in unserem Bewußtsein gegenwärtig ist und die wir wahrnehmen, ‚bewußt' nennen (...); hingegen sollen latente Vorstellungen, wenn wir Grund zur Annahme haben, daß sie im Seelenleben enthalten sind – wie es beim Gedächtnis der Fall war – mit dem Ausdruck ‚unbewußt' gekennzeichnet werden. Eine unbewußte Vorstellung ist dann eine solche, die wir nicht bemerken, deren Existenz wir aber trotzdem auf Grund anderweitiger Anzeichen und Beweise zuzugeben bereit sind" (Freud 2006: 203f., Hervorhebungen im Original).

Die psychoanalytische Textinterpretation wird von der Annahme getragen, dass im menschlichen Leben negative (frühkindliche) Interaktionserfahrungen – Stichworte: Schuld, Scham, Trauma, unangenehme Erfahrungen/Empfindungen – unbewusst verdrängt werden. Ihre Wirkungen entfalten sich hingegen nichtsdestotrotz im aktuellem Erleben und Verhalten. In diesem Ansatz wird der vorliegende Text als Oberflächenphänomen behandelt und die ihm zugrunde liegenden Strukturen im Sinne verdrängter Anteile und unbewusster Inhalte interpretiert.

„Die Analyse richtet sich auf die bewussten und unbewussten Lebensentwürfe, die in den über Text (...) transportierten sozialen Interaktionen inszeniert werden. Es wird eine Doppelbödigkeit sozialer Handlungsabläufe unterstellt, der entsprechend sich die Bedeutung von Interaktionen in der Spannung zwischen einem manifesten und einem latenten Sinn entfaltet" (König 2000: 556f.).

Zwar wird hier, wie in der Strukturalen Hermeneutik, zwischen Latentem und Manifestem unterschieden, doch fokussiert die Analyse statt das sozial Geregelte das Unbewusste. Zunächst geht es in der Interpretation um das Erfassen des manifesten Textes. Dieser Auswertungsschritt folgt der Frage: Lassen sich auf der textuellen Ebene Ungereimtheiten, Leerstellen, Brüche, Widersprüche erkennen? Solche ‚Irritationen' liefern Hinweise auf einen verborgenen Sinn, der verdrängte Anteile oder unbewusste Inhalte widerspiegelt. Von den irritierenden Passagen, den so genannten Schlüsselszenen, ausgehend werden psychologische Verstehensprozesse eingeleitet: „Der Zugang zum latenten Sinn, der über Schlüsselszenen zugänglich wird, die sich als inkonsistent erweisen, erschließt sich dadurch, dass die Interpreten den Text (...) auf das eigene Erleben (,szenische Teilhabe') wirken lassen" (König 2000: 557). Das Konzept des szenischen Verstehens ist insbesondere von Lorenzer entwickelt bzw. ausformuliert worden. Es „wurzelt in der Identifizierung, es gründet darin, daß der Analytiker an der Szene des Patienten verstehend teilhat" (Lorenzer 1972: 179). Lorenzer betont, dass das psychoanalytisch inspirierte Verstehen genau genommen keine Form der Textanalyse darstellt. Im Zentrum des verstehenden Vorgangs steht vielmehr die „Artikulation des eigenen Verhältnisses zum (Mitteilungs-)Text des Patienten. Nicht das Verstehen bildet das Zusammenspiel, sondern die Wirklichkeit des szenischen Zusammenspiels konstitutiert [sic!] das Verstehen" (Lorenzer 1983: 113). Die Psychoanalyse und deren hermeneutische Verstehensprozesse begreifen Texte als Inszenierung lebensweltlicher Handlungs- und Erfahrungskontexte: „Der maßgebliche Gehalt des szenischen Verstehens liegt (...) in der impliziten Chance, gerade die von Sprache abgekoppelten Verhaltensentwürfe – die als Inszenierungen nach Ausdruck suchen – erkennen zu können" (Dörr 2004: 134). Der Text dokumentiert immer zugleich den Umgang „der ErzählerInnen mit ihren latenten Konflikten" (Schreiber 2006: 118), erweist sich als Ausdruck der „prägenden Themen einer Lebensgeschichte", die „nicht manifest mitgeteilt" werden können (ebd.) und die in der Lage sind, „unbewusste Lebensmuster" (ebd.: 113) zu generieren. Folglich ist die Analyse auf eine Praxis des Zwischen-den-Zeilen-Lesens, auf das Entziffern des „Unausgesprochenen", des „Verborgenen" angewiesen (vgl. Griese 2007a: o.S.), das über das Prinzip des ‚Sich-Einfühlens' organisiert wird. Den nichtartikulierbaren Erfahrungen oder Traumata verhilft die psychoanalytischen Idee von Übertragung und Gegenübertragung in den Raum des Artikulierbaren. Dieses Prozedere beschreibt Schreiber in Anlehnung an Erdmann:

„Dazu [zur Lokalisierung (sprachlich) nicht symbolisierbarer Erfahrungen, B.G./H.R.G.] dienen Gegenübertragungen, die sich in ‚Stimmungen, Impulsen, Verhaltensweisen, Einstellungen oder anderen psychischen Problemen' (...) manifestieren. Interpretiert werden also Gefühle, Körperreaktionen, Gedanken und Phantasien, die in einer Situation auf das Gegenüber oder das Interview übertragen werden" (2006: 117).

Neben der Suche nach den Passagen, in denen sich Verdrängtes oder Tabuisiertes zeigt, und dem Auffinden von Schlüsselszenen/-erlebnissen, die mithilfe der Prinzipien szenisches Verstehen, Empathie und Perspektivübernahme entschlüsselt werden (vgl. ebd.: u.a. 120), verlangt die Interpretation eine hochgradig engagierte Form der Selbstreflexion, um eigene Verdrängungsleistungen (Stichworte: Selbsterkenntnis, Lern-/Bildungsprozesse) und das Involviertsein im Rahmen des Forschungsprozesses transparent zu machen (vgl. ebd.: 116) Im Zuge der Analysen wird der manifeste Gehalt der Erzählung nicht ignoriert, das Verstehen, als Ziel der Fallrekonstruktion, konzentriert sich jedoch auf die unartikulierten, nur implizit vorliegenden Lebensthemen und auf die Identitätsentwicklung – unter Berücksichtigung möglicher Beschädigungen – im Laufe der (Lebens-)Zeit.

In der psychoanalytisch orientierten Auswertung empirischen Materials ist die These des Unbewussten höchst bedeutungsvoll, im Auswertungsprozess wird den reflektierten, ggf. supervidierten Empfindungen der Forscherin außerordentliche Relevanz zuteil. Da den Dimensionen des Unausgesprochenen und der Empathie im Kontext von Übertragung und szenischem Verstehen in der Interpretation eine so immense Rolle zufällt, kann, in Anlehnung an Bartmann, die sich mit der Arbeit Schreibers auseinandersetzt, formuliert werden:

> „Sicherlich bleibt dieser Ansatz punktuell diskussionswürdig, da sich die Frage aufdrängt, inwieweit diese Deutungen zu stark von der Interviewerin abhängig sind; auch bliebe zu klären, in welchem Verhältnis sie zu gängigen Gütekriterien wissenschaftlicher Forschung stehen" (2006a: o.S.).

Garz beschäftigt sich grundsätzlich mit dem Zusammenhang zwischen psychoanalytischen Ansätzen und dem Methodenkanon rekonstruktiver Forschung:

> „Weiterhin ist für die Begründung rekonstruktiver Verfahren bedeutsam, dass sie ergebnisoffen vorgehen, also das zu interpretierende Material nicht unter bereits bestehende Theorien subsumieren. Dieses Argument spricht beispielsweise dagegen, die an die Psychoanalyse angelehnten Verfahren von Lorenzer über Leithäuser bis zu König als rekonstruktiv zu bezeichnen" (Garz 2007: 15).[22]

Auch uns scheint die Einordnung der überaus voraussetzungsvollen psychoanalytischen Ansätze in den Kanon der rekonstruktiven Methoden nicht unmittelbar schlüssig. Doch wie den vorangehenden Darstellungen zu entnehmen ist, beziehen sich sämtliche der vorgestellten Ansätze auf unterschiedliche methodologische bzw. erkenntnistheoretische Grundlagen. Der Ansatz Schützes verschränkte kognitionswissenschaftliche, identitäts- und erzähltheoretische Perspektiven, während die Objektive Hermeneutik in der sozialen Strukturiertheit menschlichen Handelns ihren besonderen Ort findet. Psychoanalytisch oder sozialpsychologisch orientierte Ansätze wiederum verschränken (Entwicklungs-)Psychologie und Lebensgeschichte miteinander. Gemeinsam ist den Ansätzen, dass sie gelungene respektive problematische Identitätsentwicklung im Laufe des Lebens bzw. im Verlauf der Sozialisation thematisieren. So hält Kraimer allgemein mit Blick auf die Biographieforschung fest:

> „Dieses Forschungsgebiet – mit langer Tradition in den Literaturwissenschaften, der Pädagogik, Psychologie und Soziologie – beschreibt ein (...) Interesse an der *Rekonstruktion der Genese des Subjekts*. Zentrale Impulse für die Wertschätzung und Entwicklung der sog. *biographischen Methode* stammen aus dem pädagogischen Forschungsinteresse an dem Curricu-

---

22 Obwohl die theoretischen Annahmen, die die Analyse begleiten, oft implizit bleiben, ist festzustellen, dass die Idee der „Umwandlung der Elternbeziehung in das Über-Ich" (Freud 1991: 65) in der Auslegung zum Zuge kommt. Den Interpretationen liegen also gelegentlich psychoanalytische Konzeptionen von der Entwicklung einer Ich-Identität zugrunde. Identität kann sich in der Lebenszeit dann ‚positiv' entfalten, wenn die dyadische Mutter-Kind-Beziehung und der Prozess der Triangulation (die Beziehung Vater, Mutter, Kind) ebenso ‚normal' verlaufen wie die in der Adoleszenz zu realisierende Ablösung von den Eltern (vgl. Griese 2007a: o.S.).

lum vitae, an der *Bildungsgenese*, aus dem psychiatrischen, psychoanalytischen und individualpsychologischen Forschungsinteresse an der Biographie des Kranken, der *Psychogenese* sowie dem soziologischen Forschungsinteresse an sozialen Problemen und deren *Soziogenese*" (Kraimer 2000: 38, Hervorhebungen im Original).

Abschließend ist festzuhalten, dass Auswertungsverfahren und Perspektiven in der Forschungspraxis verschränkt werden können. So arbeiten beispielsweise Fischer, Haupert, Kraimer, Schiebel, Fabel, Neubert oder Rosenthal, um nur einige Autorinnen zu nennen, mit der Objektive Hermeneutik und dem narrationsstrukturellen Ansatz. In einigen Untersuchungen kommen sozialpsychologische (vgl. u.a. Rosenthal 1998, Rosenthal/Völter/Gilad 1999) oder psychoanalytische Ansätze (Schreiber 2006) in Kombination mit narrationsstrukturellen Auswertungsverfahren zum Einsatz. Darüber hinaus liegen natürlich Forschungsarbeiten vor, die in einem der Gedankengebäude ihre Heimat finden (für den narrationsstrukturellen Ansatz vgl. z.B. Bartmann 2006b, Richter 2006 oder Riemann 1987, für Fallrekonstruktionen im Paradigma der Objektiven Hermeneutik vgl. Haupert 1997). (Entwicklungs-)Psychologische bzw. psychoanalytische Deutungsmuster und Perspektiven finden sich aber auch in Rekonstruktionen, die in der Objektiven Hermeneutik verankert sind (vgl. Fehlhaber 2007; Garz 2007; Oevermann 1981; 2000: 69). Zur Rekonstruktion von Ich und Welt in autobiographischen Stegreiferzählungen bietet sich zudem das Konzept Narrative Identität (erzählte Identität(en)) an, das ebenfalls Auswertungsstrategien bereitstellt. Da wir Rekonstruktion in diesem Paradigma betreiben, werden grundlegende Annahmen und Auswertungsschritte im folgenden Kapitel detailliert vorgestellt.

2.2 Rekonstruktion im Paradigma Narrative Identität

Auch wenn sich die Entscheidung, welcher Weg bei der Auswertung zu beschreiten ist, in der Forschungspraxis immer am konkreten Erkenntnisinteresse auszurichten haben wird (vgl. Jureit 1999: 109f.; Lutz 2000: 181), lohnt es sich doch, vorab zwei Gründe anzuführen, die unsere Präferenz für den Ansatz begründen: Zum einen wird mit dem Verzicht auf die Rekonstruktion einer Sozio- oder Psychogenese die Gefahr einer Fixierung des Gegenübers auf eine im Verlauf des Lebens gewonnene bzw. gewordene Identität minimiert. Die Konstruktion von Identität und sozialen Welten sind im Ansatz der erzählten Identität als aktuelle Leistungen des Sprechenden zu betrachten; Optionen einer Typisierung oder Generalisierung werden auf diese Weise eingeschränkt. Zum anderen können im Gedankengebäude der erzählten Identität(en) Fallrekonstruktionen forschungsökonomisch realisiert werden, indem Abkürzungsstrategien genutzt werden: Den Ein- und Ausgangssegmenten einer autobiographischen Stegreiferzählung kommt im Kontext der (Re-)Konstruktion von Identität besondere Bedeutung zu. Das Konzept Narrative Identität, das hier bevorzugt wird, stellt aus psychologischer Perspektive, aus (sprach)philosophischer und erzähltheoretischer Perspektive, die wir zugrunde legen, Interpretationsstrategien bereit. Im Vergleich zur Objektiven Hermeneutik oder dem narrationsstrukturellen Verfahren ist zu erwähnen, dass dieses Konzept bisher empirisch nicht so systematisch erprobt wurde (kritisch vgl. Liebsch 2002: 142ff.; Mey 1999: 83) wie die vorab vorgestellten Verfahren, auch wenn Wohlrab-Sahr diesen Ansatz bereits als dritten analytischen Zugang bezeichnet (2002: 17f.).

Das Paradigma Narrative Identität ist deshalb interessant, weil die allgemeinen und institutionellen Rahmenbedingungen wissenschaftlicher und beruflicher Praxis in einigen Punkten grundverschieden sind. Wissenschaftlerinnen müssen nicht mit Patienten, Klienten oder Kundinnen interagieren, ‚Probleme' angehen, sie können sich zeit-, handlungs- und entscheidungsentlastet (Riemann 1991: 261) mit Phänomen sozialer Welt(en) oder Identitätskonstruktionen beschäftigen. Im Rahmen des narrationsstrukturellen Verfahrens liegt beispielsweise die Analyse sämtlicher Segmente der Fallrekonstruktion zugrunde, ein zeit- und arbeitsaufwendiges Vorgehen. Um zu Aussagen über die Form der je spezifischen und doch sozialen Identitätskonstruktion im Zuge der Beschäftigung mit narrativer Identität(en) zu kommen, ist eine intensive Analyse des ersten Segments der Haupterzählung sowie eine detaillierte Betrachtung des Schlusses notwendig. Auf Basis dieser Interpretationen lassen sich die wesentlichen Strukturelemente der Erzählung rekonstruieren und zwar sowohl in formaler als auch in inhaltlicher Hinsicht. Der Ansatz bietet, neben diesen Abkürzungsstrategien, die im weiteren Verlauf theoretisch begründet und skizziert werden, einen weiteren Vorteil. Verursacht das Paradigma Narrative Identität in der erziehungswissenschaftlichen Biographieforschung aufgrund der Konzeptionalisierungen von Biographie, Identität und (sozialer) Zeit Reibung, erscheint es im Horizont von Praxis als Chance:

„Die Rekonstruktion von *Prozessen*, deren Zeitlichkeit den Akt der Hervorbringung im Handlungsvollzug überschreitet – seien es nun Lern- und Bildungsprozesse oder Persönlichkeitsentwicklung, die unter anderem auf eine Definition von Erfahrung angewiesen sind, die sich nicht in einer Definition von narrativen, wahrnehmbaren Anfängen und Schlüssen erschöpfen kann [ausführlich s.u., B.G./H.R.G.] –, lässt sich im strengen Sinn nicht im Paradigma Narrative Identität verankern. Den Vollzug überschreitendes *Prozessorales*, gleichgültig, ob ein Ausgangspunkt im Vergangenen gewählt und mit Blick auf die Entwicklung hin auf eine Gegenwart untersucht oder künftige Entwicklungen prognostiziert werden sollen, gerät in wie immer geartetes Außerhalb, auf jeden Fall außerhalb der Reichweite empirischer Rekonstruktion, wenn Identität als ‚diskursiver Effekt', Lebensgeschichte als ‚Diskurs' betrachtet wird" (Griese 2007b: 127, Hervorhebungen im Original).

Festlegungen auf eine Vergangenheit – Stichwort Sozio- oder Psychogenese – oder eine (antizipierte) Zukunft (Prognose) lassen sich nicht bewerkstelligen. Die wissenschaftliche Analyse, entsprechend auch die Praxis, muss sich auf die je aktuellen Konstruktionen von Ich und Welt einlassen. Auf diese Weise werden Gefahren der Typisierung, Generalisierung oder der Stigmatisierung – die auch im theoretischen und praktischen Wissensbestand der Professionellen vorhanden sind – eingeschränkt. Die nachstehend präsentierten methodologischen und methodischen Erwägungen orientieren sich am Paradigma Narrative Identität, integriert werden aber ebenso theoretische Annahmen, die innerhalb der Objektiven Hermeneutik formuliert worden sind. Parallelen lassen sich vor allen Dingen zum erzähltheoretischen Fundus Schützes ziehen: Die Bewegung der Anlehnung an und Abgrenzung von spielt in den weiteren Ausführungen eine unerlässliche Rolle. Das Plädoyer für die wechselseitige Kenntnisnahme und Kopplung von Auswertungsverfahren sowie die Auseinandersetzung mit den damit verbundenen methodologischen Positionen ist längst gehalten worden (vgl. Jureit 1999: 106ff.).

Die Relation von Zeit und Identität unterscheidet sich im Paradigma Narrative Identität von Annahmen, die im narrationsstrukturellen Verfahren ihren Ort finden. So ist der Identitätsbegriff bei Schütze eng an den Erfahrungsbegriff gebunden, der methodologische Grundlagen hinsichtlich der Auswertung bereitstellt. Ohne die unter der Bezeichnung *Homologiedebatte*[23] laufenden wissenschaftlichen Auseinandersetzungen im Detail zu rekapitulieren – die von der Annahme, „zwischen dem ‚aktuellen Erzählstrom' und dem ‚Strom der ehemaligen Erfahrungen im Lebenslauf' bestehe eine Analogie", sowie von der These einer rekonstruierbaren Erfahrungsaufschichtung getragen wird (Jureit 1999: 63) –, zeigt sich, dass ein anderes Konzept der Zeitlichkeit im narrationsstrukturellen Ansatz verankert ist, auch wenn eine simple Homologie zwischen Erfahrung/Erzählung von Schütze nicht intendiert ist (vgl. Fabel 2003: 145f.). Analogiebildungen zwischen Vergangenem und Gegenwärtigem sind im Gedankengebäude Narrative Identität, geht es um die Auswertung empirischer Daten, jedoch von untergeordneter Bedeutung:[24] Lebensgeschichtliche Stegreiferzählun-

---

23 Zur Homologiedebatte vgl. unter anderem Fischer/Kohli 1987; Nassehi 1994; Bohnsack 2000: 105; Rosenthal/Fischer-Rosenthal 2000: 458ff.; Fischer-Rosenthal/Rosenthal 1997: 411; Dausien 1996: 112f.; Alheit u.a. 1999: 714.

24 Derartige Fragen werden allerdings diskutiert, geht es um die Frage der Organisation von Erfahrung im Alltag. Diesbezüglich wird erwogen, ob Erfahrung im Alltag bereits im Vollzug narrativ organisiert ist oder ob Erfahrungen rückblickend narrativ strukturiert werden. Neben Extrempositionen – jede Erfahrung ist im Erleben vorstrukturiert (Rheinheimer 2001: 16) oder Erfahrung vollzieht sich fragmentarisch, chaotisch und wird nachträglich über narrative Strukturen geordnet – werden gemäßigte Ansichten vertreten, deren prominenter Vertreter Ricœur von einer pränarrativen Struktur der Erfahrung im Vollzug ausgeht, die durch reflexive Rückschau zur vollständigen Erzählung wird (Polkinghorne 1998: 20ff.; vgl. auch Lucius-Hoene 1997:

gen werden in erster Linie als Resultat interaktiver Praxis gefasst (Interview), eine Praxis, in deren Verlauf Identität kommunikativ her- und dargestellt wird (vgl. Straub 1994/95: 7; Straub/Sichler 1989: 223):

> „Das Erzählinterview wird somit nicht mehr als Zugang zur geschichtlichen Wirklichkeit der Erzähler aufgefaßt, sondern als ein Herstellungsprozeß, der pragmatisch-interaktiv und aus den aktuellen Interessen der Selbsterforschung, Selbstbehauptung und Selbstdarstellung motiviert ist" (Lucius-Hoene 2000: o.S.).

Die durch die Vergänglichkeit der Zeit gegebene, uneinholbare Paradoxie der *Identität des Nichtidentischen* begründet die Annahme, dass es der Betrachtende mit je aktuellen Konstruktionen zu tun hat.[25] Fundamentale ‚Identitätsproblematiken' im Horizont der Zeitlichkeit schildert beispielsweise auch Hahn und zwar im Verweis auf religiöse Dimensionen:

> „Als Moses den Herrn nach seinem Namen fragte, erhielt er bekanntlich die Antwort: ‚Ego sum qui sum' (...) [Ich bin der, der ich bin, B.G./H.R.G.]. Das ist eine bemerkenswerte Auskunft. Die Göttlichkeit der Selbtaussage läßt sich nämlich nur durch Tautologie gegen Vermenschlichung retten. Gott hat es leicht. Menschen können nicht in gleicher Weise antworten und doch bei der Wahrheit bleiben. Denn wir sind immer auch das, was wir nicht sind, nämlich was wir waren oder was wir sein werden" (2000: 97).

Ähnlich gelagerte Überlegungen werden im Gedankengebäude der erzählten Identitäten oft mit Bezug auf Ricœur formuliert, der sich mit Identitätsparadoxien beschäftigt und ein zentrales Konstruktionsprinzip mit Blick auf die Kategorien Selbigkeit (idem) und Selbstheit (ipse) erläutert. Dem Prinzip der Selbigkeit liegt die Vorstellung von Beständigkeit in der Zeit zugrunde, die Idee, dass zwei ‚Dinge' dasselbe und einzigartige ‚Ding' sind. Selbstheit basiert auf der Vorstellung qualitativer bzw. größtmöglicher Ähnlichkeit (1996: 144f.). Ricœur betont, dass aufgrund des sozialen Elements Zeit, die Verschiedenheit, Diskontinuität, Veränderlichkeit produziert, kein fixer Identitätsstatus zu bestimmen sei (ebd.: 173) – dieser ist vielmehr durch die Zeit beständig ‚gefährdet': Die

---

37f.). Diese Debatten verlassen allerdings die Ebene sprachlicher Performanz im Interview und fragen nach der Beschaffenheit von Erfahrung im Alltag.

25 Auf die Identität des Nichtidentischen im Horizont des Autobiographischen macht die Literaturwissenschaft seit langem und beständig aufmerksam. So verweist Aichinger auf das „eigentümliche innere Identitätsverhältnis" (Aichinger 1989: 173) zwischen Autorin, Erzählerin und Protagonistin, welches die Gattung charakterisiert – Müller spricht in diesem Zusammenhang von der notwendigen Identität zwischen erzählendem Subjekt und Erzählobjekt (1989: 299; vgl. auch Segebrecht 1989).

"Bedrohung, die sie für die Identität darstellt, (ist) nur dann vollständig behoben, wenn man ein der Ähnlichkeit und der ununterbrochenen Kontinuität der Veränderung zugrundeliegendes Prinzip der Beständigkeit in der Zeit annehmen kann" (ebd.: 146, zusammenfassend vgl. Streib 1994: 183).

Erst indem idem und ipse durch die Erzählung und ihre Strukturen sprachlich synthetisiert werden (Ricœur 1996: 184), entsteht der Eindruck der Zugehörigkeit zu sich selbst (ebd.: 176). Demzufolge ist Identität das Ergebnis aktueller und aktiver Konstruktionsleistungen, Resultat narrativer Strukturen (vgl. Straub 2000: 283; Roesler 2001: 3). Andernorts stellt Ricœur diese Überlegung auf Lebensgeschichten bezogen vor:

"Dieser Umweg über die narrative Vermittlung [von Identität, B.G./H.R.G.] wird sich nicht bloß als nützlich, sondern sogar als notwendig erweisen: Man halte nur einen Augenblick inne und bedenke die Schwierigkeiten, ja Aporien, mit denen es eine Reflexion zu tun hat, die unmittelbar sein möchte und sich mit dem auseinandersetzt, was wir soeben Lebensgeschichte genannt haben. Die eigentliche Schwierigkeit betrifft deren Verknüpfungsmodus, das, was Wilhelm Dilthey den Lebenszusammenhang (...) nannte. Die Aporie besteht darin, daß die Reflexion es mit einem Begriff von Identität zu tun hat, der die beiden Bedeutungen des Wortes vermischt: die Identität des Selbst (Selbstheit) und die Identität des Gleichen. Identisch, in diesem zweiten Sinne, bedeutet (...) äußerst ähnlich, gleichartig. Wie aber könnte das Selbst höchst ähnlich bleiben, wenn nicht irgendein unveränderlicher Kern in ihm selbst sich der zeitlichen Veränderung entzöge? Nun widerspricht aber die gesamte menschliche Erfahrung dieser Unveränderlichkeit eines konstitutiven Elements der Person" (Ricœur 2005: 210).[26]

Identitätskonstruktionen basieren folglich auf der Fähigkeit, "den Wandel denken zu können als sich vollziehend an etwas, das sich selbst nicht wandelt" (Ricœur 1996: 146). Das philosophische Problem der Zeit wird hier nicht weiter diskutiert, entscheidend sind die Annahmen, dass Zeit ohne soziale Setzung, ohne Aporien sinnlos bleibt (Polti 1997: 45) und dass in Erzählungen prinzipiell eine „,Refiguration' der Zeiterfahrung" vorgenommen wird (ebd.: 72; Markus 2002: 163; Patzel-Mattern 2002). Zwar integriert auch die Schütze'sche Tradition den Gegenwartsbezug im Erzählen – beispielsweise über phänomenologische Denkfiguren:

"*Daß* ich aber überhaupt meinen Blick auf vergangene abgelaufene Erlebnisse von der Sozialwelt richte, bzw. auf welche Erlebnisse ich ihn richte, ist bestimmt durch meine spezifische attention à la vie, meine Interessen- und Problemlage im jeweiligen Jetzt und So" (Schütz 2004: 377, Hervorhebung im Original).

---

26 Konzeptionen Diltheys sind in der erziehungswissenschaftlichen Biographieforschung geradezu konstitutiv (stellvertretend vgl. Welter 2007: 68; Bartmann 2007: 83f. oder von Felden 2006: 57) – hier grenzt sich das Konzept Narrative Identität deutlich ab.

–, doch hebt diese Bestimmung die (Zeit-)Probleme angesichts der im Zentrum stehenden Erforschung von Erfahrungsaufschichtungen nicht auf.[27] Im Unterschied zur Rekonstruktion von Erfahrungsaufschichtung kann die Rekonstruktion von Identität unter der Prämisse narrativer Identität ‚nur' Aussagen über den Prozess der Herstellung von Identität im interaktiven Kontext generieren. Entsprechend kann weder die Wahrnehmung von Erfahrungen, Ereignissen oder Erlebnissen im Damals erforscht noch ein ontologischer Status in Anspruch genommen werden (Lucius-Hoene 1999: 137). Letztlich ist die „Rekonstruktion narrativer Identitäten (...) ein *strikt empirischer Ansatz*: Untersuchungsgegenstand ist die im narrativen Interview her- und dargestellte Identität" (Lucius-Hoene/Deppermann 2004: 97, Hervorhebungen im Original). In Anlehnung an Nassehi ließe sich hier formulieren, dass sich der empirischen Forschung in Form des narrativen Interviews wohl kaum etwas wie die „Substanz biographischer Identität, sondern ausschließlich biographische Kommunikation" präsentiert (1994: 54). Unauffindbar ist „das Individuum, wie es ‚objektiv' der Beschreibung vorausliegt; wir haben es immer nur mit Identitäten zu tun, wie sie in Texten der (Selbst-)Beschreibung erscheinen" (Leitner 1990: 320). Verzichtet werden muss auch auf Dimensionen wie ‚(historische) Wahrheit' oder ‚wahre Lebensgeschichte', die ihrerseits als soziale Konstruktionen in den Fokus rücken.[28] Eine derartige Position lässt sich im Rekurs auf Bamberg zusammenfassen: „In der Tat, Erzählungen sind keine Fenster zu einer Identität, die schon vor der Erzählung und vor dem Erzählen existiert und sich im Erzählen lediglich *ausdrückt*" (Bamberg 1999: 52, Hervorhebung im Original) – Identität wird über Diskursordnungen und -regeln (ebd.), über Strukturen der Erzählung hergestellt. Im Paradigma Narrative Identität wird also die „Aneignung der Welt- und Lebensereignisse" als „Praxis des ‚Poetisierens'" aufgefasst (Boothe u.a. 2000: 60). Es sind die Strukturen der Erzählung, die die Refiguration der Erfahrungen, Erinnerungen, Handlungen oder Ereignisse organisieren. Im Zuge ihrer sprachlichen Rekapitulation findet die Umwandlung „in eine Fabel" statt, „indem die Geschehnisse zu ‚Bestandteilen eines ‚Schauspiels' oder Geschehniszusammenhangs' umstrukturiert werden, in dem man klar einen Anfang, eine Mitte und

---

27 Zur Integration der Gegenwartsperspektive in eine Rekonstruktion, die trotz allem vergangene Haltungen zu rekonstruieren vermag, vgl. stellvertretend Dausien 1996: 107ff.
28 In den kulturell geprägten Narrationsschemata liegen die Kriterien, die für die Darstellung einer sinnvollen, akzeptablen, ‚wahren' Erzählung notwendig sind: „Die Kriterien dafür, ob eine Erinnerung als zutreffend, authentisch oder verlässlich akzeptiert wird, liegen im Diskurs, nicht in dem vergangenen Ereignis" (Schmidt 2003: 12; ebenso Straub 1998: 127; Brockmeier 1999: 27). Ferner entscheidet die Interaktionssituation mit ihren soziokulturellen Standards, wie intersubjektiv nachvollziehbare Begründungen, allgemeine Zustimmungsfähigkeit, über abweichende oder gültige Formen der Wirklichkeitskonstruktion im Prozess der Bildung temporaler Sinnsysteme (Straub 1998: 162). Signalisiert die Erzählerin Bereitschaft zur Selbsterkenntnis und zu „rückhaltloser Ehrlichkeit", dann entsteht der Eindruck von Wahrheit (Leitner 1990: 315).

einen Schluß glaubt unterscheiden zu können" (Polti 1997: 71, zur Fabelkomposition vgl. im Original Ricœur 2005: 211ff.). Es ist die je aktuelle Erzählung, ihre Strukturierung in Beginn, Mitte, Schluss, die Ereignissen oder Handlungen Sinn verleiht. Erzählen ist die „Kunst des Erfahrungsaustausches", vermittelt durch die Strukturierungsleistungen der Erzählung (Ricœur 1996: 201). Ereignis, Handlung oder Erfahrung werden letzten Endes als erzählerisch gestaltete „Vorgänge mit wahrnehmbaren Anfang und Ende" (Dittmann-Kohli 1995: 32) definiert. Auf Grundlage dieser theoretischen Annahmen lassen sich Abkürzungsstrategien formulieren (s.u.).

Die Konzeptionalisierung von Identität als ‚diskursivem Akt' erlaubt weitergehende Schlussfolgerungen. Identität wird zum Effekt diskursiver Regeln, es sind

> „die Sprache und ihre Begriffe, Bilder und Formen, stilistische Muster und rhetorische Konventionen, öffentlich oder heimlich geltende moralische Normen, soziale Verhältnisse und Rollenzuweisungen, politische Zwänge oder Freiheiten, weltanschauliche oder religiöse Überzeugungen und ihre Spielräume und Grenzen" (Sparn 1990: 11),

die Identität entstehen lassen. Die Kultur bietet sozial akzeptierte „Identitätsschablonen" (Kimminich 2003: XIV) an, die zur Verfügung stehen, um Identität herzustellen. Der Erzählende, aufgefordert, seine Lebensgeschichte zu präsentieren, kann, konfrontiert mit dieser ‚Aufgabe'

> „auf kommunikative Kompetenzen und Erfahrungen zurückgreifen, die er im Laufe seiner Sozialisation eingeübt und im Alltag oft benutzt hat: Strategien der erzählerischen Selbstdarstellung, anekdotische Aufbereitung von Erlebnissen und Schlüsselerfahrungen, narrative Begründungen und Erklärungen biografischer Entscheidungen, Deutungsmuster und Eigentheorien, die sich in seinem Leben schon bewährt haben. Unsere Kultur bietet ihm zudem ein reiches Angebot an Schemata der Darstellung biografischer Abläufe (...) und aus den Medien ist er mit den narrativen Mustern von der *soap opera* bis zur literarischen Autobiografie vertraut" (Lucius-Hoene/Deppermann 2004: 79, Hervorhebung im Original).[29]

Unterschiedliche Institutionen, wie die bereits erwähnten Medien oder die Familie, aber auch religiöse, landsmannschaftliche oder politische, kurz: weltanschaulich geprägte Einrichtungen, offerieren „Sinnstiftungsangebote" (Rheinheimer 2001: 18), beispielsweise in Form von Menschenbildern, die in Identitätskonstruktionen integriert werden können. Sie stellen grundsätzlich „Identitätsangebote im Sinne potentieller Selbst- und Weltinterpretation" (Roesler 2001: 2) bereit, die ebenso in Identitätskonstruktionen integriert werden können wie Strukturen der (Meta-)Geschichtsschreibung (diesbezüglich vgl. Kimminich

---

29 Zur herausragenden Bedeutung von Literatur, die uns mit den Strukturen von Anfang und Ende vertraut macht, vgl. Ricœur 1996: 199.

2003: XII; Schmidt 2003: 15f.; detailliert Assmann 2000). Auch wissenschaftliche Wissensbestände nehmen Einfluss auf Identitätskonzeptionen und -vorstellungen: Einerseits entwickeln oder prüfen die Wissenschaften ihre theoretischen Entwürfe mit Bezug auf den Alltag, auf die zu beobachtende ‚Wirklichkeit', andererseits fließen ihre Resultate zurück. Ob nun die These von einer „‚Versozialwissenschaftlichung' des Alltags" (Giddens in Bormann 2001: 13) vertreten oder angenommen wird, dass sich die Strukturen des Alltags im Wissenschaftsdiskurs wiederfinden (Keupp 1996: 380f.; Grathoff 1988: 22), ist letztlich einerlei: Individuelle und wissenschaftliche Sinnbezirke verschränken sich (vgl. auch Hall 1994: 66; Fuchs-Heinritz 2005: 45f.). Nun ist natürlich nicht anzunehmen, dass die Befragten Identitätskonstruktionen im Interview beispielsweise eins zu eins entsprechend den Regeln eines wissenschaftlichen Diskurses oder den religiösen Bestimmungen des Seins organisieren – als vergesellschaftete, interessierte oder informierte Subjekte verfügen sie aber über derartige Wissensbestände und nutzen sie. Auf Basis dieser These können weit reichende methodische Konsequenzen im Hinblick auf die Interpretation des empirischen Materials gezogen werden (s.u.). Bevor die Auswertungsmethoden in den Mittelpunkt rücken, soll ein letzter Hinweis zu den Besonderheiten der Ich-Thematisierung im narrativen Interview die theoretischen Erwägungen beschließen. Zwar wird im Rahmen biographischer Artikulation grundsätzlich der Lebenslauf als Bezugsgröße relevant, jedoch handelt es sich immer nur um retrospektive *und* „selektive Vergegenwärtigungen" (Hahn 2000: 101; Leitner 1990: 320). Das „gelebte Leben (ist) viel wechselvoller und zusammenhangsloser (...) als die Geschichten, die wir darüber erzählen" (Polkinghorne 1998: 25; Kraus 1999); das gelebte Leben bleibt, um einen geflügelten Ausdruck Nassehis zu zitieren, „the dark side of the moon" (1994: 56). Dies lässt sich auch ganz einfach und alltagsbezogen ausdrücken: Wer benötigt schon einen ganzen Tag, um zu erzählen, was sich gestern ereignet hat, und wie sollte dieses Prinzip Alltagstauglichkeit erlangen?[30]

Was die Auswertung erzählter Lebensgeschichten betrifft, ist vorderhand festzuhalten, dass die Textsortenbestimmung, wie sie Kallmeyer und Schütze vornehmen, auch im Paradigma Narrative Identität relevant ist. Diejenigen, die sich mit Lebensgeschichten bzw. Erzählungen auseinandersetzen, benötigen eine Vorstellung davon, was beispielsweise den szenisch-dramatischen Modus von (Eigen-)Theoretisierungen unterscheidet. Szenische Darstellungen zeichnen sich dadurch aus, dass „Redewiedergaben aus vergangenen Kommunikationssituationen" (Gülich 1986: 56) vorliegen, dass die Darstellung vergangener Handlungen als sprachlich im Detail rekapitulierter, scheinbar wiederholter Hand-

---

30 Doch Ausnahmen finden sich auch hier, und zwar in der Literatur, innerhalb derer Momente zu Monumenten ausgebaut werden können.

lungsablauf präsentiert wird. Diese auch als „Als-ob-Handlungen" (Sander 2003: 32) bezeichneten Darstellungsstrukturen, die dem Zuhörer oder der Interpretin eine soziale Situation plastisch vor Augen führen, der hohe Indexikalisierungsgrad – gemeint sind hier detaillierte Beschreibungen von Zeit, Ort/Raum, Situation, Personen und (Sprech-)Handlungen (Kallmeyer/Schütze 1977: 129) – sind typisch für die Textsorte Erzählen (vgl. auch Alheit 1989). Durch den Gebrauch des historischen Präsens' entsteht der Eindruck, das Geschehen spiele sich erneut ab (Lucius-Hoene/Deppermann 2004: 29). Als-ob-Handlungen bieten der Leserin die Möglichkeit, das „Geschehen gleichsam mitzuerleben" (Polti 1997: 242), und helfen, den „Graben zwischen Fiktion und Leben" (ebd.: 237) sprachlich zu überbrücken. Szenische Darstellungen können als innerer Monolog, als Selbstgespräch (ausführlich im Verlauf) oder als Handlungssequenzen zwischen Personen präsentiert werden. Doch ist es in jedem Fall die ‚Dichte', die Detailliertheit der Darstellung, die die Textsorte Erzählen vom Bericht unterscheidet. Stanzel, der sich mit typischen Formen des Erzählens im Roman beschäftigt, merkt diesbezüglich an:

> „Die Distanz des Erzählers zum Geschehen schließt auch ein engeres Engagement des Lesers [oder des Hörers, B.G./H.R.G.] mit dem Geschehen aus. Der Bericht zielt vor allem auf die sachliche Vermittlung von Information an den Leser. Ganz anders zieht dagegen die (...) szenische(r) Darstellung (...) den Leser in ihren Bann. Hier wird der Leser zum Augenzeugen des Geschehens (...). Das Geschehen wird im Ablauf seiner Einzelheiten wie gegenwärtig dargestellt, wodurch der Leser gezwungen wird, das Geschehen gleichsam *in actu* mitzuerleben" (1987: 13f., Hervorhebungen im Original).

Dausien ist eine der Autorinnen, die dezidiert darauf verweisen, dass Stegreiferzählungen nicht nur aus erzählenden Passagen bestehen. Vielmehr finden sich fortgesetzt auch „erlebnisfernere, beschreibende oder theoretische Aussagen" (1996: 116), die in die Erzählung eingelassen sind. Zudem können ganze Passagen bzw. Segmente im theoretisierenden Duktus formuliert werden (vgl. ebd., exemplarisch Kapitel 4.3). Lucius-Hoene und Deppermann gruppieren die unterschiedlichen Textsorten anschaulich:

> „An vielen Stellen [im Interview, B.G./H.R.G.] findet kein temporales Voranschreiten [was charakteristisch für die Textsorte Erzählen ist und gelegentlich auf den Bericht zutrifft B.G./H.R.G.] statt: Der Informant *gibt Auskunft* über Sachverhalte, *beschreibt* Lebensumstände oder Gefühle, *erklärt* Entscheidungen, *rechtfertigt* oder *entschuldigt* seine Handlungsweisen, *entfaltet Theorien* über die Welt und über sich selbst" (2004: 141, Hervorhebungen im Original).

Aus soziolinguistischer Warte fällt auf, dass mit der Eingangsfrage bzw. mit der Erzählaufforderung der Modus der Textsorte Erzählen aufgerufen wird (vgl. Kraimer 2003: 460). Darüber hinaus jedoch spielen, neben Bericht und Erzählung, auch Theoretisierungen oder Argumentationen, die auf (hoch)abstrakten Deutungsmustern basieren können, eine Rolle im Interview, und zwar nicht nur im Nachfrageteil, wo sie explizit angefragt werden. Durch den Sprechenden vorgenommene Deutungen, Wertungen, grundsätzliche Positionierungen sind charakteristisch auch für Passagen in der Haupterzählung, „Werteinstellungen und Weltbilder" werden ebenso wie „Eigentheorien und Erklärungsmodelle" (Roesler 2001: 39) in diesem Modus artikuliert. Dass die Integration dieser Textsorten bzw. Formen der Sachverhaltsdarstellung gefordert ist, lässt sich erklären: Um Haltungen, Anschauungen, Handlungen oder Entscheidungen im Interview kommunikativ anschlussfähig zu halten, bedarf es dieser Textsorten. Gelegentlich sind es weltanschauliche Passagen, theoretische Erklärungsmodelle, die Identitätsentwürfe ‚zusammenhalten', synthetische Funktion übernehmen und das Disparate des Lebens mit Kohärenz ausstatten (gleichwohl die im narrativen Duktus artikulierten Erfahrungen oder Ereignisse inhaltlich/strukturell nicht mit Theoretisierungen, Argumentationen oder Bilanzen übereinstimmen müssen – zu nichtkohärenten Erzählungen s.u.). Den narrativen Passagen kommt im Paradigma Narrative Identität Bedeutung zu, im Gegensatz zum Schütze'schen Verständnis (vgl. Anm. 19) freilich unter dem Gesichtspunkt des diskursiven Wahrheitseffekts und seiner Sprachstrukturen.[31] Eine Vorrangstellung der Textsorte Erzählen kann nicht abgeleitet werden; berichtender oder theoretisierender Modus sind keine ‚zweitrangigen' Formen der Identitätsdarstellung, sondern diese Textsorten bzw. Darstellungsmodi lassen Identität auf eine besondere Weise, oft verdichtet und mit deutlichem Bezug zu symbolischen Sinnuniversa (s.u.), vorstellig werden. Grundlegend übernehmen Textsorten unterschiedliche kommunikative Funktionen in der Interaktionssituation im Interview, zum Beispiel unterhalten/amüsieren (vgl. Kapitel 4.1).

Sind differenzierte Betrachtungen zur Funktion von Textsorten notwendig, um die Ansätze voneinander abzugrenzen, können die Anmerkungen zu den Zugzwängen des Erzählens und die erzähltheoretischen Annahmen, die den formalen Analysevorgang des Segmentierens begründen, übernommen werden. Generell lassen sich vielfältige Schnittmengen zwischen den erzähltheoretischen Annahmen Schützes, den hier vertretenen Annahmen sowie den zum Einsatz kommenden Verfahren feststellen. Vor allem die Figur der Gestalthaftigkeit ist im Kontext der Rekonstruktion von maßgeblicher Aufschlusskraft. Sie besagt zunächst, dass erzählte Lebensgeschichten einen ‚inneren Zusammenhang' be-

---

31 Beispielsweise hat sich Foucault mit der Kopplung von Sprechen/Wahrheit beschäftigt, und zwar im Zuge der Auseinandersetzung mit dem Akt der *parrhesia* (‚Wahrsprechen') in der griechischen Antike (vgl. ders. 1996). Anhand seiner Erörterungen lässt sich folgern, dass *eine* rhetorische Möglichkeit des Wahrsprechens mit der direkten, unverstellten Rede zusammenhängt (vgl. ebd.: u.a. 10), die auf gewisse Weise auch für die Textsorte Erzählen charakteristisch ist.

sitzen, ein fortlaufendes Thema, das die Darstellung strukturiert und Identität herstellt. Im Paradigma Narrative Identität ist von *Kohärenz* die Rede, wenn es um den Zusammenhang in einer Stegreiferzählung geht. Kohärenz im Kontext „Identität als kommunikatives Konstrukt" definiert Straub, dessen Begrifflichkeiten wir hier zugrunde legen:

> „Der Begriff der *Kohärenz* besagt zunächst nur vage, daß unter ‚Identität' ein *in sich stimmiger Zusammenhang* zu verstehen ist, eine Struktur, die aus miteinander verträglichen, zueinander passenden Teilen oder Elementen gebildet wird, wie auch immer diese Struktur etwas Eigenständiges verkörpert, eine Gestalt nämlich, die – ganz im Sinne der berühmten Formel – etwas anderes ist als die bloße Summe ihrer Teile" (Straub 1994/95: 15, Hervorhebungen im Original).

Mit Bezug auf gestaltpsychologische Positionen schließt er an:

> „Teile, die sich zu einem Ganzen im Sinne einer Gestalt formieren, gehören in einer offensichtlichen oder doch leicht nachvollziehbaren Weise *zusammen* – zumindest aus der Perspektive jener Subjekte, welche solche Gestalten wahrnehmen, und das soll hier heißen: aktiv konstruieren" (ebd., Hervorhebung im Original).

Abgrenzen muss sich diese Kohärenzdefinition von gestalttheoretischen Projekten, die nach „naturgesetzlichen, universalen, unabhängig von raumzeitlichen Umständen gültigen Grundlagen der gestalthaften Organisation von Wirklichkeit" fragen sowie dem in der Logik verankerten Begriff der Konsistenz (ebd.: 16). „(K)ollektiv verbindliche Regeln" (ebd.) sind Grundlagen der Entstehung von Kohärenz, die Regeln stellen letztendlich die Garanten sozialen Sinns dar (17). Diese Regeln wollen wir hier als diskursive Regeln betrachten. Besondere Bedeutung bei der Herstellung von Kohärenz fällt folgenden Erzählstrukturen und kommunikativen Regeln zu:

a. Das Ich in der Erzählung, das zugleich Hauptfigur der Erzählung ist, sorgt für Zusammenhang.
b. Selbstverständlich muss der Erzählende andere Figuren in die Erzählung einbauen. Erzählte Ereignisse oder Erfahrungen können sich jedoch auch bzw. zusätzlich um soziale Objekte ranken (das Auto, das Eigenheim (vgl. Kapitel 4.1), den Regenschirm (2.2.1) oder Wiener-Würstchen (2.2.1)).
c. Er oder sie muss die sozialen Räume (die Kneipe, die Diskothek, das Wohnzimmer, das Büro), in denen sich Ereignisse abspielen, konturieren, Institutionen (z.B. Krankenhaus, Schule, Familie, Ehe, Universität) oder Organisationen (z.B. Betrieb, Turnverein) vorstellen, um Handlungen sinnvoll zu rahmen.

d. Die Chronologie der Lebensgeschichte, die kulturell codierte Abfolge der Lebensstationen, produziert allgemein akzeptierten Sinn.
e. Zentral sind die Zugzwänge des Erzählens, die auch von Schütze als Grundlagen der Herstellung von Intersubjektivität betrachtet werden (vgl. Bohnsack 2000: 109, 119). Geschichten müssen eröffnet, plausibel dargestellt (nicht zu ausführlich, aber doch ausführlich genug, dass dem Gegenüber die ‚Quintessenz' nicht entgeht) und beendet werden (vgl. ebenso Lucius-Hoene/Deppermann 2004: 71).
f. Bei der autobiographischen Stegreiferzählung besteht zugleich die Anforderung, eine *inhaltlich* zusammenhängende Geschichte zu erzählen. Das Thema selbst kann im Zentrum der Darstellung stehen, gelegentlich an den Rand rücken oder zusammen mit anderen Themen verhandelt werden, ohne ganz aus dem lebensgeschichtlichen Diskurs zu verschwinden.
g. Die von Schütze als Prozessstrukturen bezeichneten diskursiven Darstellungsmodi verfügen die Stationen oder Episoden einer Geschichte zu einem Ganzen.
h. Weltanschauungen bzw. symbolischen Sinnuniversa kommt die Funktion zu, das ‚Disparate des Lebens' zu einen oder Identität herzustellen.

Da die Aspekte a bis g im Rekurs auf den narrationsstrukturellen Ansatz thematisiert worden sind, ist hier insbesondere die Funktion von Sinnuniversa auszuarbeiten. Im Anschluss werden die Prozessstrukturen der Erfahrungsaufschichtung aus erzähltheoretischer Warte in Augenschein genommen. Was unter einer Wendeerzählung, einer regressiven oder progressiven Erzählung zu verstehen ist, wird nicht nur theoretisch erörtert, sondern an empirischen Beispielen, die zugleich die Segmentierung und die Textsortenklassifikation veranschaulichen, illustriert. Doch zunächst folgen einige Anmerkungen zur Funktion von Weltanschauungen in Erzählungen.

Symbolische Sinnuniversa sind, so Luckmann, „sozial objektivierte Sinnsysteme, die sich einerseits auf die Welt des Alltags beziehen und andererseits auf jene Welt, die als den Alltag transzendierend erfahren wird" (1991: 80). Erfahrungssinn resultiert aus einer Korrespondenz zwischen Deutungsschemata, die aus einem symbolischen Sinnuniversum – Bezeichnungen wie Sinnuniversa, Symbolwelten, Weltansichten oder -anschauungen werden weitgehend synonym verwendet – abgeleitet werden (ebd.: 81). Sinnsysteme sind historische Produkte und werden in und durch Institutionen ‚gespeichert'. (Erfahrungs-)Sinn kommt also nicht durch das Subjekt – auch wenn Luckmann betont, dass die Entstehung von Symbolwelten auf menschlichen Handlungen basiert (ebd.: 80f.) –, sondern durch historisch geformte, tradierte Sinnsysteme (ebd.: 88f.) in die Welt. Weiter führt Luckmann aus, dass eine gewisse Stabilität der Weltansicht „Voraussetzung dafür [ist, B.G./H.R.G.], daß der einzelne eine Reihe ursprünglich unzusammenhängender Situationen als ein sinnvolles biographisches Ganzes begreift" (ebd.: 89). Die Weltansicht ist es, die „die Vergangenheit und die Zukunft des einzelnen in eine zusammenhängende Biographie integriert" (ebd.: 108). Weltansichten, so erklärt Luckmann, stiften Kohärenz, Sinn, Transzendenz (ebd.: 93), diese Funktion übernehmen sie im Allgemeinen und im Kontext biographischer Artikulation im Besonderen. Wichtig ist hier die Annahme, dass weltanschauliche Deutungsmuster für Organisation und Kohärenz in einer autobiographischen Darstellung sorgen. Sie sind den Erzählungen strukturell innewohnend, können fragmentarisch auftauchen, implizit bleiben oder ausdrücklich formuliert werden (Letzteres geschieht vor allem in (Eigen-)Theoretisierungen oder in Form von Argumentationen). Vermittelt werden sie über die schon erwähnten Sinnstiftungsagenturen (politische Gruppierungen, religiöse Gemeinschaften, Vereine, Medien, Schule, Geschichtsschreibung etc.). Auf die Wissenschaften, die ebenfalls Erklärungsmodelle für Ich und Welt liefern, ist bereits gesondert hingewiesen worden: Von der Psychoanalyse bis hin zu den Naturwissenschaften (z.B. Genetik) werden Erklärungsmodelle formuliert, die aufgegriffen (und im Erzählen modifiziert) werden können.

Was die Geschichte ferner zu einer zusammenhängenden Erzählung werden lässt, verdankt sich den von Schütze im Konzept der Prozessstrukturen des Lebenslaufs entfalteten Organisationsprinzipien. Die als Modi lebensgeschichtlicher Erfahrungsaufschichtung interpretierten Strukturmuster können aber ebenso als Erzählmuster klassifiziert werden. Um es kurz zu rekapitulieren: Sie können dem Muster eines biographischen Handlungsschemas, eines institutionellen Ablaufmusters, einer Verlaufskurve (absteigend, aufsteigend) oder einer Wandlung entsprechen. Schütze geht davon aus, dass in einer Erzählung Muster variieren, ein Darstellungsprinzip aber dominiert. Auch narrative Psychologen kennen diese strukturellen Elemente. Gergen beschreibt die Wandlung als Möglichkeit, dramatische Effekte zu erzeugen (1998: 175), und weist auf progressive – hin zu positiver Veränderung, Anstieg (ebd.: 186) – und regressive Erzählungen – Abstieg, andauerndes Abwärtsrutschen, Unkontrollierbarkeit der Ereignisse – hin (ebd.: 178ff., vgl. auch Kraus 1999). Auch lassen sich Parallelen zwischen den Erwägungen Schützes, Gergens oder Bruners, der den Begriff des Wendepunkts für Wandlung favorisiert (1999: 17), erkennen. Was im Paradigma Narrative Identität vielleicht schärfer in den Blick rückt, ist die Idee, dass das Strukturmuster ‚Wende' an sich noch nichts über ‚Umschlagsqualitäten' aussagt. Eine progressive kann in eine regressive, eine regressive in eine progressive Erzählung ‚umschlagen'.[32] Werden diese kulturell verankerten Erzähl-

---

32 Der nachstehend präsentierte Auszug aus der Erzählung von Bernd Weißmann (vgl. 2.2.1) liefert ein Beispiel für eine Wende, die den Wechsel vom regressiven in den progressiven Mo-

konventionen berücksichtigt, „kann man ein Gefühl der Kohärenz und Gerichtetheit von Lebensereignissen erzeugen. Das Leben erhält Sinn, und die Geschehnisse werden mit Bedeutung erfüllt" (Gergen 1998: 176).

Das institutionalisierte Modell des Lebensverlaufs bietet schließlich Optionen chronologischer Ordnung und thematischer Orientierung an. Unter den Überschriften „biographische Konzepte" (Fischer/Kohli 1987: 40) und „biographische Normalschemata" (ebd.: 42) stellten Fischer/Kohli bereits in den achtziger Jahren diesbezügliche Überlegungen an. Sie konstatieren, dass „Paraphrasierungen des Lebenslaufs (...) zu einem wichtigen sozialen Ordnungsprinzip geworden (sind)", dass die „Verzeitlichung des Lebenslaufs (...) am chronologischen Lebensalter orientiert" ist und dass der „Normallebenslauf (...) um das Erwerbsleben organisiert" und in Vorbereitungs-, Aktivitäts- und Ruhephase unterteilt ist (ebd.: 41). Mit kontingenten Lebensereignissen sei aufgrund gesellschaftlichen Wandels zwar nicht zu rechnen (ebd.: 41ff.) – trotzdem betonen die Autoren, dass sich die strukturellen Erwägungen zum institutionalisierten Lebenslauf auf die Genese „autobiographischer Gebilde (Texte)" (ebd.: 46) beziehen lassen (ebenso Friedrich 2000: 62f.; Voges 1987: 127; Schütze 1981: 139ff.). Das Modell sensibilisiert darüber hinaus für eine zweite Gestaltungsmöglichkeit, die sich beispielsweise in dem von Marbach präsentierten Familienzyklusmodell spiegelt: Familiengründungsphase, Geburt der Kinder, Auszug der Kinder, gegebenenfalls Tod des Lebenspartners (vgl. ders. 1987: 369). Diese Strukturmuster bilden zeit- und inhaltliche Orientierungsrahmen, die zur Präsentation einer Familiengeschichte und in diesem Rahmen zur Herstellung von Identität genutzt werden können (vgl. auch Alheit 1992: 66f.; Fischer-Rosenthal 1995: 54; Fischer 2002: 74; Kraus 1999). Familien- und Berufsbiographie können allerdings auch verschränkt werden. Das biographische Handlungsschema korrespondiert letzten Endes mit der Idee eines Geschichten-Ichs, das für den Verlauf von Entwicklungen verantwortlich zeichnet, ein Ich, das plant, handelt, umsetzt. Kurz: Stegreiferzählungen basieren auf derartigen kulturellen Mustern, die auch als Diskursregeln mit sinnregulierender Funktion aufgefasst werden können (vgl. Jureit 1999: 87).

---

dus veranschaulicht, die Geschichte Clara Hachenbergs (vgl. Kapitel 4.4) illustriert den inversen Vorgang. Beiden Erzählungen wohnt die Wende als konstitutives Element inne. Der narrationsstrukturelle Ansatz bezieht das Konzept des Wandlungsprozesses zumeist auf Vorgänge, in denen Verlaufskurvenstrukturen vom biographischen Handlungsschema abgelöst werden. Diese Perspektive hängt unseres Erachtens mit der Wertschätzung des biographischen Handlungsschemas, das mit der Vorstellung von der Handlungsautonomie des Individuums korrespondiert, und seiner Bedeutung für das pädagogische Handeln zusammen.

Dass die Konzeptionen Schützes in das Programm zur Rekonstruktion narrativer Identität integriert werden können, demonstrieren nicht zuletzt Lucius-Hoene/Deppermann (2004: 35f.).[33] Doch rekurrieren die Autoren statt auf Prozessstrukturen der Erfahrungsaufschichtung auf Weil-/Umzu-Motive, die Kohärenz herstellen und die auf unterschiedlichen narrativen Modellen der Zeit basieren (ebd.: 57). Wir nehmen uns im Verlauf der weiteren Darstellungen und Interpretation die Freiheit, die Bezeichnung Wende und Wandlung, regressive Erzählung und Verlaufskurvenstrukturen, biographisches Handlungsschema oder progressive Erzählung synonym zu verwenden und von institutionalisierten Ablaufmustern zu sprechen: Diese *rhetorischen Figuren* sind allemal Optionen der Konstruktion von (kohärenter) Identität in Erzählungen. Allerdings werden nicht in jedem narrativen Interview derartige Zusammenhänge gestiftet. Lucius-Hoene und Deppermann unterstreichen, dass nicht in jeder Erzählung übergreifender Sinn hergestellt wird, und sie warnen, Kohärenz dort zu unterstellen, wo sie nicht hergestellt wird (2004: 285, 287; ebenso Fuchs-Heinritz 2005: 58f.; Jureit 1999: 89). So kommt beispielsweise ‚chronologische Unordnung' häufiger in Erzählungen psychisch Erkrankter vor (vgl. diesbezüglich Dörr 2004), doch ist eine unzusammenhängende Geschichte nicht zwangsläufig mit ‚Störung' verbunden. Vielmehr ist, mit Blick auf den literarischen Diskurs und das narrative Interview, zu konstatieren:

> „Form/Struktur sind (historisch) wandelbar. Die Konstruktion singulärer, kohärenter Identität in der Zeit steht in Bachmanns Malina (...) zur Disposition, und Schuller (...) zeigt, dass sich Christa Wolf mit dem unlösbaren Problem, ein kohärentes Ich schreibend niederzulegen, auseinandersetzt. Dermaßen ‚avantgardistisch', ‚künstlerisch', ‚philosophisch' geht es in einer mündlichen Erzählung im Rahmen eines wissenschaftlichen Interviews meist nicht zu. Soziale Konventionen spielen innerhalb biographischer Kommunikation, die im Interview zudem an eine meist einmalige Situation persönlicher Begegnung gebunden ist, eine wesentlich größere Rolle als im literarischen Prozess, in dem sich Literatinnen dem Prinzip der Dekonstruktion verschreiben, eine Verweigerung in punkto Kohärenz umsetzen, kurz: ‚traditionale Erzählstrukturen' (...) unterlaufen können" (Griese 2007b: 128; zu ‚postmoderner Literatur', die klassische Erzählmuster ‚unterläuft' vgl. auch Kraus 1999).

Der Wunsch nach wechselseitiger Verständigung und „sozialer Anerkennung" (vgl. Dittmann-Kohli 1995: 59) leistet eigene Beiträge, das Ich im Interview mit Kohärenz und geteiltem Sinn auszustatten, statt postmoderne Irritation oder auffallende Mehrdeutigkeiten zu produzieren. Anders ausgedrückt: „Jeder präsentiert sich anderen und sich selbst und sieht sich in den Spiegeln ihrer Urteile. Die Masken, die er der Welt und ihren Bürgern zeigt, sind nach seinen Antizipa-

---

33 Zur Verlaufskurve vgl. Lucius-Hoene/Deppermann 2004: 58, zum Gebot, soziale Welten zu konstruieren ebd.: 63, zur Notwendigkeit sich selbst und andere Ereignisträger einzuführen ebd.: 24.

tionen ihrer Urteile geformt" (Strauss 1974: 7). Entwicklungen im Hinblick auf nichtkohärente Erzählungen bleiben abzuwarten, doch sind ‚gestaltlose Stegreiferzählungen' längst keine hypothetische Größe mehr (vgl. Griese 2006: 172ff.). Abschließend ist aber zu notieren, dass die Situation zwischen den Kommunikationspartnern eine wichtige Rolle spielt: Erzählungen werden situationsbezogen thematisch und rhetorisch angepasst. So hängt beispielsweise die Wahl der erzählten Episoden von unterstellten oder kommunizierten Erwartungen ab (vgl. Lucius-Hoene/Deppermann 2004: 32f.). Mit anderen Worten: Das, was erzählt wird, wird einen Bezug zur Forschungsfrage, zum Untersuchungsgegenstand oder zum Interesse des Gegenübers aufweisen (vgl. Tschuggnall 1999: 57). Für die Praxisseite sozialer Berufe ist in diesem Zusammenhang hervorzuheben, dass sich die institutionelle Rahmung biographischer Kommunikation strukturierend auswirkt.[34]

2.2.1 Textsortenbestimmung, Segmentierung und ‚Prozessstrukturen'

Um einer Einführung gerecht zu werden, werden nachstehend wesentliche Strukturmuster autobiographischer Stegreiferzählung am empirischen Material erörtert. Die Darstellungen werden, was die Interpretation betrifft, inhaltlich knapp ausfallen, vorrangig werden sich die Ausführungen auf die Textsortenbestimmung und die von Schütze als Prozessstrukturen bezeichneten Muster beziehen. In zwei Fällen werden komplette Segmente vorgestellt, um die Erwägungen, die eine Segmentierung veranlassen, zu veranschaulichen, in einem Fall wird ein Segmentauszug präsentiert, in einem anderen Fall ein Interviewausschnitt aus einer Nachfragephase. Erst im Anschluss werden abkürzende Analyseverfahren zur Rekonstruktion narrativer Identität konturiert – die besondere Aufmerksamkeit gilt dann der Analyse des gestaltgebenden Themas und der feinanalytischen Bearbeitung des empirischen Materials.

---

34 Soziale Praxis, die sich biographischer Methoden bedient, muss institutionelle Rahmenbedingungen besonders berücksichtigen, wenngleich auch in der Forschungssituation Institutionelles bedeutungsvoll ist (z.B. der (imaginierte oder ausgesprochene) Wahrheitsanspruch der Wissenschaft). Die Auseinandersetzung mit biographischer Kommunikation in Institutionen veranlasst Fuchs-Heinritz, alltagskommunikative Strukturbedingungen abzugrenzen. Die Gegensatzpaare *freiwillig* (Alltag)/*abverlangt* (Institution) und *einseitig* (Institution)/*reziprok* (Alltag) verweisen idealtypisch auf diverse Artikulationsformen und -bedingungen des Biographischen (2005: 46ff.). Auch fällt das ‚Recht', Biographisches zu kommentieren oder zu beurteilen, unterschiedlich aus (ebd.: 48f.), je nachdem, ob ich im Alltag biographisch kommuniziere, an einem Interview teilnehme, mit einer Ärztin oder einem Sozialarbeiter spreche, die mir angesichts einer schwierigen Lebenssituation kompetent zur Seite stehen sollen. Auch skizziert Fuchs-Heinritz die unter Umständen problematische Dimension der aus Perspektive eines anderen formulierten biographischen (Teil-)Informationen und Formen des Umgangs mit ihnen (ebd.: u.a. 34f., 77f.).

Institutionalisiertes Ablaufmuster und die (dominante) Textsorte Bericht

Die Dokumentation und eine knappe Besprechung des Erzähleinstiegs von Christoph Flavon bieten sich an, da das institutionalisierte Muster des Lebensverlaufs hier geradezu ‚paradigmatisch' zum Tragen kommt. Ferner illustriert die Eröffnung, was unter einem ‚klassischen Auftakt' in narrativen Interviews verstanden werden kann. Die erzählgenerierende Eingangsaufforderung sowie das komplette Eingangssegment der Haupterzählung werden präsentiert.[35]

„I: Dann werd ich auch gar keine lange Vorrede mehr machen, sondern öhm (1) Sie bitten, C.F.: hm, I: mir Ihre Lebensgeschichte zu erzählen (1), Sie können da anfangen, wo Sie möchten, C.F.: hm, I.: und sich öh eben auch (1) auf Ihre Erinnerungen oder die Erlebnisse konzentrieren und Schwerpunkte setzen, die Ihnen besonders wichtig sind (2), Sie haben jetzt Gestaltungsspielraum und ich werd Sie auch erst mal gar nich unterbrechen, mir nur_n paar, C.F.: hm, I: Stichpunkte machen, auf die ich dann später noch mal zurückkommen werde (1) aber, C.F.: hm, I.: erstmal öh (1) ham Sie jetzt Raum und Platz (2), mir Ihre Geschichte zu erzählen, C.F.: ((lacht)), ja Gott also geborn (1) bin ich in (2) A-Stadt an der B-Fluss (1) neunzehnhundertdreiundsechzig (2) äh nachdem (1) der Vater (3) neunzehnhundertsiebenundsechzig, berufsbedingt umziehn musste nach (1) C-Stadt, da war ich also vier Jahre (1) hab ich daran eigentlich relativ (1) wenig (2) Erinnerungen äh (2) das fängt dann eigentlich erst an in in D-Vorort (2) äh phhh (2) Gott (2) ((kurzes Auflachen)) äh (4), ja es (2) beginnt, I.: hm, C.F.: da eigentlich schon schon mit_em Kindergarten, dann so die die ersten Erinnerungen ne, I.: hm, C.F.: Volksschule war in D-Vorort vier Jahre dann (2) der Übertritt ins Gymnasium (3), <u>ja</u> (1) is die Frage ob des da (2) ja Gott was ma da eben sagen soll ja ((fragend)) (1) also recht viel fällt mir da (1) jetzt (2) <u>natürlich</u> fällt mir viel ein, aber ich weiß net äh (1), ob das (1) also was da von Interesse is (1) äh (4), <u>ja</u> die Schule ging eigentlich dann (1) ziemlich grade durch bis zum Abitur (3) äh (2) danach Bundeswehr (2) eigentlich (1) mh ja phh (2) ein ganz ganz normal, ja ne ((fragend)), nix irgendwie Außergewöhnliches, dass öh (1) ma sich da (1) damals (2) ja (1) große I.: hm, C.F.: Gedanken gemacht hat, dass dass ma <u>net</u> zur Bundeswehr geht, das war eigentlich damals net so der Fall (2), öh (2) nach der Bundeswehr (2) n Studium, wobei (3) es da eigentlich so war, dass ich (2) zunächst mal nich so ganz genau gewusst hab, ich überhaupt machen <u>will</u> (3), I.: hm, C.F.: hab da mit_em Mathematikstudium angefangen (3), des dann eigentlich (2) naja_Gott auf_durchgezogen bis zum Vordiplom, parallel dazu hab ich Betriebswirtschaft angefangen (3) und des hat sich denn eigentlich immer weiter verlagert (2) zum Bezir- Betriebswirtschaftsstudium, so dass ich da dann (1) mit Mathematik eigentlich nach_em, I.: hm, C.F.: Vordiplom (1) nich weiter gemacht hab (3), ja, da war ich der Abschluss, neunzehnhundertneunundachtzig (3), neunzehnhundertneunzig hab ich dann (2) hab meine erste Stelle da begonnen (2) oder die die (1) die erste und einzige ((lacht leise)) (2), I.: ((lacht leise)), C.F.: äh in in E-Stadt (3) (Gott) (2) letztendlich war das eigentlich auch eher Zufall, dass ich dort gelandet bin, als äh (1) dass das irgendwie geplant war (1) äh (1) war halt

---

35 Entstanden ist das Interview mit Christoph Flavon (anonymisiert) im Rahmen des 2001/02 von der DFG geförderten Projekts *Migration und national-kulturelle Zugehörigkeit. Ost-West-Wanderungen von ehemaligen DDR-BürgerInnen und Russlanddeutschen in biographischer und intergenerationaler Perspektive.* Am Forschungsprojekt waren Prof. Peter Alheit (Universität Göttingen), Prof. Lorenz Böllinger (Universität Bremen), Oleksandr Gorbach (Benecke-Stipendiat), Alexandra Retkowski (studentische Mitarbeiterin), Dr. Martina Schiebel und Birgit Griese (wissenschaftliche Mitarbeiterinnen) beteiligt. An dieser Stelle möchten wir Dr. Martina Schiebel danken, die der Veröffentlichung des empirischen Materials zustimmte.

ne interessante I.: hm, C.F.: Stelle da ausgeschrieben, in dem Betrieb äh (3) ohh ja hab ich da mittlerweile so ziemlich alles durchgemacht (1) äh, sowohl jobmäßig als auch Höhen und Tiefen (2) und (Gott) (1) dort bin ich seit, wie gesagt seit neunzehnhundertneunzig jetzt eigentlich ja (1) schon die meiste Zeit (3) zumindest (4) naja_Gott (2) ((kurzes Auflachen)), die meiste Zeit is übertrieben ((leicht lachend)) (7), zumindest wenn ma so die Jahre betrachtet wo man eben erwachsen geworden is, ja ((fragend)) (2), I.: hm, C.F.: und (2) äh Gott, letztendlich bin ich dort eigentlich auch in E-Stadt nie so ganz heimisch geworden, ich hab da zwar dort oben ne Wohnung, aber (2) bin dann eigentlich immer hier Wochenende hin- und hergependelt (9), I.: hm, C.F.: so das wär jetzt hier äh ((leicht lachend)) (2) des (1) die ausbildungs- (1) be- berufsbezogene Schiene (2) äh (5)".

Der Sprecher steigt in die autobiographische Stegreiferzählung ein, indem er auf Geburtsort und -datum zu sprechen kommt. Es ist weder verwunderlich noch ungewöhnlich, dass Erzählerinnen den Auftakt der Erzählung konstruieren, indem sie auf den Tag der Geburt und äußere Begebenheiten hinweisen (vgl. Tschuggnall 1999: 56).[36] Ein derartiger Einstieg zählt zu den klassischen Formen der Eröffnung. Raumbezüge in Stegreiferzählungen können wiederum als Marker, in der Absicht, „(vor)gegebene Zugehörigkeit" (Hausendorf 2000: 345) zu klären, oder als zentrale thematische Elemente in der Erzählung verwendet werden. In den Fällen, in denen sie die Funktion der ‚einfachen' Identitätsverankerung übernehmen, besitzen sie vor allem informativen Charakter: Sie klären über Wohn- oder Geburtsort auf und formieren keinen lebensgeschichtlichen Fokus, wozu sie durchaus in der Lage sind (vgl. Lipis 1997: 185). Unabhängig vom Stellenwert, den sie in der Geschichte Christoph Flavons besitzen, charakterisieren diese Strukturmuster den Erzähleinstieg. Ein Blick auf die verwendeten Textsorten zeigt, dass vorrangig im Modus Bericht gesprochen wird. Die Darstellung selbst basiert auf einem prominenten institutionalisierten Ablaufmuster, dem kulturell verankerten (Ablauf-)Muster Beruf/Karriere. Der gesellschaftlich institutionalisierte und individuell realisierte berufliche Werdegang liefert nicht nur zeitliche Orientierungsmuster – von der (vor)schulischen über

---

36 Gemäß chronologischer Ordnung enden Erzählungen oftmals mit Perspektiven des Hier und Heute (Bohnsack 2000: 108) oder einem ‚Blick in die Zukunft'. Trotz Offenheit, die durch die Eingangsfrage produziert wird, wird noch einmal betont, dass Stegreiferzählungen sozialen Regeln unterliegen. So ‚verlangt' die Erzählaufforderung vom Gegenüber, „sich in einer spezifischen, erzählenden Weise als Ich zu konstituieren. Der Appell, die Lebensgeschichte entlang des Musters Anfang/Ende zu realisieren, generiert die Verpflichtung, eine sinnvolle, kohärente, grammatikalisch geordnete (Imperfekt→Präsens(→Futur)) Erzählung zu präsentieren" (Griese 2000: 103, Hervorhebung im Original). In Form von Hintergrundkonstruktionen, Einschüben können temporale Wechsel in die Darstellung eingebaut werden. Generell ist es aber auch möglich, dass die zeitliche Struktur nicht mit dem Zeitpunkt der Geburt zusammenfällt, sondern eine über das Lebenszeitliche hinausgehende Form der Vergangenheit integriert (stellvertretend vgl. Hahn 2000: 101; 1988: 51, exemplarisch Griese 2006: 186ff.). Auch kann die Erzählung mit fortgeschrittenem Lebensalter einsetzen. ‚Klassisch' oder konventionell ist allerdings ein Auftakt zu nennen, der die ‚Geburt(-sdaten)' und deren äußere Umstände zum Thema macht.

berufliche Ausbildung hin zu Statuspassagenwechseln (vgl. auch Luckmann 1983) –, sondern hält zugleich einen thematischen Fokus für die Darstellung von Identität bereit (vgl. auch Alheit 1992: 62ff.; Markus 2002: 167):

> „Die „Karriere (…) bildet in sich (wie jede narrative Geschichte) einen selbstreferentiellen Zusammenhang aus. Eine Karriere besteht aus Ereignissen, die sich rekursiv – und zwar negativ wie positiv – fördern und daher Anschlussereignisse gleicher Art ermöglichen" (Meuter 2002: 196; Hahn 1988: 51).

Das Thema schulischer und beruflicher Werdegang organisiert im Segment also Form- und Inhaltsseite der Erzählung. Chronologie ist ein Merkmal, das nicht nur mit dem institutionellen Ablaufmuster zusammenfällt, sondern ebenso mit der (gewählten) Textsorte Bericht korrespondiert. Über folgende Stationen des institutionalisierten (männlichen) Lebensverlaufs organisiert der Sprecher den Eingang:

- Kindergarten,
- Volksschule,
- Gymnasium,
- Bundeswehr,
- Studium der Mathematik,
- Studienfachwechsel Betriebswirtschaft,
- Berufseinmündung,
- aktuelle berufliche Tätigkeit.

Im Fall des Erzähleinstiegs von Christoph Flavon ist festzuhalten, dass der institutionalisierte Lebenslauf im Horizont von Beruf/Karriere das Gerüst liefert. Biographische Artikulation basiert hier eindeutig auf einem institutionalisierten Ablaufmuster, gleichwohl im Interviewauszug auch anklingt, dass im Horizont der Berufsbiographie keine ausschließlich positiv konnotierte Karrieregeschichte artikuliert wird.[37] Vielmehr verursacht der Betriebsstandort Reibung mit der Konzeptionalisierung von Heimat („Gott, letztendlich bin ich dort eigentlich auch in E-Stadt nie so ganz heimisch geworden, ich hab da zwar dort oben ne Wohnung, aber (2) bin dann eigentlich immer hier Wochenende hin- und hergependelt") und liefert das Motiv, zwischen zwei Welten, zwischen Heimatort und Berufsstätte, zu pendeln. Doch jenseits inhaltlicher Aspekte sind hier die Überlegungen, die zur Segmentierung Anlass geben, zu erläutern. Mit der Aussage

---

37 Ein zentraler Fokus in der Erzählung Christoph Flavons ist das Thema der innerfamiliären Übernahme der ‚Identität Banaterschwaben'. Die Themen Herkunft/Identität/Zugehörigkeit und Beruf sind auf das Engste verbunden (ausführlich vgl. Griese/Schiebel 2004), wie im Prinzip schon das Eingangssegment ‚ankündigt'.

„so das wär jetzt hier äh ((leicht lachend)) (2) des (1) die ausbildungs- (1) beberufsbezogene Schiene (2) äh (5)" schließt der Sprecher klar und deutlich einen thematischen Komplex, und auch die längere Sprechpause zeigt an, dass nachstehend ein weiterer Themenaspekt verhandelt wird (der, gesetzt den Fall, es wird eine kohärente Geschichte erzählt, vermutlich mit Familie und/oder der Konzeptionalisierung von Heimat zusammenhängt). Nun ist das Eingangssegment in diesem Fall geradezu paradigmatisch, was die sprachliche Umsetzung eines institutionalisierten Ablaufmusters betrifft. In anderen Erzählungen liefert der institutionalisierte Lebenslauf ‚nur' das chronologische Gerüst, um das sich die Erzählung rankt, es läuft quasi ‚hintergründig' mit und sorgt für zeitliche Organisation/Anordnung.

Verlaufskurvenstrukturen bzw. regressive Erzählstrukturen und die Textsorten Erzählen, Berichten und Argumentieren

Das Interview mit Klaus Brand wurde im Jahr 2006 für das Buchprojekt erhoben, das ausgewählte, vollständige Textsegment dokumentiert Verlaufskurvenstrukturen bzw. regressive Darstellungsmuster. Das „Prinzip des Getriebenwerdens durch sozialstrukturelle und äußerlich-schicksalhafte Bedingungen der Existenz" (Schütze 1981: 288) strukturiert die Passage. Äußerlich-schicksalhafte Bedingungen, die krisenauslösend wirken – mit anderen Worten „biographische Erleidensprozesse in Gang setzen" (Bohnsack 2000: 117; Schütze 2001: 139) bzw. „Schwierigkeiten bei der Entfaltung einer eigenen Lebenslinie" (Schütze 1996: 215) verursachen –, lassen sich am Material erkennen. Zudem veranschaulicht das Segment auf eindrucksvolle Weise das Zusammenspiel unterschiedlicher Textsorten. Den Segmentauftakt bildet eine Evaluation des Jahres 1990. Im Modus des Berichts setzt der Sprecher seine lebensgeschichtliche Präsentation fort, um mit dem Einsetzen des (temporären) Krisenhöhepunkts auf die Ebene der szenischen Darstellung zu wechseln. Argumentationen, die das Geschehen plausibilisieren, münden schließlich in Eigentheoretisierungen (zunehmende Abstraktion in den Sachverhaltsdarstellungen), die das Segment schließen.[38]

---

38 Das Segment weist strukturelle Merkmale auf, die Kallmeyer/Schütze als Strukturmerkmale „volldurchgeführter Erzählung" betrachten: „(S)ituative Höhepunkte (werden) herausgearbeitet (...) und die ‚Zwischenräume' zwischen diesen (...) Höhepunkten gerafft (...), Erzählperspektive, Thema und Moral der Geschichte (werden) nicht nur angekündigt, sondern ausgearbeitet (...), was in der Feststellung des Schicksals des/der Handlungsträger(s) kulminiert" (1977: 183).

„K.B.: dann kam neunzehnhundertneunzig, det ist gloob ich det Jahr des Terrors bei mir jewesen, also es fing im Februar an, als meine Oma jestorben ist, zwee Wochen später hat sich der Opa von mir uffjehangen, dann war erst mal een Teil, wo ick zumindestens Weihnachten immer noch nen bisschen Weihnachten hatte, wo ick dann hinjejangen bin, nicht mit menen Eltern jefeiert, sondern war bei der Oma vorbeijerauscht oder so, dann waren die beeden tot, anfang März ist dann meine andere Oma äh vom Bus überfahren worden, woraufhin sich meen anderer Opa zwei Wochen später uffjehängt hat (2), hatte ick nen unheimlichen Verlust, det hat mir also irgendwie schon (gestreift), ich hatt zwar kaum Kontakt, aber ick wusste, da ist jemand, wenn irgendwie wat ist äh, zwee Wochen später, nachdem sich der letzte von meinen Großeltern aufgehängt hat, bekam meine Mutter Brustkrebs (2), hab da wirklich in den Seilen jehangen, habe trotzdem nicht meine Arbeit vernachlässigt, hatte aber det erste Mal Kontakt mit äh Heroin, um mich auszuschalten mehr oder weniger im Kopf, da ick finanziell wirklich jut bestückt war, war det (hoch kenn machen) (1), dann abends meine Mutter ins Krankenhaus jejangen, ick ihren Job noch übernommen und dann hat sich das eigentlich nur noch, hab ick funktioniert, funktioniert heißt zwar arbeiten gehen, kaum noch um die Freunde noch am Wochenende äh, mal eben mal und der Rest hieß dann Konsum äh mir det beschaf- also mein Jeld zu holen, watt Arbeit betrifft, weil nach und nach hat det ja auch nachgelassen, watt watt meine Ersparnisse betreffen (1), und dann Ende neunzehnhundertneunzig, Anfang einundneunzig ist meine Mutter dann das erste Mal einjeliefert worden im Krankenhaus nach ner Chemotherapie, weil die Metastasen doch noch mal uffjegangen sind, wurde ihr ne Brust abjenommen, watt, wo ick sie im Krankenhaus besucht hab, mich ziemlich betroffen hat, weil ick wirklich, ick hab heißt engen Kontakt, sie war für mich da, ick hab sie nicht jenutzt, aber ick wusste, ick hab ne Mutter, und und sie hatte auch nie irgendwie ne Möglichkeit, mir wat zu sagen, weil ick äh seitdem ich acht bin, selbstständig bin, aber sie war meine Mutter und sie war der einzige Mensch, den ich eigentlich mehr oder weniger noch hatte, so meine Mutter bittet mich halt, weil sie im Krankenhaus ist, noch was von zu Hause zu holen, sie hat ja wie jesagt, mit dem anderen Mann zusammenjelebt und nun komm halt nach Hause und seh halt, wie mein Stiefvater meine Schwester vögelt, watt mir sämtliche Ressourcen, die ick im Jesicht hatte, verzogen hat, zumindestens erst mal nicht, wie ick machen sollte, bin zurück zu meiner Mama, hab halt jefragt: „Pass auf, so und so ist es, watt soll ick denn jetzt machen ((fragend))", meine Mutter hat halt jesagt: „Fahr zurück, mach ihn kaputt", da ick ja halt Mutter besorgt ist, hab ick nicht lange drüber nachjedacht, im Rausch war ick sowieso, hab allet Mögliche jetankt, wat ich noch in den Taschen hatte, von Rojypnol, Diozipan, hab ich mir noch Alkohol dazujekooft, Heroin, kurz bevor ick hochjegangen bin hab ich mir noch nen Oberknall jemacht, dass ick richtig fertig bin und bin da rin und hab ihn (halb) totjeschlagen (2), bin dan_äh am Telefon, hab die Polizei jerufen, hab da fast in seiner Blutlache noch jesessen, hab mich dann abholen lassen, (1), dann war erst mal (   ) ins Jefängnis, (2) und bin erst mal zu mir jekommen, hab det erste Mal Entzug jehabt und so, und hab dann (   ) von außerhalb parallel immer gegen meine Aggressivität, (   ) zwischendurch war (   ), wie halt so ne (Jugend) ist, nen bisschen extremer, äh der (   ) der mich halt untersuchen kam und so, aber ick gloobe mit, wie alt war ick denn ((fragend)), einundzwanzig oder so (2), hat hab ick mal mitbekommen, watt watt watt bei mir abläuft, ick hab meine Ausbildung allet drum jeschafft, ick war äh mutterbezogen, ich aber durchjebrannt, det heißt, irgendwann mach ick nen Schalter an bei mir, det heißt ich funktioniere, det heißt, mein_äh, meine Drogenwelt, das war mein Leben, das war meine Beziehung und det war meine Freizeitjestaltung und und und und die Arbeit war ne Funktion, um et uffrecht zu erhalten, und durch meine Jähzornigkeit, die ick mir von meinem Vater jeerbt habe oder in den Genen (   ) ooch bei meinen Vater ähm hatt ich so nen Klickschalter im Kopf, deswegen konnt ick ooch so ausrasten".

Der Segmenteinstieg wird mithilfe einer generalisierenden Beschreibung des Jahres 1990, einer Form der „Eingangsevaluation" gestaltet (vgl. diesbezüglich auch Rosenthal/Fischer-Rosenthal 2000: 461, die allerdings in ihrem empirischen Beispiel den Erzähleinstieg einer Haupterzählung betrachten). Die bilanzierende Vorwegnahme „det Jahr des Terrors" kündigt im Auftakt an, dass die Zuhörerin oder Leserin mit Strukturen des fremd- bzw. durch äußere Umstände verursachten Leids konfrontiert wird. Kallmeyer und Schütze bezeichnen diese Form der Ankündigung treffend auch als „Vorgriffsätze" oder „gestaltanzeigende Vorankündigung" (1977: 190). Thematisiert wird im Anschluss der Tod der Großeltern. Unfälle, Selbstmorde und (natürliche) Todesfälle führen zur Einschränkung des familiären Umfeldes. Ebenfalls im Jahr 1990 erkrankt die Mutter an Brustkrebs, die Situation spitzt sich emotional zu: „sie war der einzige Mensch, den ich eigentlich mehr oder weniger noch hatte". Herr Brand beginnt als Reaktion auf dieses (zusätzlich) krisenhafte Ereignis mit dem Konsum ‚harter Drogen' („um mich auszuschalten"). Todesfälle und Situationen der Todesbedrohungen (Krebs) im Kreis der nächsten Angehörigen werden zunächst in Berichtsform geschildert. In einer so genannten Hintergrundkonstruktion erläutert bzw. wiederholt der Sprecher Strukturen familiärer Beziehungen (Stiefvater, Nähe/Distanz, Mutter-Sohn-Verhältnis), um anschließend eine Form der Eskalation aufgrund zusätzlich auftretender familiärer Probleme (sexuelles Verhältnis des Stiefvaters mit der Schwester) im szenischen Modus zu gestalten. Unter dem Einfluss von Drogen – „hab allet Mögliche jetankt" – und fremdinitiiert – „meine Mutter hat halt jesagt: „Fahr zurück, mach ihn kaputt"" – schlägt Klaus Brand den Stiefvater „(halb) tot", ruft die Polizei, verliert seine Freiheit und die Möglichkeit, Drogen zu nehmen. Die äußeren Umstände, die schicksalhafte Aneinanderreihung dramatischer Ereignisse forciert die (multiple) Problemkonstellation, die nahezu ohne das aktive Zutun des Erzählers zustande kommt, als da wären

- Tod der Großmutter (natürlich, quasi schicksalhaft, Verlust),
- Tod des Großvaters (durch den Großvater verursacht, Verlust),
- Tod der Großmutter (durch ein Unglück, einen Unfall verursacht, Verlust),
- Tod des Großvaters (durch den Großvater verursacht, Verlust),
- Krebserkrankung der Mutter (natürlich, quasi schicksalhaft, drohender Verlust),
- Heroinkonsum (aufgrund der Erkrankung der Mutter, konzipiert als ‚Realitätsflucht', die vor dem Hintergrund des drohenden, endgültigen Verlustes familiärer Bezüge erklärt wird),

- sexuelles Verhältnis zwischen der Schwester und dem Stiefvater (durch signifikante andere verursachtes Problem, drohender Verlust familiärer Integrität),
- Gewalt als Mittel zur Lösung sozialer bzw. familiärer Probleme (Reaktion auf die Handlungsaufforderung der Mutter: fremdinitiiert, Verlust der eigenen Kontrolle aufgrund des Drogenkonsums und des ‚väterlichen Erbes'),
- Gefängnisaufenthalt (Konsequenz, die sich durch das Schicksal, die Umstände, die Handlungsaufforderung der Mutter und das Verhalten der anderen, durch fremdverursachte bzw. -bestimmte Rahmenbindungen des Handelns ergibt, Verlust der Freiheit),
- Entzug (durch den Gefängnisaufenthalt verursachte Konsequenz, Verlust der Selbstbestimmung).

Der Erzähler ist durch Ereignisse, Handlungen anderer und äußere Umstände zu etwas ‚getrieben' worden, das Thema Verlust ist dominant. Mit anderen Worten:

„Der (...) Prozeß der Verlaufskurve ist durch Erfahrungen immer schmerzhafter und auswegsloser werdenden Leidens gekennzeichnet: die Betroffenen vermögen nicht mehr aktiv zu handeln, sondern sie sind durch als übermächtig erlebte Ereignisse und deren Rahmenbedingungen getrieben und zu reaktiven Verhaltensweisen gezwungen" (Schütze 1999: 199).[39]

Diese Darstellungsstruktur, die auch als ‚Durch-andere-oder-anderes-Prozessiertwerden' beschrieben werden kann, ist charakteristisch für regressive Erzählungen bzw. Verlaufskurvenstrukturen, ‚Verunsicherung' und ‚Abwärtsbewegung' kennzeichnen die Passage. Kallmeyer/Schütze sprechen in der Abhandlung von 1977 zwar (noch) nicht von Verlaufskurvenstrukturen (sondern von Fallkurven, vom Schicksal, vgl. ebd.: 179), fokussieren aber eine besondere Form der Ereignisverkettung in Erzählungen, die auch der Darstellung von Klaus Brand zugrunde liegt: die „kausal-retrospektive Erzählweise". Diese zeichnet sich dadurch aus, dass Ereignisse so aufeinander bezogen werden, dass sie sich „zu unüberwindbaren Handlungshemmungen verklammern, daß der Geschichtenerzähler ‚getrieben' wird, d.h. nur ‚aus Versehen' in Situationen gerät" (ebd.: 178). Ferner mangelt es Verlaufskurvendarstellungen an etwas ‚Spezifischem': an der Artikulation biographischer Handlungsschemata, die auch als

---

[39] Von Verlaufskurvenprozessen (im Gegensatz zu Verlaufskurvenstrukturen) spricht Schütze erst, wenn unterschiedliche „Stadien und Mechanismen" die gesamte Erzählung charakterisieren (ausführlich Schütze 1999: 201ff.) und „niemand mehr, insbesondere die Betroffenen nicht, mit der Möglichkeit eines grundsätzlich veränderenden, beherzten Korrekturhandelns rechnet" (Schütze 2001: 140). Im Paradigma Narrative Identität geht es jedoch ‚lediglich' um das Erkennen von regressiven Erzähl- bzw. Verlaufskurvenstrukturen in einer je aktuellen Darstellung, nicht um die ‚biographische Gesamtformung'.

„final-planerische Erzählweise" charakterisiert werden können (ebd., exemplarisch s.u.). Unterschiedliche Faktoren führen dazu, dass „die biographische Entwicklung sich den (...) Intentionen des Biographieträgers gegenüber verselbständigt" (Bohnsack 2000: 113), eigene Handlungspläne oder -ziele rücken, gelegentlich bis zur Unkenntlichkeit, in den Hintergrund. Im Segmentschluss präsentiert der Sprecher zunehmend abstraktere Erläuterungen, die das ‚problematische' Handeln, die Gewaltbereitschaft erklären sollen und die zudem die erzählte lebensgeschichtliche Episode ‚Terrorjahr 1990/91' beschließen – Segmentschlüsse sind übrigens prädestinierte ‚Orte' für Theoretisierungen und Evaluationen (vgl. Schütze o.J.: 153). Die Arbeit, so erklärt Klaus Brand, habe lediglich dem Zweck gedient, die im Zentrum des Lebens stehende „Drogenwelt" zu ermöglichen, seine „(M)utterbezogen"-heit, die zugleich die Ebene sozialer Beziehungen repräsentiert, liefert ebenso einen Beitrag zur Situationseskalation (selbstredend auch die vorangehenden Todesfälle in der Familie). Sieht es zunächst so aus, als wolle der Erzähler eigene Anteile an der Entstehung des familiären und persönlichen Dramas thematisieren, lassen die im Modus der Eigentheoretisierung vorgestellten Begründungen einen anderen, finalen (nicht aber planerischen) Schluss zu. Verantwortung für sein Handeln trägt der leibliche Vater: „durch meine Jähzornigkeit, die ick mir von meinem Vater jeerbt habe oder in den Genen ( ) ooch bei meinen Vater ähm hatt ich so nen Klickschalter im Kopf, deswegen konnt ick ooch so ausrasten". Erwin Brand ‚vererbt' dem Sohn jene der Disposition zur Gewaltbereitschaft zugrunde liegende personale Eigenschaft („Jähzornigkeit"), die, unkontrollierbar in den Konsequenzen, die Ereignisse nicht nur erklärt, sondern zugleich von Verantwortung(-sübernahme) entlastet. Schwankt Klaus Brand zunächst, ob er die Verantwortung des Vaters als sozialisatorische Chiffre konzipieren möchte (das Problem einer ‚gelungenen Lösung von der Mutter' fällt auch in dieses semantische Feld), entscheidet er sich, auf Basis der theoretischen Figur ‚ich bin das, was mir mein Vater durch seine Erbanlagen mitgegeben hat', für eine Form der natürlichen Bestimmung des Seins (ausführlich zu ‚naturalistischen Codierungen' von Identität vgl. Griese 2006: 308ff.). Die Idee des Menschen als Maschine oder Automat („nen Schalter" umlegen) – diese Deutung erinnert an die im 17. und 18. Jahrhundert populären anthropologischen Konzeptionen des Menschen (der Mensch bzw. der Körper als Maschine, ausführlich vgl. Dierkes 1989: 55ff.) – schimmert weltanschaulich durch den Text. Fragen der Verantwortlichkeit oder Schuld werden via Naturalisierung an ein Außerhalb, an den Vater und die Genetik, adressiert. Nun könnte an dieser Stelle mit Schütze nach Verdrängungs- oder Verleugnungsprozeduren oder in Anlehnung an Riemann nach dem Fremdwerden der eigenen Biographie gefragt werden, überschreiben doch theoretische Erklärungsmuster die biographischen Ereignisse. Aus dieser Perspektive würde jedoch der Gesichtspunkt der Kohärenz vernachlässigt, der hier betont wird. Im Fall der Theoretisierung Klaus Brands ist festzustellen, dass das Konstrukt mit der Verlaufskurvenstruktur ‚harmoniert'. So wie die Ereignisse ohne aktives, willentliches Dazutun zustande kommen, entzieht sich mit der Theoretisierung auch das Handeln der Beeinflussbarkeit und Verantwortung: (Text-)Kohärenz im Segment stellt sich her.

Der Wandlungsprozess bzw. die Wendeerzählung und die (dominante) Textsorte Erzählen

Im Folgenden wird die Artikulation einer Wende illustriert. Die Stegreiferzählung Bernd Weißmanns wurde ebenfalls im Rahmen des bereits erwähnten DFG-Projekts erhoben. Herr Weißmann stellt seine Konversion vom Atheisten zum Baptisten im Kontext der Migration aus der ehemaligen UdSSR in die BRD dar (Aussiedler). Konversionsgeschichten sind Erzählungen, die auf besondere Weise auf die Figur der Wandlung/Wende ‚angewiesen' sind; sie folgen ihren eigenen institutionalisierten, sprich: in Institutionen gespeicherten und durch sie vermittelten Darstellungsmustern. Allgemein und analog zur Terminologie Schützes ist zu konstatieren, dass negative Verlaufskurvenstrukturen Wandlungen vorausgehen (vgl. Schütze 2001: 141). Konversionserzählungen sind ‚klassische' Wendeerzählungen, ihnen geht zumeist die Schilderung einer *Krisensituation* voraus, die mit alltäglichen Problemlösungsstrategien nicht zu bewältigen ist. Aufgrund dessen wird eine religiös verankerte Problemlösungsperspektive installiert (vgl. Wohlrab-Sahr u.a. 1998: 21). Im Erzählen kommt ein Bekehrungsereignis zur Sprache, das den „grundlegenden Akt (...) des Zum-Glauben-Kommens" (Schweitzer 1990: 296) illustriert. Das Konversionsereignis ist der Wendepunkt, der die biographische Konstruktion in ein Vorher und Nachher gliedert (Ulmer 1988: 23ff.; Fuchs-Heinritz 2005: 58; Luckey 1964: 61). Erzählzeit und erzählte Zeit werden im Horizont des Konversionsereignisses nahezu parallelisiert, die Zeiten „vor und nach diesem zentralen biographischen Zeitpunkt in (...) geraffter Perspektive (...) behandelt" (Ulmer 1988: 22). Beziehen sich die Darstellungen im zeitlichen Feld der Post- und Präkonversionsphase auf Handlungen, Ereignisse, Geschehnisse in den äußeren sozialen Welten, konzentriert sich die Schilderung des Bekehrungsereignisses auf Vorgänge im ‚Inneren' des Protagonisten (vgl. Luckmann 1987: 43). Klassisch kommen vier Phasen zur Sprache, die auch die Erzählung Bernd Weißmanns strukturieren:

a. die „*Öffnung des Konvertiten* auf das Religiöse, auf eine alltagstranszendierende Wirklichkeit hin" (Ulmer 1988: 28, Hervorhebungen im Original);
b. „*die Schilderung eines außergewöhnlichen Ereignisses*" (ebd., Hervorhebungen im Original), „die die ‚Antwort' auf die ‚Frage' des Konvertiten darstellt" (ebd.);
c. eine grundständige „emotionale Erschütterung" (ebd.) sowie
d. die „Entscheidungssequenz", die den endgültigen Wechsel vom Vorher zum Nachher fixiert (ebd.: 29).

In der soziologischen Konversionsforschung und -theorie ist man sich einig, was im Vollzug dieses (sprachlichen) Akts Wandel unterliegt: Person, Identität, grundständige Perspektiven auf Ich und Welt. Die Konversionserzählung beruht, wie oben dargestellt, auf einer spezifischen Dramaturgie: Die Erzählenden „müssen die von ihnen als relevant erachteten biographischen Ereignisse in der Erzählung so aufeinander beziehen, daß die Konversion im Kontext der Biographie als ‚natürlicher' Vorgang interpretierbar ist, der sich so und nicht anders abgespielt haben muß" (Ulmer 1990: 290). Die Anmerkungen zur Form von Konversionserzählungen verdeutlichen, dass die Wende nicht zu Beginn der Stegreiferzählung (ausführlich) thematisiert werden kann. Der präsentierte Segmentauszug bezieht sich auf die Darstellung des Konversionsvorgangs und setzt mit dem Krisenhöhepunkt ein. In Anlehnung an Kallmeyer/Schütze ließe sich formulieren: Der dokumentierte Auszug beginnt mit dem Höhepunkt der Komplikation – die Exposition, die Orientierung hin auf die Konfliktsituation, wird aus Gründen des Umfangs ausgelassen – und endet mit der Lösung (vgl. dies. 1977: 164f.). Zur Entstehung der Konfliktsituation sei angemerkt, dass Bernd Weißmann die Auswanderung aus der UdSSR und die Ankunft in der BRD als *Verlust von Zugehörigkeit*, als „Kulturschock" vorstellt. Arbeitslosigkeit, steigender Alkohol- und Tablettenkonsum, Einsamkeit sowie Heimatlosigkeit konfigurieren ein Problemfeld, das in die Artikulation einer Krise mündet. Die krisenhafte Entwicklung findet ihren Höhepunkt in Selbstmordabsichten, die nicht nur die individuelle Ausweglosigkeit aus einer Situation veranschaulichen, sondern in Konversionserzählungen eine bekannte Form der Kriseninszenierung darstellen, die der Bekehrung vorausgeht (Ulmer 1988: 27). Den Segmentschluss bilden Formulierungen, aus denen hervorgeht, dass sich die Wandlung erfolgreich vollzogen hat (Segmentschluss: (Problem-)Lösung).

„B.W.: ich war so durchgenervt, dass ich überhaupt nix wahrgenommen habe, nur Trinken und Tabletten, Trinken und Tabletten (1) weil mein (2) weil ich so kaputt, dass ich dachte: „Wie wird das aussehen, wenn man einfach stirbt ((fragend))", und dann bin ich auf das Dach geklettert, hab mich a_an das Fenster gestellt (1) und hab gesagt: „Jetzt, wenn man sich hier runter springt, da wird man bestimmt nicht sterben", ich wollt halt_irgendwie wollt ich nicht mehr leben, dann habe ich einen Regenschirm genommen, ach, ich bin oft alleine gelaufen durch die ganze Stadt, es war so ein blödes Gefühl, man le_läuft alleine durch die Stadt (1), und die Menschen gehen entgegen, gehen hin und her, und dass die Stadt pulsiert vom Leben, besonders natürlich am Tage, abends, nachts nicht, aber am Tage, alles ist voll Leben, und ich hab mich gefühlt wie so ein, wie so ein neutraler Beobachter, ich fühlte mich, so als ob ich nicht selbst durch die Stadt gehe, sondern an der [Kassettenwechsel], na ja, und das war so ein deprimierendes Gefühl, nirgendwo zuzugehören (1), tja, nirgendwo ha_is man zu Hause, nirgendwo, man hat keine Verpflichtungen (1), was gut war natürlich damals, ich habe, wie gesagt aufgrund meines guten Abschlusses, habe ich einen sehr guten Posten bekommen und habe auch gearbeitet dort, und als ich nach Deutschland kam, bekam ich auch gutes Geld, Arbeitslosengeld, ich war_auf einmal war ich der Großverdiener in der Familie, nicht meine Mutter, nicht mein Vater, sondern ich war der Großverdiener, da bin ich überall ru_zu Fuß gelaufen, ich habe die ganze Stadt von Stadtteil A bis nach Stadtteil B und von Stadtteil C bis nach Stadtteil D, Stadtteil E überall zu Fuß, und eines Abends, es war so regnerisch im Oktober (   ), ja Oktober, Ende Oktober, Anfang November war das, ganz mieser Regen_äh Herbsttag, abends, es war schon fast dunkel, bin ich über den Fluss A gegangen, und dann nach links in diese Fluss B, ne, Fluss A-Promenade abgebogen, die geht nachher an Fluss B ent_lang zur Fluss B-Kirche, zur Polizei_zum Polizeirevier nach kommt da führt der Weg wieder hoch, und da bin ich durchgezogen und (1) habe darauf gewartet, dass jemand da ist (1) und ich habe gedacht: „Wenn (1) wenn ich jemanden finde, der mir in die Wege kommt, oder der mich anquatscht oder sonst noch wie, denn lasse ich mich prügeln oder verprügeln oder was auch immer", ich (1) ich war einfach von meiner Aggressivität (1) ja, erfasst, ich konnte meine Aggressivität und meine Wut auf irgendwas nicht mehr unterbringen (1), nicht mehr unter Kontrolle halten, und ich fühl mich von Natur aus aber überhaupt nicht (   ) gewalttätig, von daher habe ich nicht natürlich so ein unbeteiligten Passanten angepöbelt oder oder wehrlose Menschen angegriffen, das hab ich_das war mir auch damals nicht im Kopf eingefallen, aber ich habe gedacht: „Wenn jemand mich angreift, dann werde ich nicht mehr ausweichen, nicht mehr ein braver deutscher Junge sein, sondern einfach zurückschlagen und (1) k_koste es was es wolle", da ging ich durch die andere Fluss B-Promenade entlang in der Hoffnung, dass dort so eine Jugendclique steht oder Jugendbande oder was auch immer, aber es war nix, es war überhaupt nix, es war leer und leer und still und kein Mensch da (1), und (1) auf einmal habe ich gedacht: „Mein Güte, wer ist denn Schuld an dieser Misere ((fragend)), mein Vater sicherlich nicht, weil er nur das Beste wollte, meine Mutter, die leidet mit mir, genauso wie ich, vielleicht auch noch stärker", aber ich merkte, dass meine Mutter mich (1) eigentlich (1) sehr liebte, und die hätte mit Sicherheit mir nichts Schlechtes gewollt, und meine Schwester ist drei, vier Jahre jünger als ich, die hat_s bestimmt auch nicht gewollt, ich selbst doch auch nicht«, und dann bin ich auf die Idee gekommen, dass er selber des_der Gott ist derjenige, der Schuld daran hat, dass es mir so schlecht geht (1), dann habe ich den Regenschirm genommen und hab immer gegen den Himmel geschlagen, ich wollte ja_hab gedacht: „Wenn der liebe Gott irgendwo erscheint, dann werde ich ihn runterholen und ihn verprügeln", bis ich dann auf die Idee kam: „Meine Güte, du bist ja verrückt", ich hab gedacht: „Entweder es gibt einen Gott (1)", d_bis dahin war ich Atheist, ich hab immer atheistische (Vorfälle) gehabt und so, aber diesmal war mir klar: „Ent_entweder bin ich verrückt, weil du gegen das kämpfst, was es überhaupt nicht gibt, oder es muss eben Gott geben, weil er dir so real erscheint" und (1) und so weiter, und danach bekam ich Angst, auf einmal bekam ich so viel (1) ja Heidenangst kann man wohl sagen, auf einmal warn_war ich wie gelähmt (2), ich ging nach Hause, hab mich ins Bett gelegt, zugedeckt, bin ich eingeschlafen, morgens aufgewacht (2), hab kein Wort gesprochen, ich hatte nur Angst gehabt, ich hab gedacht: „Wenn der liebe Gott, der (sehr viel) Gott ist (1), und wenn er einmal mir_mich zurückschlägt, dann habe ich gar keine Chance, dann kann ich mich nicht mehr wehren" ((lachend)), und dann hab ich mich noch mal betastet, ob ich lebe oder ob ich verrückt bin, und dann hab ich gesagt: „Das ist das Rote, das ist das Weiße", die Farben konnt ich erkennen, denn hab ich noch gedacht: „Ob ich Angst vorm Feuer habe ((fragend))", dann hab_hat dann (1) den Gasherd habe ich angezündet, nein, ich konnte das Feuer ertragen (1), ich (2) ja, einen auch_einen kleinen Selbsttest habe ich durchgeführt und hab festgestellt: „Nein, verrückt bin ich nicht" (3), na ja, das hat mich geheilt, dieses Erlebnis hat mich geheilt, dann_dann war ich aus meinem Kulturschock irgendwie raus, und (1) der zweite Wunsch, ich hab gedacht: „Ich müsste mir etwas mehr über den Gott erfahren" (1), dann hab ich (1) kurze Zeit darauf (1) ein Neues Testament geschenkt bekommen, und dann hab ich angefangen das zu lesen, was sie da_drei Tage lang hab ich nix anderes getan als das neue Testament immer wieder durchgelesen (1), von A bis Zett (1) bis ich fertig war (1), dann hab ich das_in drei Tagen war ich fertig, dann hab ich das zugeklappt und hab gesagt: „Wenn das stimmt, was da drinne steht, dann muss ich das so leben wie es steht", und dann habe ich auch eine Gemeinde gefunden, hab angefangen zu beten und gelernt_und gelernt äh angefangen zu lernen, das ging aber schnell, zu beten und Gott zu vertrauen (4)".

Die neue Weltsicht des ehedem atheistischen Herrn Weißmanns, artikuliert als „rite de passage" (Stolz 2000: 79), die, wie Wohlrab-Sahr in Anlehnung an Mead konstatiert, einen „Wechsel des ‚universe of discourse'" (1998: 374; vgl. auch Luckmann 1987: 40) beinhaltet, versieht disparate Erfahrungs- und Handlungsbereiche im Anschluss an die Konversion mit Sinnzusammenhängen, stiftet Kohärenz, Transparenz, Transzendenz (Luckmann 1988: 43; Schweitzer 1990: 301). Der Alltag, das Leben ist nach der Konversion – basierend auf den christlichen Regeln der Lebensführung und einer neuen weltanschaulichen Disposition – wieder gestalt- und handhabbar, die (Migrations-)Krise überwunden. Nun ließe sich noch einiges über die Darstellung des Konversionsereignisses – beispielsweise über die modern, naturwissenschaftlich anmutende Form des Gottesbeweises oder die Konstruktion von Identität (Sich-selbst-fremd-Sein und Identisch-Werden) in der Erzählung ausführen (ausführlich vgl. Griese 2006: 239ff.), doch sollen erzählstrukturelle Perspektiven die Ausführungen zur Wandlung/Wende beenden. Dass der Interviewauszug vor allem auf der Textsorte Erzählen basiert, zeigen die Schilderungen der sozialen und ‚natürlichen' Welten. Die Beschreibungen des Wetters und der ‚entvölkerten' (Um-)Welt harmonieren treffend mit inneren Gefühlslagen und Stimmungen. Die beschrittenen Wege werden genauso akribisch beschrieben wie Haltungen, Überlegungen und Handlungen des Erzählers: Bernd Weißmann nimmt den Hörer oder die Leserin mit in die (Krisen-)Situation, mit anderen Worten: Der Indexikalisierungsgrad im Segment ist extrem hoch. Doch nicht nur die Beschreibungen der äußeren sozialen und natürlichen Welt(en) macht aus der Textstelle einen erzählenden Segmentabschnitt. Der Erzähler offeriert dem Rezipienten Einblicke in die damalige Situation, indem er ihn (quasi) an Handlungen, Gedankengängen und Reflexionen teilhaben lässt. Ferner zeigt sich im Segment, dass szenisch rekapitulierte (Sprech-)Handlungen nicht zwangsläufig weitere personelle Ereignisträger benötigen: Sie können ebenso im Modus des inneren Monologs gestaltet werden, spiegeln als „wörtliche Zitate" (Kallmeyer/Schütze 1977: 192) in diesem Fall nicht den Dialog zwischen zwei oder mehreren Personen, sondern das Selbstgespräch, die Selbstreflexion, die der „genauen Schilderung des Gemütszustandes" (ebd.) dient. Erzählzeit und erzählte Zeit nähern sich in dem Passus an, das historische Präsens wird sprachlich eingesetzt. Die Requisite Regenschirm, die in der szenisch-dramatischen Episode die Funktion erfüllt, die Entladung der angestauten Aggressivität zu versinnbildlichen, kann analog zu Schütze/Kallmeyer als Ereignisträger konzipiert werden. Zu behandeln sind hier ferner diejenigen sprachlichen Strukturmuster, die von Schütze als Prozessstrukturen bezeichnet werden. Unbestritten handelt es sich um eine Wandlung, die durch die Migration verursachte ‚Krise' wird durch die ‚Transformation' vom Atheisten zum Baptisten aufgelöst. Deutlich lässt sich am Material erkennen, dass Verlaufskurvenstrukturen der Wandlung vorausgehen:

> „Die Analyse biographischer Selbstthematisierungen ermöglicht eine Antwort auf die Frage, wie schwierige Lebenslagen und Lebenskrisen – unter Umständen auf sehr eigensinnige Art und Weise – bewältigt werden, wie es zu einem Umschlag, einem ‚Wandlungsprozess' kommen kann, wie in der Krise das Subjekt zu verschwinden droht, aber in dem Zerreißen von Kohärenzen neue Zusammenhänge geschaffen werden können" (Hanses 2003: 33).

Dieses Muster ist dem Textstück innewohnend. Schütze selbst definiert Wandlung wie folgt:

> „Biographische Prozesse der Wandlung sind dadurch gekennzeichnet, daß die Betroffenen in sich selbst – mehr oder weniger verwundert – neue Kräfte feststellen, mit denen sie zuvor überhaupt nicht gerechnet haben. Sie erleben zunächst mehr oder weniger undeutlich, beginnen allmählich aufmerksam zu werden und begreifen dann schließlich abrupt, daß sie Vollzüge beherrschen, an deren Meisterung sie vorher nicht zu denken wagten bzw. auf die sie gedanklich gar nicht gekommen wären. Der plötzlichen Erkenntnis geht ein Zustand der erheblichen eigenen Verunsicherung voraus, weil man nicht mehr mit sich selbst, seinem Alltagsleben und den anderen wichtigen Menschen in der eigenen sozialen Umgebung in Einklang ist" (Schütze 2001: 142f.).

Diese Beschreibung stimmt mit den Darstellungsverfahren in der erzählten Geschichte in wesentlichen Punkten überein: Durch die Transformation wird Handlungsfähigkeit im Hinblick auf den zu bewältigenden Alltag ebenso wiederhergestellt wie familiäre Harmonie, die im Konnex der Klärung der zentralen Schuldfrage (hypothetisch) zur Disposition stand. Die mit dem „Kulturschock" einhergehende Krise, die sich unter anderem als Orientierungslosigkeit zu erkennen gibt, ist am Material deutlich abzulesen und wird durch die Konversion vom Atheisten zum Baptisten ‚geheilt'. Dass dem Interviewauszug sehr wohl auch ein (spezifisches) institutionalisiertes Ablaufmuster zugrunde liegt, rückt erst dann in den Blick, werden Konversionserzählungen als eigenständige kommunikative Gattung betrachtet.⁴⁰ Die rhetorisch-stilistischen Kompositionsmerkmale der Bekehrungs- bzw. Konversionsgeschichten werden in religiösen Institutionen bewahrt und durch diese kolportiert (erinnert sei auch an die in der Bibel dokumentierte berühmte Konversion des Saulus zum Paulus); die Thematisierung von Bekehrungsereignissen und -erlebnissen in den Gemeinden trägt zur lebendigen Vermittlung bei (ausführlich vgl. Stolz 2000).

Abschließend ist hervorzuheben, dass Bernd Weißmann eine abgeschlossene, eine vollzogene Wandlung präsentiert, die ihn als einen anderen ‚entlässt', die Erzählung schlägt mit der Wende von einer regressiven in eine progressive Erzählung um. In Erzählungen können Wandlungen allerdings auch vage, beispielsweise als angedachte Möglichkeiten, formuliert werden. Es ist also möglich, dass die Wende – die mit Veränderung, mit Verunsicherung der Einstellungen zum Selbst und zur Welt zusammenhängt (ausführlich Schütze 2001) – als künftiger Handlungsplan oder mögliche Orientierungsfolie vorgestellt wird, die jedoch durch keinerlei konkrete (Lebens-)Praxis ‚bestätigt' scheint. Derartige Phänomene gilt es in der Rekonstruktion zu berücksichtigen, spielt doch die Lokalisierung von Wendepunkten eine zentrale Rolle im Hinblick auf pädagogische Praxis oder Unterstützung (vgl. Kapitel 4.3, 4.4).

Das biographische Handlungsschema (progressive Erzählung) und die dominanten Textsorten Berichten und Erzählen

Der folgende Interviewauszug stammt ebenfalls aus dem Materialkorpus des DFG-Projekts *Migration und national-kulturelle Zugehörigkeit*. Da es sich hier um einen Auszug aus dem Nachfrageteil handelt, ist das Textstück nicht als Ergebnis ‚natürlicher' Segmentierung in einer Stegreiferzählung auffassen. Vielmehr sind Struktur, Inhalt und Gestalt auf die Aufforderung der Interviewerin zurückzuführen, die nach dem Arbeitsalltag in Russland und der BRD fragt.⁴¹

---

40 Der Begriff der kommunikativen Gattung kann im Rekurs auf den russischen Philologen Bakhtin definiert werden: „Speech genres organize our speech in almost the same way as grammatical (syntactical) forms do. We learn to cast our speech in generic forms and, when hearing other's speech, we guess its genre from the very first words; we predict a certain length (that is, the approximate length of the speech whole) and a certain compositional structure; we foresee the end; that is, from the very beginning we have a sense of the speech whole, which is only latter differentiated during the speech process. If speech genres did not exist and we had not mastered them, if we had to originate them during the speech process and construct each utterance at will for the first time, speech communication would be almost impossible" (Bakhtin 1996: 78f., ausführlich zum Konzept der kommunikativen Gattungen vgl. auch Günther/Knoblauch 1994; 1997; Luckmann 1987).

41 „I.: können sie mir son Arbeitsalltag irgendwie ähm schildern aus ihrem Berufsleben ((fragend)), was so passiert ist ((fragend)), T.R.: (was so passiert ((fragend))), I.: hmhm, T.R.: so in

Ferner ist der hier gewählte Schluss, in Gestalt einer allgemein gehaltenen Evaluation, nicht identisch mit dem Ende der Ausführungen zum Arbeitsalltag. Doch trotz der Einschränkungen bietet sich der Interviewabschnitt an, um Strukturen eines biographischen Handlungsschemas am empirischen Material zu veranschaulichen. Die im Anschluss an die Vorstellung empirischen Materials angestellten Erläuterungen drehen sich vorrangig um den im Modus des szenischen Erzählens gestalteten Höhepunkt der Darstellung. Der Dialog zwischen Tatjana Roganova und ihrem Chef Bernhard Frank illustriert auf eindrucksvolle Weise Strukturmuster einer „final-planerischen Erzählweise". Der Textauszug vor dem Interakt – der den Berufsalltag als Musiklehrerin in der ehemaligen UdSSR zum Inhalt hat, während sich die szenische Darstellung auf das Berufsfeld Altenpflegerin (BRD) bezieht – wird durch die Textsorte Bericht strukturiert. Doch gleichgültig, ob Erzählen oder Berichten – das Strukturmuster des biographischen Handlungsschemas durchzieht den gesamten Textabschnitt. Charakteristisch für das Handlungsschema ist, dass sich der Biographieträger als „entscheidungs-, lösungs- und handlungsmächtig" (Schütze 2001: 144) präsentiert; eigene Handlungspläne werden konturiert, entworfen, skizziert, umgesetzt, kurz: ein „intentionaler Aktivitätscharakter" (Schütze 1981: 70) ist grundlegend. Wie in den theoretischen Ausführungen bereits angemerkt, fließen Argumentationen oder (Eigen-)Theoretisierungen immer wieder einmal in Erzählungen ein, um das Ich und seine (Handlungs-)Strukturen zu erläutern. Nachstehend zeigt sich dieses Muster zum Beispiel in Form der Selbstaussage „ich war schon immer ein Spätmensch" (bzw. Nachtmensch), die das biographische Handlungsschema und die thematische Dimension ‚beruflicher Erfolg' deutlich hervortreten lässt. Gerahmt wird der Interviewauszug durch die institutionellen Strukturmuster der Berufswelten.

„T.R.: o ja, der Arbeitsalltag war eben in Musikschule, des war den Stundenplan haben wir selber machen dürfen, natürlich mit Rücksicht auf die Schicht, da haben die Schüler in der Schule Schicht gelernt, Vormittag_Nachmittag_Schicht, und dann hab ich dementsprechend mein Unterricht auch gestalten können, und des hab ich meistens gemacht so, dass ich dann später aufstehe, ich meine, ich war schon immer ein Spätmensch, und dann bis acht dann unterrichte, hab mich immer gefreut, dass meine Schüler in der Hauptschule, Hauptschule nenn ich jetzt nicht diese klassische deutsche, Hauptschule heißt das die Allgemeinschule, mittlere Reife, das war ja getrennt, eben die gingen in eine Schule, Musikschule war die andere, dass sie dann zu mir kommen am Nachmittag hab ich mich dann immer gefreut, weil da bin ich am produktivsten dann, und ab zehn Uhr abends dann noch produktiver, aber da kann kein Schüler produktiv mehr sein und so ham wir des gelernt, die kommen für eine Stunde jeder, manchmal für zwei je nachdem wie viel Stunden jedem zusteht in der Woche, zwei mal Woche haben_s Unterricht und für eine Stunde kommen sie zu mir, des ist a klassische ähm Regel, bei mir war alles anders, die sind immer_immer hordenmäßig zu mir gekommen, haben

Altenpflege ((fragend)), I.: ne ähm, vielleicht erst ähm sozusagen in Russland und dann ein Arbeitstag_Arbeitsalltag hier".

sich Freiräume gesucht, ich war vier Tage in der Woche in der Schule, des heißt, sie waren alle bei mir, weil zu Hause gibt_s so viel Sachen, die immer ablenken beim Üben, und da kommen_s einfach in die Schule freiwillig daher, setzen sich in_in irgendeinen Raum rein, wenn_s welche finden und dann lauf ich halt zwischen den ganzen wer alles da ist und guck, was sie machen, was_was noch zu machen wäre und da passen mir die Älteren auf die Kleineren auf, des war ganz eigenes so_so System, was die anderen so verpönt haben, weil Regel ist Regel, fünfundvierzig Minuten, er kommt und geht und aus, und dadurch eben, durch die Aufsicht werden sie dann bei mir selbstständiger und die Älteren passen auf die Kleineren auf, da geb ich manchmal ein Auftrag: „Schau mal, dass er das und das hinkriegt, lass dir was einfallen, damit er das hinkriegt", und so lauter Ideen hätten_s mir dann rausbringen müssen, wie des am leichtesten wäre, und ich hab die vier Tage vor den Augen gehabt die meisten und des hat dann auch gut gewirkt, das heißt, in der Früh ab zehn bis acht Uhr abends hab ich durchgehend mit Mittagpause sagen wir so irgendjemand immer da (1), manchmal sind manche zwei Stunden da, manchmal gehen_s halt in ner halben Stunde, die haben dann noch Unterricht, weil ein Fach hab ich bloß oder zwei Fächer, und den Rest, die ganze Theorie und so ( ) und und Harmonielehre und was weiß ich, müssen_s ja überall noch reingehen, machen, da kommen_s wieder und gehen_s wieder, das war immer so ein Trubel bei mir, und das hat denen so gut gefalle, dass sie kommen können und gehen können und dass sie selbstständig sind und dass was selber bewirken können, und die haben immer Freude am Auftritt gehabt, und das hat denen auch gefallen, weil die anderen haben gezittert: „Mein Gott jetzt gibt_s Examen" und gab_s hier einmal im Jahr, muss man ein Programm vorstellen, das war wesentlich schwieriger, wie hier in Deutschland und die haben_s mit Vergnügen gemacht, so richtig <u>artistisch</u> waren_s dann da, weil die jetzt eben das war, was sie geschafft haben und des hat eben meine Schüler immer äh von den anderen so äh abgespalten, nicht so richtig gesagt, sondern sie waren sicher und ruhig fast immer im Konzert und im Examen, und das hat alle immer gewundert, warum die Schüler bei mir halt gute Leistungen bringen auf der Bühne, na ja, weil sie ein entsprechendes Training bekommen haben und dann auch immer wie des ist und das es schön ist, Suggestion, ne, das ist grad der Höhepunkt von der Arbeit, ja, so hat mein Alltag ausgeschaut, mir ham viel Konzerte gemacht, schön langsam ham_s die Kollegen auch mir nachgemacht, weil sie das ja eingesehen ham, dass es a günstige Methode ist eigentlich, mit wenig Aufwand viel erreichen, ne, des war jetzt mein Alltag da drüben, ja und hier schaut_s jetzt so, ja das schaut fast ähnlich aus ((lacht)) muss ich sagen, des heißt bloß die Schüler sind nicht die Schüler, die Alten und Kollegen halt, und wenn ich Ideen reinbringe geht_s genauso, alle sind hartnäckig gegen Neuem, weil ja mit Vorliebe macht der Mensch immer das, was er schon immer gemacht hat, hab ich mal mit meinem Chef gesprochen, da gibt_s manchmal Würstchen zum Warmmachen bei uns, diese Würstchen_warm_machen, das gibt_s für vierzich Leute, also ein Topf, da stellst des Wasser, Wiener Würstchen, und da schmeißt ja die Würstchen rein und dann musst aufpassen damit_s nicht platzt, und er hat_s <u>immer</u> verpatzt, die sind immer geplatzt ( ) sag (ich): „Du Bernhard" sag ich, „kann man das nicht irgendwie anders machen ((fragend)), in ner Wirtschaft ham_s mir beigebracht erst Wasser kochen, dann Würstchen reinwerfen, fünf Minuten stehen lassen und dann platzen_s nich", „Ach hör auf", und „des is a Blödsinn" und so was, und: „Ja komm lass mi probirn, des kann doch nicht funktionieren", und da hab ich_s ihm vorgezeigt des funktioniert, was macht er des nächste Mal ((fragend)), tut_s genauso wie er es gemacht ((lachend)), hat die Würstchen, schmeißt wieder rein und die platzen schon: „Ach ich hab_s bloß verpasst", „ja", sag ich: „du, du verpasst das schon fünf Jahre ((lachend))", na ja, des ist a Eigenschaft vom Menschen, des sie so schwer immer vom Alten abkommen, aber im Endeffekt, wenn ich was Neues mach, dann brauch ich_s nicht durchkämpfen, ich mach_s einfach und so langsam kommen die anderen und machen_s nach, weil_s leichter ist".

Erst einmal fällt auf, dass Tatjana Roganova den Arbeitsalltag in der UdSSR und der BRD, trotz unterschiedlicher Berufsfelder, als nahezu identisch einstuft („des war jetzt mein Alltag da drüben, ja und hier schaut_s jetzt so, ja das schaut fast ähnlich aus ((lacht))"). Was den Arbeitsalltag aus Sicht der Erzählerin qualifiziert, wird hier an der Handlungssequenz mit ihrem Chef extrapoliert. Dazu ist es notwendig, sich klarzumachen, dass der Chef als Exempel für einen ‚Typus Mensch' angeführt wird, von dem sich die Sprecherin abzusetzen trachtet: „weil ja mit Vorliebe macht der Mensch immer das, was er schon immer gemacht hat" – einigen Menschen fehlt es an innovativem Potenzial (im Berufsleben), um optimale Handlungserfolge zu erzielen. Am szenischen Beispiel des Wiener-Würstchen-Erhitzens kann die Rezipientin verfolgen, wie sich der Widerstand der Leitung gegenüber neuen Arbeitsmethoden manifestiert. Skepsis dem Neuen gegenüber, Vergessen und vordergründige/vorgeschobene Erklärungen sind zunächst in dem Sinne konstitutiv, dass das Handlungsziel (‚perfekte' Würstchen) nicht erreicht wird. Im Gegensatz zum Chef geht die Erzählerin das ‚Handlungsproblem Würstchen-Erhitzen' pragmatisch („ich mach_s einfach"), kompetent und vorbildlich („so langsam kommen die anderen und machen_s nach"), (scheinbar bzw. ‚quasi') rational („weil_s leichter ist")[42] sowie dem Neuen, Innovativen gegenüber aufgeschlossen an („wenn ich was Neues mach") – insgesamt jedoch nicht ohne einen Hauch von ‚Rebellion' mit Blick auf die Leitung und Kritik an den Handlungsmodalitäten der anderen. Letztlich schließen sich die (nicht näher bezeichneten) Kolleginnen den ‚Erfolgsmethoden' von Frau Roganova an, da sie grundsätzlich auf einen optimalen Handlungserfolg bei gleichzeitig geringem Aufwand hin angelegt sind und somit den Arbeitsalltag optimieren und erleichtern. Diese Aspekte des Entwurfs eines ‚professionell handelnden Ichs' liegen auch der Darstellung der Tätigkeit als Musiklehrerin zugrunde. Nicht nur, dass die (neuen) Methoden Tatjana Roganovas den Kindern Spaß am Musikunterricht ermöglichen („haben_s mit Vergnügen gemacht"), auch Unterrichtsziele werden erreicht bzw. übertroffen („richtig artistisch waren_s", „waren sicher und ruhig fast immer im Konzert und im Examen", „gute Leistungen"). Argumentativ spielen auch hier wieder rationale Handlungskalküle eine Rolle („es a günstige Methode ist eigentlich, mit wenig Aufwand viel erreichen"), die die Kollegen an der Schule – neben den Erfolgen der Schüler – nach und nach von den kreativen, innovativen Methoden („bei mir war alles anders") überzeugen. Frau Roganova gelingt in der Darstellung zweierlei: Sie kann sich mittels des biographischen Handlungsschemas als erfolgreich, professionell Handelnde im Berufsleben inszenieren und sich als Besondere im Allgemeinen (unter den Kollegen, im Vergleich zum Chef) positionie-

---

42 Auch Schütze betont, dass die „meisten biographisch relevanten Handlungsschemata keineswegs der Modellvorstellung zweckrationalen Handelns entsprechen" (1981: 86).

ren. Das Sinnsystem, auf das rekurriert wird, hängt mit der Vorstellung eines menschlichen ‚zweckrationalen Handelns' zusammen, das die Grundlage bietet, das Universum menschlicher Handlungen in gelungene/innovative/rationale und traditionale/verkrustete/unvernünftige Handlungsstrukturmuster zu unterteilen.

2.3 Auswertungs- und Abkürzungsstrategien im Paradigma Narrative Identität

Textsortenbestimmung, Segmentierung, regressive Muster, institutionalisierte Ablaufmuster, Handlungsschemata sowie Wende- bzw. Wandlungsstrukturen standen im Mittelpunkt der voranstehenden theoretischen und empirischen Erörterungen. Was aussteht, sind methodische Anmerkungen zur Rekonstruktion der Gestalt und Kommentare zum feinanalytischen Vorgehen. Die Beschäftigung mit der gestalthaften Organisation der Erzählung ist aus zwei Gründen wichtig:

> „Einerseits wird man dem Besonderen der (Selbst-)Präsentation, die sich zwischen sozialer Struktur und kreativer Gestaltung bewegt, gerecht. Andererseits sollte das Wissen um die Gestalt als Grundlage der Beantwortung jedweder Forschungsfrage dienen, die sich im Feld der Biographieforschung verortet, denn so lassen sich Teilaspekte der biographischen Konstruktion vor dem Hintergrund des ‚Ganzen', also angemessen verstehen" (Griese 2007b: 105).

Und auch für die Praxisseite gilt: Möchte ich dem Besonderen der Ich- und Weltkonstruktion Rechnung tragen, bin ich darauf angewiesen, die thematische Gestalt, die die Erzählung zu einem Ganzen verfugt, zu rekonstruieren. Im Prinzip stehen die folgenden Überlegungen und methodischen Schlüsse in einem engen Zusammenhang mit den Zugzwängen des Erzählens und hier speziell mit dem Zwang zur Gestaltschließung, der besagt, dass eine Erzählung *begonnen* und zu einem *Ende* gebracht werden muss. Dass dieses Prinzip ‚im Kleinen' greift, konnte anschaulich an einem Segment aus der Stegreifzählung von Herrn Brandt dokumentiert werden. Die thematische Einführung, die Ausführungen und der im theoretisierenden Modus gehaltene Schluss lassen eine Einheit im Auge des Betrachtenden entstehen. Wenn dieses Strukturmuster für die kleinen Einheiten gilt, so gibt es keinen Grund anzunehmen, dass dies nicht auch für die Stegreiferzählung als Ganzes gelten würde – es sei denn, der Sprecher präsentiert eine unzusammenhängende Geschichte, was hypothetisch immer mitzubedenken ist. Wenn nun eine Abkürzungsstrategie zur Rekonstruktion der thematisch zentralen Elemente und der Strukturmuster eingesetzt werden soll, ließe sich dann nicht bereits anhand der Beschäftigung mit dem Ein- und Ausgang Wesentliches erkennen? Spielen wir dies kursorisch am Beispiel der Wende

Bernd Weißmanns durch. Auftakt ist die Schilderung einer Krisensituation, der Erzähler erzählt:

> „B.W.: ich war so durchgenervt, dass ich überhaupt nix wahrgenommen habe, nur Trinken und Tabletten, Trinken und Tabletten (1) weil mein (2) weil ich so kaputt, dass ich dachte: „Wie wird das aussehen, wenn man einfach stirbt ((fragend))"".

Der Gedanke an den Freitod bringt eine existentielle Krise zum Ausdruck. Krise und regressives Erzählmuster korrespondieren, wie hinreichend ausgeführt wurde. Der Schluss des Segments „und dann habe ich auch eine Gemeinde gefunden, hab angefangen zu beten und gelernt_und gelernt äh angefangen zu lernen, das ging aber schnell, zu beten und Gott zu vertrauen (4)" illustriert die Lösung, die im Glauben gesucht und gefunden wird. Der Schluss auf eine Wandlung, auf einen ‚Akt des Zum-Glauben-Kommens', auf eine Konversionserzählung liegt nahe. Sollte dies das Thema sein, so ist zu vermuten, dass die Transformation vom Ungläubigen zum Gläubigen sowie der Umschlag von einem regressiven in ein progressives Muster vorliegt. Das, was hier zunächst ausgeklammert wurde, ist die Mitte, sie ist es, die den Vorgang der Transformation des Ich *im Detail* schildert. Zentrale Strukturmuster formaler und inhaltlicher Natur aber lassen sich schon im Ein- und Ausgang erkennen. Die hier am empirischen Material demonstrierte These ist es, die den Abkürzungsstrategien zugrunde liegt. Dass die hier vorgestellte Form des methodischen Vorgehens viele Anleihen bei Schütze macht – allerdings eine andere Form von Wissen generiert –, dürfte deutlich geworden sein. Auch die Idee, dass die Beschäftigung mit den Ein- und Ausgangssegmenten einer Stegreiferzählung essenzielle Schlussfolgerungen im Hinblick auf die Rekonstruktion zulässt, findet eine Art Pedant in den Arbeiten Schützes. So ist darauf zu verweisen, dass Schütze ebenfalls den Ein- und Ausgangssegmenten im Kontext der Gesamtgestaltung – Stichwort „autobiographische Thematisierung" – besondere inhaltliche und strukturelle Bedeutung bescheinigt (vgl. ders. 1984: 102f.). Allerdings leitet er aus seinen Reflexionen *keine* methodischen bzw. forschungsökonomischen Konsequenzen ab.[43]

Das hier vorgestellte rekonstruktive Verfahren fokussiert zunächst den Erzähleinstieg. Diese Art forschungsökonomischen Vorgehens lässt sich theoretisch begründen. In Anlehnung an Oevermann wird die Annahme vertreten, dass der Sprecher bzw. der Handelnde, ob „er will oder nicht" (1988: 248), mit jeder (Handlungs-)Eröffnung Setzungen vornimmt. Oevermann konstatiert: Die „ersten Äußerungen sind entscheidend. Was sie an Strukturgestalt mißverständlich oder irrtümlich festlegen, könnte später nur umständlich wieder rückgängig ge-

---

43 Dies würde auch dem Ansatz bzw. Anliegen einer Rekonstruktion von Erfahrungsaufschichtung in der Zeit zuwiderlaufen.

macht werden" (ebd., vgl. auch Oevermann 2000: 75f.). Unter der Überschrift „Eröffnungs- und Beschließungsprozeduren" führt er diese zentrale Strukturthese für Handlungsverläufe aus: „Gleichwohl existieren eigens für die Eröffnung und Beschließung von Sequenzen vorgesehene Prozeduren, die natürlich zu beachten sind. Die Begrüßung und die Verabschiedung sind basale Formen davon" (2000: 75). Zwar begründet Oevermann an dieser Stelle, wieso die Objektive Hermeneutik ihren Interpretationsprozess an den Eröffnungssequenzen des protokollierten sozialen Handelns beginnen sollte (nicht muss!), doch besitzen die Überlegungen allgemeingültigen Charakter:

> „Eine Eröffnung öffnet mit einer praxiskonkreten Zukunft einerseits die Endlichkeit eines vorweg zu seinem Ende gekommenen ‚Stücks' Praxis, läßt andererseits schon immer das damit neuerlich ‚Zu-seinem-Ende-kommen-Müssen' des gerade Begonnenen vorwegnehmen. In dieser doppelten Zeitrichtung der Sequenzierungslogik wird jede konkrete Praxis zu einem organisatorischen Verlaufsprofil, einer je geschlossenen Gestalt gezwungen, die mehr oder weniger gut gelungen sein kann, aber immer als gesetzesmäßiger Zwang operiert" (ebd.: 76).

Das Ende wird im Beginn also gleichsam vorweggenommen, die ‚Teile' werden durch Strukturregeln verfugt. Folglich liegt es nahe, die (Re-)Konstruktion mit dem Erzähleinstieg beginnen zu lassen, in dem (in autobiographischen Stegreiferzählungen) wesentliche Strukturmuster der dargestellten Welt und des Ichs präsentiert werden (vgl. auch Haupert/Kraimer 1991: 179). Wo immer Eröffnungs- und Beschließungspraxen vorliegen, sollte sich die Rekonstruktion an diesen ‚sozialen Figuren' orientieren (Oevermann 2000: 89), und das Ende einer Stegreiferzählung ist anhand der Schlusskoda eindeutig zu identifizieren. Letztlich ist diese Annahme auch mit der These von der Gestalthaftigkeit der Erzählung verwoben: Wenn unter anderem eine thematische Gestalt die Erzählung organisiert, müssen ihre Konturen zu Beginn eingeführt werden, wenn die ‚Prozessstrukturen' eine Art ‚Kitt' darstellen, die die Segmente verbindet, müssen ihre Muster schon im Auftakt zu erkennen sein. Die Auseinandersetzung mit dem Beginn einer autobiographischen Stegreiferzählung ist ein notwendiges, jedoch kein hinreichendes Verfahren der Rekonstruktion (man denke an Wendeerzählungen). Die Zugzwänge des Erzählens aber weisen im Prinzip schon auf Wesentliches hin: Unter dem Gesichtspunkt ihres Gelingens muss die Geschichte eröffnet und geschlossen werden (Lucius-Hoene/Deppermann 2004: 71). Nicht nur einzelne Episoden, Handlungen, Erfahrungen oder Ereignisse werden durch wahrnehmbaren Anfang und wahrnehmbares Ende strukturiert (Dittmann-Kohli 1995: 32; Engel/Sickendiek 2004: 752), sondern die Erzählung als Ganzes. Gergen, der den Endpunkt einer Erzählung als werthaltiges Element bezeichnet, hält fest, dass die Auswahl der in einer Erzählung präsentierten Ereignisse auf das Ende hin erfolgt (1998: 172f.), und Kraus akzentuiert: „Auf ein

Ziel hin zu erzählen, ordnet den Diskurs. Dann ist klar, was wesentlich und was unwesentlich für eine Erzählung ist" (1999: o.S.). Bei Erzählungen handelt es sich eben nicht, wie auch Lucius-Hoene betont, um die „Abbildung einer vergangenen Realität, sondern um einen höchst komplizierten neuen Konstruktionsprozess" (2006: o.s.), in dem

> „der Erzähler (...) absichtsvoll einen Anfangspunkt wählt, nur bestimmte Elemente des Ereignisstroms selegiert, sie bedeutungshaltig miteinander verknüpft und schließlich mit einem Endpunkt eine Schließung des Geschehens formt. Der Erzähler entscheidet, welche Aspekte des Geschehensstromes er in welcher Absicht kausal oder final miteinander verknüpft und damit das Gerüst von innerem Zusammenhang, von Anfang, Mitte und Ende zur Geschichte werden lässt" (ebd.).

Ob nun der Anfang als entscheidende Strukturierungsleistung betrachtet wird oder ob sich der Darstellungsaufbau auf ein (antizipiertes) Ende hinbewegt: Anfang und Ende stehen in Beziehung zueinander (Leitner 1990: 361f.), liefern Hinweise auf inhaltliche Dimensionen zu thematisierender Ereignisse, fordern die Anordnung derselben im Hinblick auf eine narrative Bewegung (Plot, Höhepunkt, Konklusion, Wende usw.) heraus (Polkinghorne 1998: 18). Anfang und Ende sind obligatorische Bestandteile einer Geschichte und machen Verstehen seitens der Rezipienten überhaupt erst möglich (Viehöver 2001: 194), sie bilden in den meisten Erzählungen eine Art Klammer. Um das abkürzende Verfahren in Anlehnung an Straub, der sich auf Ricœur bezieht, noch einmal zu pointieren: Das „triadische Schema", Anfang, Mitte, Schluss, ist formal-strukturelles Element der Erzählung (2000: 172) und konstitutiv für die Konstruktion von Identität. Sinn- und Kohärenzstrukturen lassen sich anhand der Beschäftigung mit Schluss und Beginn der Erzählung rekonstruieren. Im Verlauf weiterer Analysen dienen die gewonnenen Ein- und Ansichten als starke strukturelle und inhaltliche Hypothesen, die an den ‚Rest' der Erzählung oder des Gesprächs adressiert werden können, *ohne* Segment für Segment akribischer Untersuchung zu unterziehen, wenngleich es notwendig ist, den Inhalt gut zu kennen und die Option des Widerlegens mitzuführen – das ‚letzte Wort' spricht grundsätzlich die Empirie bzw. der Fall. Gearbeitet werden kann aber im Anschluss an die akribische Analyse von Einstieg und Ende mit Belegstellen und Zitaten. Zu diesem Zeitpunkt wird es möglich, Forschungsfragen oder Fragen professioneller Praxis an den Text zu adressieren, ohne das Besondere des Einzelfalls zu vernachlässigen. Nun bewegen sich die vorgestellten Überlegungen im Bereich des „Formal-Strukturellen" autobiographischer Stegreiferzählung bzw. der narrativen Konstruktion von Identität – über „inhaltlich-qualitative" Dimensionen (Straub 1994/95: 1; zur Differenzierung formal/inhaltlich vgl. auch Straub 2000: 171) ist noch nichts ausgesagt. Eine abkürzende Analyse der Kohärenz- und

Sinnstrukturen muss beide Aspekte bei der Interpretation im Blick behalten. Abschließende Bemerkungen zur feinanalytischen Bearbeitung des Materials beenden das Methodenkapitel.

Die Idee der Theorieförmigkeit des Selbst- und Weltwissens sowie die Annahme von den kulturellen ‚Applikationsvorlagen' oder ‚Identitätsschablonen', die Identitätskonstruktionen ermöglichen, begründen den Einsatz von Theorieauszügen in der feinanalytischen Betrachtung. Theorieauszüge und -fragmente aus dem Feld der Soziologie oder der Kulturwissenschaft, aus dem literaturwissenschaftlichen Bereich oder den pädagogischen, gelegentlich den medizinischen Diskursen werden als ‚drittes Element' in den Interpretationsprozess integriert – sie helfen, zwischen Interpretin und Text zu vermitteln. Diese Form der Analyse ist hermeneutischen Erwägungen geschuldet: Das (relative) Verstehen des vermeintlich Vertrauten und des Fremden benötigt Interpretation, Rekonstruktion basiert grundsätzlich auf hermeneutischen Operationen. Generell führen hermeneutische Verfahren „in das Gegebene hinein", das hermeneutische Denken geht „‚dazwischen' (inter)", die Bestandteile des zu interpretierenden Textes werden auseinandergelegt, ausgebreitet, entfaltet und entwickelt (Kurt 2004: 26). „Die Interpretation folgt", so Schröer, „stets der zirkulären Explikation des Ausgangspunkts" (1997: 122). Verstehen beinhaltet also Akte des „Übersetzens, Über-bringens, Über-tragens" (Kurt 2004: 26), geht über das Gegebene hinaus und transzendiert in Richtung Nichtgegebenes (ebd.: 25f.). Die Resultate des Interpretationsvorgangs wollen wir allerdings nicht als absolutes Verstehen verstanden wissen. Hahn führt einige Gründe an, die gegen die Möglichkeit eines „völligen Fremdverstehens" (2000: 82ff.) sprechen. Da wäre zum einen die strategische Dimension, die das Sprechen beständig und oft inhärent begleitet, zum anderen die Unmöglichkeit, das Bewusstsein – das sich nur über den ‚Umweg' der Sprache und ihrer Strukturen und per se nur *auszugsweise* mitteilen kann – unmittelbar zum Ausdruck zu bringen. Von der (Un-)Zugänglichkeit der Erfahrung weiß von Glasersfeld zu berichten:

> „Wir können unsere Erfahrungen mit niemanden teilen, wir können den Mitmenschen nur davon erzählen. Wenn wir dies tun, gebrauchen wir Wörter, die wir mit unseren Erfahrungen assoziieren. Was unsere Partner verstehen, wenn wir sprechen oder schreiben, das kann sich nur in den Bedeutungen verwirklichen, die sie aufgrund ihrer Erfahrungen mit den Klangbildern der Wörter verknüpfen, die wir gebrauchen – und ihre Erfahrung ist nie identisch mit der unsrigen" (von Glasersfeld 1996: 92).

Nichtwissen und Nichtverstehen sind und bleiben elementare Bestandteile des Alltagsverstehens, das diesen Aspekt gern ausklammert (Hahn 2000: 85), *und* der wissenschaftlichen Rekonstruktion: „Es handelt sich also bei dem, was man Verstehen nennt, nicht um Einsichten in ein fremdes Bewusstsein, sondern um

Konstruktionen, um Sinnunterstellungen" (ebd.: 84). Anders ausgedrückt: Der „Deutende versteht stets nur möglicherweise bzw. näherungsweise" (Soeffner/ Hitzler 1994: 29), nie absolut oder total. Und wie sich das Befremdende durch Integration bereits vorliegender theoretischer Reflexionen auslegen lässt, so lässt sich das (vermeintlich) Bekannte durch dieselbe Prozedur verfremden und in Richtung Sinnkonstruktionen interpretieren. Dass dies hier mithilfe theoretischer Beschreibungen geschieht, verweist erneut auf den engen Zusammenhang zwischen wissenschaftlichen und alltäglichen Formen der Sinnproduktion. Die in den Erzählungen verwendeten Deutungsmuster im Horizont von Welt und Ich weisen prinzipiell Ähnlichkeiten mit (sozial)wissenschaftlichen Theorien auf. Diese Denkfigur findet sich auf den Punkt gebracht auch bei Oevermann wieder, der konstatiert,

> „daß das Alltagswissen nicht eine Sammlung oder ein Agglomerat von Einzelerfahrungen darstellt, sondern ‚analog' zu wissenschaftlichen Theorien organisiert ist. (...) Daran ist nichts Geheimnisvolles mehr, sobald man in Rechnung stellt, daß letztlich alle Theorie in der Struktur praktischen Handelns ihren Ursprung hat" (2001: 10).[44]

Die Auswahl der theoretischen Bezüge wird vom empirischen Material geleitet. Die in die Interpretation integrierten Theorien bzw. Theoriefragmente müssen, und dies ist konstitutiv, a) inhaltlich/thematisch mit den zu untersuchenden Segmenten korrespondieren. Um diese theoretische Überlegung anschaulich zu gestalten, sei angemerkt: Die Beschäftigung beispielsweise mit soziologischen Reflexionen zum Thema Tod und den damit verbundenen menschlichen Handlungspraxen sowie die Einbindung dieser Überlegungen in den Prozess der Auswertung findet ihren einfachen, aber entscheidenden Grund in dem Umstand, dass das Thema Tod und der innerfamiliäre Umgang mit diesem sozialen Phänomen in der Stegreiferzählung eine zentrale Rolle spielt (vgl. Kapitel 4.1), die

---

44 An anderer Stelle heißt es ähnlich: „‚In der Sprache des Falles' ein soziales Phänomen zu analysieren, ist bei genauerer Betrachtung nur für denjenigen theoretisch voraussetzungslos, der von der Absurdität ausgeht, die Umgangssprache enthalte keine theoretischen Vorannahmen über die Struktur der physikalischen, biologischen und sozialen Welt, oder der doch zumindest eine prinzipielle erkenntnislogische Differenz zwischen wissenschaftliche Theorie und umgangssprachlicher Artikulation der Alltagserfahrung legt. Für wen jedoch der Unterschied zwischen wissenschaftlicher Theorie und umgangssprachlicher Artikulation von Alltagserfahrungen letztlich nur handlungslogisch zu bezeichnen ist, dem wird es darauf ankommen, verstehend im Sinne der Explikation von Textbedeutungen, die Voraussetzungen konkreter Handlungsabläufe, über das Bewußtsein der Handelnden selbst davon hinaus, zu explizieren und auf der theoretischen Ebene kenntlich zu machen" (Oevermann 1981: 5, Hervorhebungen im Original). Allerdings fokussieren wir nicht nur Handlung(-stheorien), sondern darüber hinaus Deutungsmuster. Und ganz gewiss schließen wir keine biologischen oder entwicklungspsychologischen Perspektiven ein, wie es Oevermann in seinen Rekursen auf Erikson und Freud praktiziert (ausführlich vgl. ebd.).

Integration von theoretischen Erwägungen zum Aberglauben, zum Mythos, zur Astrologie oder zur Esoterik sind sinnvoll, nutzt der Sprechende den Hinweis auf das Sternzeichen, um sich als Ich in der Erzählung zu positionieren (vgl. Kapitel 4.3). Die gelegentlich mit den Theorieauszügen verbundenen anthropologischen Grundannahmen werden allerdings nicht übernommen. So ist zum Beispiel mithilfe der Überlegungen Adornos zum Horoskop oder der Kommentare von Erikson zum Thema Vertrauen ein Sinnüberschuss herzustellen, der eine detaillierte Betrachtung der im Interview hergestellten Sinnhorizonte erlaubt, die psychoanalytischen Kommentare oder Diagnosen werden aber ausgeklammert (vgl. 4.3). Was die Wahl der theoretischen Bezüge zudem leitet, sind b) die strukturellen Ähnlichkeiten zwischen den Theoriefragmenten und jenen in der Erzählung präsentierten Sinnkonstruktionen. In diesem Zusammenhang geht es nicht um das Prinzip struktureller Identität, sondern um das Prinzip der thematischen und strukturellen *Ähnlichkeit* der Aussagen. Sinnüberschuss produzieren die theoretischen Betrachtungen allemal. Gelegentlich weisen die theoretischen Bezüge darauf hin, welche Dimensionen in der Erzählung nicht oder nur implizit angesprochen werden: Auch so lässt sich der Blick für die im Interview hergestellte Identität schärfen – vorausgesetzt, thematische Überschneidungen liegen vor. Im Schaubild werden wesentliche Annahmen des rekonstruktiven Verfahrens noch einmal zusammengefasst. Die Grafik bezieht sich auf den Strukturaufbau einer *kohärenten* Erzählung:

Die Haupterzählung: erzähltheoretische Grundlagen

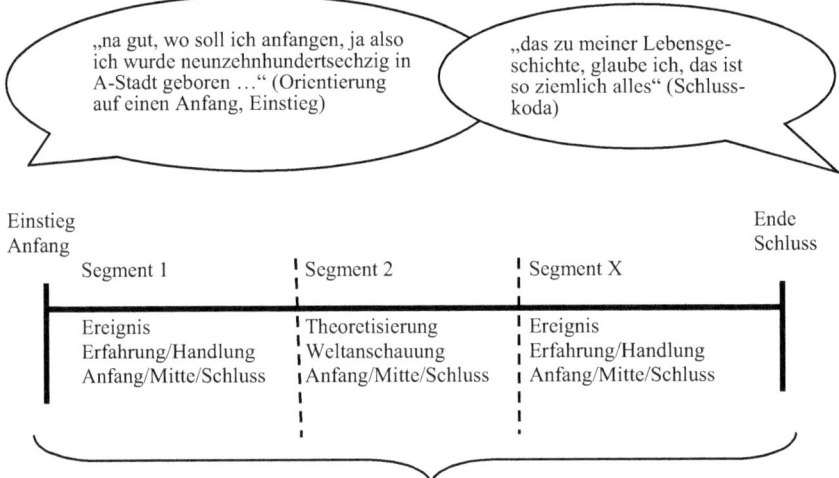

Gestalt ((Text-)Kohärenz), die durch eine die Erzählung durchziehende Thematik, sozial objektivierte Sinnsysteme, Strukturen der Ereignisverkettung (Handlungsschema, Wende (Plotstruktur), Verlaufskurve, institutionalisierte Ablaufschemata) hergestellt wird, Strukturen, die auch den Anfang/Mitte/Schluss-Aufbau der Haupterzählung entstehen lassen.

Abb. 1: Erzähltheoretische Grundlagen im Überblick

Der Einzelfall, so wird hier abschließend in Anlehnung an Schütze argumentiert, ist stets komplexer als die „allgemeinen theoretischen Kategorien [professionellen Handelns, B.G./H.R.G.] mit ihrer ausschnitthaften Realitätserfassung", die in „Projekt- bzw. Falldefinition(en) und -erklärung(en) zur Anwendung kommen sollen" (1996: 230). Um diese Annahme zu pointieren: Insbesondere die Integration biographischer Perspektiven vermag einer eher „technizistischen, partialisierenden Bearbeitung" eines konkreten Problemfalls etwas entgegenzusetzen (Schütze 1992: 160; Riemann 1991: 261). Obwohl wir den Analysevorgang abkürzen und Theorien bzw. wissenschaftliche Diskursfragmente zur Analyse des Materials einsetzten, zeigen sich die allgemeinen und besonderen Strukturen der Identitätsher- und -darstellung im Kontext spezifischer sozialer Problemfelder und zugleich die Ressourcen der Erzählenden, an die die Praxisseite professionellen Handelns anschließen kann. Doch endet die professionelle pädagogische Praxis keinesfalls mit der Rekonstruktion, die den Ausgangspunkt einer biographieorientierten Intervention bildet. In diesem Zusammenhang erscheint es uns wichtig, anzumerken, dass sich das via Rekonstruktion generierte

Wissen von den Wissens- und Darstellungsstrukturen der Klientinnen oder Patienten unterscheidet. Für gewöhnlich wird diese Differenz gefasst, indem vom höhersymbolischen Wissen der Professionellen die Rede ist (vgl. u.a. Schütze 1996: 183; 2000: 51; Hanses 2000: 360f.). Auch wird angenommen, dass die Rekonstruktion Strukturen zutage fördert, die ‚hinter dem Rücken der Akteure' wirksam werden und die ihnen selbst verborgen bleiben, also (selbst)reflexiv unzugänglich sind (bei genauer Betrachtung lässt sich feststellen, dass diese Annahmen konstitutiv für den Prozess der Rekonstruktion innerhalb der Objektiven Hermeneutik sind, stellvertretend vgl. Garz 2007). Es wird hier zwar keineswegs die These vertreten, dass das mittels Rekonstruktion gewonnene Wissen mit dem Wissen der Rat- oder Hilfesuchenden identisch ist. Aufgrund der vorgenommenen Setzung, dass absolutes Verstehen ausgeschlossen ist und Verstehen generell Nichtverstehen und Nichtwissen einschließt, werden Einschätzungen wie ‚reflexiv unzugänglich' oder ‚unbewusst' obsolet. Und statt vom höhersymbolischen Wissen der Professionellen zu sprechen, bietet es sich aus dieser Warte an, von unterschiedlich strukturierten Wissensbeständen auszugehen, denn letzten Endes kann die Begegnung im pädagogischen Kontext auch als Form des „Zusammenseins zweier handlungsfähiger und sprachfähiger Subjekte" (Kunstreich u.a. 2004: 31) betrachtet werden.[45] Zum primären Ziel pädagogischer Unterstützung avanciert dann das Interesse, über problematische Lebenslagen oder -situationen miteinander ins Gespräch zu kommen. Was den Gedanken der Wissenschafts-/Praxisverschränkung bzw. des -transfers betrifft, der im folgenden Kapitel erörtert wird, ist aber festzuhalten, dass die Konzeptionalisierung bereits fortgeschritten ist. Welche Vorstellungen bislang innerhalb der Biographieforschung entwickelt wurden und welche theoretischen Perspektiven und analytischen Ergebnisse der Biographieforschung unseres Erachtens besondere Praxisrelevanz besitzen, wird im folgenden Kapitel vorgestellt und diskutiert. Gerahmt werden die Ausführungen durch allgemeine Überlegungen, die vor allem in der Sozialen Arbeit beheimatet sind.

---

45 Dass dies nicht uneingeschränkt auf alle pädagogischen Situationen zutrifft – man denke in diesem Zusammenhang nur an die primäre Sozialisation –, versteht sich von selbst. Nichtsdestotrotz wollen wir diese Haltung zum Ausgangspunkt der pädagogischen Unterstützung Erwachsener bestimmen.

3. Biographische Erzählung, Fallverstehen und Praxisrelevanz

> „Professionelles Handeln ist im Kern eine ‚Kunst'(-lehre) (Schleiermacher), deren Praxis nur unbestimmten, vorgegebenen Regeln folgt. Professionelle Praxis ist konstitutiv durch ihren Fallbezug (individuell wie institutionell) bestimmt. Fallbezug verlangt – in je spezifischer Ausprägung der unterschiedlichen Professionen – stets ein auf die jeweilige Profession abgestimmtes rekonstruktives Vorgehen. Daraus folgt, daß in Sozialer Arbeit der rekonstruktiven Methodologie der (Einzel-)Fallstudien mehr Gewicht verliehen werden muß" (Haupert 1995: 38).

3.1 Biographische Diagnostik

Diagnostizieren ist in gewisser Weise ein alltäglicher Vorgang: Wir nehmen Menschen wahr und ‚ordnen' sie ein. Die ‚Alltagsdiagnose' basiert, ebenso wie die Diagnose der professionell Handelnden oder die Erkenntnisproduktion in den Wissenschaften, auf *Beobachtungen*: (äußere) Erscheinungen, (sprachliche) Äußerungen und Handlungen liegen zugrunde (vgl. Nestmann 1990: 205ff.). Mit dem Begriff der Diagnose ist in sozialen Handlungsfeldern zugleich eine Erkenntnismöglichkeit im Bereich der vorliegenden sozialen und individuellen Probleme, der Intervention und der Hilfeplanung verbunden (vgl. Thiersch/ Grunwald/Köngeter 2002: 174). Geschichtlich und begrifflich ist im Kontext der (sozialen) Diagnose auf einige Besonderheiten hinzuweisen:

> „Eine Diagnose verheißt Durchblick. Das griechische Wort ‚diagnosis' bedeutet ‚unterscheiden', ‚durch und durch erkennen', und die Verwendung durch Ärzte und Therapeuten legt die Vermutung nahe, dass Diagnostiker Wissende sind, Experten, die über einen Durchblick verfügen, der dem Laien fehlt. Außerdem hat der Begriff der Diagnose in der Sozialen Arbeit eine lange Tradition, die auf *Mary Richmond* (1917) und *Alice Salomon* (1926) (...) zurückgeht. Zugleich aber ist seine Verwendung umstritten, wird Diagnostik doch dem medizinischen Paradigma und dem naturwissenschaftlichen Erkenntnisansatz zugerechnet und scheint damit der geistes- und sozialwissenschaftlichen Ausrichtung der Sozialen Arbeit und der Tradition des hermeneutischen Fallverstehens diametral entgegengesetzt" (Heiner 2005: 253, Hervorhebungen im Original).

Bereits zu Beginn des 20. Jahrhunderts bemühten sich Alice Salomon und Mary Richmond um eine Definition von Diagnose, die Gültigkeit für die Soziale Arbeit beanspruchen kann; „Soziale Arbeit war in Salomons Augen eine ‚Kunst' – eine Kunst des Fallverstehens und des entsprechenden Handelns" (Kuhlmann 2004: 16; vgl. auch Giebeler 2007: 10). Salomon betrachtete die *soziale Diagnose* als zentrale Methode in der Sozialen Arbeit, und auch sie war bemüht, das Verhältnis zwischen den (quasi) naturwissenschaftlichen Verfahren und den sozialen Perspektiven zu klären:

"Der Ausdruck ‚Diagnose' ist bisher hauptsächlich in den Naturwissenschaften – in Medizin, Zoologie, Botanik – angewendet worden. Er bezeichnet eine kurze, genaue und absolut zutreffende Erklärung. Die soziale Diagnose, die Ermittlung, bezweckt dasselbe: den Versuch, eine möglichst genaue Darstellung einer sozialen Schwierigkeit und ein möglichst genaues, zutreffendes Bild von der Person eines Hilfsbedürftigen zu geben" (Salomon 2004: 261).

Dass die Diagnose nur mithilfe hermeneutischer Verfahren zu bewerkstelligen ist, war also bereits im ersten Drittel des 20. Jahrhunderts klar (ausführlich vgl. Kuhlmann 2004: 18f.). In den aktuellen Debatten zu Diagnostik und Diagnose, die vor allem in der Sozialen Arbeit ihren Ort finden, lassen sich unterschiedliche Positionen und damit verbundene Handlungsmodelle lokalisieren, wenngleich es an einer gewissen Systematik mangelt (vgl. Müller 2005: 22f.). In Anlehnung an Müllers Überlegungen in systematisierender Absicht differenzieren Kunstreich u.a. zwischen „Neo-Diagnostikern", die an den klassischen Begriff der sozialen Diagnose im Sinne einer Expertendiagnose anknüpfen, und „Anti-Neo-Diagnostikern", die ein klinisches Deutungsmuster ablehnen, dies nicht zuletzt, weil der Diagnosebegriff eine Zuständigkeits-, Verschiebe- und Ausgrenzungsrhetorik protegiert (vgl. Kunstreich u.a. 2004: 26). Sie befürworten Methoden des Fallverstehens, die auf einer dialogisch fundierten Praxis gründen (Stichworte: dialogisches Verstehen, dialogische Verständigung, dialogisches Verhandeln, vgl. ebd.: 31f.). Diese dritte Diskursposition ist mit dem von Mollenhauer und Uhlendorff entwickelten Konzept einer sozialpädagogisch-hermeneutischen Diagnose verknüpft (ausführlich vgl. Uhlendorf 2001; Mollenhauer/Uhlendorff 1999; 2000).[46]

"Im Unterschied zu anderen fragen sozialpädagogische Diagnosen nicht nach somatischen Ursachen. Sie fragen nicht nach den in der frühen Kindheit liegenden Gründen für Fehlverhalten und Störungen, sondern nach den gegenwärtigen Sorgen und Themen und deren Lokalisierung im biographischen Kontext. Das Erkennen der aktuellen Lebensaufgaben, deren Bewältigung Schwierigkeiten bereitet, und die Frage nach den Entwicklungsmöglichkeiten des Subjekts stehen im Vordergrund" (Uhlendorff 2001: 153f.).

---

46 Neben den Grundpositionen, die hier skizziert wurden, existiert eine Fülle an Konzepten und Verfahren einer sozialpädagogischen Fallarbeit und Diagnostik. Einen Überblick bietet beispielsweise der von Heiner herausgegebene Sammelband (vgl. Heiner (Hg.) 2004), in dem verschiedene Diagnostikmodelle, Vor- und Nachteile einzelner Ansätze sowie Möglichkeiten der Weiterentwicklung präsentiert werden. Was die einzelnen Verfahren betrifft, so möchten wir hier stellvertretend (und unvollständig) auf Arbeiten, die sich einer sozialpädagogisch-hermeneutischen Diagnostik in Anlehnung an Mollenhauer/Uhlendorff verpflichtet fühlen, hinweisen (vgl. Krumenacker 2004; Peters 1999; Ader/Schrapper/Thiesmeier 2001). Auch ist die psychosoziale Diagnostik zu nennen (stellvertretend vgl. Harnach-Beck 1995); Formen und Inhalte einer dialogischen Situationsdiagnostik konturiert beispielsweise Pantucek (vgl. ders. 1998: 136ff.), um zumindest einige der prominenten Ansätze zu erwähnen. Zu neueren konzeptionellen Entwicklungen in der Diagnostik vgl. insbesondere Schreiber 2003: 515ff.

Dieses diagnostische Verfahren, das die Gegenwartsperspektive in den Mittelpunkt stellt, basiert auch in diesem Ansatz, ebenso wie ein biographieorientiertes Fallverstehen, auf qualitativen (Forschungs-)Methoden und rekonstruktiven Verfahren. Mittels halbstrukturierter Interviews werden die von Jugendlichen zur Sprache gebrachten Lebensthemen erhoben und zum Ausgangspunkt einer kollegial organisierten Diagnostik bestimmt.[47] Die Frage, welche diagnostischen Verfahren sinnvoll einzusetzen sind, hängt allerdings unter anderem vom Problemkontext und den dazugehörigen Hilfsangeboten einer sozialen Einrichtung ab (vgl. Meinhold 2002: 518f.).

Grundsätzlich lässt sich festhalten, dass Gründe für und wider den Einsatz diagnostischer Verfahren geltend gemacht werden können. Befürworter stellen zum Beispiel professionspolitische Motive, die mit der Idee der Weiterentwicklung einer eigenständigen psychosozialen Diagnostik korrespondiert, in Rechnung, die Gegner führen an, dass Diagnosekonzepte nicht annähernd das Spezifische im Hilfeprozess abbilden können (Merchel 2003: 539f.). Merchel verweist darauf, dass die „Suche nach einem angemessenen Begriff, der diesen Teil der Hilfeplanung zu erfassen vermag" (2003: 528), andauert, und äußert sich kritisch zur semantischen Dimension des Diagnosebegriffes:

> „Man kann den Vorgang der Problemdefinition und Entscheidungsfindung in der Erziehungshilfe mit dem Begriff ‚Diagnose' belegen und die Spezifität des Sozialpädagogischen dadurch hervorzuheben versuchen, dass man das entsprechende Adjektiv beifügt und eine ‚sozialpädagogische Diagnose' proklamiert, in der Hoffnung, dass diese als von der Diagnose in anderen Handlungsfeldern (Medizin, Psychotherapie, Technik) merklich abgehoben wahrgenommen wird. Da Begriffe einerseits Bewusstsein widerspiegeln und andererseits Bewusstsein gestalten (irritieren, festigen oder nuancieren) und da der Begriff ‚Diagnose' als ein mit technischem Denken infizierter Begriff entsprechende Vorstellungen auslöst, ist es fraglich, ob man das Spezifische, das dem fallbezogenen Erkennens- und Verstehensprozess in der Sozialpädagogik eigen ist, mit dem Diagnosebegriff angemessen zu erfassen bzw. für Interaktionspartner angemessen abzubilden vermag" (ebd.: 539).

Das Zitat illustriert einmal mehr, wie wichtig es ist, den Begriff der ‚sozialen Diagnose' hinreichend und angesichts der unterschiedlichen Professionen, die mit je spezifischen Diagnosebegriffen und -verfahren arbeiten, zu klären. Diesbezüglich betont Müller:

---

47 Für die Interviewauswertung, die Diagnose der Entwicklungsaufgaben und die Interpretation der Lebensschwierigkeiten steht eine so genannte „Entwicklungslandkarte" als Leitfaden bzw. heuristischer Rahmen zur Verfügung (vgl. Uhlendorff 2001: 176ff.).

"Wer die Frage nicht beantworten kann, was Soziale Diagnose ist, kann auch nicht benennen, was Soziale Arbeit von verwandten Feldern professionellen Handelns unterscheidet – und was der gemeinsame Nenner für ‚interdisziplinäre' Arbeit ist. Vor allem in Feldern, in denen Zusammenarbeit multiprofessioneller Teams erforderlich ist, ist dies eine fachliche Überlebensfrage" (2005: 21).

Konsens über eine angemessene Begrifflichkeit zur Beschreibung der Problemlagen von Klienten – so stellt Heiner resümierend fest – liegt bislang nicht vor (vgl. dies. 2005: 263f.). Die Autorin kommt nach Sichtung der vorhandenen Publikationen zum Thema Diagnostik zu dem Schluss, dass vier Defizite auszumachen sind:

1. Viele der Konzepte beschränken sich auf ein bestimmtes Arbeitsfeld, manchmal beziehen sie sich ausschließlich auf einen Problemausschnitt aus dem Arbeitsfeld, arbeitsfeldübergreifende Reflexionen stehen aus;
2. die Mehrzahl der Ansätze fokussiert das Individuum, nur gelegentlich werden Aspekte einer netzwerk- oder sozialraumorientierten Diagnostik integriert;
3. unzureichend wird die Evaluation in der (psycho)sozialen Diagnostik berücksichtigt, sie ist kaum formalisiert bzw. institutionalisiert worden: „Die Fragestellungen und methodischen Empfehlungen der vorliegenden Diagnostikkonzepte zielen zwar auf eine kontinuierliche Überprüfung und Korrektur der diagnostischen Hypothesen und verweisen in dieser Hinsicht auf ein hoch entwickeltes Problembewusstsein der Sozialen Arbeit. Aber erst die Einbindung des individuellen Bemühens um eine valide und reliable Diagnostik in verbindliche Ablaufmodelle zur Erarbeitung und Überprüfung von Diagnosen sichert die Qualität ihrer kontinuierlichen kommunikativen Validierung" (Heiner 2005: 264);
4. schließlich unterstreicht Heiner, dass Diagnostik kein Selbstzweck ist, da sie im Idealfall der theoretischen und empirischen Rechtfertigung von Interventionsplanung und -steuerung dient: „Diese [Intervention, B.G./H.R.G.] setzt allerdings zugleich eine allgemeine Interventionstheorie voraus, die nicht nur in der Sozialen Arbeit erst in Umrissen erkennbar ist. Ohne eine solche Interventionstheorie – zumindest als Rahmenkonzept – bleibt die Diagnostik ein aufmerksamkeitsorientiertes Beobachtungsmodell ohne handlungsleitende Wirkung" (ebd.).

Beschäftigten sich die bisherigen Ausführungen mit der Definition des Begriffs Diagnose und diagnosekritischen Betrachtungen, ist nun zu klären, was unter Diagnostik im Kontext rekonstruktiver Fallanalysen im Allgemeinen und biographischer Methoden im Besonderen zu verstehen ist. Die grundlegenden Ziele rekonstruktiver Fallarbeit können wie folgt bestimmt werden: (Problem-)Sichten der Klientinnen spielen hier eine besondere Rolle, Ziel ist es, die (Re-)Konstruktion von Ich und Welt aus biographischer Warte in den Blick zu nehmen, vorhandene Ressourcen aufzudecken und zum Ausgangspunkt einer professionellen Unterstützung zu bestimmen. Fischer und Goblirsch sind Autoren, die sich dezidiert mit einer „narrativ-biographischen Diagnostik" auseinandersetzen (vgl. Fischer 2002; 2004; Fischer/Goblirsch 2004a; 2004b). Ähnliche Überlegungen stellt auch Hanses in seinem Konzept einer „biographischen Diagnostik" an (2000). Beide Ansätze setzen ein Diagnoseverständnis voraus, das sich von klassisch-medizinischen Modellen abgrenzt:

> „Ohne die im medizinischen Kontext sichtbaren Einschränkungen übernehmen zu müssen, kann ein nützlicher Diagnosebegriff für die Soziale Arbeit aus der Methodik der Fallrekonstruktion entwickelt werden. Es lassen sich so die Komplexität problematischer Situationen und ihre Entstehungskontexte gemeinsam mit den Betroffenen beschreiben, in strukturellen Merkmalen erkennen und für die weitere Orientierung im Lebensvollzug bearbeiten. Im fallrekonstruktiven Verfahren lassen sich die vielfältigen verschiedenen Ziele einer interaktiven Diagnose und Intervention integrieren" (Fischer/Goblirsch 2004a: 72).

Im Gegensatz zu Hanses wird von Fischer u.a. auch der Verlauf der Intervention in Rechnung gestellt, während Hanses den Vorgang der Diagnosebildung zum Gegenstand seiner Reflexionen bestimmt. Die zugrunde liegenden gesellschaftstheoretischen Betrachtungen, die nachfolgend skizziert werden, ähneln sich jedoch und finden in der (erziehungswissenschaftlichen) Biographieforschung ihre Entsprechungen.

Fischer geht davon aus, dass biographische Fallrekonstruktionen keine „sozialwissenschaftliche Spezialmethode" (2004: 63), sondern im Kontext gesellschaftlicher Entwicklungen der Moderne anzusiedeln sind:

> „Durch die Prozesse gesamtgesellschaftlicher funktionaler Differenzierung verlieren die großen und umfassenden Institutionen der Sinngebung (Religion), politischen Steuerung (Monarchie als Emanation göttlicher Ordnung) und Sozialisation (Familie) sowie die verbundenen Zuweisungssysteme der Stände an Einfluss und Allokationskraft. (…) Unmittelbar sekundäre Folge dieser komplexen Prozesse ist der Verlust eindeutiger Zugehörigkeiten für das Gesellschaftsmitglied (…). Diese Prozesse führen nun andererseits zu einer stärkeren Betonung des Subjekts bzw. Individuums. Die stärkere Individualisierungsanforderung setzt die Sozialisationsinstanz, vor allem die Familie und Institutionen, (…) unter verstärkten Leistungsdruck und die Gefahr des Scheiterns steigt objektiv" (Fischer 2004: 66f.).

Im Prozess der Moderne sind Individuen gezwungen, die Kontrolle über sich selbst zu verinnerlichen (Alheit 2003: 25, ausführlich Elias 1976; 1988). Alheit und Hanses gehen von der These aus, dass in der Spätmoderne nicht mehr die Institutionen als „Stichwortgeber" für Biographien fungieren, sondern die Biographien der Individuen als „Institutionsgeneratoren" ernst genommen werden müssen (2004: 23).

> „Biographie ist also nicht einfach die Summe der Lebensereignisse und -passagen, sondern vielmehr die Leistung der AkteurInnen, sich in einer modernen Gesellschaft biographisch zu verorten, eine Selbstkonsistenz in der Zeit hervorzubringen und sich nach außen hin zu präsentieren" (Hanses 2003: 22).

Die Kompetenz des Einzelnen, das Leben biographisch zu strukturieren, sprich: in einen Zusammenhang zu stellen und zu artikulieren, wird von Fischer mit dem Terminus *biographische Strukturierung*[48] belegt und als eine Art „Schlüsselqualifikation" moderner Existenz betrachtet (ausführlich vgl. Fischer 2002; kurz Alheit 2003: 25). Diese Kompetenzen, die angesichts einer ausdifferenzierten Moderne dem Einzelnen in der alltäglichen Praxis oder in Institutionen abverlangt werden, finden in wissenschaftlichen Interviews ihre Entsprechung.

> „Spezifische Probleme der Moderne (gesteigerte Leistungsfähigkeit bei gleichzeitiger Destabilisierung und Risikosteigerung durch Individualisierung und Institutionalisierung) werden durch *biographische Strukturierung* (biographische Arbeit der Individuen und Biographisierung in Institutionen) beantwortet. Biographische Fallrekonstruktion (...) wird so verstehbar als methodische Steigerung bereits entwickelter alltagsweltlicher Problemlösungen, die im professionellen Kontext eine besondere Adäquatheit und hohes Problemlösungspotential beanspruchen kann" (Fischer 2004: 63, Hervorhebungen im Original).

Biographische Strukturierung wird als individuelle und institutionelle Handhabung, als Antwort auf gesellschaftliche Differenzierung und Destabilisierung sozialer Ordnung begriffen (vgl. Fischer 2004: 65ff.).

> „Wenn man unter sozialer Strukturierung die Erzeugung von bestimmten Erwartungen und deren Überprüfung, also Bestätigung oder Änderung im Fortgang der Dinge versteht, dann ist jede Kommunikation, die sich auf vergangene Erlebnisse und Erwartungen im Rahmen der Lebensspanne bezieht, biographische Strukturierung. Sie tritt überall auf, wo Menschen sich mitteilen, was sie erlebt haben – oder künftig machen wollen" (Fischer 2002: 75).

Demzufolge wird das biographisch-narrative Erhebungsverfahren eingesetzt, in dessen Rahmen biographische Strukturierung vorgenommen wird, die lebensgeschichtliche Darstellung wird als „methodischer und professionspraktischer Reflex" auf die sich gegenseitig konstituierenden gesellschaftlichen Prozesse der Individualisierung und Institutionalisierung verstanden. Das von Fischer vorgeschlagene Verfahren der Fallrekonstruktion geht von der Annahme aus,

---

48 In Fachdiskursen wird dieses Phänomen auch unter den Stichworten Biographizität (vgl. Alheit/ Dausien 2000) oder biographische Arbeit (vgl. Kapitel 1) diskutiert.

"dass in der sozialen Wirklichkeit, auch in den problematisch definierten Ausschnitten, die das professionelle Handeln vorfindet, alltägliche *Prozesse der Strukturierung* durch die Akteure und *Phänomene der Strukturiertheit* bestimmend sind. Auf diese Strukturen und Strukturierungen, also ‚ethnomethodischen' Verfahren der Herstellung und Generierung von Ordnung im Vollzug durch die Akteure, zielen die fallbezogenen Rekonstruktionen und Analysen. (...) Da Strukturen als genetische Prozesse verstanden werden, ist sowohl eine Rekonstruktion aktueller Strukturierung (...) wie auch der genetische Aufbau, also die Geschichte der Strukturentstehung Gegenstand des Interesses" (ebd.: 65, Hervorhebungen im Original).

Die Besonderheit dieses fallrekonstruktiven Ansatzes besteht in der Strukturorientierung, die eng mit dem Konzept des strukturalen Fremdverstehens verbunden ist (vgl. ebd.: 69). Der Unterschied zwischen der von Fischer u.a. vertretenen narrativ-biographischen Diagnostik und dem von Hanses vorgestellten Modell einer biographischen Diagnostik entsteht vor allem dadurch, dass Hanses den narrationsstrukturellen Ansatz wählt, mit dem Ziel, zu den Orientierungsstrukturen vergangenen Handelns und Erleidens vorzudringen. Fischer u.a. hingegen arbeiten sowohl im Paradigma der Objektiven Hermeneutik als auch mit dem narrationsstrukturellen Ansatz. Strukturen des gelebten und des erlebten Lebens werden hier mithilfe der Verfahren der Strukturalen Hermeneutik ‚entziffert', der Begriff der Struktur(-regel) spielt dementsprechend eine zentrale Rolle (ausführlich vgl. Kapitel 2.1). Fischer vertritt wie Hanses die These, dass in der Fähigkeit, im Erzählen einen biographischen Zusammenhang herzustellen, eine der wesentlichen Ressourcen liegt:

„Das Individuum baut die Vielfalt der eigenen Erfahrungen in historisierende autobiographische Darstellungen um und kann sich so selber verstehen als jemand, der/die so geworden ist, also mitteilen, wer es ist. Heterogene Erfahrungen und Erlebnisse werden alltagsweltlich vom Erzähler und seinen Zuhörern in die Einheit einer Lebensgeschichte verwoben, die auch sehr heterogene Stücke enthalten kann. Dieses lebensgeschichtliche Potential ist Ressource und offene Orientierung für den flexiblen Umgang mit Neuem" (2004: 67).

Allerdings integriert er sequenzanalytische Verfahren und interpretiert objektive Daten. Seines Erachtens lassen sich so Defizite im Konzept der biographischen Diagnostik beheben (vgl. ebd.: 74ff.). Fischer betont, dass die Grundannahmen, die seiner narrativ-biographischen Diagnostik zugrunde liegen, methodischtechnisch ausgereifter sind und für die professionelle Praxis geeigneter erscheinen: Der dezidierte Strukturbezug in der Objektiven Hermeneutik

„erlaubt Strukturrekonstruktionen auf verschiedenen Ebenen des gelebten, präsentierten (erzählten) und erlebten Lebens (...). Das Problem des hermeneutischen Zirkels, dem ein bloß intuitives Herausarbeiten von biographischen Leitthemen und -figuren unterliegt, ist hier durch konsequent sequentielle Methodik von Hypothesenbildung und -testung besser aufgehoben. Somit kann überzeugender beansprucht werden, dass die Strukturrekonstruktion dem Fall und nicht dem wissenschaftlichen Beobachtungsprozess geschuldet ist" (Fischer 2004: 74).

Fischers Konzept einer narrativ-biographischen Diagnostik ist grundlegend als ein Verfahren fallrekonstruktiver Analyse zu betrachten,

> „das mittels Strukturrekonstruktion biographischer Prozesse auf den Ebenen gelebten, erlebten und präsentierten, also erzählten Lebens für Individuen deren Orientierungsrahmen und Ressourcen herausarbeitet. (...) Das Verfahren akzentuiert eine prozessorientierte, historisierende diachrone Betrachtung und zielt genetische Rekonstruktionen an" (ebd.: 76).

Die Arbeiten von Fischer u.a. stellen letzten Endes ein ausgereiftes Praxismodell vor, das auf der Trias biographische Diagnostik, Interaktionsanalysen und Intervention (vgl. Fischer 2004) basiert. Diagnostik wird hier, im Anschluss an eine erste Fallrekonstruktion, als interaktiver (Aushandlungs-)Prozess begriffen (vgl. Fischer/Goblirsch 2004a: 72f.):

> „Aus der Verborgenheit oder Latenz der steuernden Strukturen ergibt sich nun das besondere Problem, *wie* dieses konkrete und verallgemeinerungsfähige Wissen in der Kommunikation mit dem Akteur, um dessen Strukturen (und blinde Flecken) es geht, zu behandeln ist. Denn die unübersetzte Mitteilung einer generativen Struktur an den Handelnden selbst kann destabilisierend wirken, weil schon eine Benennung des Selbstverständlichen eine andere Möglichkeit beinhaltet und damit im wahrsten Sinne des Wortes eine fundamentale Verunsicherung auslösen kann. Dieses Problem ist im hier vorgestellten Verfahren keineswegs genuin, sondern in anderen professionellen Zusammenhängen, (...), geläufig und wird dort durch entsprechende Techniken professioneller Kommunikation angegangen. Die [sic!] muss angemessen berücksichtigt werden, und hier liegt unseres Erachtens ein entscheidender Punkt für das Gelingen des Programms einer narrativ-biographischen Diagnostik und Intervention. Am praktisch gelingenden Übergang des kommunikativen feed-backs in die Welt des Klienten oder an ihn direkt entscheidet sich die Qualität der Diagnose. (...) Hier gewinnt der Professionelle seine Vermittler- und Interpretenrolle (...). Wenn wir von narrativ-biographischer Diagnostik sprechen, ist nach den vorangegangenen Ausführungen deutlich, dass wir immer ein Verfahren meinen, bei dem wissenschaftliche Rekonstruktion, Expertenhandeln der Professionellen in der Sozialen Arbeit, kommunikative Vermittlung und kooperative Entscheidungsfindung aller Akteure inklusive des Klienten, (...), ,selber eingeschlossen ist'" (ebd.: 78f.).

Nach Fischer und Goblirsch ist es in der professionellen Praxis notwendig, sich über die Beschäftigung mit den Strukturen des gelebten, erlebten und erzählten Lebens hinaus den konkreten Interaktionen in der Praxis mittels Interaktionsanalysen zuzuwenden.[49] Anhand von Videoaufzeichnung, unter Einsatz der Methoden der Objektiven Hermeneutik, wird Konversationsanalyse betrieben, wissenssoziologische Ansätze rahmen die Interpretation des Geschehens (vgl. ebd.: 77). Eine sinnvolle Intervention ergibt sich erst auf Basis der durchgeführten

---

49 Aus der Beobachterperspektive wird das gelebte Leben als Abfolge „objektiver" biographischer Ereignisse betrachtet – subjektive Dimensionen bleiben zunächst unberücksichtigt und werden erst in einem zweiten Schritt sequenzanalytisch herausgearbeitet. Das Konzept des erzählten Lebens zielt auf die Art und Weise der Selbstpräsentation in „aktualsprachlicher autobiographischer Interaktion, z.B. im Interview oder im Alltag" (Fischer/Goblirsch 2004a: 82).

Analysen im Bereich der biographischen Diagnostik *und* der Interaktion zwischen Professionellen und Hilfesuchenden. Trotz der Differenzen bezieht sich Fischer punktuell auf die von Hanses ausgearbeitete biographische Diagnostik – die Rekonstruktion der leitenden biographischen Themen, der generativen Muster der Erzählung und der Ressourcen ist auch in seinem Konzept von Bedeutung. Dementsprechend wird nun der rekonstruktiv-hermeneutische Ansatz einer biographischen Diagnostik nach Hanses konturiert.

Auch Hanses versteht sein Diagnoseverfahren als sozialwissenschaftlich-hermeneutisches Prozedere und verweist auf die Notwendigkeit und Möglichkeit einer ‚verstehenden' Diagnostik, die auf dem Ansatz eines kontrollierten Fremdverstehens basiert. Die Analyse selbst bezieht sich auf lebensgeschichtliche Erzählungen. Ziel ist es, bei der Hilfeplanung die biographischen und lebensweltlichen Sinnhorizonte sowie die Ressourcen der Klienten zu berücksichtigen. Im Ansatz einer biographischen Diagnostik wird mit Blick auf die Praxis betont, dass es sinnvoll ist, die (psycho)sozialen Problemlagen der Klienten nicht losgelöst von deren Lebensweltbezügen, von ihren biographischen Erfahrungen und Sinnkonstruktionen zu betrachten (vgl. Hanses 2000: 361). Ebenfalls wird auf diese Weise den Erfordernissen einer ressourcenorientierten professionellen Praxis Genüge getan – vorausgesetzt der Zugang zu den handlungsleitenden lebensweltlichen und biographischen Sinnkonstruktionen der Klienten gelingt.[50]

„Biographie eröffnet sowohl die Perspektive auf die Einlagerungen biographischer Verlaufskurven, Krisen und Bewältigungsprozesse im Kontext unterschiedlicher Felder sozialer Realität. Gleichzeitig ist Auskunft über die Aneignungsleistungen, die handlungsschematischen Initiierungen und ihre sozialen Einbettungen zu erhalten. Mit diesem Wissen sind Anknüpfungspunkte für einen (biographieorientierten) sozialpädagogischen Bildungsbezug eröffnet" (Hanses 2003: 33).

Diagnostik als ein kommunikativer Prozess begriffen, der für die Professionellen zu einem „Fremdverstehen" und für die Hilfesuchenden zu einem „Selbstverstehen" führen kann. Methodisch wird das narrative Interview, in modifizierter Form, angewandt.[51] Folgende Vorteile werden von Hanses genannt:

---

50 Prinzipiell verweist das Konzept der Lebensweltorientierung auf die Notwendigkeit einer stetigen Orientierung an den Sichtweisen der Adressaten: „Lebensweltorientierte Soziale Arbeit insistiert gegenüber traditionellen Hierarchisierungen und vor allem Pathologisierungen, gegenüber also einer traditionellen Defizitorientierung und der damit gegebenen Verführung, Aufgaben der Hilfe und Unterstützung zum Hauptstatus der Adressat/innen zu verengen, auf den Ressourcen der Lebenswelt, ihren Verlässlichkeiten, Stärken, ihren Optionen" (Thiersch 2002: 135).

51 Statt einer offenen Eingangsaufforderung steht eine bestimmte Lebensphase im Zentrum: Wie es dazu kam, dass der Aufenthalt in der Rehabilitationsklinik notwendig geworden ist; wie die vorhandenen Probleme (Krankheit/Arbeitslosigkeit etc.) entstanden sind und sich im Laufe der

1. eine (gewisse) Darstellungsoffenheit ist gewährleistet, die Klienten können ihre Erfahrungen retrospektiv in Form von Erzählungen gestalten,
2. so können Erzählungen entstehen, die Einblicke in Selbstsichten hinsichtlich eigenerlebter biographischer Prozesse und Ereignisverläufe erlauben (vgl. Hanses 2000: 363).

Für die Zuhörenden bietet sich die Möglichkeit, etwas über Handlungsweisen, über die biographischen und sozialen (Re-)Konstruktionen der Klienten zu erfahren:

> „Aber auch über die *Prozesse des Erleidens, deren Ereignisverkettungen und Lösungen* (...), sowie über das ‚*ungelebte Leben*' (...), also über die Teile in der Lebensgeschichte, die nie Wirklichkeit werden konnten, ist Aufschluss zu erhalten. Mit der biographischen Selbstpräsentation werden für die professionelle Praxis (...) wichtige Kategorien wie *Handlung, Erleiden, Erfahrung, Erleben, Eigentheorie, Selbstevaluation* und *soziale Rahmung* zugänglich" (ebd.: 365, Hervorhebungen im Original).

Erzählgenerierende Aufforderungen fordern zur Darstellung von Ereignisabläufen auf und bieten im Falle der thematisch begrenzten Erzählhorizonte eine abkürzende Variante im Hinblick auf eine biographieorientierte Gesprächsführung. Nachfragen und auf Bilanzierungen zielende Fragen schließen sich an. Das aufgezeichnete und transkribierte Gespräch wird einer rekonstruktiven Analyse unterzogen. Drei Rekonstruktionsperspektiven dominieren die biographische Diagnostik:

3. Die Rekonstruktion der leitenden biographischen Themen,

Zeit entwickelt haben, wird der Hilfesuchende gefragt. Im Kontext eines eingeschränkten Erzählstimulus ist darauf zu achten, dass „Themenwahl, Umfang der Erzählung, Verknüpfung der einzelnen lebensgeschichtlichen Ereignisse und die Gesamtgestalt der Erzählung (...) der freien Konstruktion des Erzählers (unterliegen). Es ist gerade das ‚Eigensinnige' der Erzählung, das in der biographischen Analyse interessiert, so chaotisch, widersinnig, fremd und thematisch irrelevant es erst einmal erscheinen mag. Die Rekonstruktionsperspektive meines Gegenübers zu erfassen, bedeutet eben eigene Vorstellungen, Kategorien und Interessen an einem Thema erst einmal konsequent zurückzustellen und die Gestaltung der Gesprächssituation durch aufmerksames Zuhören zu rahmen" (Hanses 2000: 367). Derartige Verfahren stellen auch innerhalb der Biographieforschung nichts Ungewöhnliches dar. So erwähnt beispielsweise Rosenthal die Möglichkeit, Krankengeschichten, Berufsbiographien oder Geschichte, die sich auf spezifische Lebensereignisse oder geschichtliche Phasen beziehen (z.B. auf den Nationalsozialismus oder den Ersten Weltkrieg), zu erheben (vgl. dies. 1995: 188ff., zu berufsbiographischen Interviews vgl. auch Ricker 2004). Im ‚Optimalfall' wird allerdings die Erzählaufforderung keinerlei Fokus oder Setzung beinhalten. Die Einschränkung bei Hanses ist den institutionellen Rahmenbedingungen (Rehabilitationsklinik) geschuldet und stellt ein abkürzendes Verfahren dar.

das Augenmerk richtet sich nicht auf die einzelnen Themen, die angesprochen werden, sondern auf das gestaltgebende Thema (vgl. ebd.: 370). Des Weiteren sind die

4. generativen Muster der Erzählung

zu reformulieren. Die Kompetenz des Einzelnen, das eigene Leben biographisch zu strukturieren und zu (re)formulieren, sprich: in einen Zusammenhang zu stellen, führt dazu, dass die dargestellten sozialen Welten bzw. Räume ebenso erfasst werden können, wie die zur Sprache gebrachten anderen und ihre Bedeutung für den Erzählenden. Strukturen, die den Handlungen, den geschilderten Erfahrungen oder Ereignissen in der Erzählung zugrunde liegen, sowie die Strukturen, die die Erzählung zu einem sinnvollen Ganzen verbinden (Verlaufskurve, biographisches Handlungsschema, institutionalisierte Ablaufmuster, Wandlungsprozess, aber auch Habitusformationen), können rekonstruiert werden. Aufmerksamkeit ist also den gestaltgebenden und kohärenzbildenden Strukturen der Ich- und Weltkonstruktion zu schenken. Ein weiterer, wichtiger Fokus der Rekonstruktion und Ansatzpunkt der Intervention kann als

5. Ressourcenorientierung (ausführlich zum Begriff der biographischen Ressourcen vgl. 3.3)

bezeichnet werden. Der Begriff der Ressourcenorientierung verschränkt sich in den Ausführungen von Hanses mit der Suche nach „Empowermentgeschichten", also nach Erzählungen, in denen sich gelungene Lebensstrategien und Erfahrungen finden lassen; die Suche nach so genannten ‚Gegenerfahrungen' ist einem ähnlichen Ziel geschuldet: Erfahrungen jenseits von Verlaufskurvenstrukturen, Episoden, in denen biographische Handlungsschema auftauchen, sowie sich andeutenden oder vollzogenen Wendepunkten gilt die analytische Aufmerksamkeit. Darüber hinaus vertritt Hanses die These, dass in der Kompetenz, Selbst und Welt zu deuten und erzählend in einen biographischen Zusammenhang zu stellen, die wesentliche Ressource liegt. Allerdings, und dies ist generell zu berücksichtigen, liegen die Risiken und Chancen in diesem Modell von Ressource nahe beieinander. Häufig zeigt sich, dass das „Kritische und die Potentialitäten der Lebensgeschichte" sehr „nahe beieinander(liegen)" können (ebd.: 373; anderenorts spricht der Autor von Ambiguität, vgl. Hanses 2003: 32f.). So führt beispielsweise der Notwendigkeitshabitus in einem der rekonstruierten Fälle zu Problemen (in diesem Fall zu Rückenbeschwerden) und stellt gleichzeitig die Ressource im Hinblick auf eine sinnvolle Identitäts- und Weltkonstruktion dar. Für das methodische Vorgehen bedeutet dies, dass bei der Analyse der

Erzähltexte eine doppelte Perspektive einzunehmen ist: Problemanalyse und Ressourcenorientierung liegen auf derselben Ebene, müssen sich verschränken. Sowohl das Modell von Hanses als auch das Modell von Fischer und Goblirsch gründen auf der Möglichkeit eines Zugangs zur Vergangenheit, wenngleich die unterschiedlichen methodischen bzw. rekonstruktionslogischen Zugänge zu differenzieren sind. Fischer geht davon aus, dass Fallrekonstruktionen Strukturhypothesen ermöglichen, „die einen Lebenszusammenhang im ‚Wie' seines Gewordenseins und seines Werdens, d.h. auch in seinen Möglichkeiten und potentiellen Strukturtransformationen" (2002: 81) erkennen lassen. Das Konzept der narrativ-biographischen Diagnostik und Intervention gründet auf der These, dass „Menschen im Laufe ihres Lebens durch das, was sie erleben, Orientierungsstrukturen aufbauen, die sowohl Kontinuität als auch flexibles Eingehen auf Neues ermöglichen" (Fischer/Goblirsch 2004a: 77).[52] Hanses nimmt hingegen an, dass neben Verlaufskurvenstrukturen immer auch andere Strukturmuster in einer Erzählung enthalten sind, an die in der Intervention angeknüpft werden kann. Zudem konzeptionalisiert er die Fähig- und Fertigkeit des Menschen zur ‚Zusammenhangsbildung' als basale Ressource, die es zu berücksichtigen gilt und die sich in der Erzählung und ihren Strukturmustern spiegelt. Beide Ansätze verstehen sich ressourcenorientierte Ansätze, die eine Alternative zur allgemeinen Problemorientierung in der Sozialen Arbeit eröffnen (vgl. auch Fischer 2007: 26f., 28f.; Goblirsch 2007: 62). Sind im Modell von Fischer und Goblirsch erzähltheoretische Analysen einerseits zwar notwendig, greifen sie ihres Erachtens andererseits im Horizont von Strukturreproduktion und -transformation, angesichts der Differenz zwischen gelebtem und erzähltem Leben zu kurz. Doch statt von Zusammenhangsbildung auszugehen oder die Möglichkeit einer retrospektiven Beobachtung des ‚Gewordenseins einer Person' einzuräumen, gehen wir von (der Möglichkeit einer) Kohärenzbildung im Akt des Sprechens aus, deren Form und Inhalt zu rekonstruieren sind und an die pädagogisches Handeln anschließen kann.

---

52 Sich hier an die Konzeptionalisierung von Fischer und Goblirsch anzulehnen, die sich sowohl im Paradigma Objektive Hermeneutik bewegt als auch narrationsstrukturelle Verfahren zur Anwendung bringt, ist schwierig. Wird die Rekonstruktion der *erzählten Lebensgeschichte* in Anlehnung an Schütze realisiert, gründet die Rekonstruktion des *gelebten* und *erlebten Lebens* auf Verfahren der Objektiven Hermeneutik; beide Dimensionen werden in der Fallrekonstruktion verschränkt. Wenn von Strukturreproduktion und -transformation die Rede ist, erinnert die Terminologie an das Oevermann'sche Verfahren. Da aber letztlich erzähltheoretische und strukturgenetische Verfahren gekoppelt werden, nehmen wir uns die Freiheit, das Begriffspaar Transformation/ Reproduktion auch auf Erzählstrukturen, die uns vorrangig interessieren, zu beziehen (zur Differenzierung erzähltes, gelebtes und erlebtes Leben sowie den damit verbundenen methodologischen Reflexionen und methodischen Verfahren vgl. auch Rosenthal 1995; kurz dies. 2005: 197f.; Goblirsch 2007: 48ff.).

3.2 Das Fremdwerden der eigenen Biographie

Ein prominentes Thema innerhalb der Biographieforschung ist das Thema ‚Verlaufskurve'. Wenn es um Aspekte der Verlaufskurvenproblematik geht, ist dem von Riemann ausgearbeiteten Ansatz des „Fremdwerdens der eigenen Biographie" (1984; 1987) besondere Aufmerksamkeit zu schenken. Sein Konzept wird von der einfachen, aber grundlegenden Erkenntnis getragen, dass Identität auch im Feld der (Fremd-)Zuschreibung an Form und Gestalt gewinnen kann:

> „Gesellschaftsmitglieder können unter bestimmten biographischen Bedingungen mit ihnen fremden, versachlichten, institutionalisierten und mit moralischem Zwang ausgestatteten Theoriebeständen konfrontiert werden, gegenüber denen sie nicht indifferent bleiben können, weil sie auf ihr eigenes Selbst abzielen; d.h. mit ihnen ist der Anspruch verbunden, den Betroffenen total identifizieren, sein Verhalten umfassend erklären und u.U. anhand absolut moralischer Standards evaluieren zu können – und damit seinen Ort in der Welt neu zu bestimmen. Ihre Fremdheit wird von ihm in einschneidender Weise erfahren, es handelt sich also nicht um die fraglose Übernahme von Interpretationsschemata (...). Der Betroffene wird aus dem Alltag herausgehoben und gleichzeitig zu einem ‚Fall von ...'" (Riemann 1984: 118).

Von den Betrachtungen Riemanns ausgehend ist es sinnvoll, einen Blick auf professionelle und institutionelle Handlungsvollzüge und Logiken zu werfen, die zur sozialen Konstruktion eines ‚Falles von' führen, obgleich das Themengebiet im Kapitel Diagnose schon erste Anklänge fand. Professionelles Handeln zeichnet sich unter anderem durch fachliche Orientierungen, durch theoretisches Wissen, methodisches Handeln, Gruppierungsschemata, durch ‚sachliches' Urteilsvermögen, ‚Faktenwissen' etc. aus und ist mit der handlungspraktischen Frage nach dem ‚Was tun?' verknüpft. Professionelles Handeln hat immer auch die Funktion, Interpretationen bezüglich der Lebenswelt, der Problemlage(n) und der Ressourcen der Klientinnen zu realisieren, damit zielgerichtetes Handeln stattfinden kann. Unterschiedliche Professionen sind mit unterschiedlichen Verfahren und mit der ‚Macht' ausgestattet, einen ‚Fall von' zu generieren, Medizin und Jurisprudenz zählen diesbezüglich sicher zu den prominentesten Disziplinen bzw. Professionen. Giebeler spricht im Hinblick auf die Soziale Arbeit und in Anlehnung an ethnomethodologische Perspektiven vom Vorgang eines ‚Doing Social Cases' (vgl. dies. 2007: 12f.). Das Prinzip des Kategorisierens (siehe ebenso Kapitel 3.1) stellt in diesen Zusammenhängen eines der etablierten Verfahren dar, das unter anderem von Foucault mit Blick auf die historische Dimension thematisiert worden ist. Die Medizin, so die These, ist die Disziplin, die auch den Blick der im Bereich der sozialen Intervention angesiedelten Professionen strukturiert:

„Nehmen Sie das Beispiel der Philantropie zu Beginn des 19. Jahrhunderts: Leute beginnen, sich um das Leben der anderen zu kümmern, um deren Gesundheit, Ernährung, Wohnung... Dann sind aus dieser unklaren Funktion Persönlichkeiten hervorgegangen, Institutionen, Wissen... eine öffentliche Hygiene, Inspektoren, Sozialfürsorger, Psychologen. Und jetzt erlebt man eine Ausbreitung der Gruppen der Sozialarbeiter... Die Medizin spielt natürlich die fundamentale Rolle eines gemeinsamen Nenners... Ihr Diskurs ging vom einen zum anderen. Im Namen der Medizin sah man sich an, wie Häuser ausgestattet waren, aber in ihrem Namen kategorisierte man auch einen Irren, einen Kriminellen, einen Kranken" (1976: 97).

Im Bereich der personenbezogenen Dienstleistungen existieren diverse ordnende Schema zur Strukturierung der Erkenntnis- und Handlungsprozesse. Das wohl bekannteste Strukturmuster ist das medizinische Konzept von Anamnese, Diagnose und Behandlung (vgl. diesbezüglich Müller 1988: 145; Haye/Kleve 2003: 111ff.). Dieses Drei-Schritt-Modell ist im Bereich der Sozialen Arbeit differenziert worden, der Prozess „des Fallverstehens [wird, B.G./H.R.G.] als Prozeß von Anamnese, Diagnose, Intervention und Evaluation gegliedert" (Müller 1993: 15). Haye und Kleve entwickelten ein Sechs-Phasen-Modell für die Falleinschätzung und die Hilfeplanung, in deren Mittelpunkt die kommunikativen Vollzüge zwischen Adressaten und Professionellen stehen (ausführlich vgl. dies. 2003). Doch nichtsdestotrotz werden Betroffene durch die zum Einsatz kommenden methodischen Verfahren aus ihrem Alltag, aus ihrer Lebenswelt gewissermaßen ‚entbunden' und oft genug im Kontext professioneller Hilfe zu einem ‚Fall von' – beispielsweise durch (Identitäts-)Zuweisungen oder Diagnosen wie Schizophrenie, Alkoholismus, Gewalttäter, oder Diabetiker. Ein weiteres Klassifikationsschema ist die Unterscheidung von Typen. Generalisierend unterscheidet beispielsweise Müller in seiner Falltypologie zwischen ‚Fall von', ‚Fall für', ‚Fall mit', der Lokalisierung liegen je eigene Fragestellungen bzw. Perspektiven und spezifisches Fachwissen zugrunde (vgl. ders. 1993: 28ff.). Jeder Klient, der in den Geltungsbereich einer solchen Handlungspraxis gerät, kann entsprechend kategorisiert werden und ist mit professionellen Identitäts- und Wirklichkeitsbestimmungen konfrontiert (vgl. Riemann 1984: 118f.). Diesen Vorgang exemplifiziert Riemann am Beispiel psychiatrischer Diagnosen:

„Betroffene erfahren etwas von der klinischen Einschätzung ihrer Person – wer sie sind, was sie haben, welchen Ereignissen welche Signifikanz beizumessen ist, wie günstig oder ungünstig die Prognose ist – in Situationen, in denen mit ihnen und in denen über sie kommuniziert wird: z.B. während der Visiten, wenn der Stationsarzt in ihrem Beisein einem vorgesetzten Arzt zusammenfassend Bericht erstattet; auf Überweisungsscheinen, die ihnen zu Gesicht kommen und auf denen stichwortartig die Diagnose notiert ist; in schriftlichen Begründungen für Zwangseinweisungen (...) usw. Psychiatrische Identitätszuschreibungen sind nicht mit Akten sprachlicher ‚Etikettierung' gleichzusetzen, sondern durchziehen alle Aspekte der klinischen Prozessierung – und müssen vom Betroffenen interpretiert und evaluiert werden" (Riemann 1984: 120f.).

Riemann betont, dass derartige Zuweisungen durch die (professionellen) anderen nicht ‚äußerlich bleiben' können, sondern nach einer Form der Bearbeitung verlangen. Dementsprechend interessieren ihn Fragen wie beispielsweise die nach den Aneignungsprozessen jener Betroffenen, die mit professionellen Theoriebeständen oder Kategorisierungen im Hilfeprozess oder Krankheitsverlauf konfrontiert sind. Riemann ist derartigen Fragen nachgegangen, hat Verlaufskurven psychiatrischer Patienten analysiert und unter anderem die Dimension der Verlusterfahrungen in der Beziehung zur eigenen Biographie thematisiert.[53] Ein Ziel seiner empirischen Untersuchung bestand darin,

> „durch die Rekonstruktion lebensgeschichtlicher Ablaufstrukturen einen Bezugsrahmen zu gewinnen, um der Frage nachgehen zu können, *in welcher Weise psychiatrische Interventionen biographisch relevant werden:* um zu verstehen, welche vielfältigen Auswirkungen Hospitalisierungen haben können; wie sich durch die Übernahme psychiatrischer Kategorien das Verhältnis zu sich selbst verändern kann" (ebd.: 29, Hervorhebungen im Original).

In Lebensgeschichten finden sich Hinweise, dass Betroffene eigene zugunsten fremder, angebotener oder zugewiesener, Theorien bzw. Erklärungsmodelle (unfreiwillig oder (nahezu, aber nie ganz) freiwillig) aufgeben. Nicht in jedem Fall werden die ‚neuen' Identitäts- und Wirklichkeitskonstruktionen übernommen, aber es kann zum Verlust der zuvor konstitutiven Sinngrundlagen kommen (vgl. Riemann 1984: 120):[54] „Eine entscheidende Erkenntnis besteht darin, daß im Zuge der Verlaufskurvenentwicklung und -prozessierung die Beziehung zur eigenen Biographie zeitweilig oder dauerhaft verlorengeht, die eigene Biographie *fremd* wird" (Riemann 1987: 500, Hervorhebung im Original).[55] In Anleh-

---

53 Riemann konnte folgende Strukturmomente in der Verlaufskurvenentwicklung lokalisieren: Aufschichtung des Verlaufskurvenpotenzials aufgrund von Erfahrungen des Eingebunden- und des Ausgegrenztwerdens in der Herkunftsfamilie, unterschiedliche Verlaufskurventransformationen und Prozesse des Sich-selbst-gegenüber-fremd-Werdens; verschiedene Formen des Orientierungszusammenbruchs, beispielsweise das Auffälligwerden und der Verlust der Manövrierfähigkeit im Alltag. Sein besonderes Interesse fand schließlich „die Balancierung des Alltags, d.h. das Sich-in-der-Verlaufskurvendynamik-Einrichten, statt handlungsschematische Befreiungs- und Kontrollstrategien zu entwickeln" (1987: 500). Dem Thema des Wiedergewinnens oder Absicherns der Beziehung zur eigenen Biographie wurde eigens Aufmerksamkeit gewidmet (vgl. ebd.: u.a. 458ff.).

54 In vielfältiger Weise können Eigentheorien von Betroffenen zum Ausdruck kommen: in Form so genannter Eigentheoretisierungen, über die Form der Aussagen signifikanter anderer und der Beziehung zu ihnen (ausführlich vgl. Riemann 2000: 217–224). Auch Hoffmann-Richter hat sich mit psychischen Erkrankungen und ihren Folgen (z.B. Kontrollverlust, Hospitalisierung, medikamentöse Behandlung) auseinandergesetzt und kommt zu dem Schluss, dass diese auf vielfältige Weise befremdende Erfahrungen befördern, die den Betroffenen die Welt, den Körper, das Selbst und die Biographie fremd werden lassen (vgl. dies. 1995: insbesondere 209ff.).

55 Theoretisch bezieht sich Riemann sowohl auf Arbeiten von Schütze, Berger und Luckmann zur Theorie des Alltagshandelns und des Alltagswissens als auch auf die Arbeiten Goffmans („Asyle", „Stigma") und integriert die Perspektiven verschiedener Ethnomethodologen.

nung an Riemann lassen sich folgende Unterscheidungen im Hinblick auf biographische ‚Verlusterfahrungen' vornehmen:

- Das Fremdwerden der eigenen Biographie spiegelt sich darin wider, dass Betroffene sich einem von ihrer biographischen Erfahrungsaufschichtung gesteuerten Erzählfluss nicht überlassen können (vgl. Riemann 1987: 444), demzufolge ist eine grundlegende Differenz zwischen Erfahrungsdarstellung und Theoretisierung zu konstatieren. Theoretische Konzepte und Erklärungen ‚überschreiben' die eigene Biographie – sie erklären das (eigene) Verhalten und die Welt.
- Von Verlusterfahrungen in der Beziehung zur eigenen Biographie kann gesprochen werden, wenn in der Erzählung darauf ‚verzichtet' wird, eine eigene biographische Linie zu entwickeln. Signifikante andere, Professionelle und/oder Institutionen avancieren zu dominanten ‚Stichwortgebern' der biographischen Artikulation (vgl. ebd.: 438).
- Im Hinblick auf die biographische Erzählung kann eine eigentümliche Gleichgültigkeit festgestellt werden, das heißt, der Betreffende kann seine Geschichte erzählen, als stehe er ‚neben sich', Teile der Lebensgeschichte bleiben unthematisiert (vgl. ebd.: 438ff.). Dies gilt insbesondere für Erzählungen vom Alltag in stationären Einrichtungen, der unter dem Vorzeichen der Logiken und Zeitabläufe in der jeweiligen Institution rekapituliert wird. Erfahrungsrekapitulation kann ‚vermieden' werden: „Die Erinnerungen an die eigene Vergangenheit können u.U. so schmerzhaft sein, daß man vor ihrer Aktualisierung in einer Erzählung zurückschreckt" (Riemann 1987: 438).
- Auch ist es möglich, dass Ausschnitte aus der Vergangenheit keinerlei Deutung erfahren, Erklärungen oder Theoretisierungen, die Übergänge zwischen Ereignissen plausibilisieren oder es erlauben, fragwürdige Erlebnisse einzuordnen, fehlen (vgl. ebd.: 439).

Durch eine langfristige ‚professionelle Behandlung' kann es dazu kommen, dass die ‚Fall-von-Terminologie' die eigene Lebensgeschichte über- und im Extremfall verformt. Verlusterfahrungen sind nicht losgelöst von Prozessen der Sinn- und Kohärenzbildung zu denken. Sie stehen in enger Verbindung zu Verlaufskurvenstrukturen und -dynamiken bzw. regressiven Darstellungsmustern. Die Verarbeitung oder Aneignung sowie der Umgang mit professionellen Theoriebeständen und Kategorien reicht von vollständiger über eine partielle, sprich: eine situations- und kontextabhängige Übernahme bis hin zur ablehnenden Haltung. Jede der in diesem Spannungsfeld liegenden Verarbeitungsformen weißt Besonderheiten auf. Gemeinsam ist ihnen jedoch ein „Theoriedilemma", ein

Nebeneinander von sich wechselseitig ausschließenden Interpretationen (vgl. Riemann 1984: 133ff.; Bohnsack 2000: 115f.). Was die Formen oder ‚Ausmaße' der Integration fremder Deutungsmuster und (Identitäts-)Zuschreibungen betrifft, lässt sich Folgendes festhalten: Zum einen lokalisiert Riemann den Fall, dass Betroffene die Verlaufskurvendynamik vollständig anerkennen und eigene zugunsten fremder Theoretisierungen aufgeben. Die fremden Identitäts- und Wirklichkeitskonstruktionen werden übernommen und finden in lebensgeschichtlichen Erzählungen ihren Widerhall. Die Kategorisierung – zum Beispiel ‚psychisch krank' – wird zum dominanten Deutungsprinzip für das eigene Verhalten, für einschneidende Ereignisse, für Alltags- und Handlungsroutinen oder den Zukunftsentwurf. Die vollständige Übernahme zeitigt Effekte:

> „Das, was der Betroffene vom psychiatrischen Deutungspotential übernimmt und auf seine Situation anwendet, ist vor allem der Gesichtspunkt, daß innere Zustände, Wandlungen und Verhaltensweisen nicht mehr ihm selbst zugerechnet werden können, sondern Ausdruck eines Geschehens sind, das sozusagen außerhalb seiner selbst abläuft" (Riemann 1984: 136).

Handlungsspielräume, Wahrnehmung und Identitätskonzepte werden ‚überschrieben'. Riemann konnte im Fall der psychiatrischen Patientinnen zudem eine Form des „Resignativen-sich-Abfindens" beobachten, die sich dadurch auszeichnet, dass

> „der Betroffene sich als nicht mehr für sich selbst zuständig ansieht – sowohl was die entscheidenden lebensgeschichtlichen Weichenstellungen, als auch was Identitätszuschreibungen und Problemdefinitionen betrifft. Dieser indifferenten, distanzierten Haltung zu sich selbst entspricht die Bereitschaft, die psychiatrische Perspektive als letztlich maßgebliche Erkenntnisquelle hinsichtlich seiner Person zu akzeptieren" (Riemann 1984: 139).

Erörtert wird aber auch die Situation der Aufrechterhaltung des eigenen Selbstentwurfes bei teilweiser Übernahme fremder Deutungsmuster: In diesem Fall werden professionelle Theoriebestände, Kategorien oder Diagnosen situationsabhängig und kontextspezifisch übernommen. Betroffene beginnen die lebensgeschichtlichen Erzählungen im Auftakt handlungsschematisch, die von außen gesetzten Zuschreibungen und Annahmen bedrohen das Selbstbild und werden abgewehrt. Zugleich werden einzelne Ereignisse oder Begebenheiten, die ein Moment des Kontrollverlustes bergen oder erklärungsbedürftig sind, jedoch vor dem Hintergrund der zu- und zurückgewiesenen professionellen Theoriebestände verhandelt. Ein Moment der Entlastung von Verantwortung ist diesen Darstellungsmodellen innewohnend. Wichtig ist, dass die Übernahme theoretischer Zuschreibungen auf der alltäglichen Handlungsebene attraktiv und entlastend wirken kann – prognostisch wendet sich Riemann allerdings den sozialen Folgekosten zu, die sich im Verlust des biographischen Handlungsschemas ausdrücken (vgl. ebd.: 119f.).

Abschließend ist hier zu fragen, welche Aufmerksamkeitsrichtungen sich im Konzept des „Fremdwerdens der eigenen Biographie" für eine rekonstruktive Perspektive im Allgemeinen und die pädagogische Praxis im Besonderen ableiten lassen. Vorderhand ist mit Blick auf das Gedankengebäude der erzählten Identität festzuhalten, dass die mit Retrospektion und Progression des Lebensgeschichtlichen verbundenen Deutungen zurückgestellt werden müssen. Auch ist zu berücksichtigen, dass Riemann seine theoretischen Annahmen mit Blick auf eine spezifische Personengruppe formuliert: mit Blick auf Menschen, die einen Teil ihres Lebens in psychiatrischen Einrichtungen verbrachten. Doch sensibilisiert das Konzept des Fremdwerdens der eigenen Biographie auch im Allgemeinen und verweist auf den

- Stellenwert zugeschriebener Identitäten (durch Professionen), die mit Sinnstrukturen und dem Potenzial zur Kohärenzbildung ausgestattet sind.

Zudem weist die Abhandlung darauf hin, dass

- diese fremden Deutungs- und Erklärungsmuster mit Relevanz für die Ich-Konstruktion ‚aufgeladen' sind, dass sie abgelehnt, teilweise eingebunden oder übernommen werden können (dies gilt für Medizin, die Jurisprudenz, für die Soziale Arbeit, generell für kategoriale Bestimmungen in pädagogischen und sozialen Handlungsfeldern).

In der Ausarbeitung Riemanns wird sinnfällig, dass die Integration von Fremddeutungen vor der Folie der so genannten Prozessstrukturen betrachtet werden kann. Fremdbestimmungen oder -definitionen können

- regressive Erzählmuster ‚protegieren', erläutern, erklären, ‚legitimieren', sie können zum dominanten Darstellungsprinzip avancieren oder mit (progressiven) ‚Gegenentwürfen' in ‚Kollision' geraten.

Fremddeutungen sind wirkungsmächtig und im Fall ihrer Verankerung in den Professionen zugleich

- meist abstrakt und theoretisch strukturiert. Eine vollständige Zurückweisung der durch Experten formulierten Identitätszuweisung lässt sich schwer realisieren, gelegentlich erscheint sie ausgeschlossen.

Was die Rekonstruktion betrifft, so sind Identitätsaussagen im Interview grundsätzlich dahingehend zu befragen, ob sie sich als ‚Fremdverordnetes' oder ‚Selbstgewähltes' zu erkennen geben und in welchem Textsortenmodus sie präsentiert werden. Ihrer Verwobenheit mit regressiven und progressiven Strukturmustern des Erzählens ist eigens Aufmerksamkeit zu widmen. Darüber hinaus sensibilisieren die Arbeiten Riemanns jedoch für einen spezifischen Aspekt der professionellen Praxis: Diagnosen, Falltypisierungen oder Generalisierungen – gleichgültig, ob sie dialogisch verhandelt oder ‚schnörkellos' zugeschrieben werden – stellen jedes Mal auch eine Form der ‚Identitätszumutung' dar. Abstrahierendes und theoretisches Wissen birgt *zugleich* ein für das Handeln im professionellen Handlungsvollzug wichtiges Rationalisierungs-/Vereinfachungs- und Prognosepotenzial sowie die Gefahr der Stereotypisierung/Stigmatisierung. Trotz des ‚Risikos' kann auf diese Formen des Wissens nicht verzichtet werden. In diesem Kontext ist unter anderem darauf hinzuweisen, dass Fischer im Rahmen biographischer Diagnostik und professionellen Handelns konstatiert, Wissensbestände seien beständig zu aktualisieren, entsprechend seien politische und wissenschaftliche Diskurse, die das eigene Tätigkeitsfeld tangieren, aufmerksam zu verfolgen (vgl. ders. 2002: 66ff.). Wissen wiederum sollte nicht deduktiv – in Form einer einfachen Zuordnung zu Kategorien, Typen oder Theorien – angewandt werden, sondern als sensibilisierendes Hintergrundwissen zum Einsatz kommen (vgl. Hanses 2000: 362, der in diesem Zusammenhang analog zur Forschungspraxis von einer abduktiven Haltung spricht). Aufgehoben wird die Problematik auf diese Weise nicht, biographische Ansätze können lediglich ‚warnen', ‚sensibilisieren' und im Hinblick auf die erzählten Identitäten aufmerksam machen.

3.3 Biographische Ressourcen und stellvertretende Deutung

Bevor auf die Bedeutung der Aufmerksamkeitsrichtung ‚biographische Ressourcen' im Hinblick auf Fallrekonstruktionen eingegangen wird, werden vorab einige Anmerkungen zur Relevanz einer Ressourcenorientierung in sozialen Berufen vorgestellt. In den Handlungsfeldern Soziale Arbeit oder Pflege wird der Ressourcenorientierung zentrale Bedeutung beigemessen. Derartige Ansätze zielen, allgemein formuliert, darauf ab, Stärken und Kompetenzen der Klienten, Ratsuchenden oder Patientinnen in den Handlungsvollzug, in die Intervention zu integrieren. Nicht zuletzt werden diese Aspekte vor dem Hintergrund der aktuellen gesellschaftlichen Situation diskutiert, die oft unter dem Stichwort des sozialen Wandels zusammenfassend beschrieben wird. Der Wandel, der mit Modernisierung, Globalisierung, Umbau des Wohlfahrtsstaates, gesellschaftlichen

Freisetzungs-, Individualisierungs- oder Biographisierungsprozessen verwoben ist (vgl. auch Kapitel 1), wirkt sich auch auf die Rahmenbedingungen professionellen Handelns aus. Um mit Fischer zu argumentieren: Die gesellschaftliche Entwicklung verursacht multiple Problemlagen (vgl. ders. 2002: 69ff.). Einige der Konsequenzen lassen sich am Beispiel der Sozialen Arbeit veranschaulichen: „Die Sozialarbeit gerät mehr und mehr unter Druck, ihre Hilfeangebote zu ökonomisieren, sie nach Effektivität (Zielwirksamkeit) und Effizienz (Wirtschaftlichkeit) zu bemessen. Mehr denn je ist Ressourcenorientierung aktuell" (Kleve 2003: 7). Auch geht mit dem Ressourcenansatz ein Paradigmenwechsel (nicht nur) in der Sozialen Arbeit einher: Intendiert ist der Wechsel von einer Problem- bzw. Defizitorientierung hin zur Entdeckung von individuell zur Verfügung stehenden Potenzialen, zur Förderung und zum Einsatz von Stärken des Einzelnen gerade in Problemsituationen (vgl. Bartmann 2006c: 31ff. bzw. Kapitel 1). Ressourcenorientierung liegt zum Beispiel den Ansätzen einer Lebensweltorientierung (Thiersch/Grunald/Köngeter 2002: 161ff.), der sozialen Netzwerkarbeit (vgl. u.a. Haupert 1995: 41f.; Thiersch 2004: 703), den Empowermentansätzen (vgl. Stark 1996; Herriger 1997) oder der Sozialraumorientierung (stellvertretend vgl. Früchtel 2001) zugrunde, um hier nur einige Ansätze zu nennen.[56] Allen Ansätzen ist gemeinsam, dass sie nach Ressourcen im lebensweltlichen und -geschichtlichen Kontext der Klientinnen suchen, um zu klären, ob und wie diese in den Interventionsprozess integriert werden können. Im Kontext biographische Ressourcen und professionelle Praxis führt Bartmann aus:

„Ziel der Beschäftigung mit biographischen Ressourcen ist es, ihren konstitutiven Charakter zu betonen, angemessene Unterstützungsleistungen zu entwickeln und die professionelle Praxis für die individuellen Potenziale des Einzelnen (Stichwort unter anderem Empowerment) zu sensibilisieren" (2006c: 31).

---

56 Die Ressourcenorientierung ist eine Perspektive, die auch unter dem Begriff der Resilienz diskutiert wird und in diesem Zusammenhang bereits in der frühkindlichen Sozialisation ansetzt: „Um Risiken wie Arbeitslosigkeit, Armut, Stress u.v.m. abzufedern, schlagen der führende Kommentator in Sachen Elementarpädagogik und Berater der Bundesregierung Wassilios Fthenakis und seine Mitarbeiterin Corinna Wustmann vor, statt Bildung den Begriff der Resilienz einzuführen" (Borst 2006: 17, ausführlich zum Begriff der Resilienz und hinsichtlich einer reflektierten und angemessen (gesellschafts)kritischen Positionierung im Rahmen der Pädagogik vgl. ebd., zum Verhältnis Resilienz und Biographieforschung vgl. Bartmann 2007). Überhaupt drohen der Resilienz- wie der Ressourcenbegriff, die zunehmend an Aktualität gewinnen und sich beständig mit ökonomischen Erwägungen verschränken, die Dimension gesellschaftlicher Verantwortung sukzessive in den Bereich des Individuellen und des sozialen Umfeldes zu verlagern. Die Problematik ist uns wohl bewusst: Allerdings nehmen wir zurzeit diesbezüglich keinen klaren Standpunkt ein, den wir späteren Publikationen vorbehalten.

Allerdings ist festzustellen, dass bislang keine übergreifende Ressourcentheorie entwickelt worden ist (vgl. ebd.); vielmehr versammelt die Bezeichnung Ressourcenorientierung eine Vielzahl an Konzeptionen, die oft an ein „alltagsweltliches Verständnis" (ebd.: 32) anschließen. Trotz des postulierten Desiderats können beispielsweise in Anlehnung an Haye und Kleve vier grundlegende Ressourcendimensionen unterschieden werden:

- *persönliche Ressourcen* als Dispositionen oder Fähigkeiten einer Person, die biologisch, psychisch oder sozial zur Verfügung stehen, zum Beispiel Humor, Sensibilität, Talente, Gesundheit, handwerkliches Geschick, Verzeihen-Können, Hilfe annehmen können, das Leben mit Sinn ausstatten, Bindungsfähigkeit etc. (vgl. dies. 2003: 119);
- *lebensweltlich-soziale Ressourcen* im Sinne von unterstützenden, wertschätzenden Beziehungen zu Verwandten, Freunden, Nachbarn etc., die von Menschen hergestellt werden können und über die sie verfügen (vgl. ebd.: 120);
- *soziale Ressourcen* im Gemeinwesen in Form von Mitgliedschaften in Vereinen, hilfreichen Beziehungen zu Ärzten, Psychologen, Pfarrern, kooperative Kontakte zu Schulen oder anderen Einrichtungen im Sozialraum (vgl. Heye/Kleve 2003: 120);
- *sozioökonomische Ressourcen*, die als materielle, soziale und ökonomische Ausstattung einer Person vorliegen (unter anderem Arbeitsplatz, Vermögen, Bildungsabschlüsse etc., vgl. ebd.).

Unbestritten handelt es sich hier um Ressourcen, gleichwohl ist die Frage zu klären, was unter „biographischen Ressourcen" zu verstehen ist. Theoretische Überlegungen zu „biographische Ressourcen" basieren auf der Annahme, dass Lebenserfahrungen und daraus gewonnenes biographisches Wissen als Ressourcen zu betrachten sind. Umgangssprachlich veranschaulicht Sander diese Idee:

> „Da eine Biographie uns in unserem Dasein als Person verdeutlicht und bestätigt, ist sie für uns selber eine Ressource (Kraftquelle) des Alltagslebens. Sie gibt uns damit eine Selbstsicherheit und unserem Leben einen Sinn. Sie kann uns auch dabei helfen, uns auf bisher Unbekanntes einzulassen, neue Situationen zu meistern. Biographische Erfahrungen können zu Ressourcen werden, welche uns unterstützen" (Sander 2006: 5).

Der Begriff der biographischen Ressource, den Bartmann im Paradigma des narrationsstrukturellen Ansatzes neu akzentuiert, steht mit den Prozessen der Sinn- und Zusammenhangsbildung im Lebensverlauf in engem Zusammenhang (vgl. Bartmann 2005: 27). Anhand von Lebensgeschichten lassen sich Prozesse biographischer Verarbeitung von Lebensereignissen und subjektive Realitätskonstruktionen in den Blick nehmen, Ressourcen im Sinne von Selbst- und Weltdeutungs- sowie Handlungsstrukturmustern können rekonstruiert werden. Bartmann bezieht sich in ihren Ausführungen auf Hoerning, die ebenfalls betont, dass Lebenserfahrungen als biographisches Wissen zugleich Ressourcen darstellen, die auch zukünftiges Handeln steuern (vgl. Hoerning 1989: 148). Biographisches Erfahrungswissen wird als Resultat von Prozessen der Erfahrungsaufschichtung verstanden und liegt dem Verständnis von Ressource zugrunde. Auch Bartmann setzt sich mit der Bildung von Ressourcen im Lebensverlauf auseinander und definiert sie schließlich „als eine(r) im Prozess der Sozialwerdung und -machung erworbene(n) Haltung zur Welt und zu sich selbst, die handlungspraktisch unmittelbar wie biographisch reflexiv eingesetzt wird" (2005: 24). Ausgehend von der Vorstellung der Erfahrungsablagerung oder -aufschichtung kommt den biographischen Ressourcen die Funktion zu,

> „die von den Subjekten zu leistende Biographisierung und damit die prozessurale interaktive Herstellung von (stabilisierenden) Sinn- und Bedeutungszusammenhängen im Lebensverlauf zu ermöglichen. Verstanden als ein so genannter Ort der Erfahrungsablagerung haben sie Einfluss auf die individuellen Wahrnehmungen von spezifischen (historischen) Erlebnissen und beeinflussen ganz allgemein die individuelle Sinngebung und die Entwicklung des Selbst- und Weltbildes" (Bartmann 2006b: 48).

Sowohl Bartmann als auch Hoerning gehen von Erfahrungsaufschichtungen/Erfahrungsablagerungen aus, die Ressourcen bilden und die sich im Laufe der Lebenszeit ausbilden, innerhalb derer beständig die „Verarbeitung von innerer und äußerer Realität" stattfindet (Bartmann 2005: 27). Darüber hinaus unterstreicht Bartmann sozialisatorische Dimensionen, die mit diesem Vorgang verbunden sind (vgl. ebd.), ein Gesichtspunkt, den auch der Erziehungswissenschaftler und Psychoanalytiker Mader fokussiert:

> „Welche Ressourcen (...) hat ein Mensch aus seinem jeweiligen gesellschaftlichen Umfeld, aus seiner Generationenlage in diese individuelle Biographie aufgenommen und zu einem vorläufigen Selbstkonzept verdichtet? (...) Auf welche Vorbilder, welche Phantasien, welche Handlungsentwürfe kann jemand in seiner einmaligen und individuellen ‚Ressource Biographie' zurückgreifen?" (1995: 27).

Neben anderen Konstituenten sind es die Generationenlage, das gesellschaftliche Umfeld oder die (personalen) Vorbilder, die sich bei Mader als ‚Stichwortgeber', als ‚Ressourcen' für Biographisches, das die eigentliche Ressource darstellt, entpuppen. Bei der Fähigkeit zu biographischer Artikulation bzw. ‚Zusammenhangsbildung' handelt es sich also um *die* zentrale Ressource, die auf der Kompetenz, Selbst und Welt sinnvoll zu deuten, basiert.[57] Der Begriff der biographischen Ressource bezeichnet im allgemeinsten Sinne also ein Fähigsein, biographische Kohärenz herzustellen und Erfahrungen (narrativ) anzuordnen. Im Ansatz narrativer Identität sind es unterdessen nicht die vergangenen Erfahrungen, sondern vielmehr die „Geschichten unserer Erfahrungen, die wir erzählen"; sie „machen einen wichtigen Teil unseres Selbsterlebens aus und bilden ein Repertoire, mit dem wir uns unserer Lebensgeschichte wie unserer eigenen Person versichern" (Lucius-Hoene/Deppermann 2004: 31). Statt von Erfahrungsablagerung muss also von Strukturen der Sinn- und Kohärenzproduktion in einer aktuellen Situation (Interview) gesprochen werden, in der ‚Zusammenhang' gestiftet wird und Erfahrungen (re)konstruiert werden. Doch ob im Paradigma Narrative Identität oder im Kontext narrationsstruktureller Analysen – die Befähigung zu sozialem Sinn und die zugrunde liegenden Struktur-, Deutungs- oder Handlungsmuster sind definitiv als Kompetenzen bzw. Ressourcen zu betrachten. Die Parallelen, die sich hier zur biographischen Diagnostik ziehen lassen, sind an dieser Stelle nicht zu übersehen.

Doch können Formen der Selbst- und Weltkonstruktion mit Blick auf die Praxis in jedem Fall als biographische Ressourcen angesehen werden? Die Praxis reibt sich gelegentlich an einer Definition von Ressource, wie sie in der Biographieforschung vorgenommen wird. Stellen wir uns plakativ vor, jemand, der drogenabhängig ist, erzählt eine regressive Lebensgeschichte. Resultat wäre das Getriebenwerden, das Muster der Verlaufskurve. Weltanschaulich eingebettet wäre die Konstruktion zudem in eine schicksalsbetonende Konstruktion von Welt und Selbst, die die (familiäre) Sozialisation als Ursachen vorstellig werden lässt (beispielsweise das Versagen elterlicher Liebe, mangelnde Fürsorge, autoritäre Erziehung, fehlende Unterstützung etc. pp.). Diese Form der Selbst- und Weltdeutung kann gewiss als Ressource interpretiert werden, und zwar im Sinne einer kohärenten Darstellung von Welt und Ich. Eine sinnhafte, Ich-bezogene Deutung, Klärung, Einordnung der (erzählten) Ereignisse in die (erzählte) Welt wäre gegeben. An dieser Stelle ergeben sich jedoch grundsätzlich Reibungen zwischen der Rekonstruktion biographischer Ressourcen und der Intention professionellen Handelns. Pädagogische Intervention umschließt beständig das Prinzip einer stellvertretenden Deutung, die die Fallbetrachtung und das professionelle Handeln leiten:

---

57 Die Haltung der Erzähler zu Ereignissen, die Deutungsmuster von Selbst und Welt sowie Handlungsstrukturmuster werden von Bartmann einer rekonstruktiven Betrachtung unterzogen, um schließlich die Herausbildung und Weiterentwicklung dieser biographischen Ressourcen in der Zeit zu betrachten (vgl. Bartmann 2005; 2006b; 2006c; 2007). Was den Ansatz Bartmanns interessant macht, ist der Aspekt, dass die Prozessstrukturen in der Auslegung empirischen Materials von untergeordneter Bedeutung sind: Es wird vielmehr auf die Befähigung des Einzelnen zu biographischer Sinnkonstruktion im Sinne einer Zusammenhangsbildung abgehoben.

„Professionen haben es in ihrer in sich widersprüchlichen Einheit von universalistischer theoretischer Geltungsbegründung einerseits und fallspezifischem Verstehen andererseits, von stellvertretender Entscheidung und Hilfe einerseits und der mäeutischen Aktivierung von Selbsthilfe sowie dem Respekt vor der Autonomie der Lebenspraxis in ihren gesunden Anteilen andererseits, wesentlich immer mit Operationen der stellvertretenden Deutung lebenspraktischer Problemkonstellationen zu tun, ohne daß sie dabei einer theoretischen Bevormundung dieser Praxis technokratisch zum Opfer fallen dürfen. Professionalisiertes Handeln in dieser Auffassung entspricht ersichtlich genau der Problemlage mäeutischer Aktivierung von Eigenkräften, von der oben schon ausgeführt wurde, daß sie sich zwingend einer hermeneutischen Methodologie der Einzelfallrekonstruktion anschmiegt" (Oevermann 1990: 15).

Selbst wenn die Betrachtung des Einzelfalls die professionelle Begleitung, Hilfe oder Unterstützung leitet, hat es die berufliche Praxis doch häufig mit Verlaufskurvenmustern zu tun. Gelegentlich wird stellvertretend für diejenigen, die sich Hilfe holen oder zur Inanspruchnahme verpflichtet werden (beispielsweise Familienhilfe), gedeutet und gelegentlich auch gehandelt. Die Idee des (fehlenden) biographischen Handlungsschemas steht in diesen Fällen beharrlich mit zur Disposition, wie beispielsweise Haupert ausarbeitet, der auf Handlungsautonomie und -fähigkeit als Ziele pädagogischer Intervention rekurriert:

„Stellvertretende Deutung bezeichnet ein Handeln, welches sich auf andere Personen bezieht und für sich beansprucht, biographische (Handlungs-)Defizite, zumindest langfristig, bewußt zu machen und zu kompensieren. Solche Handlungen müssen analog im professionalisierten Handeln realisiert werden, wenn das Ziel darin liegt, den Klienten in den Status eines autonom handlungsfähigen, mit sich selbst identischen Subjekts zu überführen, ohne die ‚Autonomie der Lebenspraxis' des Betreffenden zu verformen oder gar dauerhaft zu beschädigen" (1995: 43; zur stellvertretenden Deutung vgl. auch Helsper/Krüger/Rabe-Kleeberg 2000: 7).

Die von Oevermann ausgearbeitete Bedeutung einer fallsensiblen Form der Intervention, in der sich die Handlungspraxis des Professionellen gleichsam an den Fall und seine Sinnstrukturen ‚anschmiegt', bietet eine Alternative, wiewohl das Dilemma nicht grundsätzlich zu lösen ist. Eine Berücksichtigung der Ressourcen und Handlungsoptionen ist indessen angezeigt. Dies gelingt aber nur, wenn der Rekonstruktion die Haltung zugrunde liegt, dass Strukturen nicht nur reproduziert, sondern auch transformiert werden können, dass sich immer auch Strukturmuster jenseits der Verlaufskurve zeigen, an die angeschlossen werden kann. Anders ausgedrückt: Auch wenn der regressive Modus die Erzählung durchzieht, ist nach ‚Abweichungen' vom Darstellungsmuster Ausschau zu halten. In diesem Sinne bietet es sich für die Praxisseite an, eine Definition von Ressource zu wählen, wie sie von Hanses entwickelt wird. Unter „Ressourcenorientierung" versteht er die Suche nach „Empowermentgeschichten", nach Episoden, in denen sich „gelungene Lebensstrategien und Erfahrungen", „Gegenerfahrungen" (2000: 373) spiegeln. Es ist also angezeigt, nach Erzählpassagen Ausschau zu halten, in denen sich eine gelungene Umsetzung biographischer

Handlungsschemata zeigt oder sich Strukturen einer Wende erkennen lassen bzw. andeuten. Generell aber wird die Praxisseite zu bedenken haben, dass Potenzialitäten und Risiken in einer Lebensgeschichte oft nah beieinander liegen:

> „Für das methodische Vorgehen bedeutet dies, bei der Analyse der Erzähltexte immer wieder eine doppelte Perspektive einzunehmen, sprich: neben der notwendigen Problemanalyse den ressourcenorientierten Blick gleichzeitig ‚mitlaufen' zu lassen. Mit dieser Aufmerksamkeitshaltung verliert sich auch die Dominanz defizitorientierter Betrachtungen. Die Ambiguität von Biographie zeigt sich dann produktiv: das ständige und vor allem gleichzeitige ‚Sowohl-als-auch' von brüchigen und stärkenden Anteilen der Lebensgeschichte wird ersichtlich und kann professionell ‚genutzt' werden" (ebd.: 373f.).

Abschließend werden hier die Aufmerksamkeitsrichtungen zusammengefasst, die sich im Anschluss an unterschiedliche Definitionen des Begriffs (biographische) Ressource ableiten lassen:

- Den Strukturmustern der Selbst- und Weltdeutung ist im Horizont des Ressourcenbegriffs besondere Aufmerksamkeit zu widmen;
- angesichts der Erweiterung von Handlungsoptionen ist, hier in Anlehnung an Schütze, zwischen Verlaufskurvenstrukturen, biographischen Handlungsschemata, (potenziellen) Wandlungen und institutionellen Ablaufmustern zu unterscheiden. Insbesondere Schütze fokussiert das Veränderungspotenzial, das Wandlungen innewohnt (stellvertretend vgl. Schütze 2001: 140, ebenso Hanses 2003: 33; Kraimer 1994: 158ff.). Es reicht im Kontext Praxis nicht aus, sich ausschließlich mit dominanten Strukturmustern zu beschäftigen, sondern es gilt auch, Ausschau nach Passagen zu halten, die sich durch ihre ‚abweichende Darstellungsform' auszeichnen;
- das Material kann auch unter dem Gesichtspunkt der von Haye und Kleve präsentierten Ressourcenperspektiven betrachtet werden – vorausgesetzt sie werden in der Erzählung thematisiert. Da jedoch die Schilderung der Konturen sozialer Räume und Welten sowie die Einführung signifikanter anderer für das autobiographische Stegreiferzählen konstitutiv sind, sollten derartige Reflexionen kein größeres Problem darstellen;
- positiv konnotierte Geschichten, Ereignisse, Erfahrungen werden vor dem Hintergrund des Konzepts der Handlungsspielräume (vgl. diesbezüglich Weymann (Hg.) 1989)[58] betrachtet.

---

58 Bei dem Konzept des Handlungsspielraums handelt es sich originär um ein lebenslauftheoretisches Konzept (ausführlich vgl. Weymann (Hg.) 1989). Unter Bedingungen der Moderne sind weit reichende Handlungsspielräume für die Menschen entstanden. Die gesellschaftlichen Bedingungen wiederum eröffnen die Option, das Leben nach ‚eigenen' Vorstellungen zu gestalten: „Das Thema Handlungsspielräume im Lebenslauf zeigt ein vielfältiges Gesicht, das nicht leicht

3.4 Das ungelebte Leben

Die Lebensgeschichte nimmt im Erleben „seiner selbst" eine zentrale Stellung ein (vgl. Zacher 1988: 52), und in lebensgeschichtlichen Erzählungen lassen sich Strukturen ungelebten und gelebten Lebens finden (vgl. ebd.: 59). Mit dem Begriff des ‚ungelebten Lebens' wird in der Regel das Nichtrealisierte, das Unmögliche, das nicht Stattgefundene assoziiert: „Versagungen, unerfüllte Hoffnungen, Aussichtslosigkeit, Unwiderruflichkeit – all das sind Aspekte ungelebten Lebens, in denen das soziale Umfeld auf die Person einwirkt und der Mensch sich auf das soziale Umfeld bezieht" (Baer 2005: 8). Es ist vor allem von Weizsäckers Verdienst, dass das philosophische Problem des ‚ungelebten Lebens' zum reflexiven Gegenstand der Wissenschaft wurde:

> „Nun ist überhaupt das den Menschengeist am Leben Erstaunende weniger eine unverbrüchliche Gesetzmäßigkeit; in diese rettet er sich eigentlich aus der Not seiner Ungewißheit und der Bedrohung durch die Unsicherheit seiner Existenz. Verwundert sind wir vielmehr durch den unabsehbaren Reichtum seiner verschiedenen Möglichkeiten: Die Fülle ungelebten Lebens übertrifft in unvorstellbarem Maße das kleine Stück des wirklich Gelebten und Erlebten. Gäben wir uns außer dem Wirklichen auch allem dem hin, was möglich wäre, so würde das Leben wohl sich selbst zerstören" (von Weizsäcker in Zacher 1988: 61).

Im Zitat klingt an, dass der gelebten Vergangenheit ein bemerkenswerteres, quantitativ überwiegendes Moment des ‚Ungelebten' gegenübersteht. Von Weizsäcker entwickelte die Konzeption des ungelebten Lebens im Rahmen seiner anthropologischen Krankheitslehre, die die Biographik als Dreh- und Angelpunkt integriert. Unter ‚ungelebtem Leben' wurde und wird nach wie vor all das verstanden, was im Leben nicht verwirklicht werden konnte bzw. kann (ausführlich vgl. von Weizsäcker 1956; Zacher 1984). Das ungelebte Leben im Sinne unrealisierter Möglichkeiten wird als Potenzial verstanden, welches das Leben vorwärts treibt, zu sich und gleichzeitig über sich hinaus (Baer 2005: 7). Von Weizsäckers Augenmerk richtet sich auf psychosomatische bzw. anthropologische Erklärungsmodelle. Krankheit wird nicht nur als Bewegung der (körperlichen) Materie, sondern aus den ‚Lebensbewegungen' der Subjekte heraus verstanden. Der Mensch befindet sich ständig im Prozess des Werdens, das so-

---

zu entschlüsseln ist. Schlagworte für Lebensentwürfe drängen sich auf, die gegenwärtig weit verbreitet sind: Selbstverwirklichung, Selbstfindung, Emanzipation, Unabhängigkeit. (...) Diese Chiffren des Selbstverständnisses der Moderne sind notwendigerweise ambivalent, nach zwei Seiten zugleich gewendet: Sie kennzeichnen einen Anspruch des Individuums, und sie benennen ein gesellschaftliches Programm. Das individuelle Leben wird als Entwurf vorgestellt, als Projekt, als unausgesetzte Arbeit an Biographie und Identität, als Inszenierung des Selbst, als geschicktes Passieren gesellschaftlicher Institutionen und als kalkulierende Ordnung zeitlich normierter Abfolgephasen" (Weymann 1989: 2).

wohl durch die Gegebenheiten (das Pathische) als auch durch Entscheidungsfreiheiten gekennzeichnet ist. Erst durch den Verlust der Wahlfreiheit entsteht Krankheit (vgl. Baer 2005: 5). Diese Annahmen fasst Keil treffend zusammen:

> „Mit dem Gedanken des ‚ungelebten Lebens' bezeichnet V. v. Weizsäcker all jene in der individuellen Lebensgeschichte nicht verwirklichten Möglichkeiten, Hoffnungen, Wünsche und Phantasien, also einen fiktiven Lebensentwurf, der – obgleich niemals zur historischen Faktizität erlangt – dennoch höchste biographische und nicht selten pathogenetische Wirkung besitzt. Diesem ungelebten Leben spricht von Weizsäcker eine schöpferische Potenz zu, indem diese neben dem Destruktiven in einer Krankheitsgestaltung auch verborgene existentielle Sinnmomente wirksam werden lässt, die nur aus etwas verstanden werden können, was im Leben des Betroffenen ‚nicht Tatsache wurde'" (2004: 123).

Auch Hanses schließt in seinen biographietheoretischen und -analytischen Arbeiten an diese Konzeptionalisierungen an: „Das, was der Mensch geworden ist und was er darstellt, spiegelt nur die eine Wirklichkeit wider. Bedeutsam ist für von Weizsäcker die Aufmerksamkeit für das, was der Mensch werden ‚will', ‚kann', ‚muss', ‚soll' oder ‚darf'" (Hanses 1996: 92). Zentrales Anliegen derartiger Perspektiven ist es, Prozesse des Krankwerdens aus der Dynamik des ‚ungelebten Lebens' heraus zu begreifen. Beispielsweise kann unterdrückte Wut zu Hypertonie führen, in diesem Zusammenhang erläutert Hanses:

> „Das ‚ungelebte Leben' stellt sich in diesem Sinne als ein nicht ausgelebtes Leben vor. Es ist ein Nicht-Ausleben von Energien, Impulsen, Gefühlen. (...) Das Prinzip der Verdrängung und emotionalen Blockiertheit zeichnet sich hier als das ‚ungelebte Leben' und somit als das Wirksame in der Pathogenese aus" (1996: 101).

Um Missverständnissen vorzubeugen, wird allerdings im Anschluss argumentiert: „Das Ungelebte stellt sich (...) in der Kategorie der Möglichkeit und Entscheidung, weniger in der Dimension des Verdrängten, dar" (ebd.: 103).

Das ungelebte Leben im Sinne von Weizsäckers ist eine Kategorie des Werdens menschlicher Existenz. Von Weizsäcker stellt klar heraus, „daß nicht das Gelebte, sondern das Ungelebte allein wirksam ist, und zwar nicht das Mögliche, sondern das Unmögliche verwirklicht wird – sowohl im kranken wie im nichtkranken Lebensgeschehen" (1956: 249). Die Annahme, dass Möglichkeit und Wirklichkeit so zusammenhängen, dass nur das wirklich wird, was auch möglich ist, wird von Weizsäcker als Grundirrtum bezeichnet: „Daß ungeborene Kinder, früh verstorbene Söhne und Töchter wirksamer sind als das, was erlebt, gesehen und getan wurde, ist nicht schwer zu verstehen" (ebd.: 296). Dieser differenzierten Betrachtung folgt auch Baer, wenn er auf folgende Aspekte hinweist:

„(S)elbstverständlich kann chronischer Druck in Traumata durch Krieg oder andere Gewalt, können Verachtung und Erfahrungen von Leere zu Krankheiten führen. Doch richtig und fruchtbar an Viktor von Weizsäckers Ansatz ist, dass in all diesen Erfahrungen nicht nur das gelebte, sondern *auch* das ungelebte Leben sich in Krankheiten niederschlagen kann. Die Geburt eines Kindes kann das Leben verändern, die Unmöglichkeit ein Kind zu bekommen auch" (2005: 8, Hervorhebung im Original).

Diese These stellt einen Ausgangspunkt dar, um Lebensgeschichten unter dem Gesichtspunkt des ungelebten Lebens zu analysieren. Für von Weizsäcker ist Entwicklung ausnahmslos nur durch das Eingrenzen der Vielfalt von Lebensmöglichkeiten hin zum eigenen Lebensentwurf möglich. Ungelebtes Leben steht für Verzicht, Verwerfung, Versäumnis, für verpasste Gelegenheiten, Chancen, Möglichkeiten. In ebendiesem Sinne übertrifft die Fülle des ungelebten Lebens das wirklich Gelebte und Erlebte (vgl. von Weizsäcker 1940: 136; Hanses 1996: 103).

Der Gedanke, menschliches Leben als etwas zu begreifen, das der Mensch selbst entwerfen, perspektivisch planen und umsetzen kann, ist nur historisch zu verstehen. Erst unter den Bedingungen der Moderne entstehen derartige Gestaltungsspielräume. Schmid charakterisiert die moderne Kultur als „Erfahrung des strukturellen Widerspruchs zwischen dem Anspruch auf Freiheit und den Möglichkeiten zu ihrer Realisierung" (1999: 113), während Gross (1994) unsere gesellschaftliche Gegenwart als „Multioptionsgesellschaft" charakterisiert und die These vertritt, dass eine ungebremste Wachstums- und Steigerungsdynamik Raum greift, die das Leben kontinuierlich bestimmt und vorwärtstreibt. Um aus der Vielfalt an Möglichkeiten auszuwählen, wird ‚Verzicht' zu einer zwingend notwendigen Kategorie (Pongs 1999: 110). Heinz spricht in diesem Zusammenhang von krisenhaften Modernisierungsprozessen und stellt die so genannten Statuspassagen, die Übergänge im institutionalisierten Lebensverlaufsmodell, in den Mittelpunkt seiner Erwägungen:

„Übergänge im Lebensverlauf haben an institutionell verbürgter Kontinuität und Ressourcenausstattung sowie an zeitlicher Konturierung verloren. Die gesellschaftlichen Akteure, Institutionen und Individuen werden damit gleichermaßen unter einen stärkeren Handlungs- und Legitimationsdruck gestellt, der sie in steigendem Maße zu selbstorganisierten und selbstverantwortlichen Lebensläufen zwingt" (2000: 166).

Da in modernen Gesellschaften Diskontinuitäten die Lebenslinien begründen, wird die kontinuierliche Formung der Biographie als sozialer Konstruktion zur selbstverständlichen Notwendigkeit (vgl. Mader 1997: 7).

„Biographie umfaßt die Geschichten, die wir erzählen und in denen wir uns wiedererkennen mit all dem Wissen und der Erfahrung, die wir in ihnen sammeln konnten. (...) Sie integriert und bewahrt und gibt Aufschluß auch über existentielle Abhängigkeiten, in denen ein Leben verfangen ist. Sie vermittelt dem Menschen ein Gespür davon, was nicht möglich war und was nicht mehr möglich ist – ungelebtes Leben ist konstitutiver Teil von Biographie" (Mader 1995: 27f.).

In der Biographieforschung verweist der Begriff des ungelebten Lebens für gewöhnlich auf Handlungsentwürfe/-stränge, die aufgrund äußerer oder innerer Bedingungen nicht realisiert wurden. Synonym für den Begriff des ungelebten Lebens verwendet Schütze Umschreibungen wie „Sinnleere", „thematische Ungesättigtheit (s)eines Lebens"; auch die „Verhinderung von Entfaltungsmöglichkeiten" steht mit der Idee eines ungelebten Lebens in Zusammenhang (vgl. Schütze 1999: 205ff.), wenngleich das anthropologische (Krankheits-)Modell von Weizsäckers hier nicht zum Tragen kommt. Das ungelebte Leben wird vielmehr mit Verlaufskurvenstrukturen zusammengedacht: So rekurriert beispielsweise Schütze implizit im Fall einer verlaufskurvenförmigen Darstellung auf ‚ungelebtes Leben', indem er auf nicht realisierte Berufswünsche bzw. -ambitionen im Feld des Künstlerischen verweist und sie als Ausdruck „des Leidens an einem behinderten, arretierten Wandlungsprozeß der intellektuellen und künstlerischen Entfaltung", als das „tiefgehende Leiden" an einer „uneigentlichen Lebenssituation, nämlich daß er [der Erzähler, B.G./H.R.G.] nicht seinem eigenen biographischen Möglichkeitshorizont der kreativen Wandlung entsprechend lebt" (ebd.: 207), deutet. Buchstäblicher bezieht sich Hanses auf das Konzept ungelebten Lebens: „Darüber hinaus [über Prozesse des Erleidens und der Erfahrungsverkettung, B.G./H.R.G.] informieren narrative Selbstpräsentationen nicht nur darüber, was im Leben geschehen ist, sondern geben Auskunft, was in der eigenen Lebensgeschichte nie Wirklichkeit werden konnte: eben über das ungelebte Leben in der Biographie" (2003: 26). In Anlehnung an Hanses kann resümiert werden: In Lebensgeschichten können Strukturen entdeckt werden, in denen ungelebtes Leben eng mit der generellen Problematik verbunden ist, keine Handlungs- und Orientierungsmuster entwickelt zu haben bzw. entwickeln zu können, die Voraussetzung eines selbstbestimmten Lebens sind. Das Wissen um diese Dimension ist Voraussetzung, um die ‚Spuren' ungelebten Lebens zu entdecken (vgl. Hanses 2000: 373). Bei genauer Betrachtung des Konzepts des ungelebten Lebens bzw. im Rekurs auf Schütze rücken zugleich Wendepunkte in Biographien in das Zentrum der Betrachtung.

Auch Dausien lehnt sich an von Weizsäcker an und greift den Gedanken auf, dass Lebensgeschichten nicht allein aus dem ‚Faktischen' der Vergangenheit verstanden werden können, sondern im Hinblick auf das „Nicht-faktisch-Gewordene" (1996: 62) rekonstruiert werden müssen. Die konkrete Gestalt einer Lebensgeschichte erschließt sich sowohl aus der Abfolge realisierter Entscheidungen/Handlungen bzw. stattgefundener Ereignisse/Erlebnisse als auch auf Grundlage des nicht gelebten Lebens. Rückblickend wird das ungelebte Leben zum Beispiel in Form verpasster Chancen präsentiert.

„Für die Analyse weiblicher Biographien bleibt es nicht zuletzt eine wichtige methodische Anregung, faktisch Gelebtes und Erlebtes immer in Bezug zu setzen mit den relativen Handlungsspielräumen, den konkreten biographischen Möglichkeiten und den nicht realisierten Hoffnungen, Wünschen oder konkreten Handlungsalternativen. So läßt sich u.U. genauer erfassen, daß eine vergleichbare Lebensentscheidung, z.B. für die Rolle der Familienfrau, von einer Frau als ‚Erfüllung' erlebt wird, von einer anderen dagegen als äußerst unbefriedigend. Der Blick auf den ungelebten Hintergrund, auf mögliche Verzichtsleistungen und nicht realisierte Alternativen könnte hier Erklärungen liefern" (Dausien 1996: 64).

Handlungs- und ereignisbezogen wird hier eine genauere Bestimmung ungelebten Lebens vorgenommen. In der therapeutischen Arbeit wird zwischen den Modalitäten Verzichten, Verwerfen, Versäumen und Verpassen, die dem ungelebten Leben zugrunde liegen können, unterschieden:

- *Verzichten* steht für das Unterlassen von etwas Erwünschtem, so kann Verzicht mit einem Erziehungsanspruch korrespondieren und in Form der *Tugend* ein Leben bestimmen.
- *Verwerfen* lässt sich als aktive Handlung einordnen. Beispielsweise werden Möglichkeiten, die attraktiv sind, in Erwägung gezogen, schließlich aber aufgrund persönlicher, finanzieller oder sonstiger Gründe als ungeeignet verworfen.
- *Versäumen* und *Verpassen* weisen Ähnlichkeiten auf: Bei beiden handelt es sich um ungenutzte Gelegenheiten. Wären sie ergriffen worden, wäre das Leben anders verlaufen. Die Begriffe unterscheiden sich hinsichtlich der Modalitäten des Zugriffs: „Das *Versäumen* beinhaltet eine aktive Haltung, man hat zu lange gezögert, zu lange überlegt und dann war die Gelegenheit vorbei. Etwas zu *verpassen*, geschieht zumeist, wenn keine subjektive Möglichkeit besteht. Man kann den Zug verpassen, weil das Auto auf dem Weg zum Bahnhof im Stau steckengeblieben ist. Dies war keine Folge der inneren Entscheidung, sondern eine durch äußere Umstände verpasste Gelegenheit" (Baer 2005: 9, Hervorhebungen im Original). Das Verpasste zeichnet sich durch Unwiederbringlichkeit aus, das Versäumte kann nachgeholt werden (vgl. Zacher 1988: 68ff.; Baer 2005: 9f.).

In Anlehnung an Zacher unterscheidet schließlich Raabe drei Kategorien, die bei der Entstehung ungelebten Lebens wirksam sind:

1. *Verzichten* bzw. *Verwerfen*: Der Mensch entscheidet sich bewusst, wägt die Verhältnisse ab und steht zu seiner Entscheidung, blickt auf sein Leben und weiß um das Ungelebte – er hat diese Entscheidung bewusst getroffen.
2. *Verpasste* bzw. *versäumte* Gelegenheiten: Der Mensch hat das Gefühl, dass er eine Chance nicht genutzt, dass er Gelegenheiten verpasst hat.
3. *Verhinderte* bzw. *versagte* Möglichkeiten: Der Mensch hat weder die Gelegenheit noch die Möglichkeit, etwas ihm Angemessenes zu verwirklichen, die Gelegenheit hat sich nicht ergeben, Möglichkeiten haben sich nicht eröffnet oder sind verstellt worden (vgl. ders. 2004: 36ff.).

Liegt im Konzept von Weizsäckers ein Vergangenheitsbezug vor, der eingeholt wird, um die Krankheitsentstehung im biographischen Kontext zu verstehen, integriert auch die narrationsstrukturelle Perspektive nach Schütze den Zugang zur Vergangenheit. Gefragt wird, auf welche Weise das Ungelebte in Lebensgeschichten zum Tragen kommt, wie und welche Entscheidungen im Leben getroffen bzw. verworfen wurden, wie Handlungsmöglichkeiten und -spielräume aussehen bzw. gestaltet worden sind, um sich dem Leben oder dem ungelebten Leben mit Sinn zu überlassen. Im Paradigma Narrative Identität aber wird ungelebtes Leben als konstitutives Element der autobiographischen Ich-Thematisierung und als Textoberflächenphänomen betrachtet, das durchaus den Strukturmustern eines freiwilligen Verzichts, der verpassten Gelegenheiten oder versagten Möglichkeiten entsprechen kann. Pädagogische Praxis kann sich von der Artikulation des Ungelebten und Unerfüllten ‚inspirieren' lassen. Die in diesem Kapitel aufgeworfenen Perspektiven werden in den nachfolgenden Rekonstruktionen ebenso berücksichtigt, wie die in Kapitel 3 konturierten methodologischen Annahmen und die damit verbundenen Auswertungsschritte am Beispiel der autobiographischen Stegreiferzählungen von Linda Ahlers, Clara Hachenberg, Carsten Müller und Katharina Scholz umgesetzt werden.

4. Fallrekonstruktionen im Horizont problematischer Lebenslagen

4.1 Biographische Erzählung und das Themenfeld ‚Demenz'

„In der Biographieforschung wird, mehr oder weniger unhinterfragt, vom Konzept des ‚eigenen' Lebens ausgegangen. Im Zentrum der (auto-)biographischen Rekonstruktion steht das autonome biographische Ich. (...) Dagegen steht der (...) empirische und theoretische Befund, daß Frauenleben, zumindest bis vor kurzem, im wesentlichen ein ‚Leben für andere' gewesen ist (...). Nicht ihre eigenen Interessen und Entwicklungsmöglichkeiten, sondern die Sorge für andere – allen voran für die Familie und die Kinder – stehen im Zentrum ihres Lebens. [Allerdings ist in Rechnung zu stellen, dass B.G./H.R.G.] die Gegenüberstellung vom ‚eigenen Leben' und dem ‚Dasein für andere' zweifellos die Gefahr einer vereinfachenden, dualistischen Interpretation" birgt" (Auszüge aus Dausien 1996: 67f.).

4.1.1 Informationen zum Interview und Erzähleinstieg

Das Interview mit Katharina Scholz wurde 2006 geführt, das empirische Material wird in dieser Publikation erstmals veröffentlicht. Für das Buchprojekt kommt die lebensgeschichtliche Erzählung aus Perspektive des Themas „pflegende Angehörige" in Betracht – der Ehemann ist an Demenz erkrankt. Zum Zeitpunkt der Erhebung lebt Gerhard Scholz, nachdem er Jahre von seiner Frau gepflegt und betreut wurde, bereits längere Zeit im Heim. Bei der Dokumentation von Schluss und Eingang der Erzählung handelt es sich um vollständige Segmente, die Textsorte Erzählen dominiert die Darstellungen.

Frau Scholz steigt in die Erzählung ein, indem sie die Umstände ihrer Geburt und die ersten Lebensjahre im Nachkriegsdeutschland thematisiert. Im Zentrum des Segments steht die soziale Verortung der Herkunftsfamilie. Ihrer Geburt widmet die Sprecherin besondere Aufmerksamkeit. Die szenisch-dramatische Darstellung[59] der Geburtsumstände wird mithilfe einer epischen Kleinform realisiert: der schwankhaften Anekdote (zur Genrestruktur vgl. Grothe 1971: 4f., 28, 30). Ganz allgemein handelt es sich bei der Anekdote um eine

„knappe, auf eine Pointe zugeführte Erzählung, die in eigenwilliger, meist geschliffener Form eine bemerkenswerte, unbekannte Begebenheit in erstaunlicher Zuspitzung erzählt, die für einen Menschen, für eine Persönlichkeit, für einen Stand, eine Gesellschaft, für eine Überzeugung, für eine Idee eine blitzartige Erhellung" (ebd.: 8)

---

59 Szenisch-dramatisch kann wie folgt definiert werden: „Der szenisch-dramatische, durch Unmittelbarkeit gekennzeichnete Modus ist (...) durch die Wiedergabe gesprochener Worte, also durch die Figurenrede bestimmt" (Sander 2006: 145).

liefert. Dass eine geschlossene Kurzerzählung in die autobiographische Erzählung eingebaut wird, verwundert angesichts des Fokus nicht. Katharina Scholz bezieht sich gezwungenermaßen auf Geschichten ‚aus zweiter Hand', um die vorgeburtliche Situation und ihre Geburt zu thematisieren (zur Nichtthematisierbarkeit des „absoluten Anfangs" vgl. Schütz/Luckmann 2003: 82f.). Charakterisiert wird in der Kurzerzählung, die vom Leben handelt, vor allem die Mutter und das Herkunftsmilieu. Der Sinnspruch, der zwar das Segment nicht schließt, jedoch die Schilderung der Geburtsumstände beendet, fällt besonders auf. Ob das vom Leierkastenmann gekurbelte Lied „Im Leben geht alles vorüber", welches vom überstandenen Geburtsvorgang kündet, eine Art Erzählmotto darstellt, wird im Zuge der Analysen zu prüfen sein.

„I.: Jetzt muss ich wechseln, ja, ich wechsel mal ein Mal kurz, K.S.: mhm [Batterien], I: so, muss ich da auch wechseln ((fragend)), ne, da ist noch ein Moment, aber ich wechsel des jetzt auch mal, sonst ham wir [Unterbrechung], im Zusammenhang sammeln wir Lebensgeschichten, K.S.: hähä, I.: und ich würde Sie auch bitten, mir Ihre zu erzählen, also Ihre, und_äh ich würde Sie nicht unterbrechen, K.S.: gut, I.: ich würde mir nur ein nen paar Notizen machen, wenn Sie zu Ende erzählt haben, noch ein paar Fragen stellen, K.S.: gut ähm, na ja, fangen wir mal richtig mit meiner Geburt an, da kann ich natürlich nur erzählen, was ich weiß, was ich, I.: ja, K.S.: was ich von den ähh gesagt bekommen, also, ich bin am XXten, XXten im Frühling neunzehnhundertfünfundvierzig in Großstadt A im Stadtteil A geboren, genau in Viertel A, da legt meine Mutter großen Wert drauf, das ist nicht der Arbeiterstadtteil B ((lacht)), an dem schönen X-Platz, Straße A, und äh, na ja, August fünfundvierzig weiß man, wie das alles ausgesehen hat, mein Vater war noch in Gefangenschaft ((lang gezogen gesprochen)), ist dann aber im äh kurz vor Weihnachten, im Dezember zurückgekommen ähm, meine Mutter lebte bei ihren Eltern vorübergehend, I.: mhm, K.S.: und hatte im Vorderhaus äh schon eine Wohnung äh gemietet, diese Wohnung äh bestand aus Wänden und Balken, über die man laufen konnte, im zweiten Stock und man konnte durchgucken von oben bis unten, diese Wohnung ham sie selbst ausgebaut, nachher, und es wird immer berichtet ((lacht leicht)), äh, meine Mutter hat für ihr Leben gern Kartoffelpuffer gegessen und hat sich aus Trockenkartoffeln, gebraten in Ölsardinenfett (2), Kartoffelpuffer gemacht und ich bin geboren, mit acht Pfund und habe wohl und war wohl so sechsundfünfzig Zentimeter (   ), meine Mutter ist einseinundsechzig groß, muss man sagen, und war damals ähäh irrsinnig schlank, ähm, die sie zu Hause, Krankenhaus nicht, und_äh, ich eine, mhm, fand ich immer äußerst amüsant die Geschichte, meine Patentante, die Freundin meiner Mutter war da, die hatte schon ihren Sohn, aber der war im Krankenhaus geboren worden und als sie kam, gingen die Wehen los, und da hat meine ((lacht)) meine Mutter äh gesagt, sie will nicht nicht liegen, sie will immer auf und ab gehen, was man heute ja sowieso macht, des des des ist ihr lieber und dann hat sie gesagt, aber jetzt wär_s ihr doch_n bisschen komisch, jetzt müsste se sich, glaub ich, doch hinlegen ((spricht mit gespielt besorgter Stimme)), die Hebamme war da gewesen und hatte gesagt: „das dauert noch", dann hat sie sich hingelegt, dann hat meine Tante die Decke hochgehoben und da war mein Kopf schon da, und sie ist nur rausgerannt und hat gesagt: „ach Gott, oh Gott", und ist in Ohnmacht gefallen, K.S./I.: ((beide lachen)), K.S.: meine Oma war auch nicht so die große Hilfe, die wollte immer, dass meine Mutter ihre Hand halt hält, das fand sie auch nicht so ulkig, der Einzige, der nen bisschen ähm da Zuch reingebracht hat, war der Opa, diesen Opa hab ich <u>sehr</u> geliebt, und der war völlig außer sich und der hat dann nur, meine Mutter wünschte sich einen Jungen und der hat nur hingeguckt und hat gesagt: „Antje, ist nen Junge, ist nen Junge, reg dich nich auf, ich hol die Hebamme", und dann ist er losgelaufen und als er das dritte Mal auf

Socken an der Hebamme vorbeigelaufen war ((lacht)), hat die gesagt: „Herr Schneider, Herr Schneider, was ist denn los ((fragend))" ((lacht)), und dann: „Hoch, da sind Sie ja", und dann war des aber ganz problemlos, ich ((lacht)) hatte ein Speckschicht oder Fettschicht auf dem Rücken, vermutlich von diesem Ölsardinenfett, und muss so tschettschett ((lacht)), da so durchgerutscht sein, K.S./I.: ((beide lachen)), K.S.: und während dieser ganzen Zeit spielte auf dem Hinterhof ein Leierkastenmann „Im Leben geht alles vorüber", I.: mhm, K.S.: also, <u>des</u> war wirklich ganz witzig und ich bin ähm das wurde mir später immer erzählt, und_äh, also, ich bin mit mit mit Freude erwartet worden, meine Mutter wollte mich unbedingt haben, trotz dieser schweren Zeit und mein Vater ist dann, äh, kurz vor Weihnachten eben zurückgekommen und wir waren so so die richtige_äh Dreierfamilie, Vater_Mutter_Kind, meine Eltern warn sehr jung damals, sie waren vierundzwanzig beide, und nun, damals hatte niemand groß was zu essen, insofern war das alles nicht so <u>tragisch</u>, es wurde einfach nicht so tragisch genommen, mein Vater war also Student der Dramaturgie, so hieß des damals, und meine Mutter hatte, bis sie schwanger wurde, als Sekretärin gearbeitet, dann hat sie nicht mehr gearbeitet, sie war die ganze Zeit immer zu Hause, ähm, die die Eltern meines Vaters, mein Großvater väterlicherseits starb dann ziemlich bald, aber die anderen Großeltern, bei denen war ich sehr viel und ((lautes Einatmen)) ähm, haben mich alle unheimlich gern gehabt, und ich bin so ((atmet laut aus)), jeder wollte, dass es mir eben gut geht, nech, ich sollte das alles ähm haben, was irgendwie nur möglich war, als ich ähm, ich hab zum Beispiel, ich hab es genossen, meine Großmutter väterlicherseits ist mit mir dur- mit nackten Füßen durch die Pfützen auf der Straße gesprungen, das fand ich <u>fantastisch</u>, meine Mutter hat sich geschottert vor Ekel, sie fand das widerlich, aber diese Oma hat das gemacht, I.: mhm, K.S.: und diese Oma hat mit mir Bonbons gekocht und die hatten eine <u>ganz</u> kleine Verhältnisse, äh in Stadtteil B, B-Straße, das ist also der kommunistisch-sozialistische Stadtteil A, mhm Schulfreundinnen waren von ihrer Mutter war eine bekannte Kommunistin und also <u>finsterster kommunistischer roter</u> Stadtteil A äh, Stube Küche hat mein Vater gewohnt, so sagte man damals, und Toilette halbe Treppe tiefer, <u>ach</u> ich fand das so spannend als Kind, ich kann mich genau dran besinnen, ich muss da so vier oder so gewesen sein, äh, wenn ich bei Oma auf die Toilette ging, mit_m Schlüssel und mit klein geschnittenem Zeitungspapier, das fand ich toll, meine Mutter fand das alles grauenvoll, meine Eltern wollten da <u>unbedingt</u> raus aus diesem Milieu, und ich fand das spannend, ich fand das richtig gut, die anderen Großeltern hatten, äh, waren ja wie gesagt, genau in Viertel A, da war_s schon etwas, da war ne richtige Wohnung mit Innentoilette und allem drum und dran, also des des war schon <u>etwas</u> mehr".

Der Beginn des Transkripts illustriert technische Vorgänge (Batteriewechsel), denen sich die Formulierung der Erzählaufforderung und die Klärung der Gesprächsmodalitäten anschließen. Frau Scholz kommt der Aufforderung umstandslos nach und legt fest, dass eine „richtige" Geschichte mit der Geburt zu beginnen hat, die „natürlich" nur aus Geschichten bestehen kann, die man „gesagt bekomm(t)". Die Quelle wird nicht präzisiert, doch ist davon auszugehen, dass es sich um eine innerhalb der Familie tradierte, oft erzählte Geschichte handelt („es wird immer berichtet", „das wurde mir später immer erzählt"), die Frau Scholz in ihre Präsentation einbaut. Die Erzählerin leuchtet, nachdem die Geburtsdaten geklärt sind, den Raum, in dem das Ereignis ihrer Geburt stattfindet, geographisch aus. Via ‚Zoom' wird von der Großstadt auf das Viertel und schließlich auf die Straße ‚übergeblendet'. Doch nicht nur geographisch, auch sozialstrukturell erhält der Raum Konturen: Der kommentierende Einschub „da legt meine Mutter großen Wert drauf, das ist nicht Arbeiterstadtteil B ((lacht))" spiegelt habituelle Dispositionen in der Herkunftsfamilie wider – die Mutter, Antje Scholz, wird als *prätentiös* eingeführt. Diese Interpretation basiert auf der formulierten *Abgrenzungsbewegung*, die die Haltung der Mutter zur mittelbaren (Lebens-)Welt auszeichnet und die mithilfe des Habituskonzepts von Bourdieu gefasst werden kann.

> „Mein Versuch [in ‚Die Feinen Unterschiede', B.G./H.R.G.] geht dahin zu zeigen, daß zwischen der Position, die der einzelne innerhalb des gesellschaftlichen Raumes einnimmt, und seinem Lebensstil ein Zusammenhang besteht. Aber dieser Zusammenhang ist kein mechanischer, diese Beziehung ist nicht direkt in dem Sinne, daß derjenige, der weiß, wo ein anderer steht, auch bereits dessen Geschmack kennt. Als Vermittlungsglied zwischen der Position oder Stellung innerhalb des sozialen Raumes und spezifischen Praktiken, Vorlieben, [sic!] usw. fungiert das, was ich ‚Habitus' nenne, das ist eine allgemeine Grundhaltung, eine Disposition gegenüber der Welt, die zu systematischen Stellungnahmen führt" (Bourdieu 2005a: 31).

Zwar ist (zunächst) wenig über den Lebensstil zu erfahren, allerdings sehr wohl etwas über eine „systematische Stellungnahme" zur Welt; die Welt, das Viertel wird in der Erzählung halbiert: in Wohngegenden mit ‚schlechtem Ruf/schlechter Lage' und ‚besser gestellte Gegenden' („an dem schönen B-Platz"), in denen das Kind geboren wird. Antje Scholz wird zudem als Person vorgestellt, die sich vom „Arbeiterstadtteil" abgrenzt. Grenzziehungen sind indessen konstitutiver Bestandteil des Habitus, den Bourdieu auch als „System von Grenzen" (2005a: 33) definiert. Von einer (für die Mutter) zentralen Grenze ist gleich eingangs die Rede. Im Prinzip können schon jetzt Vorannahmen bezüglich der Gestalt der Erzählung formuliert werden. Es ist zu vermuten, dass es sich bei der Geschichte von Katharina Scholz (Jg. 1945) um eine (Nachkriegs-)Geschichte des sozialen Aufstiegs handelt, eine Geschichte, in der die Akkumulation von Kapitalsorten[60] bedeutungsvoll ist. Vermutlich steht der familiäre Aufstieg in die ‚Mittleren Klassen' zur Disposition, denn die Zugehörigkeit zur ‚oberen' oder zur ‚Volksklasse' zeigt sich nicht auf die Weise, wie es im Interview geschieht, sondern scheint oft ‚einfach gegeben', muss sich nicht selbst erklären.[61] Die Mutter

---

60 Bourdieu definiert Kapital wie folgt: „Kapital ist akkumulierte Arbeit, entweder in Form von Material oder in verinnerlichter, ‚inkorporierter' Form" (2005b: 49). Er unterscheidet soziales (Beziehungsnetze), kulturelles (Bildung, Titel, Kulturgüter und -objekte im weitesten Sinne) und ökonomisches (Geld, Eigentum) Kapital, die sämtlich konvertierbar sind (ebd.: 49ff.). Das Gesamt der zur Verfügung stehenden Kapitalsorten wird als symbolisches Kapital bezeichnet (vgl. Bohn 1991: 23).

erklären.⁶¹ Die Mutter *betont* hingegen, in einer besseren Wohngegend zu leben, die Geburtsort der Biographieträgerin ist. Anders ausgedrückt:

> „Der Kleinbürger, ausgesetzt den Widersprüchen zwischen objektiv dominierter Soziallage und der Aspiration auf Teilnahme und Teilhabe an den dominanten Werten, ist besessen von dem Gedanken daran, welches Bild wohl die Anderen von ihm haben mögen und wie sie es beurteilen. Aus Angst, nicht genug zu tun, dazu verführt, des Guten immer zu viel zu tun, im Bemühen, zu zeigen oder den *Eindruck zu vermitteln*, er ‚gehöre dazu', seine Unsicherheit verratend und seine Mühe, ‚dazu zu gehören', muß er zwangsläufig den Angehörigen der breiten Schichten der Bevölkerung, die sich wenig um ihr Sein-für-Andere scheren, als auch den privilegierten Kreisen, die [sic!] ihres Seins sicher, sich um das Scheinen nicht weiter zu bekümmern brauchen, als der Mensch des Scheins vorkommen, der unablässig vom *Blick* der Anderen sich beobachtet fühlt und zugleich auch sich fortwährend *in den Augen der Anderen* zur Geltung bringen, ‚sich zeigen' will" (Bourdieu 1997: 394, Hervorhebungen im Original).⁶²

Der Notwendigkeitshabitus der ‚unteren Klassen' unterscheidet sich grundsätzlich von den prätentiösen Praxen des ‚(Klein-)Bürgertums', die im Interview sichtbar werden, derweil sich die ‚oberen Zehntausend' distinguiert verhalten (zu Notwendigkeit, Prätention, Distinktion vgl. zusammenfassend von Engelhardt 1994: 11f.). Doch der Ausgangspunkt in der Erzählung ist die Nachkriegszeit: Der Vater ist „noch in Gefangenschaft", die Mutter wohnt „vorübergehend" bei ihren Eltern. Allerdings hat die Mutter bereits eine Wohnung im Vorderhaus gemietet, die aufgrund der Zerstörung im Krieg aufgebaut werden muss („diese Wohnung ham sie selbst ausgebaut, nachher"). Auch in der Standortwahl ‚Vorderhaus' spiegelt sich Prätention. Aus sozialgeschichtlicher Warte ist anzumerken: Im Vorderhaus, das sich optisch durch Gesimse, Ornamente, Stuckaturen vom Hinterhaus unterscheidet, einen wesentlich großzügigeren Wohnungszuschnitt aufweist und aufgrund der Lage erheblich mehr Licht in den Wohnraum lässt, lebten die wohlsituierten Bürger, während die Handwerker im ersten und die Arbeiter im zweiten oder dritten Hinterhaus ihren Wohnort fanden.⁶³

---

61 Die Apostrophierung von Bezeichnungen wie Volks-/Arbeiterklasse, volkstümlich, populär, (Klein-)Bürgertum, Mittelschicht oder obere Klasse ist notwendig, denn den Begriffen ist die Tendenz zu eigen, Grenzen zu setzen, soziale Felder zu (re)produzieren (vgl. Bourdieu 1992).
62 Andernorts wird das Prätentiöse wie folgt beschrieben: „Der gesellschaftliche Raum ist – wie der geographische – im höchsten Maße determinierend; wenn ich sozial aufsteigen möchte, habe ich eine enorme Steigung vor mir, die ich nur mit äußerstem Kraftaufwand erklettern kann; einmal oben, wird mir die Plackerei auch anzusehen sein, und angesichts meiner Verkrampfung wird es dann heißen: ‚Der ist nicht wirklich distinguiert!'" (Bourdieu 2005a: 37).
63 „Nachdem der Schöpfer des Fluchtlinienplanes, der Ingenieur Hobrecht, für die Entstehung der Mietskaserne verantwortlich gemacht wurde, versuchte dieser sich damit zu rechtfertigen, dass die Mietskaserne für eine ‚Durchdringung und Versöhnung der sozialen Klassen' stünde, im Gegensatz zur räumlichen Klassentrennung in England. Damit war die durchaus häufige Berliner Praxis gemeint, dass in den Vorderhäusern mit reicher Stuckverzierung vorwiegend das Bürgertum, in den Hinterhäusern das Proletariat wohnte. (...) (V)or allem aber bildeten sich

Nachdem die geographischen und sozialen Rahmenbedingungen ‚ausreichend konturiert' sind, hebt Katharina Scholz an, die angekündigte Geschichte ihrer Geburt zu präsentieren, die im Genre des Schwanks gestaltet ist. Unterhalten, amüsieren möchte die Erzählerin ihr Gegenüber, ein kommunikatives Vorhaben, das sein Ziel erreicht, wie die interaktiven Sequenzen belegen („K.S./I.: ((beide lachen))").[64] Die Mutter, die Hebamme, Großvater und -mutter mütterlicherseits sowie die der Mutter in Freundschaft verbundene Patentante sind jene im Kontext der Geburt anwesenden Ereignisträger, denen unterschiedliche Rollen zugewiesen werden. Vorgestellt werden

- die Großmutter, die unfähig ist, in entscheidenden Situationen Unterstützung zu leisten, vielmehr selbst Unterstützung benötigt, wenn es ‚Ernst' wird („meine Oma war auch nicht so die große Hilfe, die wollte immer, dass meine Mutter ihre Hand halt hält");
- die Hebamme, die einen (professionellen) Blick auf die Hochschwangere wirft, allerdings zu einer falschen Einschätzung kommt und ‚die Bühne' zunächst noch einmal verlässt („die Hebamme (...) hatte gesagt: „das dauert noch"");
- die Patentante, die angesichts des dann doch eintretenden Geburtsvorgangs mit dem Ausruf „„ach Gott, oh Gott"" in Ohnmacht fällt;
- der aufgeregte Großvater, der die ‚Nerven so halbwegs behält', aber „auf Socken" nach der Geburtshelferin sucht, der zu einer (Not-)Lüge greift, um seine gebärende Tochter, die sich einen Sohn wünscht, zumindest zu beruhigen („hat gesagt: „Antje, ist nen Junge (...), reg dich nich auf, ich hol die Hebamme"").

Die Anordnung der Personen in Spieler und Gegenspieler (vgl. Grothe 1971: 91), in Heldinnen (Mutter), mehr oder weniger sympathische Antihelden (Großvater, Patentante, Großmutter) und Statisten (Hebamme) liefert einen Hinweis auf die anekdotische Struktur der Inszenierung. Gerahmt und gehalten wird die

---

immer deutlicher sozial unterschiedlich geprägte Stadtteile heraus" (Brendgens/König 2003: 239f.).

64 Dass sich nicht jeder von einem Schwank amüsieren lässt, versteht sich beinah von selbst. Von Engelhardt weist darauf hin, dass die Frage des ‚Genusses' nicht nur vom Habitus und vom in der Familie tradierten kulturellen Kapital abhängig ist, sondern zusätzlich von der kulturellen, geschlechtlichen und generationalen Zugehörigkeit einer Person (vgl. ders. 1994). Jenseits der ‚Geschmacksfragen' ist die kommunikative Funktion des Witzeerzählens – der Witz kommt im Schwank nicht nur, aber insbesondere in der Pointe zum Ausdruck – zu unterstreichen: „Witze werden nicht primär erzählt wegen eines bestimmten Inhalts, sondern der integrativen Rolle wegen, die sie in einer bestimmten Interaktion spielen können" (Böhler 1981: 365). Differenzen – im Hinblick auf die konkrete Interviewsituation ist vor allem die generationale Differenz zu nennen – werden im Witz zugleich thematisiert und überwunden (vgl. ebd.).

schwankhafte Episode durch die vernünftige und moderne Mutter, eine zierliche Person, die ihr gesundes Kind zu Hause statt im Krankenhaus zur Welt bringt.[65] Die unkompliziert verlaufende Geburt findet ihren Kontrast in den aufgeregten, teils chaotisch verlaufenden Vorgängen zwischen den (un)beteiligten Personen. Die „irdische(n) Unvollkommenheiten", die die Akteure an den Tag legen und die sie im Vergleich zur Mutter als ‚Antihelden' erscheinen lassen, veranlassen Heiterkeit, Unterhaltung statt Belehrung steht im Zentrum der Interaktion zwischen Interviewerin und Interviewter (zur Differenzierung Unterhaltung/Belehrung vgl. Schrimpf 1978: 155). Die eigentliche Pointe aber liegt in den Erklärungen, die ‚plausibilisieren', wieso die Geburt letztendlich einfach („dann war des aber ganz problemlos") und mit erfreulichem Ausgang vonstatten ging: Die von Antje Scholz ‚heiß geliebten' Kartoffelpuffer, „aus Trockenkartoffeln, gebraten in Ölsardinenfett", haben nicht nur die stolze Größe und das stolze Gewicht der neugeborenen Tochter zustande gebracht, sondern auch den Geburtsvorgang erheblich erleichtert. Das vorgeburtlich bereits gut ‚eingeschmierte' Kind kann „tschettschett ((lacht)), da so durch(rutschen)", durch den Geburtskanal. Die erzählte Anekdote könnte mit ‚die Geschichte meiner Geburt' betitelt werden. Was sie zu einer schwankhaften Anekdote werden lässt, ist ihr ‚volkstümlicher', derb-dramatischer Stil, der Alltäglichkeiten heiter bis deftig oder zotig, auf jeden Fall als komische Begebenheiten präsentiert (vgl. Grothe 1971: 28f.). Die Übertreibung, die dem Ganzen innewohnt, das überraschende, seltsame Gesicht der Alltagswelt begründen die Zuordnung zum Genre Schwank ebenso wie die Fokussierung eines Mikrokosmos und das in ihm stattfindende, gerafft dargestellte (Handlungs-)Geschehen, welches auf seine Pointe hinstrebt (vgl. ebd.). Doch was wäre eine komödiantische Inszenierung[66] ohne musikalische Untermalung? Auch dieses Stilmittel wird eingesetzt, wenn die Sprecherin die Episode mit dem szenischen Detail „während dieser ganzen Zeit spielte auf dem Hinterhof ein Leierkastenmann „Im Leben geht alles vorüber"" ausklingen lässt. Obwohl sich die Geschichte als Stoff des ‚volkstümlichen' Ohnsorg-

---

[65] Dass Vernunft und Modernität der Mutter zugeschrieben werden, zeigen folgende Auslassungen und Kommentare: „(M)eine Mutter [hat, B.G./H.R.G.] äh gesagt, sie will nicht nicht liegen, sie will immer auf und ab gehen, was man heute ja sowieso macht, des des des ist ihr lieber und dann hat se gesagt, aber jetzt wär_s ihr doch_n bisschen komisch, jetzt müsste se sich, glaub ich, doch hinlegen".

[66] Konstitutiv für die Komödie ist, dass sie „zum Lachen bringen soll", „komische Figuren" sowie „komische Situationen" vorstellt (Mainusch 1990: 1). Gattungstheoretisch fallen Differenzierungen schwer. Schrimpf, der sich um Klärung der Begriffe Komödie und Lustspiel bemüht und in diesem Kontext auch den Schwank thematisiert, betont, dass es sich weitgehend um synonyme Bezeichnungen handelt (1978: 181), deren Bedeutungen im historischen Zusammenhang changieren. Die in der Interpretation favorisierte Bezeichnung schwankhafte Anekdote charakterisiert die Darstellungsstruktur in der Erzählung am treffendsten, trotzdem ist es gerechtfertigt, bisweilen auch von einer komödiantischen Inszenierung zu sprechen.

Theaters imaginieren lässt, lohnt sich ein genauer Blick auf den Schluss der Anekdote, auf den Schlager der vierziger Jahre, den der Leierkastenmann dreht. Der Liedtext lautet:

> „Im Leben geht alles vorüber / auch das Glück, doch zum Glück auch das Leid / erst weinst du, dann lachst du darüber / und zum Schluss wird aus Leid Seeligkeit / mit zwanzig liebst du nachts den Mondenschein / mit fünfzig Sonnenschein/mit siebzig nur den Wein / im Leben geht alles vorüber / nütz die Zeit, lass uns heut glücklich sein".[67]

Sieht man von einer kritischen Kommentierung ab,[68] lässt sich der Text als Sinnspruch deuten: Die Vergänglichkeit des Lebens und sein schicksalhafter Verlauf des Auf und Ab sollen den Menschen an das zu genießende, (in Liebe geteilte) Glück im Jetzt erinnern. Schicksalsschläge sind hinzunehmen, gehören konstitutiv zum Leben und werden letzten Endes vom Genuss im Hier und Jetzt sowie vom Glück, das sich automatisch an Erfahrungen des Leids anschließt, abgelöst. Ob nur die Geburt als ein Exempel für diese Form der ‚Weltanschauung' gelesen werden kann oder ob auch andere Ereignisse des Lebens mit demselben Fatalismus hingenommen werden, bleibt in den weiteren Analysen zu prüfen.

Die schwankhafte Anekdote bereitet letzten Endes die Bilanz vor, die sich anschließt: Katharina Scholz unterstreicht, dass sie „mit Freude erwartet worden [ist, B.G./H.R.G.], meine Mutter wollte mich unbedingt haben, trotz dieser schweren Zeit". In den bilanzierenden Bemerkungen kommt auch die „ausdrückliche Lebensbejahung" zum Ausdruck, die dem anekdotischen Erzählen innewohnt (Grothe 1971: 95). Mit der Wendung ‚schwere Zeiten' wird schließlich die Nachkriegssituation umschrieben, die die Familie Scholz auf spezifische Weise ‚meistert': mittels sozialem Aufstieg. Dass dem Thema der Prätention Bedeutung zukommt, wurde bereits an den ersten Zeilen der Haupterzählung rekonstruiert bzw. als starke Hypothese formuliert. In ‚volkstümlichen' Verhältnissen geboren, so der Tenor der schwankhaften Anekdote, wird die soziale Ausgangslage der Familie in der Erzählung erneut aufgegriffen und zugleich relativiert: Nach dem Zweiten Weltkrieg waren (nahezu) alle Menschen von Armut und Not betroffen, so dass sich Hunger und Elend relativieren („hatte niemand groß was zu essen, insofern war das alles nicht so tragisch"). Direkt im Anschluss an diese gesellschaftliche Skizze wird von der Akkumulation kulturellen Kapitals in der Familie gesprochen: „mein Vater war also Student der

---

67 Das Lied wurde „von Eric Helgar bei einem ‚Peter Kreuder und seine Solisten'-Konzert aus der Taufe gehoben" und in den 1940er Jahren durch Marika Rökk populär (vgl. Berswordt 2005: 7).
68 Z.B. übt Wicke Kritik: „Ungebrochen lief (...) über den 30. Januar 1933 hinweg eine Tradition der deutschen Tanz- und Unterhaltungsmusikproduktion weiter, die mit rührselig-romantischen Wort-Ton-Klischees schon zu Zeiten der Weimarer Republik in keiner Weise auf gesellschaftliche Wirklichkeit reagiert hatte, sie vielmehr im Nonsens der Schlagerlyrik zum schönen Schein privater Gefühlsseligkeit verdünnte" (o.J.: o.S.).

Dramaturgie". Die als Sekretärin arbeitende Mutter bricht mit Geburt des Kindes die Berufstätigkeit ab, bleibt als Hausfrau und Mutter zu Hause (klassisch (klein)bürgerliche Rollenverteilung zwischen den Geschlechtern).

Die Herkunft des Vaters wird als aus ‚ärmlichen (Nachkriegs-)Verhältnissen' stammend („<u>ganz</u> kleine Verhältnisse") charakterisiert. Frau Scholz präsentiert Lebenspraxen und -stil seiner Eltern, denen die prätentiöse Mutter mit Ablehnung und Antipathie begegnet. Die Erzählerin grenzt sich leicht von der Mutter ab, indem sie die armen, aber liebevollen Verhältnisse – „haben mich alle unheimlich gern gehabt (...), jeder wollte, dass es mir eben gut geht" – als eine Art ‚Abenteuerwelt' konzipiert. Im Prinzip geht es in den letzten Ausführungen des Segments erneut darum, die Prätention der Mutter auszuarbeiten. Springt das Kind mit der barfüßigen Großmutter durch die Pfützen, „schottert" sich die Mutter „vor Ekel", erlebt das Kind die sich außerhalb der Wohnung befindliche (Gemeinschafts-)Toilette, das Prozedere des Auf- und Abschließens des Klos und das zu verwendende Zeitungspapier als Abenteuer („<u>ach</u> ich fand das so spannend als Kind"), bewertet die Mutter derartige Lebensverhältnisse mit dem Adjektiv „grauenvoll". Negativ konnotiert werden auch die politischen Verhältnisse im Stadtteil, in welchem die Großeltern leben („<u>finsterster kommunistischer roter</u> Stadtteil") und der die Klassenzugehörigkeit (‚Arbeiter', ggf. noch ‚Intellektuelle') auf besondere Weise, nämlich öffentlich sichtbar, dokumentiert. Die Demonstration von Klassenzugehörigkeit über den Stadtteil oder über die sozialen Kontakte, die in der Familie gepflegt werden („Schulfreundinnen waren von ihrer Mutter war eine bekannte Kommunistin"), stören die Mutter. Auch der unverhüllten Armut, die sich in ‚Schuhlosigkeit', im Selbermachen statt Kaufen („diese Oma hat mit mir Bonbons gekocht") oder im Fehlen intimer Räume („Toilette halbe Treppe tiefer", „Küche hat mein Vater gewohnt"), in Beengtheit und Knappheit ausdrückt, wird mit Ablehnung begegnet. Mit anderen Worten: „Wer z.B. über einen kleinbürgerlichen Habitus verfügt, (...) [für den, B.G./ H.R.G.] sind bestimmte Dinge einfach undenkbar, unmöglich; es gibt Sachen, die ihn aufregen oder schockieren" (Bourdieu 2005a: 33). Die Prätention, ‚der Wille zur Abgrenzung' und zum damit verbundenen sozialen Aufstieg, wird letztlich beiden Elternteilen zugeschrieben („meine Eltern wollten da <u>unbedingt</u> raus aus diesem Milieu"). Die Freude am kindlichen Abenteuer in der ‚Welt der Armen und Arbeiter' bleibt im Passus jedoch bestehen („ich fand das richtig gut"). Die Situation in der Herkunftsfamilie der Mutter wird im Segmentschluss mit dem Ausspruch „des war schon <u>etwas</u> mehr" umschrieben – bessere Wohnbedingungen und ein besserer Standort im Viertel. Doch „<u>etwas</u> mehr" deutet bereits darauf hin, dass auch der Lebensstil und die Lebensbedingungen der Großeltern mütterlicherseits (noch) nicht ‚ausreichend' sind.

Im Eingangssegment deutet sich an, dass Katharina Scholz eine Geschichte des sozialen Aufstiegs erzählt. Aus dem ‚Volk', aus der ‚Arbeiterklasse' kommend schaffen ihre Eltern den ‚Sprung' in das ‚Bürgertum' und häufen, so ist zu vermuten, nicht nur kulturelles, sondern auch ökonomisches Kapital an.[69] Identität präsentiert sich im Segment im Rahmen der Familiengeschichte, es ist anzunehmen, dass Frau Scholz (auch weiterhin) eine „Beziehungsbiographie"[70] präsentiert, in der Bewegungen im sozialen Raum eine wesentliche Rolle spielen. Das ‚Ich' gibt sich via sozialer Positionierung, die in Relation zu den engsten sozialen, zu familiären Bezügen steht, zu erkennen. Bemerkenswert sind die engen emotionalen Bindungen, die in der Geschichte vorgestellt werden (hohes soziales Kapital) und um deren Hervorhebung die Sprecherin – trotz oder wegen der Prätention der Mutter – bemüht ist. Sollte das Liedermotto konstitutive Bedeutung für die Erzählung besitzen, so wird von weiteren familiären Auf-, aber auch von Abstiegen die Rede sein. Ob sie über Prätention ‚aktiv' herbeigeführt werden, oder sich über Schicksalsschläge (unverschuldet) ereignen, ob im Leid auch die Chance auf „Seeligkeit" besteht, wird in der Interpretation des Schlusses zu prüfen sein. Da das Thema Demenz bzw. pflegende Angehörige die Interviewsituation rahmt, scheint es nicht unplausibel anzunehmen, dass im Zuge der Erkrankung des Ehemanns ein familiärer sozialer Abstieg, der Verlust von Kapitalsorten thematisiert wird (zum ‚Kapitalverlust' in Pflegesituationen vgl. auch Griesehop 2005). Um die These zu prüfen, ist ein detaillierter Blick auf das Schlusssegment erforderlich.

---

69 Bildung – symbolisiert durch das Studium des Vaters –, bei der es in erster Linie um die Ansammlung inkorporierten kulturellen Kapitals geht, wird vor allem via Titel verobjektiviert (Bourdieu 2005b: 60). Der Seltenheitswert entscheidet letztlich darüber, welcher Profit (ökonomisches Kapital) aus dem angehäuften kulturellen Kapital gezogen werden kann (ebd.: 57f.).

70 Kirsch konstatiert im Rekurs auf Garz, dass es „prinzipiell drei Möglichkeiten gibt, (s)eine Biographie (...) zu präsentieren: 1. als Beziehungsbiographie, fokussiert also auf das Selbst- und Welterleben in Beziehungen zu signifikanten anderen wie Familienangehörigen und Freunden, 2. als Berufsbiographie, vorrangig den Aspekt der Bewährung über individuelle Leistung in Form der beruflichen Karriere thematisierend, 3. als Gesellschaftsbiographie oder politische Biographie, die das Selbst- und Welterleben maßgeblich unter dem Fokus der Zeitzeugenschaft bzw. des eigenen Verhältnisses zum Staat darstellt" (Kirsch 2007: 28). Zwar werden die in typisierender Absicht vorgenommenen Differenzierungen auf die drei Bewährungsproben, die der Mensch laut Oevermann zu bestehen hat (vgl. ebd.), konzipiert, doch lassen sich diese Strukturmuster auch jenseits entwicklungspsychologischer Dimensionen als Strukturmuster autobiographischer Stegreiferzählungen verstehen.

4.1.2 Das Ende der Stegreiferzählung und Zusammenfassung

Frau Scholz bezieht Familienfotos, die an den Wänden des Wohnzimmers hängen, in ihre Erzählung ein. Gegen Ende der Haupterzählung kommen sie als Erzählaufhänger zum Einsatz. Ein Foto von der Hochzeit ihres Sohnes – (Familien-)Fotos erzählen das Leben meist entlang „typischer Stationen" einer Biographie (Fuhs 2003: 273) – leitet die Thematisierung lebensgeschichtlicher Episoden ein, führt zu ‚Rückblenden' rund um und jenseits des Ereignisses Hochzeit und zu Bilanzen, die schließlich in die Schlusskoda münden.

„I.: aha, schönes Foto, K.S.: mhm, das war im im Tiergehege vom Freizeitpark, I.: mhm, K.S.: als wir geheiratet, I.: oh schön, K.S.: das is mein Sohn, I.: ja, K.S.: des is die jüngste Tochter, des is die, mit der ich die Agentur habe, des is meine Schwiegertochter, Schwiegermutter, und da is mein Mann, I.: auch schön, (3) schönes Bild, K.S.: ja ((lacht)) und na ja, und da, also des war sehr sehr makaber, muss ich sagen, weil (2) äh (2) mein Vater war da schon krank, äh, am ersten Mai ist mein Vater ins Krankenhaus gekommen und am dritten Mai bin ich zu meinen Eltern gefahren und ((langgezogen)) äh zwei Tage später hatten wir die Diagnose ähm ähm (2) inoperabel, bösartig, schnell wachsender Hirntumor (3) und_äh, mein Vater wollte diesen Geburts- diese diese Hochzeit unbedingt mit- mitmachen noch, der war da schon im Rollstuhl (2), und_äh so mein Mann saß da, wie da so (vorn), mein Vater fuhr auch mit_m Rollstuhl zu ihm hin, und sagte: „Na, mein Junge, wie geht_s dir denn ((fragend))", und dann sagte mein Mann: „Mir geht_s gut und wie geht_s dir ((fragend))", und dann sagte mein Vater: „Mir geht_s auch gut", ( ) und er hat nicht gefragt: Wieso sitzt du im Rollstuhl ((fragend)), wieso hast du ne Mütze auf hier jetzt ((fragend)), oder: Du siehst nich gut aus oder oder so, nichts, das kommt nich mehr an, das wird nich mehr transportiert, er wusste auch nich, was wir da eigentlich machen, er war fröhlich, er hat er hat applaudiert, als die alle applaudiert haben ((lacht)), als die beiden „ja" gesagt haben, und als ähäh der Freund von uns ihn hinterher zurückgefahren hat, hat seine Frau gesagt: „Gerhard, es war schön im Freizeitpark, nich ((fragend))" und wenn und dann hat er gesagt: „Freizeitpark ((fragend)) (4), war schon weg, und_äh dann bin ich ja ähm, des war also der siebenundzwanzigste, am neunundzwanzigsten hatte mein Tochter Geburtstag, äh, da sind äh Kim und ich in den Norden gefahren, weil wir noch in die Messestadt C zur Messe mussten, und da sind wir sofort zu meinem Vater ins Krankenhaus gefahrn, weil er da dann schon im Krankenhaus lag, und da hat mein Vater am Telefon zu äh Kim gesagt: „Ich wünsch dir alles Gute mein Junge", da ham we gesagt: „Wir müssen mit Pascal sprechen, der muss noch mal kommen, also des is komisch, dass er zu ihr jetzt Junge sagt" (2) und dann is äh Pascal am, des war ja nen Sonntag, und dann is Pascal mit seiner Frau am Sonnabend darauf gekommen, noch mal, sie waren Sonntag bei meinem Vater im Krankenhaus, zwei Stunden oder so, und am Montag früh is mein Vater jestorben (3) ( ) „gewartet", (hat er) gesagt, und äh Gerhard weiß da nich, dass dass mein Vater tot is, also, er hat mich neulich, hab ich gesagt, nachdem ich bei ihm im Heim war, hab ich gesagt: „So, ich muss jetzt zum Friedhof", (4) „was machst du denn auf_m Friedhof ((fragend))", (2) ich sach: „Na, ich muss_ses Grab nen bisschen auf-", also is ja noch nich, muss ja erst sacken und so, aber ich hatte da so ( ), muss ma_n bisschen gucken nach dem ( ), „(Opa) is tot" ((fragend)), „wieso is der denn tot, warum sagt mir das denn keiner ((fragend))", (2) und auch seine Eltern, am Anfang der Krankheit hat er überhaupt nich über seine Eltern gesprochen, da war ich immer ganz, da hab ich immer gedacht: „Komisch, dass er ne- nedede nich- nie" (3), auch nich so mit mir mal so über die Fotos stehen doch, dass er mal mal was sachte oder so, nichts, und neulich sitzen wir im Heim und dann sacht er plötzlich zu mir, ab und zu denkt er immer, er is im norddeutschen Raum und wir fahrn wir fahrn jetzt irgendwann nach A-Stadt,

123

und dann sagt er (mal): „Wie fahrn wir denn ((fragend)), fahrn wir mit_m Auto ((fragend))", und dann sag ich immer: „Joa, mal sehn (   ) Straßenlage", „ja, wir könn auch mit_m Zuch fahrn", „ja, wir könn auch mit_m Zuch fahrn, können wir dann auch machen" und so, ich sag aber: „Ich glaub, die Straßen sind noch gut, wir fahrn mit_m Auto", und dann sacht er: „Na, um Oma und Opa brauchen wir uns nich zu kümmern", sagt er plötzlich, ich sag: „Wieso ((fragend))", „ja, Opa macht des alles allein, der fährt mit Oma allein" (2), und denn hab ich erst mal muss er erst mal ((räuspern)), dann hab ich denn hab ich gesagt: „Äh, was ham die denn grad für_n Auto ((fragend))" (2), „na ja, so_n so_n großen, so diesen Großen, den sie da immer hatten", ich sag: „Meinste den Mercedes ((fragend))", „ja, den den den großen Mercedes (2) und und und des machen die schon", da war ich (plöp) und dann plötzlich sind die da, plötzlich leben die (6), also des is schon sehr merkwürdig (2), na ja, das is es bis jetzt, denk ich mal (3), was noch kommt, ich hoff ja nur, die letzten zwei Jahre warn so furchtbar, ich weiß nich ob (2) eigentlich, eigentlich kann_s nur besser werden (2), bis auf das Geld natürlich, es is furchtbar ((Stimme wird leiser)), (2) wir ham ja für des des des Haus Gott sei Dank was bekommen, aber es kam ja nichts mehr rein, mein Mann hat ja nichts mehr verdient, und und diese Heime und so, ich meine, <u>schön</u>, Pflegestufe zwei, aber das reicht ja nich hinten und nich vorn, muss ja immer noch ordentlich zuzahln, (3) und da hab ich jetzt Antrag auf Erstattung der Pflegekosten gestellt (2) und die finden aber, ich brauch das nich (2), dann hab ich Widerspruch eingelegt (2), wolln wa mal sehen, was da rauskommt (8), aber so um meinen Sohn brauch ich mir keine Sorgen zu machen, der der is inzwischen fest angestellt in äh einem großen Büro, sehr bekannt, der hat berühmte öffentliche Gebäude gebaut, jetzt planen se irgendwas in Moskau (2), und er pendelt zwischen den Stammsitz und den europäischen Metropolen hin und her, sie wohnen hier in A-Stadt, der muss furchtbar viel arbeiten, aber er hat (2), das is als Bauingenieur natürlich, in der heutigen Zeit, schon toll, dass er überhaupt fest angestellt is (2), und mit mit Kim, wir vertragen uns sehr gut beide in der Agentur, nun muss ich mit meiner <u>Mutter</u> (3) das Haus auflösen (2), meine Mutter war am Anfang, war das sehr sehr sehr schwierig mit ihr (3), jetzt geht_s, etwas, ich hoffe, ich hoffe, sie hält sich noch nen Weilchen, aber als mein Vater so krank wurde, hab ich, hat sie gesagt, ach sie will am liebsten würde sie denn gleich mit ihm sterben und da hab ich gesagt, ich sag: „Das kann, geht nich, (   ), was äh, (   ) kannst mir doch nich antun ((ausrufend))", ich hab gesagt: „Wie soll ich denn das alles aushalten (2), wenn du dann auch noch stirbst ((fragend))", dann hat se gesagt, sie wird sich noch nen bisschen bemühen ((beide lachen)), I.: schön (11), K.S.: können Se denn damit was anfangen ((fragend)), I.: ja klar (2), is ja Ihre Lebensgeschichte, K.S.: ((lacht))".

Katharina Scholz stellt der Interviewerin die auf dem Foto abgebildeten Personen vor (ihre Kinder, die Schwiegertochter und ihre Eltern, ihren Mann), beschreibt das Ambiente (den Freizeitpark) und den sozialen Kontext (Hochzeit). Das Darstellungsmuster „Beziehungsbiographie" kommt hier erneut zum Ausdruck und die eigentümliche Wende, die der Beschreibung folgt – „als wir geheiratet" – verweist auf Darstellungsstrukturen, die bereits anhand der Analyse des Eingangssegments rekonstruiert worden sind: Die Erzählerin unterstreicht die engen, intimen familiären Bindungen, die von der Großeltern- bis zur Enkelgeneration reichen. Die Bindung an (signifikante) andere ist es, die den Eindruck von Identität entstehen lässt. Im Zentrum der Erzählung stehen hier – wie übrigens auch im Eingangssegment – die familialen Generationenverhältnisse. Hinter dieser soziologischen Bezeichnung verbirgt sich unter anderem folgender Inhalt:

"Familiale Generationen sind (zunächst) auf der Mikroebene angesiedelt und bezeichnen die Glieder der Abstammungslinie (*lineage*): Enkel, Kinder, Eltern und Großeltern usw. Sie stellen Generationen im ursprünglichen Wortsinne dar – also im Sinne von Erzeugung. Bei der Untersuchung von Familiengenerationen ist die Frage nach der intergenerationalen Solidarität von besonderer Bedeutung" (Kohli/Szydlik 2000: 11).

Im Schlusssegment präsentiert die Sprecherin Formen des Umgangs und des Kontakts innerhalb der Familie. Für gewöhnlich wird, wenn es um Fragen der Solidarität in Familienverbänden geht, zwischen „funktionalen, affektiven und assoziativen Dimensionen" unterschieden (ebd.).[71] Obwohl in der Erzählung nicht immer ganz klar ist, um welche Form der Solidarität es sich handelt, soll die Differenzierung doch als heuristischer Rahmen genutzt werden, um das in der Erzählung thematisierte ‚Netzwerk Familie' (zum Begriff vgl. Bertram 2000) punktuell zu beleuchten. Die engen familiären Bindungen dokumentieren sich beispielsweise im (nochmaligen) Hinweis auf die gemeinsame Existenzgründung, den gemeinsamen Arbeitszusammenhang mit der Tochter („des is die, mit der ich die Agentur habe"). Mutter und Tochter erwirtschaften ihren Lebensunterhalt als (kleine) Selbstständige gemeinsam, das Soziale und das Ökonomische verschränken sich hier. Es ist anzunehmen, dass in dieser Beziehung alle drei Dimensionen des Solidarischen besonders ausgeprägt sind, die Evaluation dieser Form von Verbundenheit fällt positiv aus („wir vertragen uns sehr gut").

Doch hinter dem ‚schönen Schein' der Fotografie, auf der drei Generationen versammelt sind, verbergen sich ‚Dramen'. Das, was Frau Scholz zu erzählen beabsichtigt, wird mit der Bewertung „des war sehr sehr makaber" eingeleitet. Alltagssprachlich verweist Katharina Scholz darauf, dass jedes Foto nur eine „Momentaufnahme" ist und „den Fluß der Realität in einem starren Augenblick ein(‚friert')" (Fuhs 2003: 271).[72] Das Bild hält das Ereignis Hochzeit symbolisch fest, erteilt aber keine Auskünfte über Handlungsvollzüge oder Ereignisse (vgl. ebd.: 271f.) jenseits der fixierten, inszenierten Bildhaftigkeit. Was das Bild unter anderem nicht bzw. unzureichend illustriert, betrifft den körperlichen bzw. den geistigen Zustand zweier Familienmitglieder.[73] Der Vater von Frau Scholz

---

71 Um die Differenzierungen genauer zu fassen, sei erneut aus dem Beitrag von Kohli/Szydlik zitiert: „Die funktionale Solidarität bezieht sich auf Unterstützungshandlungen, also das Geben und Nehmen von Geld (monetäre Transfers), Zeit (instrumentelle Hilfeleistungen) und Raum (Koresidenz). Die affektive Solidarität betrifft Gefühlshaltungen; ein wesentliches Maß ist hierfür die soziale Enge der Beziehung zwischen den Individuen. Die assoziative Solidarität bezieht sich schließlich auf gemeinsame Aktivitäten, also die Häufigkeit und die Art der sozialen Kontakte" (2000: 11; zusammenfassend vgl. auch Bertram 2000: 102f.).
72 Wenngleich Fotografien Glaubwürdigkeit auf besondere Weise herstellen, so konstruieren sie Wirklichkeit doch auf eine spezifische Art und Weise (ausführlich vgl. Fuhs 2003).
73 Dass es dem Ehemann nicht gut zu gehen scheint, ist allerdings auf dem Foto zu erkennen.

ist an einem „inoperabl(en), bösartig(en), schnell wachsende(n) Hirntumor" erkrankt, sein baldiger Tod ist zu erwarten. Die Ausführungen rund um das medizinische Diagnosegeschehen im Krankenhaus verweisen neuerlich und ebenso auf den festen familiären Zusammenhalt wie der Wunsch des Großvaters, an der (symbolisch bedeutungsvollen) Hochzeit seines Enkels teilzunehmen. Komme, was wolle, ob Glück oder Leid, die Familie hält zusammen, so der Tenor. Der Zusammenhalt drückt sich in großer emotionaler Verbundenheit und einem gegenseitigen ‚Sichbeistehen' trotz räumlicher Distanz aus.[74] Obwohl in der Erzählung die tödliche Erkrankung des Vaters durch die Schilderung einer Begegnung zwischen Gerhard Scholz und Manfred Schneider ‚unterbrochen' wird, wird in der Interpretation zunächst dieser Erzählstrang verfolgt. Die angesprochenen Figuren des Miteinanders wiederholen sich und schließen auch die (Enkel-)Tochter und den (Enkel-)Sohn ein: Drei Generationen stehen sich angesichts des antizipierten Todes – der ‚Realitätsverlust', die Verwechslung der Geschlechter/Personen, die Enkeltochter wird zum -sohn, motiviert die Einschätzung – eines Familienmitglieds zur Seite, die Chance auf eine ‚letzte Begegnung' wird genutzt, affektive Verbundenheit wird hergestellt. In dieser teils szenisch gestalteten Darstellung vom Tod des Vaters bzw. Großvaters und von den Ereignissen, die sich im Vorfeld abspielen, verschränken sich moderne und traditionelle Formen des Umgangs mit dem Tod. Die traditionalen Elemente können in Anlehnung an Hahn skizziert werden:

> „Der Tod wird typischerweise in der Gruppe erlebt. Man stirbt umgeben von seiner Familie, seinen Verwandten (...). Der Tod wird als kollektiver Ritus erfahrbar, der zugleich dem Sterbenden die Versicherung des Weiterlebens und der Gruppe die Wiederherstellung der durch den Verlust eines Mitglieds erschütterten Stabilität symbolisch garantiert. (...) Dieses Modell des Sterbens sieht Ariès seit der Antike bis ins 12. Jh. als das vorherrschende an. Ja, bis ins 19. und 20. Jh. finden sich Überbleibsel dieser Todesauffassung auf dem Lande und bei den ‚classes populaires'" (Hahn 2002: 71).[75]

Überdeutlich wird, dass Katharina Scholz ‚volkstümliche' Praxen nicht negativ bewertet, da sie die Herstellung von Familiensolidarität erlauben. Verweisen die geschilderten Interaktionsmuster auf den kollektiven Ritus, der angesichts des Todes in Gang gesetzt wird, finden sich auf der Textoberfläche der Erzählung

---

74 Bertram spricht in diesem Zusammenhang von multilokalen Familienbeziehungen bzw. Mehrgenerationenfamilien. Das Merkmal räumlicher Distanz sagt seines Erachtens nichts über gelebte und praktizierte Solidarität, über Fürsorge und Unterstützung aus (ausführlich vgl. ders. 2000).
75 Die Auslassungen deuten an, dass nicht alle von Hahn beschriebenen sozialen Strukturmerkmale des Umgangs mit dem Tod in den „classes populaires" präsentiert worden sind. Zitiert wurden diejenigen Beschreibungen, die mit den Strukturen in der Erzählung korrespondieren. Hahn merkt in seinen Ausführungen an, dass zu den nächsten und engsten Angehörigen auch Nachbarn und Freunde zählen.

im Hinblick auf die Bedeutung für den Sterbenden nur Spuren des traditionalen Musters: Der Großvater zögert den Tod hinaus, um seinen Enkel ein letztes Mal zu sehen („"gewartet", (hat er) gesagt"). Doch ist auch auf das moderne Moment im Traditionalen kurz einzugehen. Manfred Schneider stirbt zwar im Kreise seiner Angehörigen, jedoch nicht zu Hause in seinem Bett, sondern in der (modernen) Institution Krankenhaus.[76] Dieses im Vergleich zur Tradition modifizierte Verhalten erklärt sich aus soziologischer Warte:

> „Vielmehr sieht er [Ariès, B.G./H.R.G.] – realistischer [als andere Autoren, B.G./H.R.G.] –, daß die allgemeine Wertschätzung des Lebens und die Hoffnung, die Medizin werde Schmerz und Tod immer besser beherrschen und zurückdrängen können, zwangsläufig zur ‚Medikalisierung' des Todes führen" (ebd.: 76).

Der Tod wird einer Institution sowie „hochspezialisierten Gruppe(n) überantwortet", unter anderem den Medizinerinnen (ebd.: 86; vgl. auch Brüggen 2005: 61ff., 220). Dass andere Handlungspraxen möglich sind, offenbart die geschichtliche Betrachtung oder die ethnographische Perspektive, der Kulturvergleich (stellvertretend vgl. Hahn 2002; Assmann 2002). Die Erzählung changiert also zwischen traditionalen Handlungspraxen und der modernen, scheinbar selbstverständlichen institutionellen Rahmung des Sterbens in der Gegenwart. Hier kann der Schluss gezogen werden, dass sich die Erzählung prinzipiell im Spannungsfeld Tradition/Moderne entfaltet. In der schwankhaften Anekdote gewinnt die Figur der Mutter gerade über die Prinzipien Vernunft und Modernität an Profil, während die familiäre Zusammenkunft angesichts der Geburt traditional anmutet; ebenso spielen angesichts des Todes traditionale und moderne Aspekte eine Rolle. Dass mit dem Tod des Vaters eine „wichtige soziale Beziehung (...) zerreißt" (Brüggen 2005: 62), spiegelt sich im Interview besonders in der Sorge um die Mutter. Die Vorstellung, dass eine weitere Person das familiäre Netzwerk für immer verlässt bzw. verlassen könnte, ist unerträglich. Die Todessehnsucht der Mutter, die sich nach dem Verlust des Ehemannes einstellt („ach sie will am liebsten würde sie denn gleich mit ihm sterben"), löst Angst und Aktivität aus. Frau Scholz gelingt es – im Verweis auf die Tragik, die der Tod der Mutter in ihrem Leben auslösen würde („"Wie soll ich denn das alles aushalten, (2) wenn du dann auch noch stirbst ((fragend))""") –, die Mutter zum Verbleib im Leben zu ‚animieren'. Mit der mütterlichen Zusage „sie wird sich noch nen bisschen bemühen" kommt die Stegreiferzählung zu ihrem Ende. Der vollständige (Tod) oder partielle Verlust (Demenz, s.u.) familiärer Bezüge ist jedoch eine dominante Perspektive des Segments.

---

76 Vgl. diesbezüglich Hahn 2002: 75. Für ihn ist dieser Unterschied Anlass, eine fundamentale Differenz zwischen Tradition und Moderne zu konstatieren (vgl. ebd.).

An der Begegnung zwischen Manfred Schneider/Gerhard Scholz im Rahmen des symbolischen Ereignisses Hochzeit sowie im Kontext der Begegnung zwischen Katharina Scholz und ihrem Mann im Anschluss an den Tod des (Schwieger-)Vaters, die beide teilweise im szenisch-dramatischen Modus ausbuchstabiert werden, lässt sich eine der aus Sicht der Sprecherin zentralen problematischen Dimensionen von Demenz rekonstruieren: Es ist der Verlust der geteilten sozialen Zeit in all seinen Dimensionen (Vergangenheit, Gegenwart, Zukunft), der beklagt wird, die Unmöglichkeit gemeinsamen Erlebens, der Verlust gemeinsamer Erinnerungen und Geschichten, die ‚den Kitt' des Netzwerkes Familie ausmachen. Gerhard Scholz ist gleichzeitig anwesend und abwesend, nimmt teil und ist doch nicht zugegen. Die Aufrechterhaltung eines Interaktionsrahmens gelingt nur oberflächlich, wie der Beschreibung der Zusammenkunft von Manfred Schneider und Gerhard Scholz zu entnehmen ist. Während die konventionellen Anforderungen an eine soziale Begegnung zwischen bekannten Personen berücksichtigt werden – wechselseitig wird nach dem Befinden gefragt –, scheitert der intime Modus des Familialen. Gerhard Scholz hätte sehen müssen, dass einem Familienmitglied Schlimmes zugestoßen ist, dass Schlimmes zu erwarten ist. Er hätte, als gesunder Mensch und aktives Familienmitglied, den Schwiegervater fragen müssen: „Wieso sitzt du im Rollstuhl ((fragend)), wieso hast du ne Mütze auf, hier jetzt ((fragend)), oder: Du siehst nich gut aus oder oder so, nichts, das kommt nich mehr an, das wird nich mehr transportiert". Die Gegenwart wird hier zur ‚reinen Gegenwart', die weder den Bezug zur Vergangenheit (Bilder eines gesunden Schwiegervaters) kennt, noch antizipatorische Momente beinhaltet („Du siehst nich gut aus"), Formen eines emotionalen Involviertseins lassen sich nicht ausmachen. Die sozialen Rahmen und ihre Bedeutung werden von Gerhard Scholz nicht ‚wirklich' dechiffriert. Es bleibt ihm verborgen, dass er der Hochzeit seines Sohnes beiwohnt, seine Handlungen werden als ‚bloße Nachahmungen' sozialen Handelns beschrieben („er wusste auch nich, was wir da eigentlich machen, er war fröhlich, er hat er hat applaudiert, als die alle applaudiert haben ((lacht)), als die beiden „ja" gesagt haben"). Solidarität und Verbundenheit kann Gerhard Scholz nicht mehr herstellen. Katharina Scholz thematisiert in diesem Passus eine der zentralen, in der Fachliteratur immer wieder betonten psychosozialen Belastungen von Angehörigen, die Salomon mit Bezug auf die Arbeiten von Gunzelmann und Hansaelt zusammenfasst:

> „Als zentrales emotionales Thema pflegender Angehöriger [dies gilt ebenso für Angehörige, die die alltägliche Pflege nicht mehr selbst leisten, B.G./H.R.G.] zeigt sich durchgängig die Bewältigung von Verlusten und damit die Verarbeitung von Trauer als Bewältigungsanforderung. Bei Pflegebedürftigen mit hirnorganischen Erkrankungen ist dieser Prozess für Pflegende [für Angehörige im Allgemeinen, B.G./H.R.G.] besonders schwierig, da die/der zu Pfle-

gende ‚physisch noch lebt, aber nicht mehr als die vertraute Person von früher am Familienleben teilnimmt' (...). Begriff wie ‚partielle Trauer', ‚teilweise Trauer' oder ‚aufgehaltene Trauer' bzw. ‚Trauer im Schwebezustand' deuten auf einen langen Prozess von Distanzierung oder Abschied hin" (2005: 20).[77]

Die Trauer spiegelt sich im Segment in der Schilderung des abwesenden Anwesenden. Gerhard Scholz ist kein aktives Familienmitglied, kann die sozialen Situationen weder mit Verstehen noch mit Emotionen füllen, kann nicht teilnehmen, weder am Unglück des Schwiegervaters noch am Glück des Sohnes. Aktuell Erlebtes kann nicht erinnert werden, wie dem Dialog mit Freunden, die Herrn Scholz nach der Hochzeit zurück in das Heim bringen, zu entnehmen ist („"Freizeitpark ((fragend))" (4), war schon weg").[78] Katharina Scholz spricht hier nicht in erster Linie vom Verlust des Lebenspartners, sondern von den Konsequenzen der Erkrankung im Hinblick auf das Netzwerk Familie – alle haben Verluste zu beklagen, das familiäre System ist betroffen (allgemein vgl. auch Salomon 2005: u.a. 7, 18, 20).

Der Verlust des Lebenspartners, eines kommunikativen Gegenübers, mit dem das Leben in seinem Verlauf geteilt werden kann, steht andernorts zur Disposition. In der Begegnung der Eheleute, Frau Scholz besucht ihren Mann nach dem Tod ihres Vaters im Heim, zeigt sich neben Gedächtnisfunktionsstörungen die mangelnde Krankheitseinsicht (vgl. Deutsche Alzheimer Gesellschaft o.Jb.: o.S.), die sich im vorwurfsvollen Ton äußert. Nachdem Katharina Scholz ihrem Mann mitgeteilt hat, dass sie zum Grab ihres Vaters müsse, zeigt Gerhard Scholz folgende Reaktion: „"wieso is der denn tot, warum sagt mir das

---

[77] Angehörige umschreiben dieses Problem auch mit „körperlich anwesend und doch irgendwie tot" (Meinders/Stegie/Bengel 2000: 207), gelegentlich wird der Prozess als „langsames Abschiednehmen vom gesunden Partner" (Dykierek/Hüll 2000: 203), als „jahrelange(r) Abschied von einer geliebten Person" (Tschainer 2002: 100) bezeichnet (vgl. auch Kurz u.a. 2005: 268).

[78] Gerhard Scholz ist an Frontotemporaler Demenz (FTD) erkrankt, Schätzungen zufolge sind bis zu 10 Prozent aller Demenzerkrankten davon betroffen (Wojnar 2006: 11). Die Krankheitsdauer beträgt im Mittel 8 Jahre, die Lebenserwartung bewegt sich zwischen zwei und 15 Jahren (Deutsche Alzheimer Gesellschaft o.J.: o.S.). Im Vergleich zu anderen Demenzerkrankungen tritt FTD, der Nervenzelluntergang in den Stirnlappen des Gehirns, früh im Leben auf (Durchschnitt 58 Jahre, die Menschen erkranken zwischen ihrem 35sten und 75sten Lebensjahr (vgl. Wojnar 2006: 13), jedoch selten vor dem 30sten oder nach dem 65sten Lebensjahr (Ilbach 2006: 8), weshalb gelegentlich auch von „präseniler Demenz" gesprochen wird (stellvertretend vgl. Eerland-de-Jong 2002). Charakteristische Symptome, die auch im Interview zum Ausdruck kommen, beschreibt Ilbach: „In den frühen und mittleren Krankheitsstadien der FTD stehen eine Veränderung der Persönlichkeit, des Verhaltens und der Affektivität (Gefühlswelt) mit Verlust von Empathie im Vordergrund (...). Affektive Symptome sind sehr häufig und reichen von Depressionen, Hypomanie, Affektinkontinenz, über Affektlabilität bis hin zur -Verflachung [sic!]" (2006: 8). Die „abnehmende Fähigkeit zur sozialen Anpassung" (Wojnar 2006: 12), der Mangel an Empathie, die Verletzung sozialer Normen bzw. Rollenerwartungen (Deutsche Alzheimer Gesellschaft o.J.a.: o.S.) sowie die im Verlauf der Krankheit auftretenden Gedächtnisstörungen (vgl. ebd.) werden in der Erzählung sichtbar.

denn keiner ((fragend))"". Der hier zur Sprache kommende soziale Ausschluss ist auf Gedächtnisfunktionsstörungen zurückzuführen, die dem Ehemann verborgen bleiben. Das im vergangenen Liegende kann erinnert werden, allerdings nicht aus Perspektive der weiteren Entwicklungen, es kann im Fortschreiten der Zeit weder eingeholt noch eingeordnet werden. Bestimmte Ereignisse, die im Kontext der Familiengeschichte eine wichtige Rolle spielen, wie beispielsweise der Tod der Eltern von Gerhard Scholz, entziehen sich dem Erinnern, wenn nicht ganz, so doch für längere Zeiträume, und können auch durch Erinnerungshilfen (Fotografien) nicht reaktiviert werden:

> „K.S.: am Anfang der Krankheit hat er überhaupt nich über seine Eltern gesprochen, (...) da hab ich immer gedacht „Komisch, dass er ne- dedede niem- nie" (3), auch nich so mit mir mal so über die Fotos stehen doch, dass er mal mal was sachte oder so, nichts".

Am Beispiel des Todes der Schwiegereltern wird deutlich, dass das gemeinsame Erinnern und das Erzählen verbindender Geschichten empfindlich gestört ist. Unabhängig vom Krankheitsbild ist es erheblich, einen Moment bei der sozialen Funktion des Erzählens zu verweilen. Erzählungen stabilisieren die Familie als solche,

> „das Erzählen von Geschichten über die eigene Vergangenheit der Familie (beispielsweise darüber, ‚wie wir den Krieg überlebten', ‚wie wir dazu kamen gerade hier zu leben') (dient) dazu, die Familie gleichsam als einen einheitlichen Körper zu definieren. Die Erzählung erfüllt außerdem unausweichlich die Funktion, die kulturelle Tradition lebendig zu erhalten (und zu verwandeln)" (Gergen 1998: 188).

Familiäre Traditionen, das Gefüge des Familiären ist auf den Austausch von vergangenen und aktuellen Geschichten angewiesen. Der kommunikative Austausch gehört zu den Grundlagen, die kollektive Identität (Familie) ebenso wie die Identität des Einzelnen bedingen. Ort und Zeit gehen indessen in den Erinnerungen von Gerhard Scholz eigene Wege, die Chronologie familiengeschichtlicher Ereignisse ist gestört, zentrale Ereignisse, wie der Tod der eigenen Eltern, ‚verschwinden'. Die verstorbenen Eltern sind präsent, Vergangenheit wird zur Gegenwart, die sozialen Zeiten fließen (unkontrolliert) ineinander. Katharina Scholz toleriert – neben dem Versuch herauszufinden, in welchem Zeitabschnitt der Familiengeschichte sich ihr Mann bewegt – die Anwesenheit der Toten im Gespräch („da war ich (plöp) und dann plötzlich sind die da, plötzlich leben die (6), also des is schon sehr merkwürdig (2), na ja") und begegnet dem scheinbar Unabänderlichen mit Fatalismus. Nicht nur mit der Trauer über den Verlust von Familienangehörigen ist Frau Scholz in der Situation mit ihrem Mann allein, auch seine (aktuellen) Beiträge zum Familiengedächtnis, dem die einzelnen Familienmitglieder Elemente zur Herstellung von Identität entnehmen können (vgl. Halbwachs 1966: u.a. 109f.), lassen sich nicht umstandslos integrieren.[79] Bevor abschließende Kommentare zur Gestalt der Erzählung und zu den entscheidenden Strukturen der Ich-Präsentation vorgestellt werden, ist ein letzter Blick auf das Thema der Bewegung im sozialen Raum zu werfen, das sich auch im Schlusssegment wiederfindet.

Der vorläufigen ersten Schlusskoda – „na ja, das is es bis jetzt, denk ich mal (3)" – schließen sich, wie es nicht unüblich ist, Bilanzierungen und ein kurzer Blick auf die Zukunft an: „ich hoff ja nur, die letzten zwei Jahre warn so furchtbar, ich weiß nich ob (2) (...) eigentlich kann_s nur besser werden". Strukturmuster des Liedes „Im Leben geht alles vorüber" finden sich hier wieder. Nach dem extremen Leid der letzten zwei Jahre (Tod des Vaters, Verlust des Ehemanns als Partner und Teil des Netzwerkes Familie), nach der Abwärtsbewegung im Leben ist das Auf zu erwarten. Um die Abwärtsbewegung jedoch noch einmal zu präzisieren, kommt das Thema ‚Kapital' erneut und abschließend zur Sprache: Am Beispiel des Verlustes ökonomischen Kapitals („wir ham ja für des des des Haus Gott sei Dank was bekommen, aber es kam ja nichts mehr rein, mein Mann hat ja nichts mehr verdient") zeigt sich, dass das relativ junge Alter der von FTD Betroffenen eine extreme Belastung darstellt (vgl. Zarzitzky 2006: 49). Zwar kann Katharina Scholz das familiäre Eigentum gewinnbringend veräußern, doch entfällt das vom Ehemann erzielte Einkommen in der ‚Mitte des Lebens' (zu ökonomischen Belastungen vgl. auch Kurz u.a. 2005: 268), die Altersvorsorge kommt zu kurz. Der Verlust von Eigentum und die damit verbundene soziale Abwärtsbewegung wird als etwas Hochdramatisches konzipiert, dessen Verlaufsstrukturen sich nicht einfach umkehren lassen („bis auf das Geld natürlich, es is furchtbar ((Stimme wird leiser))"). Neben dem langfristigen Ausfall von Familieneinkommen sind die Kosten der Pflege bzw. der Heimunterbringung, die einen „erhöhte(n), pflegebedingte(n) Einkommensbedarf" nach sich ziehen (Hammer 2004: 6), und die unzureichende Einstufung der Pflegeversicherung in Rechnung zu stellen („und diese Heime und so, ich

---

79 Zwar gilt im Hinblick auf das kollektive bzw. das Gedächtnis des Einzelnen Folgendes: Es „enthält (...) immer Modelle, die aber nicht ein für allemal festgelegt sind. Die Erinnerungen und mehr noch die Interpretationen, die man über sie anstellt, werden in Wirklichkeit ständig abgeändert. Bei diesem unaufhörlichen und lebenslangen Revisionsprozess laden sie sich mit neuen Bedeutungen auf und verbinden sich in dem Maße mit anderen Repräsentationen, wie das Individuum seine Ansichten entwickelt und verändert. Dabei sind die Vergangenheit, die Gegenwart und die Zukunftspläne, die das Individuum leiten, unentwirrbar miteinander verknüpft" (Coenen-Huther 2002: 13). Die Art des Umgangs mit Erinnerungen, die Frau Scholz mit Blick auf ihren Mann beschreibt, hat aber nichts mit einem kommunikativ ausgehandelten ‚Revisionsprozess' im Laufe der Zeit gemeinsam, sondern mit radikaler chronologischer ‚Unordnung' und ‚Lücken'.

meine, schön, Pflegestufe zwei, aber das reicht ja nich hinten und nich vorn").[80] Zwar hat Katharina Scholz „Widerspruch eingelegt", doch ist der Prozessausgang offen. Ob der Umstand, dass Frau Scholz mit ihrer „Mutter (3) das Haus auflösen" muss, ebenfalls den finanziellen Rahmenbedingungen geschuldet ist, geht nicht eindeutig aus dem Material hervor. Jedenfalls erwirtschaftet Katharina Scholz gemeinsam mit der Tochter ökonomisches Kapital, das angesichts des beschriebenen finanziellen Dilemmas jedoch unzureichend scheint.[81] Doch auch im Kontext der Bewegungen im sozialen Raum ist nicht nur von Verlusten die Rede: Ein Familienmitglied setzt die ‚Tradition des sozialen Aufstiegs' fort und erreicht die höheren sozialen Straten. Symbolisches Kapital kann der Sohn akkumulieren, der sich nicht nur ein erfolgreiches, sondern zugleich ein kosmopolitisches (Berufs-)Leben als Bauingenieur bzw. Mitglied eines großen und weithin bekannten Büros aufbaut. Der Stolz auf die Leistungen des Sohnes ist in der Passage zu spüren, wenngleich auch die sozialen Kosten des Aufstiegs zum Teil negativ („der muss furchtbar viel arbeiten") und als unvermeidlich („in der heutigen Zeit, schon toll, dass er überhaupt fest angestellt is") bilanziert werden.

Katharina Scholz erzählt die kohärente Geschichte eines Lebens zwischen Tradition und Moderne, das sich angesichts familiärer Tragödien und Komödien entfaltet, die zugleich Bewegungen des Auf- oder Abstiegs im sozialen Raum einschließen. Identität entsteht in der Erzählung grundsätzlich mit Bezug auf das familiäre Netzwerk und seine Struktur(veränderung)en im Laufe der Zeit. Die Erkrankung des Ehemanns oder der Tod des (Groß-)Vaters werden als personales und kollektives Problem eines intergenerationalen Verbundes vorgestellt, als Problem des Netzwerks Familie, das von den Entwicklungen auch in seinen Bewegungen im sozialen Raum tangiert wird. Im Rahmen der Ausführungen zur Erkrankung ist vom Verlust ökonomischen, sozialen und kulturellen (vgl. diesbezüglich insbesondere die Ausführungen zum Familiengedächtnis) Kapitals die Rede, das System Familie ist in seinen funktionalen, affektiven und assoziativen Dimensionen betroffen. Ein gewisser Fatalismus wohnt insbesondere den Passagen inne, in denen Abwärtsbewegungen thematisiert werden, doch findet sich im dargestellten Unglück stets auch eine Spur von Glück.

---

80 Unabhängig ob Demenzerkrankte zu Hause, teilstationär oder stationär versorgt werden, die Pflegekasse zahlt in jedem Fall einen Pauschalbeitrag, der von der Einstufung in die Pflegestufe I, II oder III abhängig ist (zu Pflegestufen/Finanzierungsvolumen vgl. Dykierek/Hüll 2000: 204). Der Umfang an übernommenen Kosten ist unterdessen häufig unzureichend (vgl. Meinders/Stegie/Bengel 2000: 208).

81 Vor der Erkrankung des Ehemanns war Katharina Scholz nicht berufstätig (Hausfrau/Mutter). Steigen viele der zumeist weiblichen Pflegenden – in circa 80 Prozent der Fälle wird die Pflege von weiblichen Familienmitgliedern geleistet (Hammer 2004: 4) – im Verlauf der Erkrankung aus ihrer Berufstätigkeit aus, reduzieren Wochenarbeitsstunden oder verzichten auf die Karriere (vgl. ebd.: 5ff.), steigt Frau Scholz mit der Erkrankung ihres Mannes in das Erwerbsleben als Selbstständige ein.

Was die Strukturmuster Handlungsschema, Verlaufskurve (regressiv/progressiv) oder institutionalisiertes Ablaufmuster betrifft, fällt eine Zuordnung schwer. Dies hängt unter anderem mit der Geschlechterdimension in der Erzählung zusammen. Dausien sind wesentliche Beiträge zum Thema Geschlecht und Biographie zu verdanken. So verweist sie zum einen kritisch auf den normativ-männlichen Gehalt des institutionalisierten Ablaufmusters des Lebensverlaufs (1996: 49) und bemerkt zum anderen positiv:

> „Eine der Dimensionen, die in theoretischen Überlegungen zu Biographie als Voraussetzung zwar mitgedacht, aber selten explizit und in ihrer Bedeutung für biographische Analysen untersucht wird, ist die Sozialität. Das ‚Leben für andere', das uns in weiblichen Biographien (...) begegnet, verweist nicht allein auf die Verhinderung einer biographischen ‚Karriere'. Es macht auch darauf aufmerksam, daß individuelle Biographien in ein Netz sozialer Beziehungen eingebunden sind. Das Ich konstituiert sich in bezug auf andere" (1996: 69).

Die Strukturkomponente eines self-in-relation ist nicht nur für Frauenbiographien, sondern für alle lebensgeschichtlichen Präsentationen konstitutiv (vgl. ebd.: u.a. 565), nur zeigen sich diese sozialen Strukturmuster in der Erzählung von Katharina Scholz auf besondere Weise. Handlungsschematische Elemente sind nicht Selbst-, sondern ‚Wir-bezüglich', der Wechsel von Auf- und Abstieg (Regression/Progression) ist untrennbar mit dem Schicksal der Netzwerkmitglieder verwoben. Die in der Erzählung präsentierte Perspektive ist wiederum durch die Milieuzugehörigkeit (Bürgertum), die Generationenlage (1945) und die veränderliche Lage im sozialen Raum mitstrukturiert. Die je spezifische Situation im Kollektiv, von der erzählt wird, produziert unterschiedliche Muster, von denen keines in der Erzählung dominant ist.

4.1.3 Interviewauszüge und Kommentare im Kontext Praxisrelevanz

Biographische Ressourcen: Familiäres/soziales Netzwerken, Wir-Bezüglichkeit, Wissensmanagement, Humoristisches und ein Stück vom Glück

In der lebensgeschichtlichen Erzählung von Frau Scholz lassen sich, insbesondere im Kontext der Alzheimererkrankung des Ehemannes, Interviewauszüge finden, die die Konturen der biographischen Ressourcen (noch einmal) dokumentieren. Zur Illustration wird hier eine längere Interviewpassage vorgestellt, in der sich die Ressourcen Netzwerken – auch über die Familie hinaus – und Wissensmanagement (diese Ressource kam im Zuge der Rekonstruktion nicht zur Sprache) verschränken. Erneut zeigt sich, dass sich das Ich grundsätzlich als self-in-relation zu erkennen gibt:

> „K.S.: und_äh, im März zweitausendeins (2) kriegten wir dann die Diagnose (2), dass ((lang_gezogen)) äh Demenz vom Alzheimer also (2) Typ, da, es war ganz merkwürdig, wir fuhr_n hin, ich wusste wir kriegen die Diagnose und wir gingen rein, ins Haus und da war linkerhand eine Stellwand so_n schwarzes Brett und da stand dran Alzheimer Gesellschaft und Termine von Selbsthilfegruppen und da hab ich mir die Telefonnummer abgeschrieben, und da hat mein Mann gesagt: „Wa- wieso, was machst du denn da?" und da hab ich gesagt: „Ach man weiß nich, wozu man so was mal brauchen kann", und dann sind wir hochgegangen und dann kam die Diagnose (3), und dann hab ich <u>furchtbar</u> angefangen zu weinen, als wir_äh da raus_gegangen sind, als die uns, die ham dann gesagt also ganz knallhart zu ihm gesagt: „Herr Scholz ähm Sie leiden an Alzheimer (2), äh Sie müssen einfach viel Vertrauen jetzt ham, Sie müssen Vertrauen zu dem haben, was wir Ihnen sagen, Sie müssen Vertrauen zu ihrer Familie haben (2), die Krankheit ist unheilbar (2), ähm wir können nur versuchen, sie mit Medikamenten ein wenig aufzuhalten, dieses Medikament müssen Sie regelmäßig nehmen, wir möchten Sie regelmäßig sehen, wir wollen des kontrollieren, wir würden sagen, wir machen die Ambulanz hier (2), und_äh Sie dürfen Sie können nicht mehr arbeiten (2), Sie können nicht mehr Auto fahren (3), (...) und er hat dann Aricept verordnet bekommen (3), mein Sohn hat dann ähm, ich hab dann äh hab ich mich furchtbar drüber geärgert, mein Mann hat dann gefragt: „Neh_men wir gleich so ne ganze Tablette ((fragend))", „ja", ich sag: „Wann nehmen wir die ((fra_gend)), zum Essen, nach_m Essen, morgens, abends", „is ganz egal, wann Sie wollen", dann hat mein Mann die genommen, dann is er abgekippt und hat sich fürchterlich übergeben, dann ham wir erst mal im Internet nachgeguckt und da stand drin, man muss sich einschleichen in die Dosierung ((lacht)), und man sollte sie abends nehmen die Tablette, weil se müde macht ((leicht lachend)), also da da hab ich dann angerufen äm äh in ner Klinik, da ham se sich entschuldigt ja, aber äh, da war ich dann auch, hab ich gedacht: ich <u>frage</u> extra <u>wann</u> ja und und alles, is ganz egal ((lacht kurz)) und dann, von dem Moment an, bin ich zur Selbsthilfegruppe gegangen <u>sofort</u> (2)".

Die Fürsorge für andere, in diesem Fall geht es um den Ehemann, spiegelt sich anschaulich im Segment zum Thema Diagnose. Nachdem die Erzählerin den (emotionalen) Schock, den die ärztliche Diagnose nach sich zieht, thematisiert hat, präsentiert sie Formen des Umgangs hinsichtlich der verordneten medikamentösen Behandlung. In diesen Ausführungen kommt die starke familiäre Verbundenheit unter anderem in den Wir-Konstruktionen zum Ausdruck: Die Medikamenteneinnahme wird zur kollektiven, gemeinsam praktizierten Angelegenheit („Nehmen *wir* [Hervorhebung B.G./H.R.G.] gleich so ne ganze Tablette ((fragend))"). Obwohl sie sich nach den Modalitäten der Verabreichung erkundigt, stellen sich die ärztlichen Anweisungen letzten Endes als unvollständig heraus. Gerhard Scholz verträgt das Mittel Aricept[82] nicht. Gemeinsam mit dem Sohn (familiäres Netzwerken) eignet sich Frau Scholz Wissen an, um ihrem

---

[82] Das Medikament gehört zur Gruppe der Acetylcholinesterasehemmer, die einen zu schnellen Abbau des Botenstoffs Acetylcholin, der für die Kommunikation der Nervenzellen im Gehirn zuständig ist, verlangsamen. Das Medikament ist verschreibungspflichtig und wird zur symptomatischen Behandlung der leichten bis mittelschweren Alzheimer-Demenz verabreicht.

Mann zu helfen. Die Einsicht, dass die ärztlichen Informationen nicht ausreichend sind, veranlasst die Sprecherin, sich einer Selbsthilfegruppe anzuschließen (soziales Netzwerken über die Familie hinaus). Die Erzählerin verfügt also über die Kompetenz, sich zu vernetzen und sich Wissen anzueignen, um in problematischen, krisenhaften Situationen agieren zu können. Pädagogische Hilfe könnte bzw. sollte im Fall der Katharina Scholz in erster Linie im Modus der Beratung gestaltet werden, die auf systematische Wissensvermittlung zielt. Darüber hinaus zeigt der Auszug, dass Frau Scholz in der Lage ist, sich zentrales Wissen im Kontext der Fürsorge für andere eigeninitiativ zu organisieren. Auch im Hinblick auf die Heimunterbringung des Ehemanns lässt sich diese handlungsschematische Struktur im Horizont der Sorge um andere entdecken:

> „K.S.: dann ham wir zuerst ein Heim in der C-Straße gehabt, das war ne Katastrophe, also ihn da hinzubringen, das war der schlimmste Tach meines Lebens (3), weil er halt da nich bleiben wollte und ((lautes Ausatmen)) uns hinterhergelaufen is und ach war ganz entsetzlich, und dann hatten wir_s endlich geschafft, und er war da (2), ne Freundin hatte mich begleitet und wir waren hinterher noch noch nen Kaffee trinken und danach bin ich in die Agentur gegangen und als ich da ankam, hat meine Tochter gesagt, die ham vom Heim schon angerufen, Papa is weg, (2), da war er also bereits übern Zaun geklettert, das ham wir dann innerhalb von zwei Tagen bis zu elf Mal geschafft, und dann ham die gesagt: „Das geht nich, also", so können sie ihn nich behalten, äh, man kann das nich machen, äh er müsste noch mal ins Krankenhaus A, die Medikamente müssen anders eingestellt werden, in der C-Straße ham se sich nich anders zu helfen gewusst, als ihn vollzustopfen mit Beruhigungsmitteln, dann hat das Heim gesagt, äh sie können ihn überhaupt nich halten, äh er würde bei ihnen immer wieder weglaufen, dies is über diesen Zaun ist er sofort drüber, also er müsste in nen anderes Heim (2), dann hat er noch mehr Beruhigungsmittel bekommen, das war dass er: „ähähäh" ((macht lallende Stimme nach)), so war, Spucke lief aus_m Mund, er saß nur noch da, hat überhaupt nichts mehr gesagt, war grauenvoll, war grauenvoll, er war ein Wrack ((lautes Einatmen)), und des hab ich dann erzählt in ner Selbsthilfegruppe, und ich hab da auch sehr sehr nette Leute, auch andre kennen gelernt, und die hatten grade ihren Vater in der Klinik am Standort B, bei Herrn Doktor Müller, und die ham (2), ham gesagt, er muss da hin, dedede_des geht so nicht (2), dann hatten wir Herrn Clausen und des war, Herr Clausen war der Stationsarzt oder Oberarzt, das weiß ich jetzt nich so genau, und des war des erste Mal, des ähm, wir ham ihn dann da hingebracht, (...) und dann ham wir eben Herrn Clausen alles erzählt, was so was so so gewesen is mit ihm und in der Alzheimer, ähm, in den Informationsblättern war kurz zuvor ein ein Bericht gewesen, und meine Schwiegertochter, mein Sohn hat im Som- im Sommer geheiratet, damals waren sie noch nich verheiratet, hatte aber eine Veröffentlichung im Internet über (frontotemporale) Demenz gelesen, und wie wir des gelesen haben und diese Veröffentlichung in den Informationsblättern hab ich gesagt: „Mein Gott, des is Papa", des des des des ((klopft auf den Tisch)), und bin dann noch mit ins Krankenhaus A gegangen, mit dieser Veröffentlichung, und hab zu dem behandelnden Arzt im Krankenhaus gesagt, ob er des nich mal durchlesen will, ich hab das Gefühl, das wär mein Mann, da hat der mich angeguckt so (3), und da hab ich und da hab ich gesagt: „Wissen Sie, ich weiß doch, ich bin medizinischer Laie, des müssen Sie, is mir doch klar, aber vielleicht könnten Sie doch mal noch mal die Diagnose is von der Diagnostik-Abteilung des Krankenhauses B", hat er gesagt, und er glaubt nich, dass die da was falsch gemacht hätten, und dann hab ich das so auch Herrn Clausen erzählt ((lautes Einatmen)), und seine ganze Krankheitsgeschichte, was er wohl so alles da hatte und dann hat Herr Clausen gesagt, die ham die hatten ihn inzwischen getestet und

135

> hatten festgestellt, dass er ein Cocktail (4) aus fünf verschiedenen Beruhigungsmitteln bekommen hatte, er war also vollgepflastert mit und die ham erst mal alles abgesetzt, dann war_er ich glaube (2), ich glaube fünfeinhalb Wochen in der Klinik am Standort B (3), und am Ende dieser Behandlung hatten wir dann eine Besprechung mit der Sozialarbeiterin vom Krankenhaus, die Sozialarbeiterin von dem neuen Heim mit was ich mir ausgeguckt hatte, und da hat Herr Clausen dann gesagt: „Wir stimmen der Diagnose von Frau Scholz voll und ganz zu, Herr Scholz hat frontotemporale Demenz" (3), und dabei muss man kein Aricept nehmen, das war nun ganz falsch die ganze Zeit, sondern er kriegte dann Antidepressiva, was seine Laune auch natürlich hob ((lacht)), er wurde unheimlich fröhlich".

Die zuvor angesprochenen Strukturmuster werden auch in diesem Zitat vorstellig. Die Familie kümmert sich gemeinsam um das Wohl des Mitglieds. Zudem wird deutlich, dass sich Frau Scholz Unterstützung durch eine Freundin organisiert, die Hilfestellungen der Alzheimergesellschaft und des Sozialdienstes im Krankenhaus in Anspruch nimmt und unterschiedliche Krankenhäuser bzw. Mediziner frequentiert, um für das Wohlergehen und die richtige Behandlung des Ehemanns zu sorgen (Netzwerken, Fürsorge, Dasein für andere). Ohne im Detail auf die Ressource des Humoristischen einzugehen, soll doch angemerkt werden, dass sich dieses Element nicht nur in der schwankhaften Anekdote spiegelt, sondern immer wieder eine Rolle spielt. Im dokumentierten Auszug, der in erster Linie dramatische Züge aufweist, liegen die humorvollen Momente in der Schilderung des ständig flüchtenden Ehemanns und der Schilderung der Effekte der Antidepressiva. Das Moment des (kleinen) Glücks im Leid ist auch in dieser Passage vorhanden.

Wie weit die Kompetenz des sozialen Netzwerkens reicht, wird abschließend am Bespiel der Organisation der mittelbaren Lebenswelt veranschaulicht. Die Apotheker der Umgebung werden in das Unterstützungsnetzwerk eingebunden. Erneut finden sich humoristische Einsprengsel, die für die Art des Erzählens charakteristisch sind (Stichwort „Spezial(-Ohrenhilfe)"), und ein kleines Stück vom Glück inmitten einer problematischen Situation (Hilfsbereitschaft):

> „K.S.: er kannte auch den Weg zu unserer Agentur, und da is er dann immer vorbeigekommen und hat uns so ein zwei Mal am Tag immer besucht, plötzlich sagt er, äh, das hatte er schon schon mal vor vor wirklich es piept in seinem Ohr, Tinitus ähm, dann nahm er plötzlich äh Tabletten, ging in die Apotheke und kaufte sich we- und die kriegten natürlich auch nich auf Anhieb mit, was was mit ihm los is ähm, „kaufe Gingium"[83] und so weiter und Gott sei Dank nur so nur ein Mal war ein Medikament, was bisschen gefährlich war, weil er nämlich die alle auf ein Mal nahm, ja, so ne ganze Schachtel, er hat so schüttet die in so_n so_n Schälchen, und im Laufe eines Nachmittags hat er die alle hintereinander weg und da hatte unsere Apotheke, bei uns is gegenüber von der Agentur eine Apotheke (2), und dann hab ich mit dem geredet, was wir denn da machen können und so, und da hat er gesagt: „Also, wir werden das

---

83 Gingium ist ein pflanzliches Mittel, nicht verschreibungspflichtig. Es wird zur symptomatischen Behandlung von hirnorganisch bedingten Leistungsstörungen (Gedächtnisstörungen, Konzentrationsstörungen, depressive Stimmung, Schwindel, Ohrensausen, Kopfschmerzen) eingesetzt.

so machen, er kriegt Traubenzucker" und er hat so kleine Töpfchen für ihn gehabt, so Apothekentöpfchen, und dann stand drauf Spezial(-Ohrenhilfe) für Herrn Scholz (2), so, und die warerst mal waren die auch preiswerter, weil ich mit denen da nech ((leicht fragend)), ging richtig ins Geld dieses Gingiumgekaufe, weil er hatte ja immer nen bisschen Geld in ner Tasche (2), und dann ähm sagte der Apotheker zu mir, sagt er: „Wissen Sie Frau Scholz, es wird aber Folgendes passiern, er hat diese Töpfchen immer dabei, er wird in andere Apotheken gehen und die werden, die da steht ja meine Telefonnummer drauf, die werden anrufen hier und die werden fragen, darf ich dann sagen, was was", „na", hab ich gesagt, „selbstverständlich, das müssen die ja wissen", und dann hatten wir nachher ein Netzwerk von acht Apotheken, die mitgemacht hatten, bis nach B-Stadt bis eine Apotheke bis nach B-Stadt (2), wo er überall Spezial(-Ohrenhilfe) bekam, also des war wirklich äh toll, dass (1) ich hab, ich muss sagen, sobald ich erklärt habe, was mit ihm is, kann ich mich wirklich in keinster Weise beklagen, ich hab immer immer warn die Leute hilfsbereit und und haben äh verstanden, was was mit ihm los is (2)".

Das Fremdwerden der eigenen Biographie und ungelebtes Leben: Entscheidung gegen einen Berufseinstieg

In Katharina Scholz' lebensgeschichtlicher Erzählung lassen sich Strukturen ungelebten Lebens entdecken, die im Zusammenhang mit der Entscheidung gegen eine Berufslaufbahn/berufliche Karriere und einer Entscheidung für das Familienleben stehen. Die ausgewählte Interviewpassage illustriert zugleich und erneut eines der zentralen Strukturprinzipen der Erzählung: Das Dasein für andere rangiert vor der Realisierung einer eigenen Karriere:

„K.S.: ich hab eine Diplomarbeit gemacht, das war ein Exposé für einen Trickfilm (2), eine Handlung, die ich fiktiv erfunden habe, das war ein Film mit Stecknadelfiguren, sportlich und da mussten wir eine eine äh theoretische Abhandlung schreiben, dann hab ich äh, gehörte dazu ne Handlung, Rollenverteilungen, nen Plakat ähm Skript, alles äh musste entworfen werfen, und da hat mir unheimlich die Filmproduktionsfirma XY geholfen, da bin ich ähm, weil ich über Trickfilmemachen und so ja eigentlich nicht so viel Ahnung hatte, ham die mir sehr sehr geholfen, und meine Diplomarbeit war ziemlich gut, die hätten mich auch ähm von der Filmproduktionsfirma gerne übernommen, aber wir wussten damals schon, wir waren verlobt erst und ham dann im Sommer achtundsechzig geheiratet, des war nen halbes Jahr bevor ich Diplom gemacht habe, und ähm, da war uns eigentlich klar, wir wollten Kinder haben und mein Vater hat damals auch ne ganze Menge Drehbuch und so was alles gemacht und der sagte, ich könnte bei ihm im Büro mitarbeiten, natürlich äh war das mehr so_n Teilzeitminijob, aber ich wollte, ich hatte so die Vorstellung, also ich will immer nen bisschen arbeiten, aber aber ich will auch für die Kinder da sein, für uns war klar, wir beide, wir wollten Kinder haben, heute würd ich sagen, absoluter Unsinn, ich hätte beides machen können, aber damals was das eben noch so, und_äh, ich hatte auch zeitweilig überlegt, ob ich vielleicht Kamera mache oder so was, und dann dann hieß es dann immer: „Ja, du nimmst ja den andern den Job weg" und so was, nech, das war noch so ne Zeit, wo das alles so_n bisschen, noch nicht so ganz richtig, ich war auch, ich war auch, denk ich mal, leicht zu lenken, wenn man mir das so gesagt hat (2), ich hab mich nicht so auf die Hinterbeine gestellt und hab gesagt: „Ich will", wenn ich das gemacht hätte, dann wär ich schon nach Südeuropa gegangen, des des hab ich schon nicht gemacht, und_äh, ja, wir ham dann also im Sommer achtundsechzig geheiratet, eine rauschende Hochzeit".

Die Erzählerin stellt klar, dass sie eine ambitionierte Studienabschlussarbeit geschrieben hat und alles auf einen viel versprechenden Berufseinstieg hindeutet. Der Aspekt der individuellen Leistung und das daraus resultierende Stellenangebot werden hervorgehoben. Der Verzicht auf den Berufseinstieg wird als notwendige Entscheidung – entweder Beruf oder Familie – dargestellt, die die Familienmitglieder und die ‚Zeitumstände' nahe legen. Die Möglichkeit, in das Berufsleben einzusteigen, wird zugunsten eines Lebens für den Mann und die erwünschten Kinder zurückgestellt. Die Entscheidung orientiert sich an traditionellen Normen und Werten. Die Erzählerin richtet sich auf ein Familienleben ein und passt sich an Bedingungskonstellationen (geschlechtsspezifische Rollenverteilung) an. In der Rückschau, in den bilanzierenden Passagen wird die Trauer über den Verlust einer (möglichen) Karriere, die eine Anhäufung von ökonomischem und kulturellem Kapital verspricht sowie ein Moment der Selbstverwirklichung enthält („Ich will"), transportiert. Ungelebtes Leben ist als Verzicht auf ein Berufsleben im Feld des Künstlerischen zu begreifen. Im Horizont einer selbstreflexiven Auseinandersetzung wird die Lebensausrichtung auf Familie in Frage gestellt und das eigene Verhalten sowie die im Kollektiv getroffenen Entscheidungen, die teils als Übernahme der Einstellungen und Erwartungen anderer („ich (...) war auch, denk ich mal, leicht zu lenken") vorgestellt werden, kritisch bilanziert. In diesem für weibliche Mitglieder der Nachkriegsgeneration im bürgerlichen Milieu vielleicht nicht unüblichen Lebensentwurf spiegeln sich neben dem ungelebten Leben auch Facetten des Fremdwerdens der eigenen Biographie. Pädagogische Intervention könnte hier, gemeinsam mit der ‚Klientin', mögliche Anschlüsse im Bereich des Kreativ-Künstlerischen thematisieren.

4.2 Biographische Erzählung und das Themenfeld ‚(Alkohol-)Abhängigkeit'

„Sucht, wie sie heute gesehen wird, ist eben (auch) das Ergebnis langer Klassifizierungsarbeit – d.h. eines symbolischen (um Symbole geführten) Kampfes um die Durchsetzung einer Sicht der sozialen Welt. Mit ‚Sucht' werden die Phänomene gebündelt und ‚zur Ansicht gebracht'. Die entsprechenden Konzepte ‚existieren' in den Köpfen der Betroffenen, in den Regeln ihrer Beziehungen und der des jeweiligen Umfeldes zu ihnen. Suchtkonzepte sind in den Strukturen des Behandlungssystems, den therapeutischen Institutionen und ihren Vorgehensweisen ebenso ‚materialisiert' wie sie sich in gesetzlichen Vorschriften äußern" (Degkwitz 2005: 66).

4.2.1 Informationen zum Interview und Erzähleinstieg

Auch das narrative Interview mit Frau Linda Ahlers wurde eigens für das Buchprojekt erhoben. Die Erzählerin ist sich im Klaren, dass sie aufgrund ihrer Suchterkrankung um eine lebensgeschichtliche Darstellung gebeten wurde. Die Aufnahme fand 2006 in einer therapeutischen Einrichtung statt. Bei den hier veröffentlichten Passagen handelt es sich zum einen um das vollständige Eingangssegment, das in berichtender Form gehalten ist. Zum anderen wird das komplette Schlusssegment abgedruckt, aufgrund seines Umfangs werden aber nur Teile der Feinanalysen präsentiert. Der Schluss ist vorrangig im Modus der Textsorte Erzählen gehalten.

Das Eingangssegment dokumentiert zunächst ein durch die Interviewerin in Richtung Erzählaufforderung bzw. Interviewmodalitäten gewendetes Gesprächsfragment. Die Ratifizierung des Gesprächsauftrages erfordert einige turn-takings, bevor Frau Ahlers, klassisch, mit dem Datum ihrer Geburt, in die Erzählung einsteigt. Der Erzähleinstieg wird in berichtender Form gestaltet, auch ist das Eingangssegment durch zeitliche Blenden, durch Vor- und Rückschauen geprägt: Wechsel innerhalb der temporalen Struktur sind konstitutiv für die Passage. Mit Blick auf das Textstück ist anzumerken, dass Symbolisierungen, die Erlebnisse/Ereignisse im Horizont des Familiären auf besondere Weise veranschaulichen, von Bedeutung sind. Geschildert werden die familiären Lebensbedingungen in Ostdeutschland, die die ersten Lebensjahre der Erzählerin, bis zur Flucht der Familie in die Bundesrepublik, qualifizieren.

„I.: da läuft es auch schon mal, L.A.: ((lacht)), I: und sagt (Stefan) hier läuft es auch schon mal, das ist doch was, ähm, ja, es ist das, ähm, vom Vorgehen her, ich würde Sie bitten, dass Sie mir ihre Lebensgeschichte erzählen, L.A.: jo, kann ich, I.: alles, was Sie erzählen möchten und ich unterbrech Sie gar nicht und ich hör zu und schreib mir_n bisschen was auf, so dass ich später, wenn Sie fertig sind, noch vielleicht nen ein paar Fragen stelle, L.A.: mhm, I.: ja ((fragend)), L.A.: gut, also von Anfang an denn ((fragend)), I.: genau, gerne, L.A.: (ob) dass ich jeboren bin, gut, I.: ((lacht)), L.A.: ((lacht)) ja, wann bin ich jeboren ((fragend)), am X.ten im Sommer neunzehnhundertdreiundfünfzig, bin nen Einzelkind, meine Mutter war früher mal Einzelhandelskauffrau, denn als ich zur Welt kam hat sie, war sie nur Hausfrau, mein Papa hat in einem großen Elektronikbetrieb jearbeitet, sehr lange, sehr viele Jahre, war Elektriker (2), ja, ((atmet hörbar aus)) (   ) ich bin in Ostberlin geboren und war dort bis zu meinem siebten Lebensjahr, siebeneinhalb so was war ich, also, kurz vor dem Mauerbau sind meine Eltern mit mir geflüchtet, sind wir rüber in den Westen, det war (schon) nen bisschen harte Zeit, also, ich fang mal noch mal von Ostberlin an, wo ich Kind war, ich hab damals war ich sehr oft krank geworden, ich hab also viel so mit, wenn ich Schnupfen hatte, hatte ich auch gleich hohes Fieber, I.: mmh, L.A.: na ja, musst ich also als Kind schon sehr sehr viel das Bett hüten, was mir ja nun gar nicht gefiel, denn, an was ich mich so erinnern kann, in Ostberlin, da war ja alles sehr knapp, also meine Eltern hatten nicht viel Geld, und dann das, was wir gekauft haben (2), ja, war auch sehr rar in Ostberlin, nun hatte mein Papa allerdings auch nen bisschen Westgeld, weil ja im Großbetrieb war im Westen, also meine Eltern nannten sich Grenzgänger, wurden dann auch an der Grenze immer, ab und zu kontrolliert, was se in den Taschen hatten (2), äh ja, wie (Milch) zum Beispiel, was ich also dringend brauchte für meinen Knochenaufbau und so weiter, weil ich eben sehr anfällig immer war, sollte meine Mutter immer aus_m Westen kaufen und Bananen, die gab_s in Ostberlin auch nicht (2), ((hustet kurz)) und das ham se auch gemach, ich kann mich noch an Ostberlin erinnern, ich lebte da in Berlin-Mitte, in der zweiten Etage, da hatten wir ein ein großes, ein sehr großes Zimmer, nen Kachelofen stand noch drin, nen brauner, das weiß ich noch (3), denn ((langgezogen)) meine Oma väterlicherseits lebte mit in der Wohnung, die hatte nen kleineres Zimmer (2), war aber oft bei ihrer Tochter, die hatten von Grundstück, da hat sie also im Sommer sehr viel draußen gelebt, aber wir haben trotzdem nur dieses eine Zimmer quasi bewohnt, dann hatten wir noch ne große Küche und daran grenzte eine Kammer, die auch sehr geräumig war, aber ick hatte immer Angst vor diese Kammer, da, ich glaub, waren die Kohlen gestapelt, das war also was Schwarzes und ne Schneiderpuppe, die auch schwarz war, und dann hat war ich mal unartig, dann hat meine Mutter mich da erst mal verhauen und dann hat se mich da einjesperrt, im Dunkeln, und seitdem hab ich Angst, also nicht direkt vor Dunkelheit, aber ich gehe zum Beispiel auch nich in_n Keller rein, also, ich hab nen Keller zu Hause, den aber benutze ich überhaupt nicht, da kriegen mich keine zehn Pferde mehr rein, und ich hab auch Schwierigkeiten, wenn ich irgendwo fremd bin, zum Beispiel auch hier in der Einrichtung A, das erste Mal im Keller war, da bin ick ganz vorsichtig, hab nur jebetet, dass das Licht nicht ausgeht, ne, also, hab ich mich inzwischen dran jewöhnt, also ist es nicht mehr ganz so extrem, (2) ja ((langgezogen, lautes Einatmen)), und denn war ((langgezogen, atmet laut aus)) bei mir da in der gan- ganze Kiez, wenn wir spazieren gingen oder einkaufen, furchtbar viel Ruinen, das hat mich auch nen bisschen erschreckt, mmh, weil das war also so jewesen, man konnte noch mit in den Zimmern, noch in den halben Zimmern reingucken, und hatte man auch die Möbeleinrichtung sogar noch entdeckt und das hat mich also ewig verfolgt, und daran denke ich auch heute noch sehr oft ((Räuspern)) (2) ja, denn sind wie jesagt, (wenn) meine Eltern (   ) aus der Schule, bin ich eingeschult worden, (   ) noch erzählen, in Kindergarten bin ich selten gegangen, weil ick, wie jesagt, sehr oft krank war, und dann sind meine Eltern mit mir geflüchtet, kurz vor Mauerbau (2), und da hatt ich nur meinen Puppenwagen, da haben wir das Nötigste reingepackt, also was weiß ich, für Papa, Mama zwei Pullover, von mir noch zwei, drei Sachen und denn hatten wir an, alles doppelt und dreifach hatten wir uns anjezogen, (2) ja, dann hatten wir meinen Teddybären da auch reinjesetzt ((lacht kurz)), in_n Kinderwagen, dann sind wir über die Grenze jeschuchtelt, ne, wir durften ja, wir waren ja Grenzgänger, (2) na, dann waren wir hier im Westen, dann sind wir nach Marienfelde gekommen, ins Aufnahmelager (2)".

Wie erwähnt, folgt nach der Klärung der Interviewmodalitäten eine klassische Eröffnung: Neben Geburtsdatum (1953) und -ort (Ostberlin) werden die Berufe der Eltern erwähnt. Der Vater ist Elektriker, die Mutter Verkäuferin, sie bleibt nach der Geburt ihres ersten und einzigen Kindes zu Hause (Hausfrau). Das traditionelle Format des schriftlichen Lebenslaufs ist für den Auftakt konstitutiv und dient der ersten Orientierung. Vom traditionellen Format ist hier insofern die Rede, als dass das lange Zeit gültige Schema, im tabellarischen Lebenslauf, neben Namen, Geburtsjahr/-ort, aktueller Anschrift, auch die Geburtsdaten und Berufe der Eltern sowie die Geschwister – der Hinweis „Einzelkind" folgt diesem Skript also ebenso – anzuführen, von leicht abweichenden Darstellungsformaten abgelöst worden ist (allgemein zur konstitutiven Funktion dieser institutionalisierten Strukturmuster, die des Öfteren zu Beginn einer lebensgeschichtlichen Erzählung eingesetzt werden, vgl. Fuchs-Heinritz 2005: 33f.). Den knappen Darstellungsstil behält Frau Ahlers eingangs bei und thematisiert anschließend die Flucht der Familie aus der ehemaligen DDR in den westlichen Teil Deutschlands – nach dem Krieg und vor dem Mauerbau („kurz vor dem Mauerbau sind meine Eltern mit mir geflüchtet"). Mit der Aussage „sind wir rüber in den Westen, det war (schon) nen bisschen harte Zeit" wird zugleich die Lebensphase in Ostdeutschland vorankündigend bilanziert und der Wechsel des Darstellungsmodus eingeleitet: Was die schweren Zeiten ausmacht, lässt sich nicht als einfache Aneinanderreihung geschichtlicher Daten bzw. Ereignisse formulieren – die im strengen Sinne jedoch für Mitglieder einer Gesellschaft Bedeutungsrahmen aufspannen (Stichworte: Nachkriegszeit, Besatzungszonen, Entstehung zweier deutscher Staaten) –, sondern fordert narrative Muster oder Erklärungen. Im Prinzip aber hat Linda Ahlers schon erste ‚Strukturweichen' im Hinblick auf die folgenden Ausführungen gestellt: Es ist wahrscheinlich, dass nun eine Geschichte artikuliert wird, die sich durch ihre Schwere auszeichnet, durch die Verbalisierung dramatischer Ereignisse bzw. Erlebnisse. Obwohl die These einer verlaufskurvenförmigen Darstellung verfrüht scheint, ist qualitativ eine Fokussierung gegeben: Die Zeit bis zur Flucht in die Bundesrepublik wird vermutlich unter negativen Vorzeichen abgehandelt. Der Textsortenwechsel und die inhaltliche Präzisierung deuten sich im Hinweis „fang mal noch mal von Ostberlin an" an, ein Erwartungshorizont wird aufgebaut, der sich im thematisch-zeitlichen Feld einer lebensgeschichtlich detaillierten Rückschau auf eine ‚problematische Kindheit' bewegt. Die im weiteren Verlauf angesprochenen Problemhorizonte lassen sich wie folgt zusammenfassen. Linda Ahlers veranschaulicht ihre ‚schwere Kindheit' an den Themen

- Krankheit,
- knappe finanzielle Ressourcen in der Familie,

- beengte familiäre Wohnbedingungen,
- Gewalt in der Familie,
- Angst.

Krankheit, Armut und Angst, so ließe sich konstatieren, versinnbildlichen im Eingangssegment die Schwere des Lebens. Im Berichtsstil führt die Interviewte aus, dass sie als Kind häufig krank ist und aufgrund dessen zu Hause, im Bett bleiben muss, eine Situation, die negativ kommentiert wird („was mir ja nun gar nicht gefiel"). Später wird sie einschieben, dass diese Situation dazu führt, dass sie nicht nur in ihrer Bewegungsfreiheit, sondern auch hinsichtlich ihrer Teilhabe am sozialen Leben eingeschränkt ist („in Kindergarten bin ich selten gegangen, weil ick, wie jesagt, sehr oft krank war"). Doch zunächst wird die ohnehin negativ konnotierte Situation durch die materielle Situation im Ostdeutschland der 1950er Jahre, durch die gesellschaftlichen Rahmenbedingungen („in Ostberlin, da war ja alles sehr knapp") erschwert; die Idee der „Mangelgesellschaft" DDR (Lindner 2003: 187) taucht in der Erzählung auf. Der Westen avanciert über die exotische Frucht der Banane, die zur Verbesserung der gesundheitlichen Konstitution von Frau Ahlers beitragen soll, zum Symbol für materiellen Wohlstand und scheidet den Osten, in dem „Grundprobleme in der Versorgung" (ebd.) vorliegen, vom Westen.[84] In der Erzählung zeichnet sich eine Verschränkung der Themen Krankheit und (relative) Armut ab. Gemildert wird die problematische Lage dadurch, dass der Vater im Westen Geld verdient und die Eltern diejenigen Lebensmittel im Westen beschaffen können – „Grenzgänger" –, die zur Verbesserung der gesundheitlichen Konstitution notwendig sind. Die Armut, die angesprochen wird, vereint in sich unterschiedliche Momente: Über die „Unzulänglichkeit in der Verfügbarkeit über materielle Ressourcen" wird ebenso gesprochen wie über eine eingeschränkte „Lebensqualität" und die „Beeinträchtigung der Gesundheit" (Mansel 2002: 115). Die für die relative Armut angeführten Gründe tangieren sowohl die gesellschaftlichen Rahmenbedingungen als auch die materielle Ausstattung in der Familie. Doch werden die Eltern zunächst als fürsorgliche Menschen vorgestellt, denen das Wohlergehen des Kindes am Herzen liegt. Dieser erste Eindruck wird in den weiteren Ausführungen – mit Blick auf die Mutter – relativiert.

---

84 Nun ist der symbolische Gehalt der Banane kaum Gegenstand wissenschaftlicher Abhandlungen. Doch wird anderenorts darauf verwiesen, dass sie nach „dem Zweiten Weltkrieg (...) zum Symbol für Konsum, Wohlstand und die freie westliche Welt" wurde (o.A. 2007: o.S.). Im Kontext DDR erlangte die Südfrucht zusätzlich symbolische Bedeutung durch die satirische Kommentierung der Wende in der *Titanic* (vgl. ebd.; MDR 2007; Spiegel 2007).

Detailliert beschreibt Frau Ahlers die Wohnsituation in einem Mehrgenerationenhaushalt in den fünfziger Jahren. Die Mutter des Vaters wohnt bei der Kernfamilie. Obwohl sie nicht permanent anwesend ist und teilweise bei ihrer Tochter lebt, hält die Familie ein Zimmer für sie frei. Vier Menschen leben in zwei Zimmern, drei Familienmitglieder teilen sich einen Raum. Diese Situationsbeschreibung lässt sich als Ausdruck von Armut dechiffrieren:[85] Solche Wohnbedingungen und das relativ niedrige Familieneinkommen gelten in Forschung und Fachliteratur als Indikatoren für Armut (vgl. Böhnke 2002: 50f.).[86] Gelegentlich wird in der Literatur darüber hinaus ein Zusammenhang zwischen „beengte(n) Wohnverhältnissen", Armut und Gewalt in der Familie diskutiert (vgl. Lamnek/ Ottermann 2004: 160, 35; Helmhold-Schlösser 2004: 69ff., 90, 120) – auch Linda Ahlers verschränkt die Themen Wohnverhältnisse, Armut und häusliche Gewalt, wenngleich die Themenbereiche nicht explizit oder kausal zusammengeführt werden.[87] Um die Strukturen der im Interview thematisierten Gewalt zu analysieren, wird zunächst eine Definition präsentiert:

---

85 Im Prinzip behandelt die Sprecherin das Thema Kinderarmut. Ähnlich wie im Kontext der nachstehenden Erörterungen zu Gewalt (in der Familie) handelt es sich auch hier um ein Thema, dass erst seit jüngstem verstärkt wissenschaftliche Aufmerksamkeit erfährt: „Die Armutsbetroffenheit von Kindern und Jugendlichen bildet seit den neunziger Jahren einen Schwerpunkt in der Armutsforschung" (Groh-Samberg/Grundmann 2006: 12).
86 Aktuell wird von Armut gesprochen, wenn Menschen „über ein niedriges Einkommen verfügen, das den allgemeinen Versorgungsstandards in Deutschland nicht mehr entspricht" (Böhnke 2002: 45, 49). Vom gegenwärtigen Standpunkt aus trifft diese Perspektive auf die im Interview geschilderte Situation zu, in Rechnung zu stellen ist aber, dass von den fünfziger Jahren in Ostdeutschland die Rede ist: (Relative) Armut ist in diesem Zusammenhang als Lebenssituation zu beschreiben, die viele Menschen betraf. So resümiert Steiner, dass es in den 1950er Jahren „durch die forcierte sozialökonomische Umgestaltung auf dem Land und die Beschleunigung des Industriewachstums" zu einer „akute(n) Wirtschafts- und Versorgungskrise" kam (2004: 84), die sich Ende der 1950er abschwächte und zu Beginn der 1960er Jahre einen neuen Höhepunkt erreichte (vgl. ebd.: 119f.). Zu einer etwas abweichenden Beurteilung kommt Ciesla, der enorme Wachstumsraten feststellt und für die Zeit 1952/53, 1956 sowie 1960/61 von „ernsthaften Wachstumseinbrüchen" ausgeht (1997: 1f.). Generell aber gilt, dass „Rationierungen [die Lebensmittelrationierung wurde 1958 aufgehoben, B.G./H.R.G.], Ernährungs- und Versorgungskrisen, der Wohnraumknappheit, der Zusammenbruch des sozialen Wertesystems und das Empfinden des sozialen Abstieges während des Krieges und in der unmittelbaren Nachkriegszeit tiefe Spuren im Gedächtnis der Bevölkerung" hinterließen (ebd.: 7f.). Ein ‚unvollständiges' Warenangebot war auf gewisse Weise ‚Normalität' (vgl. ebd.: 8).
87 Auch im Hinblick auf die Wohnverhältnisse sind der Zeithorizont und die räumliche Situation zu berücksichtigen: In der DDR waren Wohnungen „Mangelware erster Ordnung" (Ciesla 1997: 9, ausführlich ebd.: 9f.), Wohnraummangel somit Ausdruck einer allgemeinen Lebenslage. Zum Zusammenhang Armut/Wohnverhältnisse im Allgemeinen vgl. ferner Masel 2002: 116, zum Zusammenhang Armut/sanktionsorientierte Erziehungspraxen bzw. Neigung zu harten Strafen und willkürlicher Disziplinierung vgl. Merten 2002: 145.

„Gewalt als Handeln lässt sich indes (wertneutral) definieren als (Versuch der) Beeinflussung des Verhaltens (Denkens, Fühlens, Handelns) anderer mittels der Anwendung oder Androhung von physischem und psychischem Zwang. Dieser richtet sich im Fall häuslicher bzw. familiärer Gewalt gegen Personen, die ständig oder zyklisch zusammen leb(t)en und miteinander intim oder verwandt sind: Lebens-/Ehepartner, Geschwister, (Stief-)Kinder und (Groß-)Eltern. Häusliche Gewalt kann ihren Anwendern als legitim (normkonformes Verhalten) und sozial nützlich (sozialintegrative negative Sanktion) oder als illegitim (abweichendes Verhalten) und sozial schädlich (desintegrative soziale Aggression) erscheinen. Die Reaktion auf häusliche Gewalt ist eine Frage ihrer Interpretation und die jeweilige Interpretation (als legitim/ nützlich versus illegitim/schädlich) ist abhängig von kollektiven Deutungsmustern sozialhistorischer, soziokultureller, geschlechterstereotyper und milieutypischer Art" (Lamnek/Ottermann 2004: 173).

Die Gewalt, die Frau Ahlers thematisiert und die von der Mutter nicht angedroht, sondern ausgeübt wird, ist eine doppelte, bezieht sich auf physische („hat meine Mutter mich da erst mal verhauen") und physisch-psychische Strafen („dann hat se mich da einjesperrt"). Das ‚Weg-, bzw. ‚Einsperren' birgt in sich beide Elemente: Der Entzug von ‚Bewegungsfreiheit' tangiert Leib und Psyche. In der Erzählung werden aber vor allem die psychischen (Langzeit-)Wirkungen der Gewaltanwendung betont. Bevor die Konsequenzen näher betrachtet werden, ist es angebracht, einen Augenblick bei den Erklärungsmustern zu verweilen. Die Frage, ob Linda Ahlers die Strafe als gerechtfertigt oder illegitim konzipiert, lässt sich nicht ohne weiteres beantworten. In der Erzählung ist zu erfahren, dass den Bestrafungen ein spezifisches Verhalten vorausgeht: „war ich mal unartig". Dass ‚unartiges Verhalten' eine Form der Reaktion/Sanktion provoziert, ist der Darstellung als Begründung inhärent. Dem Verhalten der Mutter haftet aus Sicht der Sprecherin ein Moment des „Normkonformen" an, wenngleich aus heutiger bzw. moralischer Warte die Qualität der Maßnahmen unangemessen erscheint – unabhängig davon, welche kindlichen Handlungen den Reaktionen vorausgingen.[88] Die in der Erzählung auffindbare relative Uneindeutigkeit hinsichtlich der Gewaltperspektive kann im Rekurs auf Waldenfels reflektiert werden, der Unschärferelationen zwischen Opfer und Mitopfer, Täter- und Mittäterschaft generell für konstitutiv hält (2000: 17f.). Auch wenn in seiner Abhandlung Formen kollektiver Gewalt meist im Mittelpunkt stehen, sind die Ausführungen doch aufschlussreich:

---

88 Lamnek/Ottermann bemerken, dass es sich bei Gewalt per se um soziale Definitionen bzw. soziale Konstrukte handelt (2004: u.a. 171f.), die wiederum, in ihrer Eigenschaft als soziale Deutungsmuster, historischem Wandel und kultureller Differenz unterliegen (ebd.: 19ff., 32f.). Was den zeitgeschichtlichen Kontext betrifft, ist festzuhalten, dass Gewalt in der Familie, wie die zitierten Autoren im Rekurs auf Gelles konstatieren, erst „im letzten Viertel des 20. Jahrhunderts ‚von einer privaten Frage' (...) zu einem sozialen Problem, das verstärkt in den Blickpunkt der Fachwelt, der Öffentlichkeit und der Politik" rückte, avancierte (ebd.: 21); erst 2000 wurde das (elterliche) Züchtigungsrecht abgeschafft (ebd.: 31).

> „Ein Moralist, der die Gewaltverhältnisse eindeutiger macht als sie sind, indem er Licht und Schatten, Gut und Böse strikt voneinander sondert, verfälscht nicht nur die Sachlage, er schadet auch den Opfern, indem er ihnen ein Übermaß an Moralität, Selbstlosigkeit und Heroismus abverlangt – als hätten nicht auch Opfer ein Recht auf Gewöhnlichkeit. Opfer sind nicht Opfer, weil sie Heilige oder Heroen sind. Daß es außergewöhnliche Menschen unter ihnen gibt, die mehr riskiert und mehr von sich hergegeben haben als andere, weckt zu Recht unsere Bewunderung; Achtung gebührt aber ebenso dem ‚gewöhnlichen' Opfer" (2000: 18).

Die Konturen des Opfer- bzw. Gewaltdiskurses bleiben in der Erzählung unscharf, da Täter- (Handlungen der Mutter) und Mittäterschaft (unartig) nicht im Feld moralischer Schuld und Unschuld verhandelt werden. Nicht auf dieser Ebene werden die Handlungen der Mutter kommentiert, die keinesfalls ‚schuldfrei' gesprochen wird: Vielmehr fokussiert die Erzählerin eine dauerhafte psychische Disposition, die in den strafenden Aktionen der Mutter ihren ‚Ursprung' findet. Symbolisch aufgeladen – die Passage zeichnet sich durch eine „über das unmittelbar Wahrnehmbare hinausgehende tiefere Bedeutung" (Schweikle 1990: 451) aus – wird von der Kammer berichtet, in der sich Kohlen und eine Schneiderpuppe befinden. Die in der Erzählung erwähnten Gegenstände teilen die nähere Bestimmung ‚schwarz' ebenso wie die Situationsbeschreibung („einjesperrt, im Dunkeln"). Im europäischen Kontext haftet dieser Farbe meist etwas Negatives an, assoziiert wird ein „Versinken im Dunkeln, in der Trauer, der Finsternis" (Aeppli 1984: 276).[89] Die Schneiderpuppe erinnert zudem an den „schwarzen Mann", ein Konzept, das im europäischen Zusammenhang oft mit Hoffungslosigkeit und Düsternis zusammengedacht wird (vgl. ebd.) und (kulturell) mit der Idee des ‚Fremden', des ‚Bedrohlichen' und ‚Unheimlichen' Hand in Hand gehen kann. Jenseits einer konkreten Festlegung oder (psychoanalytischen) Deutung des symbolischen Gehalts lässt sich festhalten, dass die sprachliche Form der Thematisierung Dramatik entfaltet, die ihren konkretesten Ausdruck im Interview im Begriff der Angst findet, der immerwährende Gültigkeit zugeschrieben wird: für die Vergangenheit („ick hatte immer Angst vor diese Kammer") bis hin in eine (antizipierte) Gegenwart und (mögliche) Zukunft („seitdem hab ich Angst").

Um die andauernden Konsequenzen des mütterlichen Handelns zu illustrieren, wird ein Zeitenwechsel eingebaut. Auch heute noch bereitet es Frau Ahlers Probleme, in den Keller zu gehen. Die (ehemalige) Angst vor der Kammer, vor der Bestrafung, wird erzählend in eine (andauernde, aktuelle) Angst vor dem Keller transformiert. Hinsichtlich des Kellers ist zu konstatieren, dass er „allgemeingültigen Symbol-Charakter" (Aeppli 1984: 248) besitzt. Als ein Raum des

---

[89] Auf esoterische Literatur wird in der Rekonstruktion nur insoweit rekurriert, als dass immer auch generalisierte Anmerkungen zum Symbolgehalt zu finden sind. Ausschließlich in diesem Sinne findet diese Literatur in der Interpretation Berücksichtigung, die psychoanalytisch inspirierte (Traum-)Deutung ist ansonsten ohne Belang.

Hauses steht er oftmals für Unerlaubtes, Gefährliches, für Angst und Bedrohliches; Erinnerungen an den Keller werden oft mit der Lebensphase Kindheit assoziiert (vgl. ebd.: 247f.). Obwohl es in unserem Kulturkreis nicht ungewöhnlich ist, den Keller negativ, mit Angst zu besetzen, charakterisieren weitere Aspekte die Darstellung im Interview. Bei der Angst vor dem Keller – und Frau Ahlers betont, dass es nicht die Dunkelheit an sich ist (eine Form der „common fears", vgl. Bourke 2005: 136), sondern der Keller, der angstbesetzt ist – handelt es sich gewissermaßen um eine Form der „specific phobias, which included being afraid of objects or situations that generally inspired no fear" (ebd., ausführlich zur Differenzierung gewöhnliche/klinische Angstformen, die auf Freud zurückgeht, vgl. ebd.: 136ff.), von der erzählt wird.[90] Flöttmann unterscheidet zwischen realer und nichtrealer Angst, um auf Unterschiede hinzuweisen. Für die nichtreale Angst gilt, dass sie

> „bewußt oder unbewußt einer Vorstellung, die angsterzeugend ist (entspringt). Es können alle Situationen im Leben Angst erregen. Alles kann uns Angst machen, solange wir einer Person oder einem Ding soviel Kraft und Macht zuschreiben, daß sie über uns überhandgewinnen [sic!] und uns ängstigen. Angst ist bei vielen Menschen ein Produkt ihrer Phantasie" (2005: 17).

Fantasie spielt bei der assoziativen Reihe Strafe-Kammer-Kohlen-Puppe-Dunkelheit-Schwarz-Keller sicher eine Rolle. Wesentlich ist, dass im Fall der Darstellung von Linda Ahlers der Dimension des Unbewussten keine Funktion zugeschrieben wird. Allerdings wird der Keller insofern mit Macht ausgestattet, als dass er zu Vermeidungsstrategien führt („ich hab nen Keller zu Hause, aber den benutze ich überhaupt nicht, da kriegen mich keine zehn Pferde mehr rein"). Im Prinzip beschreibt die Sprecherin in der Passage die Entwicklungsgeschichte einer Phobie. Geschildert wird die Entstehung einer nichtrealen Angst vor dem Keller, die in ihrem ‚Ursprung' jedoch „an eine reale Situation" (Hoffmann/ Hochapfel 1995: 99) – in der Erzählung: Bestrafung durch die Mutter – und „ein Objekt" (ebd.) – die Kammer – gebunden ist. „Angstfreiheit" ist nur durch die „Vermeidung der furchterregenden Situation" (ebd.), also den Verzicht auf einen Gang in den Keller, zu erreichen. In diesem Zusammenhang muss allerdings betont werden, dass ein Merkmal der „phobischen Störung" erzählerisch nicht voll ausgestaltet wird: die „nennenswerte Einschränkung", ein Leiden im alltäglichen Leben (ebd.) aufgrund der Angstgefühle. Frau Ahlers gibt ihren Ängsten nicht total nach, ist in ihrem Handlungsspielraum nicht absolut eingeschränkt. Sie geht in den Keller, geht mit ihren Ängsten aktiv um („hier in der Einrichtung

---

90 Um Missverständnisse zu vermeiden: Auch der Exkurs in die Neurosenlehre dient nicht der psychoanalytisch oder -therapeutisch motivierten Betrachtung des Interviewmaterials. Vielmehr soll mithilfe der theoretischen Bezüge die Art der Selbstpräsentation ausgearbeitet werden.

A, das erste Mal im Keller"). Zum entspannten Gang in den Keller kommt es zwar nicht, doch die Gewöhnung nimmt der Angst ihre ‚Spitze': „also, hab ich mich inzwischen dran jewöhnt, also ist es nicht mehr ganz so extrem, (2) ja ((langgezogen, lautes Einatmen))". Die ausleitenden parasprachlichen Äußerungen unterstreichen indessen, dass in der Erzählung vom fremdverursachten Leid, dem Auswirkungen bis auf den heutigen Tag zugeschrieben werden, die Rede ist. Angst wird von Frau Ahlers nicht nur im Kontext häuslicher Verhältnisse ausbuchstabiert. Auch das durch den Krieg zerstörte Deutschland, der im Interview skizzierte lebensweltliche Raum („Kiez") flößt Angst ein: „furchtbar viel Ruinen, das hat mich auch nen bisschen erschreckt". Die furchtbaren und zugleich faszinierenden Bilder der Kindheit – so der Narrativ – behalten ihren Schrecken bis auf den heutigen Tag („das hat mich also ewig verfolgt", „daran denke ich auch heute noch sehr oft"). Wie zuvor wird auch hier indirekt ein Zusammenhang zwischen Gewalt (Krieg, Zerstörung) und entstandenen Ängsten formuliert. Das Segment ‚Kindheit in der DDR' endet mit der Republikflucht der Familie Ahlers. Anfang der sechziger Jahre, eine Zeit, in der viele Menschen – nach einer kurzen Phase der wirtschaftlichen Entspannung – den Osten unter anderem wegen der „wirtschaftlichen Schwierigkeiten und Engpässe" sowie dem „niedrigen Lebensstandard" verlassen (Steiner 2004: 105, ausführlich 105f.), flüchten die Ahlers aus Ostberlin. Nur das „Nötigste" kann mitgenommen werden, die Flucht selbst gestaltet sich aufgrund der Erwerbstätigkeit des Vaters im Westen als geringfügiges Problem. Das Motiv der Republikflucht wird nicht näher erläutert, indirekt jedoch über die erörterten Vorsorgungsengpässe plausibel. Das Segment endet mit der Ankunft im „Aufnahmelager" auf westdeutscher Seite.

‚Ich bin ein ängstlicher Mensch', die äußeren Lebensbedingungen und die innerfamiliäre Situation haben mich zu diesem Menschen werden lassen – so lautet eine der zentralen kommunikativen Botschaften des Eingangssegments, die zugleich Identität herstellt. Gewalt und Armut, die sich auf den Ebenen materielle Versorgung, Essen, Gesundheit und Wohnen artikulieren (zu diesen Strukturdimensionen vgl. auch Butterwegge u.a. 2003: 145), sind Konstituenten, die mit der Form der Ich-Präsentation verwoben sind. Die eigenen (widerständigen) Handlungspotenziale scheinen eingeschränkt, es sind die signifikanten anderen oder die gesellschaftlichen Umstände, die in der Erzählung Effekte zeitigen (Verlaufskurvenstrukturen des Erleidens). Zur vollständigen Handlungsunfähigkeit kommt es allerdings nicht; eine Spur von Widerständigkeit schimmert durch den Text, die im Moment der Faszination oder des Gangs in den Keller zum Ausdruck kommt. Was die thematische Entwicklung der Geschichte betrifft, so ist anzunehmen, dass sich das Thema schweres Leben, durch äußere Umstände und durch andere (mit)verursacht, als konstitutiv erweist. Ob eine voll ausgebaute Verlaufskurvenstruktur oder widerständiges Handeln in den Mittelpunkt der Darstellung rückt, ist anhand des Schlusssegments zu klären – vielleicht wird aber auch die sich andeutende fragile Balance gehalten. Dass die Themen Alkohol und Angst Schnittmengen aufweisen, darauf verweist zunächst nicht die Erzählung, sondern die Fachliteratur. Die Frage, ob und inwiefern Angst und Alkoholstörungen korrelieren, wird hier breit diskutiert (stellvertretend vgl. Zimmermann 2003; kurz Lindenmeyer 1999: 14), inwiefern in der Erzählung ein Zusammenhang aufgebaut wird, ist zu prüfen.

4.2.2 Das Ende der Stegreiferzählung und Zusammenfassung

Das Segment, das der Schlusskoda vorausgeht, ist im Fall der Erzählung Linda Ahlers' sehr umfangreich. Eine akribische Darstellung der Analyse, wie sie für das Eingangssegment vorgenommen wurde, lässt sich nicht realisieren. Aufgrund dessen werden einleitend einige zusammenfassende Bemerkungen präsentiert, um im Anschluss gezielt auf die Schlusskoda (Bilanzierung) und einzelne Passagen bzw. Themenkomplexe einzugehen. Im Zentrum der Rekonstruktion stehen Reibungen zwischen Fremdzuschreibung/Fremdbestimmung und Widerstand/Eigeninitiative und die damit verbundene Struktur der ‚Zwei-Stimmen', mittels derer die Sprecherin Ambivalenzen, die sich im Spannungsfeld von ‚Vernunft'/‚Rationalität' und ‚Emotion'/‚Widerstand' entfalten, zum Ausdruck bringt. Der Angst, die als thematisches Element auch im Schluss auftaucht, wird eigens Aufmerksamkeit gewidmet.

Im Schlusssegment wird auf die aktuelle Lebenssituation hin erzählt, auf die Umstände, die zum Aufenthalt in der Suchtklinik geführt haben. Im interaktiv-szenischen, also: dialogischen, und im monologischen Modus wird ausgeführt, welche Ereignisse und Gedankengänge dem Aufenthalt vorausgingen. Ein Treffen mit Freunden und schließlich eine Geburtstagsfeier liefern soziale Anlässe, um die zuvor praktizierte, ‚gemäßigte' Trinkkultur aufzugeben, eine Phase, der wiederum exzessives Trinken aufgrund einer gescheiterten Liebesbeziehung vorausging. Das Trinken führt zu Krankschreibungen, zu Fehlzeiten auf der Arbeit. Linda Ahlers, die als Verkäuferin in einem großen Warenhaus arbeitet, erzählt vom drohenden Arbeitsplatzverlust und ihrer ambivalenten Position. Die Betriebsrätin, der Personalabteilungsleiter und der Hausarzt sind in ‚Klärungsprozesse' involviert; die „Entgiftung" scheint der einzige Weg, um eine Kündigung und die imaginierte Verarmung/Verelendung abzuwenden – unter diesen Bedingungen realisiert Frau Ahlers den Entzug. Anschaulich ist von den Prozessen und Kontakten, mit denen der geplante und umgesetzte Entzug verbunden ist, die Rede: vom Kontakt mit der Krankenkasse, mit den Ärzten, den

Nachbarn, die die notwendigsten Dinge während des Klinkaufenthaltes erledigen sollen, von Gesprächen mit der Freundin. Die Erstversorgung im Krankenhaus, die ‚Zwischen- und Endstation' Drogenberatungsstelle, die Tagesklinik und ihr Personal spielen eine Rolle. Auffällig ist, dass die Sprecherin immer wieder mit der (Fremd-)Etikettierung „Alkoholikerin" hadert und sich diesen Zuschreibungen gegenüber ‚widerständig' verhält.

„L.A.: ja ((langgezogen)), und denn (bis halt) zweitausendfünf (3), wann war das jewesen ((fragend)), das war Mitte Oktober, da hatte ich den einen Samstag, da hatte ich frei, ich hatte langes Wochenende, Samstag und Montag Freizeit (2) und Samstag war ne Feier bei mir im Kiez, in meiner Kiezkneipe, wo ich ja immer auch hinging, wo ich auch Freunde habe, übrigens auch immer noch Freundschaften habe, allerdings sehr gering, also, es ist mal, ein, zwei Freundschaften sind das quasi nur noch (3), und_äh, ja, dann hab ich auch wieder Wein jetrunken und Sonntag war nen Jeburtstag, da musst ich also auch wieder hin (2), da hatte ich mir aber vorgenommen: „Mensch, trink nicht so viel (2), sonst_äh kriegste vielleicht die Kurve nicht", aber wie das so ist, weil man weiß, man ist stark (2), man fühlt sich top (2), also, ich hatte wieder viel jetrunken, und det hatte zur Folge Montag hatt ich ja noch frei: „Gott sei Dank", dacht ich, „dass du noch frei hast", aber ich war mittags immer noch, hatte noch ne Klatsche (   ), war ich innerlich so unruhig, so aufjeregt, aber nich, weil ich nen Saufdruck hatte, sondern es ging mir einfach schlecht, ich hatte Herzrasen, all so was, weil (2), na ja, weil der ganze Alkohol mir eben nicht bekommt, ne (2), viel jejessen hab ich auch wieder nicht, wenn ich trinke, kann ich nichts essen (2), also, was hab ich gemacht, bin runter jejangen, ich blöde Kuh, und hab ne Flasche Wein jekauft (2), ja, und statt nur ein Glas zu trinken oder zwei Gläser, mit der Pegel sich wieder hochrichtet (2), nee, dann ging_s mir ja wieder gut, mhm, und_äh als es Abend war, war die Flasche auch leer (2), und des Spielchen fing wieder von vorne an, Dienstag wurd_s mir halt wieder schlecht, ich schämte mich tierisch, dachte: „Oh Gott, oh Gott, du kannst doch jetzt nicht bei deinem Arbeitgeber wieder anrufen", das muss ich dazu sagen, dadurch, dass ich das ganze Jahr (2), letzte Jahr über, also ein bisschen, also doch relativ getrunken hatte, also immer sehr regelmäßig getrunken habe, wollen wir_s mal so ausdrücken, war ich auch öfters krank, fühlte ich mich nicht, und dann hab ich mich auch oft krankschreiben lassen, nun dacht ich nur: „Mein Gott, du kannst dich ja nicht schon wieder krankschreiben lassen, geht doch irgendwo nicht", denk: „Was machste ((fragend))", na ja, dann hab ich mein mal nachjeschüttelt und denn war ich so wieder auf dem Stand L_M_A_A, mir allet scheißejal, denk ick: „Ach", denk ich, dann hat mich das alles irgendwo jeärgert, denk: „Immer die Quälerei im Kaufhaus, das muss ich noch machen bis zu meinem fünfundsechzigsten Lebensjahr" hat mir die B_F_A jesagt, und die anderen, die sind arbeitslos, haben nen schönet Leben, teilweise, äh, wusste ich, dass einige auch kein schönes Leben haben, aber, denke ne, die sollen mich alle mal kreuzweise, ich lass mir einfach kündigen, und dann, hab ick mal nen bisschen Ruhe, und det waren so meine Gedanken in meinem Suffkopf (2), ja, hab ich mich natürlich wieder nicht jemeldet beim Arbeitgeber, Telefon ging (noch), (sag) ich: „Lass die da anrufen", ick det immer wieder jelöscht, bis, und irgendwann ging mir det uff nen Geist, und dann denk ich: „Jetzt rufste an und machste klare Verhältnisse", ich den Betriebsrat angerufen, Gott sei dank den Betriebsrat (2), und sagte: „Hör mal zu Eva", sie sagte, ach so jesagt: „Was ist denn los ((fragend))" und so, „ja, du, äh, ich fühl ma nich", „ja, warum gehste denn nicht zum Arzt ((fragend))", „ach", sag ich, „du weeßte, mir geht det allet, det is mir allet zu viel", sag ich, „du, ich schä_schäm mich ooch, dass ich dauernd meine Kollegen im Stich lassen muss, dass ich dauernd fehlen musste", sa_ick, „ich will einfach nicht mehr", sag ich, „komm", sag ich, „schickt mir die Kündigung und labert mich nicht mehr weiter voll", „kannste doch nicht machen ((ausrufend))", stell dir doch mal vor, du verlierst deine Wohnung", das, jenes, ach, det rauschte an mir vorbei bis zum Gehtnichtmehr,

149

„überleg dir das mal", „ja, ja", sag ick, ich sag: „Du, egal und tschüss", nächsten Tag, also sie hat immer wieder anjerufen, immer wieder, immer ((langgezogen)) das gleiche Spiel, irgendwann wurd ich dann ooch mal nen bisschen nüchterner (3), war wieder deshalb, weil ich dann Angst bekam, weil_s mir dann wieder schlecht_s, sehr schlecht jing, also der Alkohol hat dann auch nicht mehr jeholfen, oder ick hätt noch mehr trinken müssen, aber davor hatt ich Angst, also hatt ich so was wie nen kalten Entzug (3), nennt sich das kalter Entzug ((fragend)), I.: ja, L.A.: ((lautes Ausatmen)) und_äh, hab ich dann selbst jemacht, ja, und, die mich immer wieder vollgequatscht und ich denke: „Ja, mein Gott, janz Unrecht hat se ja nicht, ja (2), ist wahrscheinlich doch nicht so günstig, wenn de jetzt dir kündigen lässt", jetzt bekam ich jetzt natürlich Angst davor (2), „na ja", sagt se, „der Personalchef", sagt sie, „so wie et aussieht, komm heute noch vorbei", sagt se zu mir, „sonst winkt dir die Kündigung", nun muss ich aber dazusagen, dass ich den Morgen auch noch mal was jetrunken hatte (2), und ick merkte, dass ich also ooch noch ne Fahne hab, dass ich mich noch nicht, dass ich noch unsicher auf_n Beinen war (2), „na ja", dacht ick mir, „heute kannste auf keinen Fall hin, ne", dann hatt ich mich vom Arzt noch mal krankschreiben lassen, hatt ihm aber auch erzählt, wat Sache is, „ja", sagt er, „Sie sind reif für_n Neurologen" (3) ((stöhnt)), ja, na ja, und dann bin ich Samstag von mir aus hab ich gar nichts mehr weiter gemacht, Samstag früh hab ich mich angezogen, und bin komischerweise, es ging mir körperlich relativ gut, hatte mich selbst jewundert, war auch ganz ruhig, dachte: „Na ja, wahrscheinlich wird er dir jetzt wirklich kündigen (3), kannste det jetzt (   ) ooch nicht ändern" ((lacht kurz)), weiß nicht, also, ich war noch nicht so (   ), vielleicht wahrscheinlich doch noch nicht ganz so klar im Kopf, bin dahin, und er hat mich dann natürlich tierisch beschimpft und hatte x_mal jesagt: „Sie sind jekündigt", hat mir die Kündigung aber noch nicht hinjelegt, das hab ich registriert und denke: „Na ja, du darfst ja im Notfall, zwei Abmahnungen darf man ja haben", das wusste ich, und da ich ooch so lange dabei bin, hab ich also kombiniert und denke: „Vielleicht versucht er et ja doch noch mal mit mir, aber nur, wenn du natürlich sagst, jawoll, du machst äh einen Entzug, von dem Gedanken war ich natürlich weit entfernt, denn ich dachte ja immer noch: „Oh, bin (doch) keine Alkoholikerin", sicher, ich hatte den Ausrutscher, klar (2), na ja, gut, aber dann wurde mir der Stuhl unter_m Po nen bisschen zu heiß, et es sah denn so aus, dass ich ihn dann doch mehr oder weniger bekniete und sagte: „Ja, Herr Meierhoff, helfen Sie mir doch, sagen Sie mir, wat ick machen kann", „machen Sie ja doch nicht ((ausrufend))", sagt er, „sie sind ja Alkoholikerin", „Gott", denk ich, „dieset schreckliche Wort, der soll damit uffhören", blieb aber janz ruhig und sagte wieder: „Was raten Sie mir denn ((fragend)), was kann ich denn machen ((fragend))", ja, und dann sagte er: „Also, erst mal zum Arzt, am Montag (2)", sagt er, „dann zur Entgiftung", (na) so wat hatt ich, im Kopf, hab ich schon oft das jesehen im Fernsehen, wenn die Leute da anjeschnallt im Bett liegen, „oh Gott", dacht ich, „da kommt ja wat auf dich zu", „ja", sagt er, „und dann ent_entgiften", und bis zum Mitt- bis Mittwoch will er das schriftlich bei sich, bei ihm auf_m Schreibtisch haben, ansonsten, ohne Kommentar krieg ich die Kündigung, na, nun war das ganz gut, das war Samstagvormittag, dann bin ich nach Hause entlassen worden, und dann hatt ich den Samstag, den halben Samstag und den ganzen Sonntag Zeit zu überlegen, was machste nun (2), drolligerweise jetrunken hab ich nichts mehr, ich hab den Rest, den ich noch zu Hause hatte, hab ich weggeschüttet, ja ((langgezogen)), (2) so richtig gut ging_s mir immer noch nicht, körperlich, mein ich, aber ich hab dann jedacht: „Verdammter Schiet, dir ist das ja schon mal passiert und wenn dir det noch öfters passiert, irgendwann landeste tatsächlich inne Gosse", ich meine, ich kannte mich ja auch und ich weiß, dass ich auch sehr sensibel bin, sehr labil bin (3), „ja", dacht ick, „ist vielleicht ((lautes Ausatmen)) vielleicht doch ganz gut, wenn du_s, wenn du_s machst", jetzt kam die nächste Frage: „Gott, wie sag ich_s denn jetzt den Nachbarn ((fragend))", denn ich wusste, so wat dauert nen Vierteljahr (2), oder ein halbes Jahr sogar, erst hatte mir ja jesagt, I.: muss ich ein Mal umdrehen [Kassettenwechsel], L.A.: (   ) red ich eigentlich (schon) (   ) langsam, zehn ist schon, oh ((ausrufend)), ick bin ja jut, wa ((fragend)), I.: ja, L.A.: meine Biographie hat ooch ne Stunde jedauert, aber da hab ich nicht so viel (   ) berichtet, I.: ((lacht kurz)), L.A.: so_n paar Kleinigkeiten, aber dat fällt einem erst immer hinterher ein, I.: det stimmt, L.A.: (jetzt läuft wohl schon) ((fragend)), I.: hmhm, genau, L.A.: ((räuspert sich laut)), ja, nen halbet Jahr weg von zu Hause, dachte ich: „Großer Gott, deinen unmittelbaren Nachbarn", dacht ick, „musste det Elend, musste reinen Tisch machen", weil, die haben ja auch die Schlüssel von meiner Wohnung und die müssen ja wissen, wat mit mir los ist, die Post muss nachjeschickt werden, wenn wat Wichtiges is, so, deiner Freundin musste Bescheid, überhaupt den Freunden, „oh Gott oh Gott", dacht ich, „da kommt ja jetzt noch was auf dich zu", ne (2), „na ja", dacht ich, hatt ick immer noch so die stille Hoffnung: „Vielleicht ist ja mein Alk- Leberergebnis (   ) gar nicht mal so schlecht, vielleicht brauch ich det ja allet jar nicht, vielleicht ((Lachen)) erübrigt sich das noch (2), denn ich bin ja keine Alkoholikerin (2), ja, also ich bin dann montags zum Arzt, hab ihm, ohne Termin natürlich gesagt, hab ihm jesagt, was vorjefallen ist, „oh ja", sagt er, „da müssen Se zur Entgiftung", ich sag: „Was passiert denn da ((fragend))", „na, das werden Sie sehen", meint er, „ja", dacht ick, „ist ooch ne nette Antwort", „na ja", sagt er so, und dann hat er mir den Überweisungsschein gegeben, dann musste, hab ich, musst ich auch immer zwischendurch im Betriebsrat anrufen, musste über jeden Schritt, Infos geben, ja, dann sagten die: „Ja, dann geh mal zur Krankenkasse, das ist in der B-Straße", wusst ich aber, „dass sie dir nen Stempel da reingeben, sonst wenn de det erst hinschickst, und kommt bis des wieder zurück ist, vergeht noch ne Woche", ((räuspern)) na, harmlos wie ick bin, bin ich da hin, die mir nen Stempel reinjemacht, und jetzt hatt ich die Telefonnummer nicht, also hatte man mir nen Krankenhaus empfohlen, Einrichtung B, C-Straße, Krankenhaus B, ich sollte da anrufen, da hatt ich auch angerufen, schon von Zuhause aus, aber die Nummer stimmte nicht, war ne falsche Nummer, die man mir gegeben hatte (2), na ja, und die Krankenkasse, die fragte ich denn, die guckte im Computer und siehe da, sie hatte die neue Nummer und sagt: „Na ja, können Sie gleich von hier aus machen, wenn Sie wollen", „och, na", dacht ich, „ist ja janz praktisch, wa", ich ruf an, wie jesagt, das war montags um vierzehn Uhr, das werde ich nie vergessen (2), rufe da an, da ist die Stationsschwester dran: „Ja, um was geht_s denn ((fragend)) (   ) Station für Inneres", „ja", sag ich, „ich hab so_n bisschen viel jetrunken, ich soll hier zur Entgiftung", „ja, da müssen Se erst mal zur Krankenkasse und überhaupt", ich sag: „Ja, das hab ich, sitze hier", sag ich, „Stempel hab ich auch", „ach, das ist ja schön, warten Sie mal", sie blättert, ich hörte, dass sie umblättert, und dann sagte se zu mir: „Dann machen wir gleich mal nen Termin", guckt se, „ja, seien Sie mal gleich morgen früh um neun Uhr hier", na, ich bin fast vom Stuhl gekippt, ich sag: „Das geht nicht", „warum ((fragend))", sagt sie zu mir, ich sag: „Nee, ich lebe alleine, ich muss mich ja erst mal um meine Wohnung kümmern, ich muss erst mal jemand haben", sag ich, „der da (2) Blumen gießt und all so was", ich sag: „Det, kann nicht so schnell kommen", sag ick (2), nun hatte ich ja gedacht, ich könnte noch ein paar Tage rauszögern, war aber nicht, also, sagt se: „Na, haben Sie Angst ((fragend))", und ich ganz cool: „Nö, ich hab keine Angst", nee, ick hatte nur Herzrasen, mehr hatt ich nicht ((lacht auf)), weiche Knie, ja, dann sagte sie: „Na ja, Sie können auch am Mittwoch kommen", meinte se dann, „aber Sie rufen mich vorher noch mal an, morgens um achte möchte ich, dass Sie mich anrufen und denn sind Sie um halb zehn hier", dann ist Ihr Bett auch frei, werde ich das so lange freihalten", sagte sie, na ja, gesagt getan, denk ich: „Mein Gott, das ist ja nun nicht mehr lange, wa" (2), na ja, also musst ich Montag meinen Nachbarn Bescheid sagen, dann hab ich meine Freundin angerufen, hab ihr erzählt, wat ist, meine Nachbarn kamen aus alle Wolken: „Wie, Du bist Alkoholikerin ((fragend)), haben wir noch noch nie gemerkt", ich sag: „Na, ich fühl mich auch nicht als solche", „ach, na ja, dat wird sich alles uffklären, pass mal auf, du musst bestimmt nicht zum Entzug, det is Quatsch", meine Freundin hat sich gleich totgelacht am Telefon, die sagt: „Na, find ich ja lustig", sagt sie, „(   ) du trinkst zwar janz jerne mal einen", sagt se, „aber Alkoholikerin, nee, darunter verstehe ich janz wat anderet", na, sie kam dann auch noch rum, hat mich noch getröstet und hat mich dann Mittwoch ins Krankenhaus B gefahren, na ja, musst ich drei Tage dort im Bett liegen, war inzwischen stocknüchtern, denn ich hatte ja selber fünf Tage (2), wie man so schön so sagt, entgiftet, indem ich nichts mehr getrunken hatte, fühlte mich also topwohl, denn bekam ich, war war nen Zweibettzimmer, ne Bettnachbarin (2), der ging_s weniger gut wie mir, die hatte kurz bevor sie kam noch ordentlich einen gezwitschert (2), na, war denn nicht so anjenehm für mich (2) ((lacht kurz auf)) (2), ja ((langgezogen)), und dann kam die Ärztin, und dann wurde untersucht und denn fragte ich irgendwann, so nach zwei Tagen, sag ich: „Na, wie hoch ist denn nun mein (Gamma_)Wert jewesen ((fragend))", denke bei mir im Stillen: „Ätzschibätschi, du kannst ja gar nicht, keinen erhöhten Gammawert mehr gehabt haben, nach fünf Tagen, ne, nichts jetrunken, ha", hatte aber immer noch fünfundsechzig (2), zwar war ich da das Küken der Station, denn fünfundsechzig, da haben sich die anderen Mitpatienten ja totjelacht (2), damit konnten sie nischt anfangen, also, unter vierhundert hatten die wenigsten (2), na ja ((lautes Ausatmen)), aber da hab ich erzählt, dann musst ich erzählen, wie viel Wein ich denn so trinke, wenn ich denn mal Wein trinke, ich sag: „Na ja, vier Glas Wein (2)", sag ich, „ich hab aber ooch immer selber Pause jemacht, nicht, weil ich dachte, jetzt wird det zu viel, sondern einfach so, weil ich keine Lust auf Weine hatte oder, dann hab ich auch nichts jetrunken, hat mir dann auch nicht jefehlt, ne, hab dann schon mal drei Wochen ausjesetzt, mal zwei Wochen, mal auch nen Monat (2), mal auch sechs Wochen, das war also sehr sehr unterschiedlich" (3), ja ((kurzes Ausatmen)), aber nichts so trotz: „Sie haben Alkoholmissbrauch jemacht und Sie leiden unter Kontrollverlust", oh, nen janz neues Wort, na ja, kann ja vorkommen (2), ich fühlte mich immer noch nicht als Alki, dann ham sich dort Selbsthilfegruppen vorjestellt, im Krankenhaus B, fand ich sehr interessant, sehr spannend, was die anderen so erzählten, „Gott", dacht ich, „da wär ick ja schon tot, wenn dann hört ich, der eine hat zwei Flaschen Wodka am Tag getrunken, „mein Gott", dacht ich, „wie hat der dat jemacht", na ja (2) ((hörbares Ausatmen)), und dann hatt ich nen langes Jespräch mit dem Oberarzt (2), det war so, na ja, fünf Tage vor meiner Entlassung, ich war insgesamt vierzehn Tage dort drin (2), und er versuchte mir immer zu vermitteln, dass ich eben doch eine <u>Alkoholikerin</u> bin, äh, und war ich, irgendwie, dacht ick, nee, wir sind also nicht zu Potte jekommen, dat Jespräch wurde nie beendet, er wurde dann auch wegjerufen, meinte: „Ja, wir führen ((lacht)) das dann später mal weiter", ich war froh, dass wir_s nicht weiterführten, es war mir unsympathisch, das Gespräch, fühlte mich sehr unwohl dabei (3), dachte, bin dann dort raus, hab gedacht: „ Na ja, also, okay, Alkoholikerin, nee, da versteh ick wat anderet drunter, wenn ich höre, wat die allet jetrunken haben" (3), ja ja, und denn musst ich mich aber nun um einen Platz bemühen, zur Ent- äh, zur zur zum Entzug und hab ich die ganzen Namen gehört, Einrichtung D, Einrichtung E, och, die hatten alle schon richtig Erfahrung, meine Mitpatienten, „och, Einrichtung E, det is schrecklich da", hört ick und „das ist so, ja, Einrichtung D, da ist es <u>ganz schön</u> ((langgezogen))", denn hört ick aber ooch, ick muss mein Zimmer teilen mit noch einer Nachbarin, „oh Gott", dacht ich, „nicht mal Einzelzimmer haben die da, dann irgendwie, uff_m Dorf, und det im Winter, in ner kalten trüben Jahreszeit, nen Vierteljahr wusste ick, also, ich wusste inzwischen sechzehn Wochen werden_s sein, „na toll", denk ich, „sechzehn Wochen nicht nach Hause kommen" (2), also, ich war richtig ein bisschen verzweifelt, denke: „Mensch, wat mach ick bloß ((fragend)), <u>wat mach ick bloß</u> ((fragend, laut ausrufend))" (2), irgendwann fiel mir ein, dann hab ich, hatten die da ne große Kiste, im Aufenthaltsraum, da konnte man sich also so raussuchen, waren so Flyer, Prospekte (2), na, ich buddelte drin rum, und es fiel mir ein Flyer in ne Hand, in die Hand, und da stand drauf Tagesklinik A, „oh", denk ick, „was ist das denn ((fragend))", ne, ich das mitjenommen auf mein Zimmer, nun hab ich mir das durchjelesen, teilstationär, „Mensch", denk ich, „da kannste abends nach Hause", (stand auch drin) ((lautes Einatmen)), stand auch drin, wie lange, ich tagsüber in der Klinik bin (4), stand drin, Voraussetzung ist, dass ich eine Wohnung, eine eigene, oder nen eigenen, oder nen Wohnsitz habe, sagen wir_s mal so, eignet Zimmer oder eigene Wohnung, dass das soziale Umfeld bei mir stimmt, na, und das hatt ich eigentlich, hatte meine Wohnung, hatte meinen Bekannten- und Freundeskreis, hatte auch meine Arbeit noch (2), tja, „Mensch", denk ich, „das wäre was, das wär_s vielleicht, da könnt_s Glück haben", na, ich hab denn mit meiner Zimmernachbarin drüber jesprochen, die sagt: „Na, für mich wär das nichts", hat sie mir gleich den Wind aus se Segeln jenommen, sagt se: „Ich brauch Abstand, ich brauch Ruhe von meiner Familie", die hatte nen richtigen Zwist mit ihrer Familie jehabt, ja, und da hatt ich ja nun nichts mit am Hut, denk ick: „Mensch, da rufste an, stand auch die Telefonnummer, Frau Siebert, gleich vom Krankenhaus B aus da angerufen, Frau Siebert hatt ich nicht erreicht, aber dafür Frau Albert war am Apparat (2), ja, und ich das Ganze eilich jemacht, ich sag: „Ich brauch sofort nen Termin", na ja, sofort ging natürlich nicht ((leichtes Lachen)), wie ich mir dat dachte, „ja, kommen Sie mal nächste Woche", „nächste Woche", sag ich, „werd ich entlassen, aber", ich sag, „ich hätte das gern vorher schon mal nen Termin", „na ja, dann kommen Se", ich weiß das jetzt nicht mehr genau, Donnerstag oder Freitag war das gewesen, „kommen Se dann mal mittags vorbei, Frau Siebert ist dann da", ja, und dann sprach ich mit Frau mit Frau Siebert, erzählte ihr das auch kurz, wie meine Saufkarriere so war, und sie sagte: „Ich glaube, Sie sind hier richtig", und dann machte sie mich noch vertraut mit diesem und jenem, was ich also beachten sollte, wenn ich in die Klinik komme (2), ja, fand ich alles sehr sympathisch, und dann sagt sie: „Ja, den Dienstag ist ne äh Vorbereitungsgruppe, die ist Pflicht" (3), fängt an um halb vier, glaub ich, oder sechzehn Uhr so was war das jewesen (2), ja, und dann sag ich: „Na ja", sag ich, „nächste Woche Dienstag werd ich entlassen", „ja", sagt se, „wenn Se wollen, können Sie gleich herkommen und dann können wir uns weiter unterhalten", „na ja", sag ich, „da hab ich nen Arzttermin", sag ich, „aber den kann ich ja verschieben", so, jesagt jetan, ich hab das dann auch gemacht, bin entlassen worden, immer noch in der Meinung, na ja, Alki bin ich nicht (2), ja oder wenn, dann nur nen kleiner Alki, na ja, gut, dann bin ich in die- diese Gruppe jekommen, was schon janz spannend war, interessant, dann hab ich auch Frau Albert kennen jelernt, die war dabei, und die Gruppe hat mir och Spaß bereitet, und dann hat se die ganzen Formalitäten gesagt, ich soll dies und jenes machen, vorher hatt ich denn Frau Siebert dann auch noch mal äh in der Klinik B gesehen, das war den Tag vorher, da hatte sie, mal über die Einrichtung A jesprochen (2), hatten wir uns auch kurz noch mal unterhalten, ja, und dann war der eigentlich schon amtlich, dass ich hierherkomme, ja, dann hatt ich noch viel Rennerei, eben mit der B_F_A, dann Sozialbericht schreiben, war ich auch bei meiner Drogenberatung, die ist gleich bei mir um die Ecke, dort hab, bin ich, bin ich dann auch noch in die Vorgruppe jekommen, das war immer mittwochs, und so hat ich schon mal zwei Gruppen, und denn hab ich, wie jesagt, es hat noch vier Wochen jedauert bis ich also, die Therapie in der Tagesklinik A beginnen konnte, und in der Zeit bin ich also zu diesen zwei Vorbereitungsgruppen jegangen und bin mal zu dieser, mal zu jener Selbsthilfegruppe jegangen, um das auszutesten, was mir denn nun jefällt und was nicht, ja, und heute gehe ich also (2) schon seit längerer Zeit, zur Einrichtung K, das ist hier in der F-Straße in der Kontaktstelle, und da will ich auch bleiben, und ich habe jetzt, am XXten Februar zwölf Wochen um, Therapie, Verlängerung krieg ich natürlich keine, hab auch nicht jefragt, aber ich werde anschließend, trotz allem hier weitermachen, halbes Jahr bis zu einem Jahr, mach ich noch die Nachsorge mit, und ich hoffe, dass (ich_s) bei meinem Therapeuten machen kann, bei Herrn Wagner (2), ja, ich möchte abstinent weiter bleiben und leben (2), ich hab jetzt gelernt, wie ich mit schwierigen Situationen umgehe, falls ich mal wieder Liebeskummer hab oder Sonstiges passiert (2), was ich dann machen kann, ich weiß, dass ich jetzt, dass ich auch viel mehr über mich reden muss, wenn ich nen Problem habe, Freunde anrufen oder ebend (2) Leute aus der Selbsthilfegruppe oder ebend auch noch aus der Tagesklinik A, da hab ich jetzt auch nen zwei drei engere Kontakte geknüpft (2), ja, nu mal sehen, wie_s weitergeht, und ich will auf jeden Fall meine Arbeit behalten, also bis jetzt, durfte ich sie behalten (2), wenn ich jetzt am Ende des Monats im Kaufhaus wieder anfange, hatte man mir aber jeraten, ich sollte mit dem Hamburger Modell einsteigen, das Gespräch steht noch an mit meinem Chef, er weiß es bereits, dass ich es vorhabe, er hat es auch begrüßt, hat gesagt: „Ja, möcht ich", er steht übrigens sehr sehr hinter mir, also ihm habe ich das auch zu verdanken, dass der Personalleiter mir nicht jekündigt hatte, <u>denn</u> ((langgezogen)) mein Abteilungsleiter schätzt mich sehr (2), und ich bin ja immer noch an ner Kasse beschäftigt, denke mal (2), mache meine Sache auch ganz gut (2), ja, und er will mich behalten, und er sagt: „Steigen Sie erst mal langsam ein", und Frau Albert wird jetzt demnächst nen Je- nen Jespräch mit ihm vereinbaren und also nen Jesprächstermin und denn lern ich auch den neuen Personalleiter kennen, der alte Personalleiter ist weg, der ist jetzt woanders beschäftigt, in ner andern Filiale, ja, und dann werd ich weitersehen, hoff ich, wie jesagt, dass es mir jelingt, abstinent zu bleiben, jo, und das war_s von mir, Prost Selter".

Um die aufgestellte These von den zwei Stimmen, die den Text durchziehen, zu präzisieren, ist zwischen Rationalität und Irrationalität zu unterscheiden. Der Begriff der Rationalität ist an das Prinzip der Intentionalität gekoppelt. Generell können Handlungen, Ziele, Wünsche, Meinungen oder Normen als rational oder irrational charakterisiert werden (ausführlich Gosepath 1999). Doch interessiert uns zunächst die umgangssprachliche Dimension des ‚Rationalitätsbegriffes':

„Rationalität (...) bezieht sich auf die Fähigkeit von Personen, Verfahren des Begründens oder des Rechtfertigens zu entwickeln, ihnen zu folgen und über sie verfügen zu können. ‚Rational' wird umgangssprachlich oft gleichbedeutend mit ‚vernünftig' verwendet. Um das Gegenteil auszudrücken, stehen uns Worte wie ‚unvernünftig', ‚vernunftlos', ‚irrational' oder ‚arational' zur Verfügung. Sowohl ‚vernünftig' wie auch ‚rational' besitzen zwei Antonyme, wobei (...) ‚irrational' soviel wie ‚unvernünftig' und ‚arational' das gleiche wie ‚vernunftlos' bedeutet" (Gosepath 1999: 1337).

Dass Rationales und Irrationales nebeneinanderstehen, ist für das Schlusssegment strukturgebend. Gleich zu Beginn der Charakterisierung des Jahres 2005 wird eine Episode geschildert, die beide Elemente in sich vereint. In der Erzählung wird der Anlass des Alkoholkonsums als soziales Motiv bzw. soziale Verpflichtung konzipiert. Die Party am Wochenende mit Freunden – „Feier (...) in meiner Kiezkneipe, wo ich ja immer auch hinging, wo ich auch Freunde habe" – und ein sich anschließendes Geburtstagsfest – „Sonntag war nen Jeburtstag, da musst ich also auch wieder hin" – liefern die Trinkanlässe. Lindenmeyer erörtert die „soziale Funktion des Trinkens", die Aspekte wie Integration und Beziehungsstabilisierung beinhaltet (1999: 19), Motive, die im Interview (selbst)erklärende Kraft entfalten. Auffällig ist allerdings, dass sich Linda Ahlers in den Ausführungen zweifach positioniert:

„L.A.: hatte ich mir aber vorgenommen: „Mensch, trink nicht so viel (2), sonst_äh kriegste vielleicht die Kurve nicht", aber wie das so ist, weil man weiß, man ist stark (2), man fühlt sich top (2), also, ich hatte wieder viel jetrunken, und det hatte zur Folge Montag hatt ich ja noch frei: „Gott sei dank", dacht ich, „dass du noch frei hast", aber ich war mittags immer noch, hatte noch ne Klatsche (   ), war ich innerlich so unruhig, so aufjeregt, aber nich, weil ich nen Saufdruck hatte, sondern es ging mir einfach schlecht, ich hatte Herzrasen, all so was, weil (2), na ja, weil der ganze Alkohol mir eben nicht bekommt, ne (2), viel jejessen hab ich auch wieder nicht, wenn ich trinke, kann ich nichts essen (2), also, was hab ich gemacht, bin runter jejangen, ich blöde Kuh, und hab ne Flasche Wein jekauft (2), ja, und statt nur ein Glas zu trinken oder zwei Gläser, mit der Pegel sich wieder hochrichtet (2), nee, dann ging_s mir ja wieder gut, mhm, und_äh als es Abend war, war die Flasche auch leer (2), und des Spielchen fing wieder von vorne an".

Da wäre zuerst die monologisch-reflexive, rationale Position, die sich im Vorsatz „Mensch, trink nicht so viel", in einer selbstgewählten Handlungsanweisung spiegelt. Negative Konsequenzen, mit denen eine Zuwiderhandlung verbunden ist, werden mitpräsentiert („sonst_äh kriegste vielleicht die Kurve nicht"). Die zugrunde liegende (Handlungs-)Formel lautet: Wenn ich Probleme auf der Arbeit vermeiden will, darf ich nicht maßlos trinken, sondern muss kontrolliert trinken[91] – ein durchaus rationaler Entschluss (wenngleich Rationalität in letzter Instanz immer kulturelles Produkt dessen ist, was als vernünftig oder unvernünftig gilt). Selbstformulierte Handlungsabsichten werden jedoch im Fortgang unterlaufen („ich hatte wieder viel jetrunken"), die imaginierten Handlungsfolgen – Stress auf der Arbeit – treten nicht unmittelbar ein, der Montag ist „Gott sei dank" frei von beruflichen Verpflichtungen. Die am Sonntag nicht zur Anwendung gekommene Regel wird auf den nächsten Tag verschoben, der jedoch eigene Probleme birgt. Berichtet wird von (psycho)somatischen Problemen, von innerer Unruhe, unangenehmer Aufregung, von „Herzrasen", die aber nicht als Entzugserscheinungen verstanden werden sollen („nich, weil ich nen Saufdruck hatte"). Dem Text innewohnend, wird eine zweite Rationalität angesprochen, eine Handlungs- bzw. Erfahrungsregel gesetzt, die (zusätzlich) verletzt worden ist: Wenn ich trinke, muss ich ausreichend essen, um körperlichen Effekten am nächsten Tag vorzubeugen.[92] Offensichtlich handelt es sich beim Trinken insgesamt um einen Akt wider besseren Wissens („weil der ganze Alkohol mir eben nicht bekommt"). Montagmittag wird eine Flasche Wein gekauft, die erste Handlungsregel erneut außer Kraft gesetzt: „statt nur ein Glas zu trinken oder zwei Gläser, mit der Pegel sich wieder hochrichtet (2), nee, dann ging_s mir ja wieder gut, (...) und_äh als es Abend war, war die Flasche auch leer". Dass Elemente auftauchen, die für den medizinisch-diagnostischen Diskurs konstitutiv sind – starker Zwang, Alkohol zu sich zu nehmen, verminderte Kontrollfähigkeit über Menge und Zeitpunkt, „Vernachlässigung anderer (...) Interessen zugunsten des Alkoholkonsums", psychische/physische Effekte, „Spiegeltrinken" (Lindenmeyer 1999: 3ff.; Degkwitz 2005: 68) –, interessiert

---

91 Probleme auf der Arbeit bzw. Arbeitsplatzverlust können als klassische, „unmittelbare soziale Folgen des Trinkens" (Lindenmeyer 1999: 34) betrachtet werden.
92 Was nicht zur Sprache kommt, ist der Umstand, dass Bluthochdruck auf übermäßigen Alkoholkonsum zurückgeführt werden kann (vgl. Lindenmeyer 1999: 2).

nur sekundär;[93] im Vordergrund der Erzählung steht die Beurteilung des eigenen Verhaltens, das sich dem vernunftorientierten Duktus verpflichtet fühlt: „ich blöde Kuh". Zwei Wünsche, zwei konkurrierende Handlungsoptionen, zwei Ziele, zwei Stimmen: Diese als Kreislauf konzipierte monologische Reflexion reproduziert sich selbst, wie der bilanzierende Kommentar zur Episode zu verstehen gibt („des Spielchen fing wieder von vorne an"). Vernunft und Unvernunft, die symbolisch in der umgangssprachlichen Wendung „blöde Kuh" aufscheint, finden in der Passage keine gemeinsame Sprache. Die Darstellung zeichnet sich durch doppelte Perspektiven aus: die nüchterne – im doppelten Sinne, im Sinne von ‚vernunftorientiert' und ‚nichtbetrunken' – und jene zweite, die hier als die unvernünftige, widerständige konzeptionalisiert wird. ‚Unvernünftig' ist unterdessen nicht mit ‚sinnlos', ‚arational' gleichzusetzen. Das Unterlaufen der selbstgesteckten Handlungsziele birgt in sich Gewinne: Ein positives Selbst(wert)gefühl bzw. Empfinden, das mit dem Konsum von Alkohol einhergeht („aber wie das so ist, weil man weiß, man ist stark (2), man fühlt sich top"), sowie die eingangs erwähnte soziale Zugehörigkeit. Im Emotionalen und Sozialen liegt der Profit, der nüchtern nicht erreicht werden kann – im Gegenteil: Dem diskutierten Textfragment geht ein Blick auf ‚Trinkanlässe' und ein Blick auf die gegenwärtige Situation voraus: „wo ich auch Freunde habe, übrigens auch immer noch Freundschaften habe, allerdings sehr gering, (...) ein, zwei Freundschaften sind das quasi nur noch" – thematisiert wird hier der Verlust von Freundschaft in Zeiten der Abstinenz. Im Vordergrund der Passage steht jedoch ein traditioneller Entwurf, der bis in das 18. Jahrhundert zurückreicht: die kulturelle Idee, dass der beständige Konsum von Alkohol als eine Art „Krankheit des Willens" verstanden werden kann (ausführlich Spode 2005: 98f.),[94] die Gefühle der Scham auslöst („ich schämte mich tierisch"). Im medizi-

---

93 Spode, der sich mit dem Gegenstandsbereich ‚Alkoholismus' aus wissenssoziologischer und historischer Perspektive auseinandersetzt, weist auf die herausragende Bedeutung des Biochemikers Jellinek hin, dessen „dynamische Typisierung bestimmter Trinkmuster" durch die Integration in die Definitionen der WHO weltweite Bedeutung erlangte (2005: 107); obwohl, medizingeschichtlich betrachtet, dieses Modell kaum als neue Entwicklung bezeichnet werden kann (ebd.: 108). Grundlegend für diesen Diskurs, den auch die Interviewte punktuell aufgreift, ist die Konzeptionalisierung des Alkoholkonsums als Krankheitsmodell/-konzept, das folgende Aspekte einschließt: „Kontrollverlust, Dosissteigerung und Entzugssyndrom, Trinkertypen (...), progrediente(n) Verlauf in drei Stadien, Krankheitseinsicht erst am ‚Tiefpunkt', Notwendigkeit therapeutischer Intervention und lebenslanger Abstinenz" (ebd.: 107f.).
94 Diese ‚Krankheit' wurde zunächst im Kontext der Sünde und des moralisch verwerflichen Handelns verhandelt, etwas später, gegen Ende des 18. Jahrhunderts, wurde die Idee des Nervenleidens und der Vergiftung mitasoziiert: Alkoholische Getränke bzw. „Branntwein", so wurde angenommen, „sei ein ‚schleichendes Gift', das die Organisation von Gehirn und Nerven zerstört und damit die Fähigkeit zur Selbstkontrolle" (Spode 2005: 98).

nisch-fachlichen Diskurs werden derartige Phänomene oft unter dem Begriff des Kontrollverlustes verhandelt:

> „Es geht dabei um die Fortsetzung eines Konsumverhaltens trotz wahrgenommener negativer Folgen dieses Verhaltens, um vergebliche Versuche den Konsum einzuschränken oder einzustellen sowie um die Beeinträchtigung anderer Interessen zugunsten des Substanzkonsums. (...) [Es, B.G./H.R.G.] ist davon auszugehen, dass der Kontrollverlust (oder die verminderte Kontrollfähigkeit, impaired control) das gesellschaftlich relevante Merkmal von Abhängigkeitsverhalten und das eigentlich Krankhafte darstellt" (Uchtenhagen 2004: 14).

Allerdings fokussieren diagnostische Ansätze meist problematische Aspekte, die Gewinne, die jedoch grundsätzlich auch zu erzielen sind, werden ausgeklammert (vgl. ebd.: 15).

Das skizzierte Darstellungsprinzip der doppelten Stimme ist auch für die nachstehenden Äußerungen bedeutungsvoll, in denen der Fortgang der Geschichte im Horizont des antizipierten Problems ‚drohender Verlust des Arbeitsplatzes' ausgeführt wird. Auch hier werden unterschiedliche Positionen eingenommen. Eine erneute Krankschreibung, die als Handlungsoption auftaucht, wird als riskant eingestuft („du kannst dich ja nicht schon wieder krankschreiben lassen, geht doch irgendwo nicht") und doch durch das konkrete Handeln forciert („dann hab ich noch mal nachgeschüttet und denn war ich so wieder auf dem Stand L_M_A_A)". Es wird der Versuch unternommen, eine schöne Welt der Arbeitslosigkeit, frei von Verantwortung und Verpflichtung,[95] zu konzipieren, die von rationalen Einschätzungen begleitet wird („Immer die Quälerei im Kaufhaus, das muss ich noch machen bis zu meinem fünfundsechzigsten Lebensjahr" (...) und die anderen, die sind arbeitslos, haben nen schönet Leben, teilweise, äh, wusste ich, dass einige auch kein schönes Leben haben"). Der „ewigen Wiederkehr des Gleichen" – der ungelösten Problematik Arbeit(splatz)erhalt) – wird die utopische Figur eines von Mühsal und Qual befreiten Lebens gegenübergestellt, deren fiktiver Charakter sich graduell durch die Beobachtung der äußeren Welt offenbart.[96] Trotz eingeschränkter Überzeugung steht die Strategie, sich kündigen zu lassen, zunächst im Vordergrund. Die Idee, dass sich dann „Ruhe" einstellt und der Circulus vitiosus zu seinem (vielleicht paradiesischem) Ende findet, begründen diese Entscheidung, die als Antwort der betrunkenen, unvernünftigen Stimme, die eine bessere Welt verspricht, auf eine prob-

---

95 Der Druck sozialer Verantwortung und Verpflichtung spiegelt sich unter anderem im Gespräch mit der Betriebsrätin. Den Kollegen und Kolleginnen auf der Arbeit aufgrund der Krankschreibungen zur Last zu fallen, wird mit dem Gefühl der Scham in Zusammenhang gebracht. Scham bzw. die Vorstellung, sich dieser Situation durch die Kündigung entziehen zu können, verweist zudem auf das Themenfeld ‚soziale Angst'.
96 Die zitierte Wendung ist Bestandteil einer Abhandlung von van Reijen zum Thema Utopie (ders. 1999: 112).

lematische Situation vorgestellt wird („waren so meine Gedanken in meinem Suffkopf"). Linda Ahlers bleibt der Arbeit unentschuldigt fern, der Arbeitgeber meldet sich wiederholt telefonisch, was eine Zeit lang ignoriert wird.[97] Schließlich fällt die Entscheidung, die Situation aktiv zu klären und die Kündigung aktiv herbeizuführen.

Jenes sich anschließende, szenisch gestaltete Gespräch mit der Betriebsrätin stellt die ‚andere Sicht' auf die Situation wieder her. Obdachlosigkeit und Verelendung gibt die Arbeitnehmervertreterin als mögliche Folgen der geplanten Handlung zu bedenken („„„stell dir doch mal vor, du verlierst deine Wohnung", das, jenes").[98] An dieser Stelle findet ein qualitativer, hingegen kein struktureller Wechsel in der Erzählung statt: Die Stimme der Vernunft ist nun nicht länger Bestandteil eines inneren Monologs, sondern Äußerung eines signifikanten anderen. Die von Eva Radek in Rechnung gestellte Perspektive wird gehört und gleichzeitig, zumindest zeitweise, überhört. Das Thema Krankmeldung, der Weg zur Vermeidung der Entlassung, hält erneut Einzug in die Darstellung und wird beharrlich von der Betriebsrätin zur Sprache gebracht. Besonders interessant ist die kommentierende Aussage zur Situation: Die Metapher des Spiels parallelisiert die Strukturen des inneren Monologs und des Dialogs. Gleichgültig, ob Momente der Selbstreflexion oder Interaktionssituationen geschildert werden, der Kommentar bleibt derselbe: Das „Spielchen fing wieder von vorne an", „immer ((langgezogen)) das gleiche Spiel". Das Spiel unterscheidet sich dadurch, dass Mitspieler in der inneren oder der äußeren Welt ihren Ort finden können, doch scheint dies zweitrangig. Was also können diese metaphorischen Wendungen bedeuten? „Die Spieltheorie (...) betrachtet soziale Interaktionen als strategische Entscheidungssituationen, in denen rationale Individuen (...) eine rationale Entscheidung zu fällen suchen (Entscheidungstheorie)" (Lahno/Kliemt 1999: 1493). Das „spieltheoretische Grundproblem" lautet: „Was heißt es, unter den Bedingungen allgemeiner strategischer Interdependenz, rational zu entscheiden?" (ebd.). Im Selbstgespräch oder im Gespräch mit anderen geht es um die Frage der (vernünftigen) Entscheidung und diesbezüglich sensibilisiert der theoretische Verweis. Nach wie vor ist Ambivalenz hinsichtlich einer Entscheidung – auf die nun auch die Umwelt drängt und Einfluss nimmt – das zentrale Merkmal der Passage, in der zwei konträre Positionen, zwei Haltungen, in der Handlungsoptionen und Konsequenzen vorgestellt werden. Die ‚vernünftige Stimme' findet im Inneren der Erzählerin und im Außen der Welt ihren Artikulationsraum, setzt sich aber nicht durch. Allerdings wäre es falsch, die Stimmen der anderen als identisch mit der im Inneren beheimateten

---

97 Auch hier finden sich Indikatoren, die Alkoholismus anzeigen: das unentschuldigte Fernbleiben von der Arbeit und erhöhte Krankschreibung (ausführlich vgl. Schlegel 2004).
98 Anzumerken ist, dass das Thema Armut bzw. Verarmung wieder auftaucht.

Stimme zu betrachten. Das Thema Fremd- und Selbstsicht wird später verhandelt, um aber der thematischen Abfolge zumindest punktuell gerecht zu werden, ist ein Blick auf die Konzeption von Angst, die erneut zum Thema der Geschichte avanciert, angebracht.

Der Körper bzw. Leib spricht in der Erzählung erneut seine eigene Sprache.[99] Der durch die Mutter ‚verletzte Leib' im Eingangssegment antwortet ebenso mit (nichtrealer) Angst wie der durch den Alkohol geschädigte Leib, dessen ‚Stimme' im Interview (abermals) zum Tragen kommt, wenn der ‚Alkoholpegel' sinkt:

> „L.A.: irgendwann wurd ich dann ooch mal nen bisschen nüchterner (3), war wieder deshalb, weil ich dann Angst bekam, weil_s mir dann wieder (...) sehr schlecht jing, also der Alkohol hat dann auch nicht mehr jeholfen, oder ick hätt noch mehr trinken müssen, aber davor hatt ich Angst".

Die zuvor geschilderten körperlichen Reaktionen auf das Alkoholtrinken wiederholen sich und verursachen Angst. Eine mögliche Reaktion wäre der (nochmals) erhöhte Alkoholkonsum, eine andere der Konsumverzicht. Was in der inneren Auseinandersetzung und im Gespräch mit der Betriebsrätin misslingt, vermag der Leib zu forcieren: Frau Ahlers ‚verordnet' sich statt Alkohol den „kalten Entzug". Angst, die sich mit den (An-)Zeichen des Körpers verschränkt, ist in diesem Fall der ‚Motor', der aus einer unentschiedenen Situation eine klare Handlungspraxis resultieren lässt, die zu Nüchternheit führt, welche wiederum und erneut den rationalen Stimmen Spielraum eröffnet. Die Stimme der Vernunft – personalisiert in der hartnäckigen Betriebsrätin – kommt an und provoziert ihrerseits die schon aus dem Monolog bekannte Angst vor dem drohenden sozialen Abstieg, vor der Kündigung („„Ja, mein Gott, janz Unrecht hat se ja nicht, ja (2), ist wahrscheinlich doch nicht so günstig, wenn de jetzt dir kündigen lässt", jetzt bekam ich jetzt natürlich <u>Angst</u> davor"). Angst geht aus Angst hervor – die lange aufgeschobene Entscheidung hat jedoch Handlungsop-

---

[99] Gewiss taucht der Körper nicht als materieller Gegenstand in Erzählungen auf, sondern nur in Form reflexiver Leiblichkeit (vgl. Kimminich 2003: XXXIV). Prinzipiell kommt der Mensch weder räumlich noch zeitlich über den Körper hinaus, der an Präsenz gebunden bleibt (vgl. Fischer-Rosenthal 1999: 21f.). Was die Unterscheidung Körper/Leib betrifft, bieten sich folgende Kriterien an: „Will man zwischen Leib und Körper (...) unterscheiden (...) kann im Bewusstseinsareal die ich-zugängliche, kognizierbare Temporalform des Körpers als ‚mein Leib' definiert werden" (ebd.: 38). Etwas anders, konkret: anthropologisch, formuliert Müller in Anlehnung an Plessner das ‚Leib-Körper-Problem': Die Unhintergehbarkeit und das Zusammenspiel von Leibsein (sinnliche Dimension) und Körperhaben (reflexive Dimension) ist eine permanente Vermittlungsleistung, die als „exzentrische Positionalität" auf den Begriff gebracht wird (ausführlich vgl. ders. 2002). Unabhängig von den Begriffsbestimmungen dürfte jedoch klar sein, dass in den Interpretationen auf die im Interview präsentierte „körperliche Artikulation im Ausdrucksfeld des Leibes" (Fischer-Rosenthal 1999: 38) Bezug genommen wird.

tionen eingeschränkt, und auch die Handlungspraxis ist in der Lage, die Vernunft unkommentiert zu ‚überholen'. Es bleibt das Gespräch mit dem Personalchef, um die Kündigung zu verhindern, doch zuerst wird eine Krankmeldung ‚zwischengeschoben': „nun muss ich aber dazusagen, dass ich den Morgen [des Gesprächs mit dem Chef, B.G./H.R.G.] auch noch mal was jetrunken hatte (2), und ick merkte, dass ich also ooch noch ne Fahne hab". Das Wie und das Warum des neuerlichen Konsums bleiben unthematisiert. Doch unabhängig von der Frage, wieso sich der erneute Alkoholkonsum nur durch seinen Vollzug und die damit verbundenen Effekte und nicht durch Erklärung zu erkennen gibt, folgt in der Geschichte ein Besuch beim Arzt[100] und schließlich das unvermeidliche Gespräch mit dem Personalchef, das – wieder entgegen eigener Intention – im alkoholisierten Zustand absolviert wird („doch noch nicht ganz so klar im Kopf, bin dahin").

Die dramatische Entwicklung spitzt sich zu, in der Situation mit dem Personalchef wird die ‚Entscheidungshoheit' aus dem Bereich der Selbst- in das Feld der Fremdbestimmung verlagert. Linda Ahlers plausibilisiert diesen Schritt damit, dass anderenfalls die Kündigung wohlmöglich unabwendbar sei („aber dann wurde mir der Stuhl unter_m Po doch nen bisschen zu heiß"). Selbstbild und Fremdwahrnehmung fallen in der szenischen Darstellung der Begegnung mit dem ‚Chef' auseinander. Während Frau Ahlers die Identitätszuschreibung ‚Alkoholikerin' in Form reflexiver Selbstvergewisserung ablehnt – „denn ich dachte ja immer noch: „Oh, bin (doch) keine Alkoholikerin" – und die auftauchenden Schwierigkeiten im Horizont des Alkoholkonsums als „Ausrutscher" qualifiziert, besteht Herr Meierhoff auf die Identitätszuschreibung Alkoholikerin. Betont die Erzählerin in ihrem Identitätskonzept die Idee des Episodenhaften, des unkontrollierbaren Zufälligen, aber Gelegentlichen, besteht der Personalchef auf die Fixierung. Diese Gegenüberstellung sensibilisiert dafür, dass neben der Selbstaussage als Identitätsaussage die „Fremdaussage als Identitätszuweisung durch die sozial Anderen" (von Engelhardt 1990: 198) einen Aspekt bei der Herstellung personaler Identität darstellen kann. Im Zuge einer derartigen Konstruktion erscheint Identität zugleich als Element von Herrschaftsverhältnissen (detailliert vgl. Wagner 1998: 65f.). Die Dimensionen Macht und Herrschaft sind im Textfragment im ultimativen Entweder-Oder angelegt: Entzug oder Kündigung. Die Protagonistin lotet Chancen, Spielräume, Möglichkeiten reflexiv aus und kommt zu dem Schluss, dass die Identitätszuschreibung – die zugleich als Zumutung Gestalt annimmt („„Gott", denk ich, „dieset schreckliche Wort, der soll damit uffhören"") – nicht abgewehrt werden kann, sondern inklusive der damit verbundenen Konsequenzen Geltung beanspruchen muss,

---

100 Der Arzt empfiehlt interessanterweise Therapie („reif für_n Neurologen") statt Entzug – in der Praxis rangiert der Entzug meist vor der Therapie (vgl. Zimmermann 2003: 14).

wenn der Arbeitsplatz erhalten bleiben soll. Definitionsmacht und Entscheidungshoheit werden abgetreten. An dieser Stelle könnte eine voll ausgebaute Verlaufskurvenstruktur lokalisiert werden, wäre da nicht die temporale Struktur der Aussage „denn ich *dachte* [Hervorhebung B.G./H.R.G.] ja immer noch: „Oh, bin (doch) keine Alkoholikerin"" zu berücksichtigen. Die Vergangenheitsform relativiert den oppositionellen Aufbau. Elias/Scotson weisen in ihrer Studie zu Etablierten und Außenseitern darauf hin, dass „Etabliertengruppen gewöhnlich einen Verbündeten in einer inneren Stimme der Unterlegenen selbst haben" (1993: 19). Das Bild der inneren Stimme passt insofern hervorragend auf die Erzählung, als die monologischen Passagen von ihrer Existenz ein beredetes Zeugnis ablegen. Die metaphorische Wendung wird anderenorts von Elias/Scotson präzisiert: Es ist die Annahme, dass Stigmatisierungen, negative, stereotype Beurteilungen durch andere konstitutiv für Selbstkonstruktionen werden können (ebd.: 271). Hahn beschreibt dieses Prinzip allgemein:

> „Selbstbilder werden manchmal vom Individuum selbst erzeugt. Manchmal allerdings übernimmt es auch Konzepte seiner selbst, die von anderen entwickelt wurden. Es ist dann für sich selbst, was andere von ihm sagen. Aber sowohl selbst-, als auch fremderzeugte biographische Konstruktionen können zu Leitsternen der Deutung der eigenen Vergangenheit und für die auf Zukunft zielenden Orientierungen in der Gegenwart werden" (2000: 98).

Wird die identitäre Bestimmung Alkoholikerin in der Erzählung letztlich zum Modus der Selbstbestimmung? Diese Frage ist schwierig zu beantworten. Im Interakt mit Herrn Meierhoff sicher nicht, erhält die Passage doch aufgrund der konträren Strukturen ihre Dramatik. In den sich anschließenden Passagen, in denen es um identitäre Selbstvergewisserung im sozialen Kontext und das Problem der Kommunikation des Stigmas Alkoholismus geht (Nachbarn, Freundin), ebenfalls nicht, bestätigen doch die signifikanten anderen Selbstpositionierungen und -sichten („Freundin hat sich gleich totgelacht am Telefon, die sagt: „Na, find ich ja lustig (...) du trinkst zwar janz jerne mal einen (...) aber Alkoholikerin, nee, darunter verstehe ich janz wat anderet""). In der Institution Krankenhaus werden Versuche unternommen, die Diagnose bzw. (Fremd-)Zuschreibung ‚Alkoholikerin' aktiv zu verhindern. Eine freiwillige Phase der Abstinenz vor dem klinischen Entzug – „ich hatte ja selber fünf Tage (...) entgiftet, indem ich nichts mehr getrunken hatte" – soll den Nachweis übermäßigen Alkoholkonsums durch Leberfunktionstests und die damit verbundene Zuordnung zur Gruppe der Alkoholabhängigen durch den medizinisch-diagnostischen Diskurs unterlaufen. Dieses als ‚Schnippchen' inszenierte Vorgehen („„Ätzschibätschi, du kannst ja gar nicht, keinen erhöhten Gammawert mehr gehabt haben, nach fünf Tagen, ne, nichts jetrunken, ha""), das Linda Ahlers schlagen will, läuft ins

Leere, die Werte sind trotzdem zu hoch,[101] was bleibt, ist der Vergleich mit Mitpatientinnen sowie die Relativierung der Situation bzw. medizinischen Befunde durch Verkleinerung und Verniedlichung („das Küken der Station"). Die Strategie des Nicht-dazugehören-Wollens ist für die Passage konstitutiv. Was aber seitens der Patienten zu gelingen scheint, misslingt im Interakt mit der Ärztin, die nach einem Gespräch zum Thema Konsumgewohnheiten zu teilweise unerwarteten Diagnosen kommt. Frau Ahlers lässt die Ärztin äußern: „„Sie haben Alkoholmissbrauch jemacht und Sie leiden unter Kontrollverlust", oh, nen janz neues Wort, na ja, kann ja vorkommen (2), ich *fühlte* [Hervorhebung B.G./H.R.G.] mich immer noch nicht als Alki". Und auch in diesem Textauszug wirft die Vergangenheitsform erneut die Frage nach der eigenen Position auf, während zugleich die mögliche Identifikationsfolie durch rhetorische Figuren der Verkleinerung – „Alki" statt „Alkoholikerin" – in ihrer Bedeutung abgeschwächt wird. Diese sprachlichen Strategien der Abwehr bzw. Relativierung oder Entdramatisierung finden sich im Segment des öfteren, so beispielsweise in der präsentierten Haltung nach dem akuten Entzug („na ja, Alki bin ich nicht (2), oder wenn, dann nur nen kleiner Alki") oder in den Relativierungen, die auf einem Vergleich mit den Mitgliedern der ersten Selbsthilfegruppe im Krankenhaus basieren. Diese Figuren wiederholen sich, und auch das Anliegen des Oberarztes, die Kategorie ‚Alkoholikerin' im Patientengespräch durchzusetzen, scheitert. Infantiles, Trotziges, Widerständiges und Kreatives kommen im Umgang mit den Fremdzuschreibungen, die im Gewand der ärztlichen Diagnose, als Gegenstand der Selbstreflexion, der Bilanzierung oder des Vergleichs mit anderen auftreten, zum Ausdruck. Eine genaue Durchsicht des Segments zeigt schließlich, dass die Identitätsbestimmung ‚Alkoholikerin' nicht als Kategorie der Selbstbezeichnung verwendet wird. Allerdings wird in anderer Form ein ‚Bekenntnis' abgelegt, das eng mit dem Thema Alkoholsucht und dem zugehörigen Identitätscontainer ‚Alkoholiker(in)' zusammenhängt. Linda Ahlers bekennt in den der Schlusskoda vorangehenden Bemerkungen mit Gegenwarts- und Zukunftsbezug: „ja, ich möchte abstinent weiter bleiben und leben". Die sich hier spiegelnde „Abstinenzfixierung", die gelegentlich kritisch auch als „Ersatzbildung für das Suchtmittel", als „Grundlage der Abstinenzideologie" und als eine Art „Glaubensbekenntnis" (Rink 2004: 7) betrachtet wird, wird offensiv formuliert, das damit verbundene Identitätsbekenntnis „ich bin Alkoho-

---

101 Frau Ahlers thematisiert Laborwerte, und zwar die „*Gamma-Glutamyl-Transferase (Gamma-GT)*: Es handelt sich um ein in der Leber lokalisiertes Enzym, das bei Schädigung der Leber direkt in das Blut gelangt. Insofern kann eine erhöhte Gamma-GT (>28) als indirekter Indikator für einen erhöhten, leberschädigenden Alkoholkonsum angesehen werden. Allerdings fallen die Gamma-GT-Werte bei Abstinenz erst langsam ab. Umgekehrt ist auch nach einer längeren Trinkphase von über 26 Tagen mit einem deutlichen Anstieg der Gamma-GT-Werte zu rechnen" (Lindenmeyer 1999: 16, Hervorhebungen im Original).

likerin" hingegen nicht, wenngleich sich hinter den Zeitstrukturen (Vergangenheitsform) so etwas wie eine veränderte Sicht auf die Identitätszuschreibung verbirgt. An der Textoberfläche wird aber kein Selbstbekenntnis abgelegt, und somit bleibt eine Spur des Widerständigen erhalten, die sich auch in der Schlusskoda wiederfindet. Doch bevor der Schluss detailliert betrachtet wird, ist die Frage nach den Strukturen der Verfugung zu erörtern.

Oberflächlich betrachtet ließe sich konstatieren, dass Handlungs- und Entscheidungsräume zunehmend eingeengt werden und das Leben schließlich als Verordnetes erscheint, das bestimmten institutionellen Ablaufmustern[102] folgt. Die Entscheidung, den Arbeitsplatz zu erhalten, wird von der Betriebsrätin diskursiv gehalten, der Entzug vom Personalchef ‚erzwungen', der Konsum selbst und die damit verbundenen habituellen Praxen engen Spielräume ein. Dem Text ist jedoch immer auch ein Moment der Aneignung innewohnend. Nicht nur, dass die Stimmen der anderen (graduell) mit jener ‚rationalen' Stimme des Monologs korrespondieren, die Stimme des Körpers und die der Angst sorgen für spezifische Formen der inneren Aneignung äußerer Vorgänge in der Welt. Deutlich wird dies beispielsweise in der reflexiven Passage, in der die ultimative Position des Herrn Meierhoff aus personaler Perspektive eingeholt wird:

> „L.A.: hatt ich (...) den halben Samstag und den ganzen Sonntag Zeit zu überlegen, was machste nun (2), drolligerweise jetrunken hab ich nichts mehr, ich hab den Rest, den ich noch zu Hause hatte, hab ich wegjeschüttet, ja ((langgezogen)), (2) so richtig gut ging_s mir immer noch nicht, körperlich, mein ich, aber ich hab dann jedacht: „Verdammter Schiet, dir ist das ja schon mal passiert und wenn det noch öfters passiert, irgendwann landeste tatsächlich inne Gosse", ich meine, ich kannte mich ja auch und ich weiß, dass ich auch sehr sensibel bin, sehr labil bin (3), „ja", dacht ick, „ist vielleicht ((lautes Ausatmen)) vielleicht doch ganz gut, wenn du_s, wenn du_s machst"".

Linda Ahlers nimmt sich Zeit, die von außen gesetzten Vorgaben zu überdenken, zu reflektieren. Bezeichnend für Vorgänge, die als Reflexion bezeichnet werden, ist, dass es sich um eine „Aktivität, die eine gewisse Zeit und geistige Anspannung" benötigt, handelt (Pätzold 1999: 1370). Aus philosophischer Warte bezeichnet der Begriff einen Prozess des „mehr oder minder tiefe(n) ‚Nachdenken(s) oder Nachsinnen(s)", der sich auf das Selbst bezieht (ebd.); und genau dies präsentiert die Sprecherin. Im Horizont der selbstreflexiven Auseinandersetzung wird das erwartete Verhalten (Nüchternbleiben) zum einen vorweggenommen („drolligerweise jetrunken hab ich nichts mehr"), zum anderen wird die Stimme des Körpers in die Überlegungen einbezogen („so richtig gut ging_s mir immer noch nicht, körperlich"). Ob indessen der körperliche Zustand oder

---

102 Mit institutionellen Ablaufmustern ist hier ein spezifischer Ablauf gemeint: vom akuten stationärer Entzug zur teilstationären Therapie, zu Selbsthilfegruppen und Nachversorgung, deren eigene Regeln und Logiken auch in der Erzählung entfaltet werden.

die Angst vor dem sozialen Abstieg („irgendwann landeste tatsächlich in ne Gosse") die innere Zustimmung zum ‚fremdverordneten' Verlauf des Lebens motivieren, bleibt in den Ausführungen unklar. Die Aneignung selbst erfolgt unterdessen letzten Endes im reflexiven Ich-bin-Modus: „ich weiß, dass ich auch sehr sensibel bin, sehr labil bin". Gewissermaßen zeigt die identitäre Selbstverortung erneut, dass Selbstwahrnehmung und Fremdzuschreibung auseinanderfallen. Frau Ahlers bestimmt ihr ‚Wesen', ihr ‚Sein' nicht über Kategorien wie ‚Kontrollverlust' oder ‚Alkoholikern', sondern über die Selbstattribuierungen „sensibel" und „labil". Aus dieser Haltung heraus entsteht die Option, dem Entzug zuzustimmen, obwohl zweifelnde Momente bestehen bleiben („„ist vielleicht ((lautes Ausatmen)) vielleicht doch ganz gut (...), wenn du_s machst""). Trotz des Zweifels ist die Zustimmung zum Entzug auf dieser Basis, wenn schon nicht einfach, wie die parasprachlichen Kommentare zu erkennen geben („((lautes Ausatmen))"), so doch möglich. Die Strategie der Selbstreflexion erlaubt es, Selbstsichten und Fremdzuschreibungen, (Fremd-)Anordnung und persönliche Entscheidungen zu balancieren.

Auch im Kontext des institutionellen Ablaufmusters wird ersichtlich, dass, trotz restriktiver Situation, nach Handlungsspielräumen gesucht wird. Überdeutlich wird dies in der Passage, in der von der aktiven Wahl der nachbehandelnden teilstationären Einrichtung erzählt wird: Hier schimmern handlungsschematische Strukturen durch den Text. Statt sich vermitteln zu lassen, informiert sich Frau Ahlers selbstständig und bespricht ihre Zielvorstellungen mit der Zimmernachbarin im Krankenhaus. Obwohl Vorbehalte formuliert werden („sie mir gleich den Wind aus se Segeln jenommen"), wägt die Erzählerin die Ausgangslage situativ und kontrastiv ab und kommt zu einem (abweichenden) eigenen Entschluss, der aktiv verfolgt und realisiert wird. Handlungsschematisches spiegelt sich auch in der „Rennerei", die zu erledigen ist, um den Entzug in seinem Fortgang zu organisieren (Krankenkasse, Drogenberatungsstelle, Arzttermine, Krankenhaus, Tagesklinik, Arbeitgeber), und nicht zuletzt in der Entscheidung, freiwillig am Nachsorgeprogramm teilzunehmen.[103] Die Protagonistin der Erzählung präsentiert sich dem Rezipienten also nicht ausschließlich als Opfer äußerer Umstände und Bedingungen, sondern in den, sich zugegebenermaßen zunehmend einschränkenden, Möglichkeits- und Handlungsspielräumen als Akteurin. Verlaufskurvenstrukturen und die so genannten biographischen Handlungsschemata verschränken sich, ohne dass eine dominante Figur lokalisiert werden könnte.

---

103 Unter anderem wird auch die Gruppe und die Begegnung mit Professionellen als etwas Positives herausgestellt: „dann bin ich in die- diese Gruppe jekommen, was schon janz spannend war, interessant, dann hab ich auch Frau Albert kennen jelernt, die war dabei, und die Gruppe hat mir ooch Spaß bereitet".

Die Haupterzählung endet schließlich mit dem bevorstehenden Wiedereintritt in das Berufsleben. Das Ziel des Arbeitsplatzerhaltes wird (auf Umwegen) erreicht, wenngleich letzte Absprachen mit dem Arbeitgeber und die Modalitäten des Wiedereinstieges zu verhandeln sind. Nach Erläuterung der Angelegenheiten, die zu klären und zu organisieren sind, schließt die Sprecherin die Stegreiferzählung wie folgt: „dann werd ich weitersehen, hoff ich, wie jesagt, dass es mir jelingt, abstinent zu bleiben, jo, und das war_s von mir, Prost Selter". Der erste Blick soll hier der Wendung gelten, welche die Erzählung schließt. Das „Prost Selter" kann als ironisch-verfremdende Figur betrachtet werden, die sich durch Doppeldeutigkeit auszeichnet. In der Wendung wird auf eine kulturelle Praxis Bezug genommen, die mit Geselligkeit, mit (Jahres- oder Jubiläums-)Feiern und freudigen Anlässen, mit positiven Lebensereignissen, mit Zielen, die erreicht worden sind, zusammenhängt. Allerdings wird bei diesen Gelegenheiten wohl kaum das Substantiv „Selter" angehängt. Frischmann erläutert, dass ironische Wendungen das Gegenteil des Gesagten meinen, Doppeldeutigkeit ist konstitutiv für derartige Aussagen; zugleich stellen sie ein „Mittel der Reflexion" dar (1999: 665f.). Ironie „relativiert, destruiert, entlarvt, distanziert, provoziert", lebt von Über- oder Untertreibungen (ebd.). In den philosophischen Debatten wird diskutiert, ob es sich um eine Tugend handelt, die eine maßvolle Mitte zwischen zwei Extremen sucht, oder ob es sich grundsätzlich um ein negatives Modell handelt. Negativ bzw. problematisierend betrachtet, kommt der Ironie folgende Funktion zu: Sie

> „tritt dann auf, wenn der Wirklichkeitsbezug nicht mehr selbstverständlich, die Selbstidentität brüchig geworden, die bisherigen Normen ihre orientierende Kraft verloren haben. I.[ronie, B.G./H.R.G.] ist der Umgang mit Kontingenzerfahrungen, mit Sinn- und Telosverlust" (Frischmann 1999: 665, ebenso 667).

Doch sie ist und bleibt immer auch ein Mittel der Reflexion, Bestandteil einer reflexiven Haltung, wie Frischmann mit Bezug auf Schulz ausführt:

> „I.[ronie, B.G./H.R.G.] ermöglicht es, die Widersprüchlichkeit des Menschen in den Blick zu nehmen, mit dem Wissen, daß diese Widersprüchlichkeit den Menschen konstituiert und nicht aufzulösen, sondern stets zu vermitteln ist. ‚Ironie ist die Möglichkeit, sich über sich zu erheben und seiner als eines Widerspruchs ansichtig zu werden'" (1999: 667).

In den aktuellen Diskussionen (z.B. Roty) wird sie als Form der „Kontingenzbewältigung" betrachtet (vgl. ebd.: 668), im voranstehenden Zitat erscheint sie als eine Form der (Lebens-)Weisheit mit Blick auf das Ich. Im Hinblick auf die Erzählung ist vielleicht die Lesart eines Sowohl-als-auch angemessen. Einmal mehr sind reflexive Passagen in die Geschichte eingelassen – im Gegensatz zu den monologischen Passagen oder zum besprochenen Moratorium, das die Erzählerin gestaltet, um sich den Entzug (gebrochen) anzueignen, wird im Schluss der Modus der ironischen Selbstdistanzierung gewählt, um die aktuelle Situation und einen flüchtigen Blick auf die Zukunft zu gestalten. Die Doppeldeutigkeit der ironischen Figur harmoniert strukturell mit den zwei Stimmen: Nüchternbleiben (rational) oder Trinken (irrational, aber nicht arrational)? Die Entscheidung ist offen, auch wenn sich auf der Textoberfläche Hoffnung im Hinblick auf ein nüchternes Leben entfaltet: „hoff ich (...), dass es mir jelingt, abstinent zu bleiben". Als Indikator für einen vorprogrammierten ‚Rückfall' lässt sich der rhetorisch anspruchsvolle Schluss allerdings ebenso wenig lesen wie als Garant eines abstinenten Lebens; vielleicht spiegeln sich in der Ironie (Lebens-)Weisheit und eine angemessene Deutung der gegenwärtigen Lage. Die identitären Glaubensbekenntnisse, die therapeutische Gemeinschaften als Ersatz für Suchtstrukturen anbieten (Rink 2004: 7), oder die von medizinischer Seite angebotenen Selbstdeutungsmuster – ja, ich bin Alkoholikerin, ja, ich werde abstinent bleiben, ja, ich brauche Hilfe, weil ich süchtig bin usw. – werden nur gebrochen übernommen. Mit eigensinnigen, widerständigen, kreativen und reflexiven Elementen wird die Identitätskonstruktion im Rahmen der lebensgeschichtlichen Darstellung geschlossen. Identität wird im Schlusssegment der Erzählung als reflexiver Balanceakt vorstellig, der zwischen dem Eigenen und dem Fremden, zwischen Vernunft- und Lustentscheidungen, zwischen Freiheit und Zwang changiert. Die Verortung gestaltet sich indessen nicht immer auf dieselbe Weise, wird nicht einfach beständig durch Wiederholung reproduziert, wie es in Suchttheorien nahe gelegt wird (vgl. diesbezüglich Dollinger 2005: 7ff.), sondern im Feld von Lust und Unlust, Ratio und Unvernunft, von Fremd- und Selbstsicht permanent (reflexiv) verschoben.

Was zu tun bleibt, ist der Gestalt, dem kohärenzgebenden Thema der Erzählung Profil zu verleihen. Die eingangs aufgestellten Annahmen hinsichtlich der die Erzählung durchziehenden thematischen Fäden bestätigen sich: Frau Ahlers erzählt von einem schweren Leben, das durch das Thema ‚Angst' inhaltlich qualifiziert wird. Verschiedene Formen der Angst werden im Eingang und Ausgang präsentiert:

- die erzählerisch nicht voll ausbuchstabierte ‚phobische Störung' im Kontext häuslicher Gewalt,
- die furchtbaren und faszinierenden Bilder jener durch den zweiten Weltkrieg zerstörten Lebenswelt,
- die Angst vor dem Entzug und den (konkreten) institutionalisierten Abläufen,
- die soziale Angst vor den Kolleginnen (vgl. Anm. 95),

- die Angst vor dem sozialen Abstieg (Verlust des Arbeitsplatzes, des Einkommens, des Obdachs),
- die existenzielle Angst, die im Ausdrucksfeld des Leibes sichtbar wird,
- die Angst vor der ‚absoluten' Unkontrollierbarkeit des Konsums,[104]
- die Angst vor Etikettierung/Stigmatisierung.

Die kommunikative Botschaft, das die Erzählung verbindende Thema ist die Angst in ihren unterschiedlichen Erscheinungs- und Ausdrucksformen, die das schwere Leben plausibilisiert und zugleich Identität herstellt. Die Ursachen oder Verursacher sind wiederum vielfältig: die gesellschaftlichen (Lebens-)Bedingungen als angstverursachende Momente, die strafende Mutter, die institutionalisierten Abläufe einer ‚Suchtkarriere', die Stimme des eigenen Körpers, die soziale Angst vor Verarmung, Verelendung oder sozialer Ablehnung. Obwohl von der Angst gemeinhin angenommen wird, sie bewirke primär „Gehemmtheit" oder eine Art „Einschränkung der Vollzugsmöglichkeiten" (Schmid 2003: 43), kommen ihr in der Erzählung die unterschiedlichsten Funktionen zu: Unter anderem initiiert sie im Ausdrucksfeld des Körpers eine Form der ‚Selbstsorge', sie wird mit Faszination in einen Zusammenhang gestellt oder kann als Angst vor dem sozialen Abstieg, vor Armut und Obdachlosigkeit, Handlungen motivieren. Sie wird in der lebensgeschichtlichen Darstellung als hemmendes, aktivierendes, faszinierendes, unüberwindbares oder überwindbares Phänomen konzipiert, das die Geschichte durchzieht. *Ich bin ein ängstlicher, sensibler und labiler Mensch* – doch trotz alledem handelt es sich bei der Erzählung keineswegs um eine voll ausgebaute Verlaufskurvenstruktur: Die Fähigkeit zur (Selbst-)Reflexion, ob monologisch, dialogisch oder ironisch, setzt der Idee vom Prozessiertsein durch die (teilweise mit Macht ausgestatteten) anderen oder durch die äußeren Umstände immer auch Widerständiges, Eigensinniges entgegen. Charakteristisch für die erzählte Identität ist der (prekäre) Balanceakt, der sich zwischen Selbst und Welt, Zuschreibung und Abgrenzung, Aneignung und Widerstand im Modus der Selbstdistanzierung und -reflexion vollzieht.

---

104 Das nachfolgende Zitat dokumentiert sowohl die Angst vor der absoluten Unkontrollierbarkeit, einer sich selbst steigernden ‚Spirale', als auch die existenzielle Angst im Ausdrucksfeld des Leibes: „weil ich dann Angst bekam, weil_s mir dann wieder schlecht_s, sehr schlecht jing, also der Alkohol hat dann auch nicht mehr jeholfen, oder ick hätt noch mehr trinken müssen, aber davor hatt ich Angst".

4.2.3 Interviewauszüge und Kommentare im Kontext Praxisrelevanz

Biographische Ressourcen: Selbstreflexivität, Humor/Ironie, Beruf, Angst

Als eine der herausragenden biographischen Ressourcen lässt sich in der Erzählung von Linda Ahlers die Fähigkeit zur kritisch-ironischen Selbstbetrachtung/-distanzierung ausmachen. Die Erzählerin lotet Spielräume und Möglichkeiten auf diese Weise reflexiv aus. Doch nicht immer wird diese Kompetenz kritisch-ironisch ausbuchstabiert. In den Ausführungen zu ihren Liebesbeziehungen erscheint die Reflexivität, erscheinen Formen der Selbstbezüglichkeit eher ‚nüchtern', obwohl ‚humoristische Momente' auch hier in die Darstellung fließen:

> „L.A.: ja, dann hatt ich jetzt in der letzten Zeit noch einen [Mann, B.G./H.R.G.], der war aber wesentlich älter gewesen als ich, hatt auch nen kleinen Dackelhund, den vermiss ich auch, ich hab_s mit den Hunden, ja der hatte Knete bis zum Abwinken, ich könnte bei dem ein wunderbares Leben führen, bräuchte nicht mehr zur Arbeit, könnte auch weitersaufen, wenn ich das wollte, aber na, wir hatten wenig gemeinsame Interessen, alles, was ich schön fand, fand er nicht schön, dadurch, dass er so viel Geld hatte, hat er immer großkotzig gesagt: „Ach, das kenn ich ja schon, das brauch ich nicht, das habe ich", und wir passten nicht zusammen, ja das waren so die drei wichtigsten Männer in meinem Leben, waren nicht viele, aber jetzt reicht_s mir, erst mal will ich gar nichts ((I./L.A.: beide lachen)), jetzt muss ich mich auf mich selbst konzentrieren mit meiner Abstinenz, erst mal".

Die Fähig- und Fertigkeiten humoristischer und selbstreflexiver Natur sollten im Rahmen pädagogischer Hilfe und Kommunikation integriert werden. Eine weitere biographische Ressource stellt die Berufstätigkeit dar. Frau Ahlers blickt auf eine verantwortungsvolle, langjährige Berufstätigkeit zurück.

> „L.A.: ja und dann hieß es plötzlich: „Frau Ahlers, ja in Stadtteil C, da ist ein Posten frei in der Heimwerkerabteilung, stellen Sie sich doch da mal vor dem Personalleiter", „ach oh mein Gott", dacht ich, Stichsägen, Bohrmaschinen und so weiter kennte vom Hörensagen, mehr war bei mir nicht drin, ich hab das dann auch offen gesagt: „Kann ich gerne machen", „ja", sagt er, „ich hab ja nen extra", sagt er, „äh mir was ausgedacht für Sie", sagt er, „ich hab gehört, Sie sind sehr flink an der Kasse und wir haben an der Kasse auch viele viele Kunden und immer auch Schlangen dort", sagt er: „wir brauchen also jemand, der schnell ist und der das auch richtig gut beherrscht die Kasse, jemand der zuverlässig ist, das haben Sie ja alles, das bringen Sie ja alles mit", sagt er, „haben Sie Lust ((fragend))", na klar, Linda hatte Lust, war ein Unterschied wie Tag und Nacht, nach einem Tag hab ich gedacht: „ich schmeiß den ganzen Krempel", was die Leute mich alles fragten, das waren für mich chinesische Dörfer, ich konnt damit überhaupt nichts anfangen, ich hab sie dann immer zu meinen Kollegen geschickt, um mich wirklich nur aufs Kassieren zu konzentrieren, ja nach einem Monat aber da hatte sich das alles gelegt, da waren da fast fast eine reine Männerabteilung, und die hatten auch viel Nachsicht mit mir und ja ich fühlte mich dort sauwohl, ich bin immer noch in der Abteilung beschäftigt, immer noch in Stadtteil X, wie gesagt, das war achtundneunzig wie ich

dahin kam, am ersten Oktober, und wie gesagt, jetzt nächsten Ersten bin ich insgesamt schon fast also bin ich schon dann siebenunddreißig Jahre bei demselben Arbeitgeber beschäftigt".

Der Interviewauszug dokumentiert unter anderem Flexibilität, das Vermögen, sich auf neue Arbeitsbereiche einzulassen. Die Arbeit mit den Kollegen wird im kooperativen Stil organisiert, soziale Unterstützung ist ein zusätzliches Kennzeichen der beruflichen Situation. Anerkennung, Wertschätzung und Toleranz in der beruflichen Lebenswelt spiegeln sich in der szenischen Episode sowie in der bilanzierenden Rückschau.

Dass das Thema Angst zentral für die Ich-Konstruktion im Interview ist, wurde in der Rekonstruktion herausgearbeitet. Auch wurde auf positive wie negative Aspekte der Angst hingewiesen. Darüber hinaus verschränkt sich Angst in der Erzählung mit Momenten des ungelebten Lebens und Perspektiven des Fremdwerdens der Biographie. Aufgrund dessen werden im nachstehenden Passus weitere Interviewausschnitte vorgestellt. Allerdings ist im Horizont des Fremdwerdens auch auf Ressourcen hinzuweisen: Von außen zugemutete Identitätszuschreibungen (Alkoholikerin) werden nicht umstandslos zu ‚Identitätsaussagen'. Selbstreflexion und Abwehr sind Mittel der Distanzierung und als Ressourcen zu betrachten.

Das Fremdwerden der eigenen Biographie und ungelebtes Leben: Angst, Alkoholismus, Beziehung zur Mutter

In Linda Ahlers' lebensgeschichtlicher Erzählung können Strukturen eines ungelebten Lebens in Form der verhinderten bzw. versagten Möglichkeiten entdeckt werden, die im Zusammenhang mit der Mutter-Tochter-Beziehung stehen. Das Fremdwerden der eigenen Biographie und das ungelebte Leben verschränken sich in der Erzählung. Die mütterliche Einflussnahme auf das gelebte Leben drückt sich in strengen Erziehungsregeln und Einschränkungen der Lebensführung der Tochter aus. Diese Lebensumstände fungieren in der Erzählung zugleich als Erklärungen für persönliche Dispositionen. ‚Ich bin ein ängstlicher Mensch', die familiäre Situation hat mich zu diesem Menschen werden lassen:

> „L.A.: ja meine Eltern waren sehr liebevoll, muss ich noch dazusagen, meine Mutter war diejenige, die streng war, also wenn irgendwas war, von ihr bekam ich die Dresche und ich musste auch immer jeden Schritt belegen, so wie manche Kinder sagen: „Mama ich geh jetzt mal spielen", war nicht, ich musste genau sagen, wo ich hingehe und Punkt dann und dann wieder zu Hause sein und wehe nicht (1), also es war schon recht streng".

Die Mutter-Tochter-Beziehung wird als Handlungsspielräume einschränkende und auf soziale Kontrolle hin angelegte Verbindung gedeutet. Die Erzählerin verweist auf Untersagungen und Sanktionen:

> „I.: Sie haben vorhin gesagt, dass Ihre Mutter streng, L.A.: mmh, I.: war, erzählen Sie mal ein bisschen ((fragend)), L.A.: ja von meiner Mutter (2), ich sags mal so, ich war ein Einzelkind, ich war eigentlich gar nicht gewollt, also ich war ein Zufallstreffer sagen wir es mal so, meine Mutter hat mich auch mein Vater sowieso aber auch meine Mutter über alles geliebt, aber sie war wie ne Glucke um mich, hatte immer Angst, mir könnte irgendwas passieren, nun war sie auch schon Mitte dreißig als ich kam, also in etwa dreiunddreißig oder vierunddreißig, na ja vielleicht schon zu alt, um ein Kind zu haben, also ein erstes Kind zu haben, na ja, dann auch durch die ganzen Schulden und alles, dann sind wir geflüchtet, sie hatte immer Angst, dass mich irgendeiner wegschnappt und sagt: „Ja Linda, die stammt aus dem Osten", und ich musste dann also wirklich jeden Weg erzählen den ich ging nee wenn ich mich mit ner Freundin traf dann wurde zur Uhr geguckt: „Wann biste denn wieder da ((fragend))", ich musste also dann sagen wir mal ich hab mich dann mittags verabredet um fünfzehn Uhr, um siebzehn Uhr musste ich dann wieder zu Hause sein, als Beispiel, und wehe ich bin ne Minute zu spät gekommen dann gab_s Terror, also das gab_s nicht".

In der Erzählung wird die Angst zunächst als erklärendes Motiv im Hinblick auf das mütterliche Verhalten eingeführt. Darüber hinaus stellt die Sprecherin an anderer Stelle fest, dass sich die Ängstlichkeit der Mutter auf sie ‚übertragen' hat.

> „L.A.: ja, das war da sehr voll gewesen in diesem Aufnahmelager, sehr viele fremde Menschen (1), also das war auch nicht so mein Ding, denn ich war als Kind sehr sehr ängstlich, ja wahrscheinlich, weil ich keine Geschwister hatte und bin auch ein bisschen ängstlicher erzogen worden von meiner Mutter Seite aus".

Linda Ahlers fokussiert eine dauerhafte Disposition („als Kind sehr sehr ängstlich"), die in den Erziehungspraxen und in der generellen Haltung der Mutter ihren ‚Ursprung' findet. Die spezifische Art und Weise der mütterlichen Einflussnahme auf die Lebensgestaltung der Tochter zeigt sich im folgenden Textauszug:

> „L.A.: na ja und ins Heim wollte sie auch nie, wie gesagt: „Du ich kann dich nicht pflegen", na, dann war sie so, dass sie dann sagte: „Musste deine Arbeit aufgeben, dann müssen wir eben von meiner Rente leben", also sehr sehr un_unüberlegt, weil na sie hat sich keinen Kopf gemacht, wenn sie nun tot ist, was dann passiert ne, nach dem Motto: „Ja, dann kannste ja wieder arbeiten", ja das war eben sehr (1), also sie war in der Beziehung sehr egoistisch, aber sie hat das denke ich mal nicht böse gemeint, sondern das war halt so".

Die Reichweite des mütterlichen Einflusses auf die Lebensgestaltung wird von der Erzählerin betont. Frau Ahlers lebt bis zu ihrem 45. Lebensjahr mit den Eltern zusammen, bis zu deren Tod (Vater † 1977, Mutter † 1998). In der lebensgeschichtlichen Erzählung kommt den Beschränkungen durch mütterliche

Vorschriften und Verbote zentrale Bedeutung zu. Das ungelebte Leben lässt sich auch als Herausforderung bzw. Überforderung lesen, ein Leben ‚ohne mütterlichen Beistand' führen zu müssen.

„L.A.: ja, mit dem Trinken, dass ich dann anfing, regelmäßig zu trinken, na ja, das war schon so als meine Mutter starb, da war es ein Mal ganz extrem, da hab ich ein paar Monate lang Bier getrunken sogar Schnaps, was sonst gar nicht so mein Ding war also hier so Klaren, ja, war ich regelmäßig duhn (1), konnte dann aber gut schlafen, hab auch weiter gearbeitet, fiel auch nicht auf beziehungsweise man hat nichts gesagt, kann sein, weil wir ne reine Männerabteilung waren, dass deshalb die Herren geschwiegen haben, ich weiß es nicht, na ja, und dann habe ich hatt ich mich aber wieder gefangen (1), dann hatt ich ne Freundin wie gesagt (2), dann hatt ich ja endlich meinen Ausgang, das heißt, ich konnte gehen wann ich wollte, wiederkommen wann ich wollte, was vorher alles nicht ging".

In dieser Passage bezieht die Erzählerin zum Thema ‚Beginn des regelmäßigen Trinkens' Stellung, beschreibt den Trinkanlass (‚Tod der Mutter') sowie die positiven Effekte des Alkoholkonsums („konnte dann aber gut schlafen"). Mit dem Tod der Mutter entsteht ein Vakuum, ungelebtes Leben lässt sich als all das fassen, was im Zusammenleben mit der Mutter nicht sein durfte, verhindert wurde bzw. versagt blieb. Das ungelebte Leben endet mit dem Tod der Mutter, Handlungsspielräume – „ich konnte gehen wann ich wollte, wiederkommen wann ich wollte" – eröffnen sich, Entscheidungen sind nunmehr vom eigenen Entschluss abhängig. Der Übergang in ein ‚Leben ohne mütterlichen Einfluss/ Beistand' wird in spezifischer Weise thematisiert: Ihr Tod wird als einschneidendes Lebensereignis zur Sprache gebracht, das sowohl den Beginn des Alkoholmissbrauchs als auch den Beginn eines ‚selbstbestimmten' Lebens markiert. Das Thema Selbstständigkeit ist wiederum mit dem Thema Angst verbunden:

„I.: und wann, würden Sie sagen, hat bei Ihnen das mit dem Alkohol angefangen ((fragend)), L.A.: na ja, dass ich jetzt extrem jetzt getrunken hab, oder sag ich mal, vielleicht doch zweitausendvier würd ich mal sagen, nach diesem Liebeskummer sag ich oder wo ich diesen Liebeskummer hatte, und davor hab ich kontrolliert getrunken, muss allerdings sagen, gut, okay, ach, wie soll ich das sagen, ich sage mal seit siebenundneunzig, nee, siebenundneunzig nicht, wann starb meine Mutter denn nun ((fragend)), achtundneunzig starb meine Mutter, ja, am X.ten im Monat X, drei Tage vor meinem Geburtstag, wo ich dann mit dem Trinken anfing, und dann kam es schon zwischendurch, aber durch auch durch diese Freundin, dass ich dann mal mit ihr auch um die Häuser zog, das war für mich natürlich Neuland, was ich nie gemacht hatte in meinem Leben, kannt ich gar nicht (2), und ich durch die schlimmsten Kneipen da in Y-Stadtteil (1), das war gleich so, aber da sie bei mir war, hatt ich auch keine Angst, also wenn man getrunken hat, hat man sowieso keine Angst mehr, und dann kam es schon mal vor, dass ich dann auch anderen Tag, dass es mir auch schlecht ging".

Im Textfragment werden Trinkanlässe (Liebeskummer, neue Lebensumstände) benannt, die den Alkoholkonsum befördern, der Profit liegt erneut im Sozialen („Freundin, dass ich dann mal mit ihr auch um die Häuser zog") und im Emoti-

onalen („also wenn man getrunken hat, hat man sowieso keine Angst mehr").
Zugleich aber illustriert der Auszug, dass dem Tod der Mutter wesentliche Bedeutung zugesprochen wird: Er wird als Moment der Befreiung *und* einer mit Angst verbundenen Verunsicherung, die Alkoholkonsum nach sich zieht, gedeutet.

Zusammenfassend lässt sich, mit Blick auf die pädagogische Hilfe, festhalten, dass Angst einerseits als Ressource in Rechnung zu stellen ist, andererseits als ein Anknüpfungspunkt einer problem- und ressourcenorientierten Intervention ernst genommen werden sollte. Positive Effekte (Stichwort beispielsweise Selbstsorge) sowie negative Konsequenzen (Alkoholkonsum, ungelebtes Leben) sind mit diesem für die Konstruktion des Ichs in der Erzählung zentralen sozialen Phänomen verbunden.

4.3 Biographische Erzählung und das Themenfeld ‚Krankheit'

„Menschen haben ein starkes Bedürfnis, den Wunsch und die Sehnsucht, Sinn zu spüren, wahrzunehmen oder herzustellen. So bemühen wir uns, schwer verständliche Erscheinungen zu verstehen, aus Warum-Fragen bei Schicksalsschlägen Antworten über Gründe und Ursachen zu finden. (...) Oft werden wir nach einschneidenden Lebensereignissen – Krankheit, Verlust, Unfall oder Kriegen – mit der Notwendigkeit einer neuen Sinnfindung oder Sinngebung konfrontiert" (Tausch 1994: 24).

4.3.1 Informationen zum Interview und Erzähleinstieg

Das Interview mit Carsten Müller wurde 2001 im Zusammenhang mit einer Studie zum Thema Leben mit Multipler Sklerose erhoben und zunächst narrationsstrukturell ausgewertet (vgl. Griesehop 2003: 137ff.). Eine zweite Auswertung desselben empirischen Materials, die sich an den Prämissen des Konzepts Narrative Identität orientierte, folgte 2005, Ergebnisse dieser Fallrekonstruktion wurden 2007 veröffentlicht (vgl. Griese/Griesehop 2007). Teile dieser Rekonstruktion werden in diese Abhandlung übernommen, allerdings wird der Fall hier ausführlicher interpretiert. Das vollständige Eingangs- sowie das Schlusssegment der Erzählung werden präsentiert. Der Eingang der Stegreiferzählung ist im theoretisierenden Modus gehalten, im Schluss wechseln sich die Textsorten Bericht und Erzählung ab, wiewohl auch hier Theoretisierungen zu finden sind.

Die lebensgeschichtliche Erzählung Carsten Müllers zeichnet sich durch einige Besonderheiten aus. Vorderhand ist darauf hinzuweisen, dass der Sprecher gleich zu Beginn der Stegreiferzählung eine Eigentheorie formuliert, er versucht das ‚Wesen', das ‚Typische' seiner Person kommunikativ mitzuteilen.

In Eigentheoretisierungen stellen Sprecher theoretische „Erörterungen und Erklärungen im Hinblick auf die eigene Person vor, die (...) Gründe ihres Handelns und Erlebens" sind (Lucius-Hoene/Deppermann 2004: 69). Carsten Müller gibt seinem Gegenüber zuallererst zu verstehen, dass er „Wassermann" ist. Es erklärt sich nahezu von selbst, dass der Erzähler spezifische Textsorten verwendet, um seine Vorstellungen vom Ich zum Ausdruck zu bringen. Argumentationen und Theoretisierungen sind sprachliche Mittel, die oftmals auch eine Weltanschauung transportieren. Die Beschäftigung mit (Alltags- und Welt-)Theorien – Theorie, die sich schon bei Aristoteles durch ihre Eigenschaft als „Nicht-Praxis" (Rehbein 1994: 25) auszeichnet – liefert Aufschluss über weltanschauliche Deutungsmuster, denen im Zuge der Konstruktion von Identität Bedeutung zukommt. Überhaupt handelt es sich beim Eingangssegment um eine Passage, die sich durch Generalisierungen und Abstraktionen auszeichnet, der Eingang wird von Carsten Müller im Modus einer theoretisierenden, reflexiven Betrachtung des Selbst gestaltet.

„I.: Jetzt sag ich noch mal kurz, worum es geht, also, ich möchte Sie einfach bitten, dass Sie mir Ihre Lebensgeschichte erzählen, von Anfang an, was Sie möchten, also, alles, was Ihnen wichtig ist, C.M.: mmh, I.: ich unterbreche Sie nicht, also, ich hör mir_s einfach an, ich mache mir nur ein paar Notizen, C.M.: ja, I.: und frag dann danach noch mal nach, C.M.: mmh, I.: ja ((fragend)), C.M.: na gut, wo soll ich anfangen, ja also, ich bin geboren neunzehnhundertachtundfünfzig im Februar, das heißt also, ich bin ein Wassermann, ich bin eigentlich auch (1), sagen wir mal so (1), ein typischer Wassermann, I.: mmh, C.M.: das heißt also, ich bin irgendwann mal, das war neunzehnhundertfünfundachtzig irgendwie darauf getr_gekommen irgendwie, mich auch mit Horoskopen und so was I.: mmh, C.M.: zu beschäftigen und habe dann eben auch gelesen und habe dann gesagt, man braucht verschiedene Horoskope, um einfach mal, das heißt also, ich bin eigentlich ein Mensch, der sucht immer irgendwelche äh Einflüsse oder sonst irgendetwas, auch Ausstrahlungen, das heißt also, I.: mmh, C.M.: es gibt zum Beispiel Menschen, was mir immer sehr stark auffällt, dass ich mit Menschen manchmal drei Worte rede und damit ist eigentlich die Sache erledigt, I.: mmh, C.M.: während ich mit anderen eben (1) sagen wir mal irgendwie, nen so nen Gefühl habe, ich sage, da mit, mit den Leuten kann ich reden, mit anderen, da äh rede ich vielleicht fünf, sechs Worte oder so oder höre mir irgendwas an und dann werde ich eigentlich nur noch ruhiger und stiller, I.: mmh, C.M.: das heißt also, ich bin eigentlich auch ein sehr in mich gezogener Mensch, obwohl ich nach außen hin immer tausend Fühler offen habe, I.: mmh, C.M.: also alles was irgendwie (1) irgendwelche Einflüsse sind, die nehme ich auf, weil ich auch ein Mensch bin, der irgendwas sucht, ich weiß zwar noch nicht was ich suche, aber ich bin eigentlich ein Mensch der immer ständig sucht, I.: mmh, C.M.: nach irgendetwas".

Carsten Müller steigt in die lebensgeschichtliche Präsentation ein, indem er auf abstrakte Welt- und Selbstdeutungsmuster zu sprechen kommt. Im Anschluss an den erzählgenerierenden Stimulus artikuliert der Sprecher eine Orientierungsformel („ja gut, wo soll ich anfangen"), um dann sein Geburtsdatum (Februar 1958) und die Konstellation der Sterne zum Zeitpunkt der Geburt anzusprechen („Wassermann"). Die nachstehende Äußerung, „ich bin eigentlich auch (1), sagen wir mal so (1), ein typischer Wassermann", bestätigt und fixiert den Zusammenhang zwischen dem Selbst des Erzählers und dem Weltraum; installiert wird ein symbolisches „Analogieprinzip" zwischen Mikro- und Makrokosmos (Hergovich 2005: 9). Die astrologische Idee, dass „zwischen Konstellationen der uns umgebenden Himmelsräume einerseits und den Vorgängen auf der Erde (in die auch die Menschen gestellt sind) andererseits bestimmte Beziehungen bestehen sollen" (ebd.), wird an das Gegenüber adressiert und mit dem für die Astrologie bedeutsamen Zeitpunkt der Geburt verschmolzen (ebd.: 10). Für gewöhnlich ist die Geburtsastrologie mit einer besonderen Form des Glaubens verbunden: mit der Annahme, dass es zu einer „einmalige(n) und dauerhafte(n) Prägung des Charakters und des Schicksals zum Zeitpunkt der Geburt" kommt (ebd.: 15; ausführlich auch Stegemann 1987). Das Ich wird in der Erzählung also zum Bestandteil kosmologischer Ordnung, die dem Einzelnen seinen Platz, Identität in Form wesentlicher Charaktermerkmale oder Eigenschaften zuweist und „bestimmte Ereignisse für den ganzen Lebenslauf (prognostiziert)" (Fuchs-Heinritz 2005: 25f.). Derartige Deutungsmuster sind eng mit dem Mythischen verbunden; „Astronomie, Astrologie, Alchemie, Magie" gehören seit Jahrhunderten zum „Kontaktfeld" der Mystik (Wollgast 1999: 886). Generell führt Wollgast aus:

> „Die Vereinigung mit dem Göttlichen, dem göttlichen Wesen, der Göttlichkeit, ist ein Wesenszug und Ziel der M.[ystik, B.G./H.R.G.] (*unio mystica*). M.[ystik, B.G./H.R.G.] kann sich ebenso auf Natur oder Kosmos, auf alles Lebendige oder eine menschliche Gemeinschaft beziehen, quietistische wie aktivistische Züge, sogar atheistische Tendenzen ausdrücken" (1999: 885, Hervorhebungen im Original).

Der Zusammenhang, den Carsten Müller herstellt, bezieht sich auf die Vereinigung des Ichs mit dem Kosmos im Rahmen astrologischer Vorstellungen. Ob das Verhältnis als ein aktivierendes oder als ein Verhältnis, das den Zustand der (inneren) Gemütsruhe herzustellen vermag, konzipiert wird, bleibt zu prüfen. Wichtig ist es hier, darauf hinzuweisen, dass ein zentraler Streitpunkt, der den Astrologiediskurs über Jahrhunderte strukturiert, eng mit der Frage nach den Konsequenzen für das Subjekt verbunden ist. Widerspricht diese Anschauung der Idee eines für sein Tun selbstverantwortlichen Menschen? Ist das Individuelle des Menschen Ausdruck seines freien Willens oder durch den Kosmos – der, klassisch interpretiert, das Göttliche einschließt (vgl. Hergovich 2005: u.a. 27ff., 34) – determiniert? Wird die deterministische Sicht favorisiert, ließe sich bereits an dieser Stelle über Muster der Verfugung in der Erzählung spekulieren: Biographische Handlungsschemata wären ausgeschlossen, eine positive oder negative Verlaufskurve könnte thematisiert werden, als deren ‚Verursacher' die Sternenkonstellation fungiert, denn selbstverantwortliches, eigeninitiatives Handeln besitzt – im Vergleich zu mythischer Macht und „abstrakter Autorität" (Adorno 1979: 150) – kaum Bedeutung.

Es ist lohnenswert, einen Augenblick länger bei den Strukturen der abstrakten Ich-Thematisierung, mit denen Carsten Müller die Stegreiferzählung eröffnet, zu verweilen. In Kapitel 2.2 ist ja bereits auf die synthetisierenden Leistungen so genannter symbolischer Sinnuniversa, die Zusammenhang stiften, hingewiesen worden. Diese selbst- und weltumfassenden Strukturmuster sind es, die Kohärenz, Sinn, Transzendenz stiften und (quasi)religiöse Funktionen übernehmen können. Weltansichten können durchaus im Mythos Gestalt annehmen und so dem Leben, dem Dasein Sinn verleihen (zur Relation Mythos/Daseinssinn vgl. Knatz 1999: 891). Die Nähe zu religiösen Deutungsmustern ist in der Erzählung Carsten Müllers allerdings nicht von der Hand zu weisen: Astrologische und esoterische Deutungen sind generell auf Transzendenz hin angelegt, die sich mit mythisch-religiösen Facetten verschränken. Interessant ist der Hinweis im Interview, dass diese Lebens- und Weltsicht ab 1985 eine Rolle spielt. Carsten Müller ist „neunzehnhundertfünfundachtzig irgendwie darauf getr_gekommen". Knatz betont, dass die Artikulation des Mythischen oft mit einem „*Krisenbewußtsein*" (ebd.: 892, Hervorhebung im Original) einhergeht. Zwar bezieht sich der Autor auf gesellschaftliche Perspektiven, wie die postmoderne Sinnkrise, die Informationsüberflutung in modernen Zeiten oder die Begründungsprobleme in der Wissenschaft, die dem Mythischen ‚Tür und Tor' öffnen (ebd.), doch bliebe ein möglicher Zusammenhang zwischen Mythos und biographischer Krise zu prüfen. Um diese These, dass ein krisenhaftes biographisches Ereignis den Einzug esoterischer Deutungsmuster in das Leben bzw. in die Erzählung Carsten Müllers veranlasst, zu prüfen, wird im Anschluss an die Interpretation des Eingangssegments – entgegen unserem sonstigen methodischen Vorgehen – ein detaillierter Blick auf das biographische Datum 1985 geworfen; doch zunächst zurück zum Eingangssegment.

In seiner Darstellung schließt Herr Müller thematisch an das Thema „Wassermann" an und berichtet, dass er mit 27 Jahren beginnt, sich mit Horoskopen zu beschäftigen. Adorno reflektiert über Horoskope unter anderem hinsichtlich ihrer Funktion für denjenigen, der sie liest. Sie wenden sich insbesondere an Leser, die sich abhängig oder ohnmächtig fühlen (1979: 156): Das Horoskop „setzt Ichschwäche voraus und reale gesellschaftliche Ohnmacht" (ebd.: 157), Astrologie ‚gaukelt', um im Duktus Adornos zu bleiben,[105] Transzendenz, „qua-

---

[105] Generell und unter Berücksichtigung der scharfen Kritik Adornos ist der Hinweis angebracht, dass das Sprechen über den Mythos, das Mythologische meist dichotom strukturiert ist. Vernunft versus Unvernunft – der Mythos ist in der Geschichte des Abendlandes häufig als Fiktion, Fabel, Märchen, Dichtung oder Poesie klassifiziert worden, dem eine (wissenschaftliche) Wahrheit unversöhnlich gegenübersteht (ausführlich vgl. Knatz 1999). In Anlehnung an Knatz wol-

si-metaphysische Wesenheit" (ebd.: 173) vor, die sich durch „Ferne von eigener Erfahrung" auszeichnet (ebd.: 149). Sie stiftet Kohärenz und Transzendenz mittels „Aberglauben aus zweiter Hand", die dem Dasein Rechtfertigung verleiht (ebd.: 153). Von der psychoanalytisch motivierten Diagnose Ichschwäche abgesehen kann doch angenommen werden, dass Verantwortung für das eigene Leben in diesen Modellen der Welt- und Selbstdeutung, die im ‚Horoskoplesen' eine ihrer Praxisseiten zeigt, nicht übernommen wird; Sinn(-suche) stellt zumindest ein Problem dar, das einem externen (Sinn-)System überantwortet wird.

Und wie fährt der Sprecher fort? Er kommt ganz allgemein auf zwischenmenschliche Begegnungen/Beziehungen zu sprechen und charakterisiert sich als Menschen, „der (...) immer irgendwelche äh Einflüsse oder sonst irgendetwas, auch Ausstrahlungen (sucht)". Carsten Müller thematisiert Zwischenmenschliches und hält fest, dass soziale Begegnungen mit einigen Menschen in kürzester Zeit scheitern, während andere Begegnungen gelingen. Die Gründe, die einem positiven oder negativem Ausgang zugrunde liegen, werden metaphorisch gestaltet: es sind „irgendwelche Einflüsse", es ist die „Ausstrahlung", „nen Gefühl", die für den Ausgang sozialer Interaktion verantwortlich sind. Die Gründe liegen außerhalb der gestaltbaren Reichweite des Handelnden und werden unpräzise an mythisch anmutende Erklärungsmuster gekoppelt. Diese Muster werden als sich wiederholende Strukturen vorgestellt („was mir immer sehr stark auffällt") und münden letztlich in sozialen Rückzug, obwohl sich der Erzähler als emotional offen charakterisiert. Ausstrahlung und Einflüsse, die durch die Interaktionspartner – oder den Kosmos, beide Lesarten beinhalten aufgrund des Sprachgebrauchs Esoterisches – in das soziale Spiel der Begegnung gebracht werden, stiften Ordnung und Sinn. Erläuterungen, welche Konsequenzen es hat, sich auf diese Art zu definieren oder in sozialen Situationen zu positionieren, werden im bilanzierenden Segmentschluss präsentiert, in dem erneut der Versuch einer abstrakten Selbstbestimmung vorgenommen wird: „weil ich auch ein Mensch bin, der was sucht, ich weiß zwar noch nicht was ich suche, aber ich bin eigentlich ein Mensch, der immer ständig sucht nach irgendetwas". Folglich scheint das Selbst in der Erzählung beständig auf der Suche nach Anhaltspunkten, Haltepunkten im Außerhalb, die dem Leben oder der Begegnung mit anderen Sinn verleihen und zugleich der ständigen Suche nach „irgendetwas" Einhalt gebieten. Aus sich schöpfend kann das Leben, kann soziale Handlung keine

---

wollen wir den Mythos jedoch als „das andere der Vernunft" (ebd.: 893), als Bestandteil und nicht als reine Opposition zur Ratio verstanden wissen, wie es die Kritik Adornos vielleicht nahe legt. In der Schärfe seiner Kritik liegt aber Aufschlusskraft für die Rekonstruktion, die zu nutzen ist, auch ist der Vollständigkeit halber zu notieren, dass Adorno/Horkheimer in der *Dialektik der Aufklärung* eine positive Bestimmung des Mythos vornehmen. Er gilt ihnen als „kritisches Korrektiv für die Rückbesinnung auf einen ‚positiven' Begriff von Aufklärung" (Knatz 1999: 891).

klaren Konturen gewinnen, es benötigt den definitorischen Impuls von außen. Das Handeln verliert sich im Partikularistischen, konkreter im Diffusen.[106] Dies gilt im Falle der Selbstdefinition (personale Identität) ebenso wie im Fall der Konstruktion sozialer Begegnung (soziale Identität): Konsequenzen erleben oder erleiden statt Gestalt geben, Zeichen entziffern statt initiativ handeln. An dieser Stelle kann wiederholt auf die regressive Struktur der Erzählung geschlossen werden. Handlungsunsicherheit und Orientierungsschwierigkeiten sind Aspekte, auf die Herr Müller angesichts der Beschreibung abstrakt gehaltener, generalisierter sozialer Situationen zu sprechen kommt. Wenn auch die gleich zu Beginn vorgestellte Eigentheorie treffend mit der Beschreibung der generalisierten sozialen Situationen ‚harmoniert', scheint es, als würde mit der Deutung, dass „irgendetwas" schon den Weg weisen und Sinn offenbaren wird, etwas im Argen liegen. Die Vorstellung von Unruhe, Ruhelosigkeit stellt sich ein, wird die abschließende Bilanz betrachtet. Zu wissen, dass man beständig auf der Suche ist, ohne zu wissen, nach *was* man genau Ausschau hält, bringt das bereits angesprochene Strukturelement der ‚Orientierungslosigkeit' auf den Punkt.

Auf Basis der Analyse des Eingangssegments lassen sich folgende Struktur- und inhaltliche Elemente zusammenfassen: Carsten Müller erzählt die Geschichte einer (Identitäts-)Orientierung, die sich mit der permanenten Suche nach Anhaltspunkten im Außerhalb verschränkt. Obwohl die esoterische Deutung den Versuch einer umfassenden und letzten Klärung der Fragen von Ich, Welt und Sinn beinhaltet, bleibt ein Moment der Verunsicherung, in der sich zugleich Orientierungslosigkeit spiegelt, bestehen. *Auf der Sinn- und Selbstsuche*, so könnte das Eingangssegment betitelt werden, wenngleich die astrologische Perspektive dieser Bewegung Einhalt gebietet. Ein handlungsschematisches Darstellungsprinzip liegt der Präsentation definitiv nicht zugrunde, ebenso wenig kann im klassischen Sinne vom institutionalisierten Ablaufmuster (des Lebenslaufs) gesprochen werden, obwohl mit Blick auf die mythischen Modelle von institutionalisierten Sinnstrukturen auszugehen ist. Jenes von außen, durch anderes und durch andere bewegte Leben zeichnet sich ebenso wie ein durch

---

106 Der Interpretation liegt das Konzept der universalistischen Modi (zweck)rationalen Handelns zugrunde, die eben nicht realisiert werden. Handeln ‚orientiert' sich in der Erzählung am Partikularistischen, am (diffus) Affektionalen (zu so genannten pattern variables im Strukturfunktionalismus vgl. im Original Parsons 1960; zusammenfassend Jensen 1976: 61ff.; Haller 1999: 250ff.). Der Rekurs auf die pattern variables erlaubt in der Interviewanalyse eine Fokussierung dessen, was im Kontext sozialen Handelns artikuliert wird. Grundsätzlich aber liefert der Pragmatismus weitaus angemessenere Vorstellungen davon, was soziale Handlung ist, als es das Modell des zweckrationalen Handelns zu leisten vermag (stellvertretend zum pragmatischen Handlungsmodell vgl. Alheit 2004: 31ff.; ausführlich zu sozialen Handlungen, die immer intendierte *und* unbeabsichtigte Folgen zeitigen, vgl. Giddens 1995: 51–65).

den Makrokosmos determiniertes Ich durch die Tendenz zur Regression, zur Schicksalhaftigkeit aus.

Wie angekündigt soll, bevor das Schlusssegment analysiert wird, ein Blick auf das Datum 1985 geworfen werden. Informationen zu den 1980er Jahren, genau zum Jahr 1984, finden sich nur einmal im Gespräch, und zwar im Nachfrageteil des Interviews.

> „I.: ich würde gern noch einmal zu ähm Ihrer Krankheit was nachfragen, C.M.: hm, I.: wann haben Sie die Diagnose bekommen ((fragend)), das war vor wie vielen Jahren oder ((fragend)), C.M.: äh vierundachtzig, dreiundachtzig, I.: ah, ja, und äh, C.M.: ne vierundachtzig muss das gewesen sein, ungefähr ein Jahr später, als das angefangen, I.: ah, ja, C.M: hat".

1983 machen sich Symptome (der Multiplen Sklerose) bei Carsten Müller bemerkbar, 1984 wird ihm die Diagnose mitgeteilt. Vielleicht handelt es sich hier um ein kritisches Lebensereignis, das die Hinwendung zur Astrologie und zu Horoskopen motiviert? Dass Erkrankungen, und chronische Krankheiten auf besondere Weise, Sinnfragen und -krisen nach sich ziehen – warum ich, warum jetzt, was bedeutet die Krankheit für mich und mein (weiteres) Leben? – ist nahezu ein Allgemeinplatz (zu Krankheitsverarbeitung und subjektiven Sinnkonstruktionen vgl. u.a. Beland 1982; Tesch-Römer/Salewski/Schwarz (Hg.) 1997). Doch bevor die Frage nach der Erkrankung abschließend behandelt wird, ist das Schlusssegment unter folgenden Perspektiven zu analysieren: Finden sich auch im Schluss regressive Elemente? Werden die Strukturmuster des Eingangssegments, Strukturen der astrologischen Welt- und Selbstdeutung reproduziert? Ist das Ich handlungsfähiges Subjekt oder Objekt der äußeren Umstände? Konkretisiert sich die Suche nach „irgendetwas"?

4.3.2 Das Ende der Stegreiferzählung und Zusammenfassung

Carsten Müller beendet seine autobiographische Stegreiferzählung mit Bezug auf das Thema Familie. Das Verhältnis zu den Eltern steht ebenso zur Disposition wie die Strukturen des ehelichen Zusammenlebens. Im Gegensatz zum Eingangssegment, welches im theoretisierenden Duktus gehalten ist, wird im Schlusssegment auch erzählt. Trotzdem sind auch hier Spuren einer ‚Ich-Theoretisierung' bzw. Generalisierungen zu finden. Die Schilderungen der familiären Verhältnisse basieren auf einer problemorientierten Perspektive.

> „C.M.: ach so, das hatt ich auch noch nicht (geklärt), das heißt also, da ist irgendwann die Scheidung stand mehr oder weniger an, das heißt meine Frau wollte nicht mehr mit mir zusammen sein, weil da Sachen so aufgetreten sind, so Schwierigkeiten und so weiter, sie war selber ein Mensch, der (2) sagen wir mal mit dem Leben nicht zurechtkam, aber ich war (ge-

gebenenfalls) irgendwie der ruhige Pol, der das irgendwie lenken konnte, sie hat dann hinterher auch, obwohl sie nur ne Kaufmannslehre angefangen hatte, übers Arbeitsamt und das nicht abgeschlossen hatte, ist sie also mittlerweile jetzt im öffentlichen Dienst, I.: mmh, C.M.: als Sekretärin, obwohl sie ungelernt ist, aber (2) und dann hat sich das so ergeben, dass ich da so, sie sagte, sie wollte die Scheidung einreichen, ich müsste ausziehen, ich habe mit meinem Vater gesprochen, eigentlich im Vertrauen, obwohl er das dann meiner Mutter weitergesagt hat und das dann eben irgendwo in der Familie weiterging, was mir (1) eigentlich auch nicht so passt, das heißt ich bin eigentlich kein Familienmensch, ich bin ein Einzelgänger, I.: ähäh, C.M.: das heißt also deswegen ist da auch ein Vertrauensbruch zu meinen Eltern und so weiter da deswegen weil ich, ich glaube, das war nicht recht, die Sache, die ich wollte, I.: mmh, C.M.: und deswegen bin ich da eigentlich auch zu, sehr zurückgezogen zu meinen Eltern, obwohl (1) meine Eltern mir sehr viel geholfen haben durch meinen Sohn, weil meine Frau kam dann hinterher mit meinem Sohn nicht zurecht, hat die, da hab ich ihn also genommen, hab das Sorgerecht auch alleine gehabt, I.: mmh, C.M.: da hat sie mit ihm geredet so nach dem Motto: „Ist alles Scheiße" und so weiter und hat ihn beschwallert und da er zwölf oder dreizehn, da konnte er auch schon mitreden und da haben meine Eltern und auch ich ihm gesagt: „Also wenn du zu deiner Mutter zurückgehst, dann gibt es also auch kein Zurück mehr hierhin" (2), und das ging dann drei Monate gut bei meiner Ex-Frau und dann hat sie mich angerufen und gesagt, ich könnte meinen Sohn wiederhaben, sie käme mit ihm nicht zurecht, da hab ich ihm gesagt: „Das war vorher so abgesprochen, das ist nicht", ja, dann käme er ins Heim, dann hab ich gesagt: „Ja, dann kommt er eben ins Heim", was sie ja eigentlich nicht gewohnt war von mir, dass ich so (1) konsequent irgendetwas entschieden habe, aber da habe ich auch über mich entschieden und (2) er ist also auch im Heim jetzt und hatte jetzt also die ganze Zeit immer Kontakt nur zu mir, weil er mit ihr nicht zurecht kam und es verweigert hatte, mit ihr Kontakt aufzunehmen, das ist also jetzt zwei Jahre gewesen (2), ja, und jetzt hat er wieder Kontakt mit seiner Mutter, was daraus wird, weiß ich noch nicht, er ist also auch nicht sagen wir mal so offen zu mir, das ist also nicht son Vater-Sohn-Verhältnis, sondern eher son Kumpelverhältnis, I.: mmh, C.M.: wo ich bei, wobei ich natürlich immer sagen wir mal so viel steuer, so die Scheiße, die er verbockt hat, die bade ich irgendwo auch irgendwo immer aus, I.: mmh, C.M.: und die ist eigentlich, das ist mein Leben so, dass ich immer irgendwo etwas ausbade (3), ja, das zu meiner Lebensgeschichte, glaube ich, das ist so ziemlich alles, I.: mmh, C.M.: außer dass ich jetzt eben bisschen dabei bin, mal etwas zu ändern oder irgendwas klarzustellen, I.: mmh, C.M.: zu klären, nur ich weiß noch gar nicht genau, wo ich anfangen soll".

Im Rahmen der Schilderung seiner Scheidung kommt Herr Müller nicht nur auf seine Ehefrau, die gescheiterte Beziehung und Probleme mit dem Sohn zu sprechen, sondern er skizziert in diesem Zusammenhang auch das Verhältnis zu den Eltern, das hier zuerst einer genaueren Betrachtung unterzogen wird. Das Thema Vertrauen steht im Zentrum der Beschreibung des Verhältnisses zu den Eltern. Giddens ist einer der zeitgenössischen Soziologen, die sich mit diesem sozialen Phänomen auseinandersetzen:

„In erster Linie ist Vertrauen nicht mit Risiko, sondern mit Kontingenz verknüpft [Giddens grenzt sich hier von Luhmann ab, B.G./H.R.G.]. Vertrauen hat stets auch die Bedeutung von Zuverlässigkeit angesichts kontingenter Ereignisse, einerlei, ob es dabei um die Handlungen von Einzelpersonen geht oder um das Funktionieren von Systemen. Im Falle des Vertrauens in menschliche Akteure beinhaltet die Voraussetzung der Zuverlässigkeit die Zuschreibung von ‚Redlichkeit' (Ehrenhaftigkeit) oder Zuneigung. Eben darum hat das Vertrauen in Personen psychologische Konsequenzen für denjenigen, der vertraut, denn damit setzt man sich möglichen Verlusten aus" (1996: 48).[107]

Die bevorstehende, von der Ehefrau veranlasste Scheidung bewegt den Protagonisten in der Erzählung, sich vertrauensvoll an den Vater zu wenden. Das in den Vater gesetzte Vertrauen äußert sich darin, dass Carsten Müller auf seine Verschwiegenheit zählt, ihm im Vertrauen Informationen zuträgt. Die damit verbundene Erwartungshaltung wird vom Vater – der die Mutter informiert, der Gesprächsinhalt zwischen Vater und Sohn wird anschließend zum Thema in der gesamten Familie – enttäuscht. Die Einstellung des „Sich-Verlassen-Dürfens" (Erikson 1996: 62) wird gestört. In der Erzählung geht es um die Verletzung einer aufgestellten moralischen Regel (Verpflichtung zur Verschwiegenheit). Distanzierung ist die Konsequenz, die aus der Unredlichkeit des Vaters gezogen wird („deswegen bin ich da eigentlich auch zu, sehr zurückgezogen zu meinen Eltern"); die Beziehung zu den Eltern nimmt dauerhaften Schaden („Vertrauensbruch"). Die thematisierte Verletzung erhält durch die generalisierende Ich-Aussage – „ich bin eigentlich kein Familienmensch, ich bin ein Einzelgänger" – besondere Dramatik. Das Vertrauen erscheint aber auch dadurch erschüttert, dass der Vater den eigenen Sohn nicht (er)kennt bzw. seine Besonderheiten im eigenen Handeln nicht in Rechnung stellt. Zudem wird die Position, die der Sohn zur Scheidung bezieht, von den Eltern nicht akzeptiert („ich glaube, das war nicht recht, die Sache, die ich wollte"). Carsten Müller findet bei den Eltern keine Unterstützung für seine Perspektiven und Vorhaben (wie immer sie aussehen, die Erzählung enthält keine Informationen) und keine Akzeptanz. Herr Müller erzählt hier die Geschichte einer persönlichen Enttäuschung, die Eltern stehen nicht zu ihm (mangelnde Zuneigung?), sind unzuverlässig, unredlich, er kann nicht ‚einfach' der sein, der er ist. Eine abschließende distanzierte Positionierung zu den Eltern gelingt aber nicht: Sie sind es, die ihn im Hinblick auf seinen Sohn Paul unterstützen. Nichtsdestotrotz sind die durch die Eltern verursachten Verletzungen und Kränkungen nicht das Resultat der Handlungen Carsten Müllers, sondern das Ergebnis von Handlungen und Haltungen der Eltern (fremdverursacht).

---

107 Wir beziehen uns hier auf soziologische oder allgemeine Kommentare zum Vertrauen (dies gilt auch für den Rekurs auf Erikson). Giddens hat sich mit dem Thema verstärkt auch aus entwicklungspsychologischer Sicht, unter besonderer Berücksichtigung des Mutter-Kind-Verhältnisses, der Herausbildung von Urvertrauen und Identität, beschäftigt (vgl. ders. 1995: 102–111; 1996: 117–127). Diesbezüglich lehnt er sich eng an die Arbeiten von Erikson an, der aus (modifizierter) psychoanalytischer Warte Prozesse der Vertrauensbildung und Identitätsformation im Entwicklungsgang des Menschen in den Blick nimmt (im Original vgl. Erikson 1996: 62–75).

Auch die Scheidung ist ‚fremdverursacht': „meine Frau wollte nicht mehr mit mir zusammen sein", „sie wollte die Scheidung einreichen, ich müsste ausziehen". Über die Gründe ist an dieser Stelle ebenso wenig zu erfahren („weil da Sachen so aufgetreten sind, so Schwierigkeiten") wie über die Gründe der oppositionellen Haltung der Eltern zur Scheidung. Was in der Erzählung ‚übrig bleibt', ist die Struktur des Prozessiertwerdens durch andere. Die anderen sind die Akteure in der Geschichte, ihren Handlungen und Entscheidungen ist der Erzähler ausgesetzt. Deutlich kommt diese Darstellungsstruktur in der Episode zum Tragen, in der es um die ‚Unterbringung' des Sohnes geht. Paul wird im Anschluss an die Trennung zwischen den Eltern hin und her geschoben. Nachdem Carsten Müller nach der Scheidung eine Zeit lang die Betreuung übernimmt, will die Mutter den Sohn zurück. Doch es kommt erneut zu Konflikten zwischen Mutter und Sohn, eine der wenigen Situationen im Interview, in denen szenisch erzählt wird. Hier zeichnet sich so etwas wie eine Handlungsentscheidung Carsten Müllers ab, deren Konsequenzen für den Sohn weit reichend sind. Herr Müller weigert sich, Paul erneut aufzunehmen, in letzter Konsequenz wird der Sohn in einem Heim untergebracht. Die ‚Schuld' für den ‚unglücklichen Ausgang' der Episode, die Verantwortung für die Konsequenzen der sozialen Situation werden allerdings der Ehefrau – von der es heißt: „sie war selber ein Mensch, der (2) sagen wir mal mit dem Leben nicht zurechtkam" – und dem zwölf- oder dreizehnjährigen Sohn zugeschrieben. Carsten Müller entscheidet zwar, den Sohn nicht wieder aufzunehmen, jedoch im Rahmen einer Handlungskette, die ein Verursacherprinzip erkennen lässt: Ehefrau und Sohn wussten durch seine Vorabpositionierungen von den (harten) Konsequenzen. An diesen interaktiven Sequenzen lässt sich deutlich die problematische „Kosten-Nutzen-Relation" biographischer Handlungsschemata ablesen: Das Problem der Übernahme von Verantwortung, die angesichts der Unterbringung des Sohnes in einem Heim in der Erzählung nur partiell gelingt.

Unter Kohärenzgesichtspunkten lässt sich feststellen, dass die Geschichte so geschlossen wird, wie sie eröffnet wurde. Das ‚gelebte Leben' wird unter der Perspektive des „Immer irgendwo etwas ausbaden"-Müssens bilanziert und geschlossen. Signifikante andere handeln und Carsten Müller ist derjenige, der für (negative) Handlungskonsequenzen einstehen muss, er muss erleiden, erdulden, aushalten, was andere verursacht haben. Dinge des Lebens widerfahren dem Protagonisten in der Erzählung, sie stoßen ihm zu, ob durch Menschen oder kosmische Ordnung verursacht, ist letzten Endes einerlei. Anfang und Schluss zeichnen sich durch Wiederholung der Darstellungsstrukturen, durch Kohärenz aus, Eigentheoretisierungen, dramatisch-szenische Darstellungen und Bilanzen korrespondieren. Insgesamt handelt es sich bei der Geschichte Carsten Müllers um eine verlaufskurvenförmig gestaltete Haupterzählung. Doch ist in Rechnung zu stellen, dass sich der Bilanz mit Gegenwartsbezug ein Blick auf die Zukunft anschließt: Das Unbehagen am ‚Prozessiertwerden' bzw. ‚Durch-andere(s)-determiniert-Sein', das sich schon in der Schlussbilanz des Eingangssegments abzeichnete, taucht auch im Hinblick auf eine mögliche Zukunft wieder auf. In Zukunft sollen Dinge klargestellt, geändert werden, anders ablaufen. Wer nicht bis auf Ebene der Handlungskonsequenzen bestimmt handelt oder handeln kann, muss mit den Konsequenzen leben. Das Prinzip des freien Willens, der „eigenen Verantwortlichkeit" bezogen auf die Lebensgestaltung, auf die Gestaltung sozialer Situationen, das bereits in der kosmologischen Interpretation des Seins außer Kraft gesetzt wurde (Adorno 1979: 156), ist die Eigenschaft, an der es dem Interpreten des Selbst aus eigener Sicht mangelt. Doch wie ist Handlungsautonomie zu erlangen, umzusetzen? Dass etwas verändert werden muss bzw. soll, scheint klar, doch zeichnet sich keine Lösung (Wandlung/Wende) ab: Wo fängt man an („ich weiß noch gar nicht genau, wo ich anfangen soll"), wie lässt sich das Ganze bewerkstelligen? Die Gestalt der Erzählung wird also geschlossen, wie sie eröffnet wurde: Mit Unsicherheiten bezüglich der Welt-, Selbst-, und Handlungsdeutungsmuster. Der Rekurs auf die Astrologie führte das Prinzip des Determiniertseins ein, ein Welt- und Selbstdeutungsmuster, dem sich Carsten Müller in der Erzählung insofern anschließt, als es auch Prinzipien der Handlungs-, Orientierungs- und Erklärungsentlastung einschließt. Es scheint von Vorteil, dass in diesem Modell keine Verantwortung für Handlungen und ihre Konsequenzen übernommen werden muss, seien es die Sterne, um auf das Eingangssegment zurückzukommen (zum Prinzip der Entlastung von Verantwortung durch Astrologie vgl. Adorno 1979: 172), seien es die (Handlungs-)Entscheidungen der anderen. Doch diese Entlastungsstrategie hat einen sozialen Preis: Im Prinzip wird in der Erzählung beständig das Fehlen eines biographischen Handlungsschemas artikuliert.

Das gestaltgebende Thema der Erzählung lässt sich nun festlegen: Es ist ein Leben ohne ausreichende Anhalts- und Orientierungspunkte im Inneren, eine Geschichte der Selbst- und Sinnsuche. Gründe, die das Leben bestimmen, liegen im Außerhalb, unbeantwortet bleibt die Frage der Umsetzung des freien Willens. Neben dieser thematischen Figur ist es die Struktur einer regressiven Erzählung, die eine kohärente Geschichte hervorbringt, doch die beständig formulierte Verunsicherung mit Blick auf die eigene Person lässt auch an eine Wende denken. Verlaufskurvenstrukturen bzw. regressive Erzählstrukturen gehen der Schilderung einer Wende voraus. Der Wunsch, etwas zu verändern, ist am Material abzulesen, wie nicht nur der Schlussbilanz der Erzählung zu entnehmen ist. Carsten Müller rechnet also, um es in Anlehnung an Schütze zu formulieren, „mit der Möglichkeit eines grundsätzlich verändernden, beherzten Korrekturhandelns" (Schütze 2001: 140). Doch Veränderung braucht einen Ausgangspunkt, einen Anhaltspunkt und ein Ziel. Sind die Probleme zu vielfältig (Identität, Familie/Beziehungen, Gesundheit/Krankheit, Beruf), ist es deshalb schwierig in der Erzählung einen Anfang zu finden? Ist es das Ziel oder sind es die Mittel zur Durchsetzung eines selbstbestimmten Lebens, die unklar sind? Sind die Kosten des biographischen Handlungsschemas – Stichwort Übernahme von Verantwortung – zu hoch und veranlassen ein Zögern? Vage zeichnet sich die Option einer Wende in der Erzählung ab (ausführlich zur Wandlung vgl. Schütze 2001: 142ff.; 2005: 220).

Der Nutzen, der in einer derartigen Erzählhaltung liegt und der bereits als Entscheidungsentlastung, Zurückweisung von Verantwortlichkeit, Sinnstiftung charakterisiert worden ist, lässt sich um einen wesentlichen Aspekt erweitern, werden die Darstellungsstrukturen im Kontext Multiple Sklerose betrachtet. Nach der Diagnose, die die Ehefrau Carsten Müllers übermittelt, da ihn die Ärzte nicht persönlich aufklären wollen (regressiver Modus), heißt es im Interview: „ich hab das dann so mehr oder weniger so abgetan: „Na ja", ja und so denk ich mal, dass ich diese, die die Krankheit behandle ich immer so, so nach dem Motto: „Na ja", ich weiß auch nicht so richtig, wo ich se einordnen soll". Handelt es sich bei der Krankheit um einen kosmologischen Fall – der „Tierkreis enthält den Körper des Menschen total, regelt also auch sein gesundheitliches Befinden" (Stegemann 1987: 607) –, dessen Resultate hinzunehmen sind? Herr Müller kommt in diesem Zusammenhang nicht auf die Astrologie zu sprechen, doch wird die Krankheit im Modus des dominanten Selbst- und Weltdeutungsmusters als (weiterer) Schicksalsschlag gedeutet, der fatalistisch hinzunehmen ist. Fatalismus beinhaltet unterdessen immer auch die Option, den Sinnfragen des Lebens Einhalt zu gebieten. Dass allerdings etwas an derartigen Selbst-, Welt- und Ereignisdeutungsmustern problematisch ist, wird auch in diesem Passus über eine Metapher der Orientierungslosigkeit (,nicht einordnen können') angedeutet.

4.3.3 Interviewauszüge und Kommentare im Kontext Praxisrelevanz

Biographische Ressourcen: Fatalismus, esoterische und astrologische Deutungsmuster, Schicksalsgläubigkeit, Dasein für andere

Mit Blick auf die Rekonstruktion der Erzählung lässt sich vorderhand festhalten, dass es sich bei den esoterischen, astrologischen und schicksalhaften Erklärungen der Welt und des Ichs um Ressourcen handelt, die die Darstellung einer kohärenten Geschichte ermöglichen. Der Fatalismus, der mit diesen Deutungsmustern in Zusammenhang gebracht werden kann, erlaubt es dem Sprecher, auch die Erkrankung an Multipler Sklerose kommunikativ zu verhandeln. Allerdings erweisen sich die Deutungen insgesamt als fragil, bringt der Erzähler doch immer wieder zum Ausdruck, dass ‚irgendetwas nicht stimmt' und ‚geändert werden muss bzw. sollte': Ansatzpunkte, Modalitäten oder Ziele bleiben indessen unthematisiert.

Professionelle Praxis ist grundsätzlich gefordert, sich die Dimension des Sozialen im Individuellen zu vergegenwärtigen (vgl. Hanses 2000: 372), und an diesem Punkt zeigt sich häufig auch, dass das „Kritische und die Potentialitäten der Lebensgeschichte (...) (sehr nahe beieinander)" (ebd.: 373; vgl. auch Hanses 2003: 33) liegen können. Im Fall der lebensgeschichtlichen Darstellung Carsten Müllers bedeutet dies konkret: Das esoterische Deutungsmuster ‚protegiert' die Verlaufskurve, ermöglicht aber zugleich eine kohärente Darstellung von Ich und Welt und stattet lebensgeschichtliche Ereignisse mit (sozialem) Sinn aus. Pädagogische Intervention wird dieses Spannungsfeld grundsätzlich in Rechnung zu stellen haben.

In der lebensgeschichtlichen Erzählung Carsten Müllers lassen sich aber auch weitere biographische Ressourcen lokalisieren:

„C.M.: habe eigentlich immer sehr auch den, äh, ich war also erst in der Grundausbildung, habe da während der Grundausbildung gearbeitet, habe in der Vollausbildung gearbeitet, also auch mit auszubildenden Leuten und habe eigentlich immer da versucht, zu vermitteln zwischen den Vorgesetzten und den Untergebenen, obwohl ich eigentlich schon in dem Bereich Vorgesetzter war, aber ich hab mich immer eher zu denen, ich hab mich dazugesetzt, ich hab mich also nicht zu meinen Kollegen oder zum- zu den Vorgesetzten gesetzt, sondern eher zu den Untergebenen, habe da irgendetwas mit denen gemacht und gesagt, so oder so kannst das nicht machen, oder so, wenn irgendwas war, irgendwie immer so_n bisschen lenkend auf dieser Ebene".

Carsten Müller stellt ein Interaktionsmuster im Arbeitsalltag dar: „und habe eigentlich immer da versucht, zu vermitteln zwischen den Vorgesetzten und den Untergebenen". Dabei begreift er sich in Konfliktsituationen als „Mittelsmann", als Vermittler zwischen den Parteien. Es zeichnet ihn aus, dass er für die Probleme und Schwierigkeiten der „Untergebenen" offen ist. Zugleich verweist der Auszug auf die Disposition, im hohen Maße sensibel für die Probleme anderer zu sein und zur situativen Klärung beizutragen. Der Aspekt der persönlichen Einflussnahme wird im Passus hervorgehoben. Wenn andere Probleme haben, ist es für ihn selbstverständlich, den Versuch zu unternehmen, Probleme zu klären bzw. zu intervenieren. Herr Müller nimmt sich der Probleme anderer an (wie auch den nachfolgenden Passagen zu entnehmen ist).

„C.M.: ach so, das hatt ich auch noch nicht (geklärt), das heißt also, da ist irgendwann die Scheidung stand mehr oder weniger an, das heißt meine Frau wollte nicht mehr mit mir zusammen sein, weil da Sachen so aufgetreten sind, so Schwierigkeiten und so weiter, sie war selber ein Mensch, der (2) sagen wir mal mit dem Leben nicht zurechtkam, aber ich war (gegebenenfalls) irgendwie der ruhige Pol, der das irgendwie lenken konnte".

Der Aspekt indirekter Einflussnahme wird auch in diesem Ausschnitt, der als Teil des Schlusssegments bereits interpretiert wurde, positiv hervorgehoben und illustriert die Handlungsfähigkeit im Hinblick auf ‚bedürftige' andere. Doch wie so häufig, liegen auch hier Potenzialität und Risiko eng beieinander: Das Dasein für andere verkehrt den Konflikt der Selbst- und Sinnsuche nicht in sein Gegenteil, wie nachstehend erläutert wird.

Ungelebtes Leben: Beruf

In der Lebensgeschichte können dominante Strukturmuster entdeckt werden, die zeigen, dass ungelebtes Leben eng mit der generellen Problematik der verhinderten Möglichkeiten verbunden ist, Handlungs- und Orientierungsmuster zu entwickeln bzw. zu thematisieren, die einem selbstbestimmten Leben zugrunde liegen. Der Aspekt a) der Ausrichtung und Anpassung an äußere Bedingungen und Erwartungen anderer, sowie das Thema, b) ‚keine eigenen Entscheidungen treffen' zu können, durchziehen die Erzählung. Alle von ihm thematisierten lebensgeschichtlichen Zusammenhänge und Episoden werden durchweg als Ereignisse im Zusammenhang mit Begrenzungen und Brüchen im Hinblick auf Handlungsaktivitäten und Entwicklungen beschrieben. In der nachstehend dokumentierten Passage spricht Carsten Müller über seinen beruflichen Werdegang.

„C.M.: Ja, ich bin also selber Fahrlehrer, das heißt also, ich bin in den Beruf da reingekommen durch den Bund, ich bin also zum Bund gekommen (1) hatte eigentlich während der Schulzeit vor, Be_äh Berufssoldat und Pilot zu werden (1) habe aber bei diesem psychologischen Test da einfach (1) die hab_n mich dann gefragt: „Was woll_n Sie denn hier", so ungefähr, da hab ich gesagt: „Ja gut, wenn Sie meinen, ich gehör hier nicht hin, dann geh ich ehen halt wieder", das heißt also, äh ich bin so ein Mensch, der gerade das macht, was äh so anfällt oder gemacht werden müsste oder sollte, und was viele eben auch nich gerne machen, das mache ich, es ist aber nicht so, dass ich irgendetwas mache, weil ich sage: „Ich will das machen", ich sach also, da bin ich also kein Mensch zu, um zu sagen: „Okay, das will ich, und das mach ich", das ist also das, was mir jetzt so in den letzten Jahren vermehrt aufgefallen is, dass also viele Menschen eben sagen: „okay", die setzen sich auch dafür ein, für mich ist das, ich sach dann: „hm, vielleicht sollte das so sein, aber vielleicht sollte das auch nich so sein", und man wird sehen, was daraus sich entwickelt".

Deutlich wird, dass Carsten Müller die Weichen für seinen beruflichen Werdegang nicht selbst stellt („das heißt also, ich bin in den Beruf da reingekommen durch den Bund"). Innerhalb institutioneller Rahmenbedingungen ist die Berufswahl zustande gekommen. In der Erzählsequenz zeigt sich, dass er sich mit der von außen präsentierten Setzung und mit dem Ausschluss arrangiert. In dem anschließenden Kommentar: „Ja gut, wenn Sie meinen, ich gehör hier nicht hin, dann geh ich eben halt wieder" bringt er seine Haltung zum Geschehen zum Ausdruck. Er beugt sich den äußeren Einflüssen und zieht sich zurück. Der Lebensverlauf konstituiert sich durch Ereignisse, Zufälle, Entscheidungen und Beurteilungen Dritter etc. Mit der Ausrichtung und Anpassung an äußere Bedingungen und Erwartungen anderer macht der Erzähler zugleich auf ein grundlegendes Handlungsmuster aufmerksam: Er legt sich selbst auf folgende Struktur fest: „ich sach also, da bin ich also kein Mensch zu, um zu sagen: „Okay, das will ich, und das mach ich"." Offensives, zielgerichtetes und eigeninitiatives Vorgehen und Handeln liegt außerhalb der Reichweite, die in der Erzählung aufgespannt wird. Pädagogische Hilfe im Kontext Beruf könnte es sich zum Ziel setzten, den Raum zur Artikulation eigener Interessen zu öffnen und Zukunftsmodelle zu diskutieren.

Das Fremdwerden der eigenen Biographie: ‚Autismus' und ‚Selbstinfragestellungen'

Von Prozessen des Sich-selbst-fremd-Werdens berichtet Carsten Müller, indem er auf Mechanismen eingespielter Handlungsstrukturmuster und -deutungsmuster verweist. Dem Mangel an Pragmatismus im Horizont der Wahrnehmung von Handlungsoptionen begegnet der Sprecher punktuell (selbst)kritisch, doch zeichnet sich in der Darstellung kein Ausweg ab:

„C.M.: und was mir jetzt also aufgefallen ist, ist, glaube ich g- vorgestern oder gestern kam ein Film über Autismus, I.: mmh, C.M.: und der hat mich also sehr eingesprochen, angesprochen und mmh da ist mir eigentlich so vieles aufgefallen, was mmh, wo ich einfach sage, wo ich mich einfach frage, ob ich nicht selber ein bisschen autistisch bin, I.: mmh, C.M.: das heißt also, so Spielereien wie mit Zahlen und so was, das ist also sehr interessant, ich bin also auch kein Mensch, der auch in der Schule schon nicht, der sich irgendwelche Formeln gemerkt hat, sondern ich (2) hab schon nur um ne einfache Formel, die ich ja nicht gelernt habe, habe ich dann sagen wir mal drei vier Din A vier Seiten_äh Dokumentation, Beweise geführt und warum das dann nicht sein kann, dass es äh falsch ist, was ich da, I: mmh, C.M.: gemacht habe, äh, aber einfach nur um, aus Faulheit äh oder, kann man nicht sagen Faulheit, aber_äh das ist einfach, das will ich einfach nicht, nur einfach nur ne Formel anwenden, weil die Formel da ist und ich die auswendig gelernt haben soll, und dann mach ich mir eher Gedanken darüber, zu beweisen, warum die Formel nun richtig ist, die ich in meinen Gedanken ((I./C.M.: lachen kurz)) habe, ja, und damit bin ich eigentlich immer viel beschäftigt, dass ich also vieles für mich selber auch erklären muss, um etwas zu machen, I: mmh, C.M.: also, wenn ich irgendwie ne Entscheidung zu äh treffen habe, werde ich mit Sicherheit versuchen, erst mal alles, das was unmöglich ist, äh aufzulisten und das was unwahrscheinlich, um dann im Endeffekt auf das zu kommen, was andere würden sagen: „Ja, komm, ich geh heute da hin", ich würde mir erst mal überlegen, warum würde ich nicht hingehen, I.: mmh, C.M.: ich wür- ich geh also immer den komplizierten Weg, I: mmh, C.M.: das ist das, was mir immer wieder auffällt und was mich jetzt einfach auch belastet und ich sage einfach: „Warum machste das eigentlich ((fragend))", und ich weiß nicht warum und wo ich anfangen soll".

Unabhängig davon, dass sich die rekonstruierten Strukturmuster der Erzählung im Passus wiederholen, fällt doch die Stilisierung und Erklärung des Ichs auf, die hier im Vordergrund der Selbstpräsentation steht. Mit der Wendung, „ein bisschen autistisch" zu sein, hält ein medizinisch-diagnostischer Blick auf das Selbst Eingang in die Ausführungen, der eine generalisierende Deutung im Hinblick auf grundlegende Handlungsprobleme und Identitätsfragen ermöglicht. Die Handlungsstrukturmuster werden als Handlungszwänge konzipiert, die den Alltag, das Leben ungewollt bestimmen. Die Thematisierung handlungsschematischer ‚Strategien' liegt außerhalb der Darstellung. Die eigenen, permanent reproduzierten Handlungsmuster verursachen Verunsicherung; der Erzähler wird sich in der Passage selbst fremd („das ist das, was mir immer wieder auffällt und was mich jetzt einfach auch belastet und ich sage einfach: „Warum machste das eigentlich ((fragend))", und ich weiß nicht warum und wo ich anfangen soll"). Doch auch andere Passagen im Interview weisen auf Verlustperspektiven bezüglich eines ‚selbstbestimmten' Lebens hin.

I.: ja (3) ich darf Ihnen Fragen stellen ((fragend)), C.M.: ja klar, stellen Sie Fragen, I.: gut (3), mmh (2), Sie haben gerade gesagt, dass das ihr Leben ist: „Dass ich immer etwas ausbade" waren Ihre Worte, wie kann ich mir das vorstellen ((fragend)), C.M.: ja, ich sag, das is eigentlich immer (2) äh das was sich so an (1) aus (1) das werde ich (1), da bin ich dann also auch (2), das ist dann wieder so_ne Schiene wo ich sage: „Ja, okay, da das werde ich zu Ende bringen irgendwie", I.: mmh (3), was baden Sie aus ((fragend)), C.M.: äh (2) ((atmet schwer aus)), ja (2), unangenehme Sachen für andere, äh Probleme, I.: mmh, C.M.: wenn andere Probleme sind ist es also für mich keine Schwierigkeit, mich mit denen auseinanderzusetzen, weil ich versuche deren Probleme zu klären, aber meine Probleme wohl nicht, I: mmh, C.M.: weil das ja auch (1), das ist auch relativ unwichtig was (2), ich fühl mich also selber auch nicht äh sagen wir mal so wichtig, I., C.M.: ich sage mal so, ich lebe eigentlich noch deswegen, weil ich eigentlich irgendwo noch gebraucht werde (1), irgendwie für etwas bin ich anscheinend noch nütze ((Lachen)), I.: mmh, C.M.: ja".

Von Verlusterfahrungen in der Beziehung zur eigenen Biographie kann insofern gesprochen werden, als dass Carsten Müller darauf verzichtet, eine eigene biographische Linie zu entwickeln bzw. zur Sprache zu bringen („was sich so ergibt das werde ich"). In der Textpassage wird deutlich, dass Verluste nicht losgelöst von Prozessen der Sinn- und Zusammenhangsbildung in Verbindung mit Verlaufskurvendynamiken zu betrachten sind. Aus sich selbst schöpfend, selbstbezüglich kann kein Sinn hergestellt werden, Sinn stellt sich hier über die biographische Ressource her, für andere Menschen, die ihn brauchen, in problematischen Situationen da zu sein. Das Thema ‚Lebenssinn' (für sich) stellt jedoch eines der zentralen Themen des Biographen dar, das in den Mittelpunkt der Hilfe gestellt werden könnte. Zu überlegen wäre in diesem Kontext, welche Profession für die Bearbeitung der Thematik zuständig ist.

4.4 Biographische Erzählung und das Themenfeld ‚Arbeitslosigkeit'

> „Die Karriere (...) ermöglicht es, (...) die eigene Identität in der Zeitdimension zu definieren. Sie bietet dem Individuum die Form, in der es sich selbst, ohne an Individualität zu verlieren und ohne in einem höheren Ganzen ‚aufzugehen', in die asymmetrische Irreversibilität der Zeit versetzen kann (obwohl die Karriere selbst eine rekursive Verknüpfung aller für sie relevanten Ereignisse vorsieht). Und diese Form ist abgestimmt auf das, was als Sozialstruktur der Gesellschaft ohnehin gegeben ist" (Luhmann 1994: 198).

4.4.1 Informationen zum Interview und Erzähleinstieg

Das Interview mit Clara Hachenberg wurde im Rahmen des Buchprojekts im Jahre 2006 geführt. Schon bei der Rekrutierung wurde vermittelt, dass wir uns für das Problemfeld Erwerbslosigkeit interessieren. Der Kontakt zu Frau Hachenberg kam über eine professionelle Kursleiterin, die Angebote für langzeitarbeitslose Menschen konzipiert und umsetzt, zustande. Dementsprechend war es auch Frau Hachenberg klar, dass dem Thema Arbeitslosigkeit Bedeutung beigemessen wurde. Das Interview selbst fand in einer Kontakt- und Beratungsstelle statt. Handelt es sich beim Eingangssegment um ein vollständiges Segment, so wird, aus Gründen des Umfangs, nur ein Auszug aus dem der Schlusskoda vorausgehenden Segment gedruckt bzw. analysiert. Sowohl im Hinblick auf den Eingang als auch mit Blick auf das Ende der Erzählung ist festzuhalten, dass Frau Hachenberg vorrangig den Berichtsstil wählt, um über ihr Leben Auskunft zu erteilen, gelegentlich werden aber auch Erzählungen in die Haupterzählung ‚eingestreut', wenngleich diese selten szenisch gestaltet sind. Zeitlich und inhaltlich orientieren sich die Darstellungen am institutionalisierten Muster des Lebensverlaufs; die Erzählung basiert auf dem Typus „Berufsbiographie" (vgl. diesbezüglich Anm. 70).

Der soziale Kontext, der das Interview rahmt, spiegelt sich thematisch auch im Eingangssegment der Haupterzählung. Im Anschluss an die kommunikative Ratifizierung des Gesprächsauftrages narratives Interview durch die Kommunikationspartnerinnen beginnt die Sprecherin ihre lebensgeschichtliche Darstellung, indem sie auf die schulische Laufbahn und ihre Schritte in Richtung Berufsleben in der ehemaligen Deutschen Demokratischen Republik zu sprechen kommt. Das Segment endet mit der ‚Wende' und einem kurzen Kommentar zur beruflichen Situation nach der ‚Wiedervereinigung'

„I.: ich guck immer ein bisschen auf die Batterien, aber die müssten gehen, also vielleicht einfach kurz, es ist so, ich interessiere mich für Lebensgeschichten von Menschen, und wir hatten ja kurz am Telefon darüber gesprochen, C.H.: mmh, I.: und ich würde Sie einfach bitten, mir Ihre Geschichte zu erzählen, all das, was Sie erzählen möchten, C.H.: mmh, I.: ich höre Ihnen zu, ich unterbreche Sie nicht, C.H.: ach so, I.: ich mach mir ein paar Notizen, C.H.: mmh, I.: und wenn Sie zu Ende erzählt haben, würde ich noch mal nachfragen, C.H.: mmh gut, dann fang ich mal an ((lachend)), I,: schön, ja, C.H.: ja, ich wurde neunzehnhundertzweiundfünfzig am XX.ten im Herbst I.: mmh, C.H.: in einem Dorf A im ostdeutschen Bundesland A (4), wird sicher keiner ((lachend)) werden Sie vielleicht nicht kennen, I.: mmh, C.H.: und ((langgezogen)) bin dort in die Grundschule gegangen ja bis zur also erste bis vierte Klasse, alle Schüler in einem Raum, noch so ne Ein-Klassen-Schule, I.: mmh, C.H.: dann ab fünfte Klasse im Nachbarort B (3) ähm ein etwas größeres Dorf, I.: mmh, C.H.: da war ich von der fünften bis zur siebten Klasse, da waren dann aber die Klassen getrennt, ne, also jede Klasse hatte dann seinen Raum, I.: ja mmh, C.H.: mit Klassenlehrer und entsprechend die Fachlehrer, I.: mmh, C.H.: ab achte Klasse bin ich im (2) auch im Nachbarort B, aber in die andere Richtung, und das war ne Kleinstadt C, neuntausend Einwohner oder ist immer noch ne Kleinstadt und da hatte ich, hab ich dann die achte bis zehnte Klasse absolviert, I.: ah ja, mmh, C.H.: so danach (2) ähm hab ich ne Bauzeichnerlehre in einer mittelgroßen ostdeutschen Stadt D in der näheren Umgebung mit meiner Schulfreundin zusammen, also wir (2), ich bin dann durch sie ((lachend)) dazu animiert ((lachend)) worden, weil ihr Vater hatte ihr diese Lehre irgendwie besorgt oder ausfindig gemacht und ich wusste auch noch nicht so richtig, was was will ich eigentlich werden ((langgezogen)), hatte so verschiedene Richtungen, un- in die Chemie hätte, das hatte ich so überlegt, aber das war mir zu stinkig, I.: mmh, mmh ((lachend)), C.H.: und bei uns in der Nähe war auch das ein größeres Chemiewerk, wo wir och Unterricht hatten, in ner Produktion, I.: mmh. C.H.: und das war so ne Miefbude also, da brauchte man nur vorbeifahren, dann hat man schon gestunken irgendwie, I.: mmh, C.H.: und deshalb hatte mich das nen bisschen abgeschreckt mit Chemielaborantin ((lachend)), I.: mmh, C.H.: und da ich technisches Zeichnen sehr gern gemacht habe, I.: mmh, C.H.: und auch (2) da immer ne Eins hatte und auch schon überlegt hatte, in die Richtung Maschinenbauzeichner, dacht ich: „Gut, Hochbauzeichner is sicher auch nicht schlecht", I.: mmh, C.H.: hatt ich och so das Interesse un noch besser dann mit ner Freundin zusammen, weil ich vielleicht auch son bisschen ((lachend)) schüchtern war da noch, I.: mmh, C.H.: und war ich ganz froh, dass ich nicht allein irgendwohin musste, und ((langgezogen)) (2) hab dann die zwei Jahre in C-Stadt die Lehre abgeschlossen, hat mir auch Spaß gemacht (2), und ((langgezogen)) von den Lehr_Meisterinnen, die uns dort unterrichtet haben, kam dann so auch der Anstoß mit äh doch ein Studium, I.: mmh, C.H.: noch äh zu absolvieren, I.: mmh, C.H.: und nicht nur als Zeichnerin sozusagen und äh, obwohl ich das erst nicht ((betont)) wollte, aber mich so ein bisschen vor der Verantwortung drücken wollt ich mich, glaub ich, dacht ich ((lachen)): „Na ja Ingenieur, dann biste ((lacht)) is ne höhere Stellung", und na gut, dann hab ich hab_s dann hab mich beworben, ((Schlucken)) in Stadt E, in der Ingenieurschule für Bauwesen (2), und bin dort och angenommen, meine Freundin leider nicht, die ist dann erst nen halbes Jahr später in G-Stadt, I: mmh, C.H.: aber gut, ich hab da auch wieder Freunde gefunden, und wir haben im Wohnheim gewohnt und zusammengearbeitet, viel äh gemacht und (2) das letzte halbe Jahr im Praktikum, während des Studiums, war ich im Wohnungsbaukombinat, I.: mmh, C.H.: eingesetzt,

189

hab dort auch meine Ingenieurarbeit geschrieben (3) und ((langgezogen)) ich hatte eigentlich von C-Stadt aus, das gehörte zum WBK C-Stadt hatte ich ne Delegierung zum Studium, I.: mmh, C.H.: und die Delegierungen waren immer so, dass der Betrieb, von dem man delegiert wurde, einen dann wiederhaben wollte, wenn man dann fertig war mit dem Studium, so, dazu kam es aber nicht, weil inzwischen in einer ostdeutschen Großstadt F ein großes Bauprojekt umgesetzt werden sollte (2), und da hat man Arbeitskräfte gesucht, und so aus verschiedenen Ingenieurschulen sich da Leute rausgesucht, die Interesse haben, und da hatt ich mich mit gemeldet, I.: mmh, C.H.: und dadurch hatte das WBK C-Stadt da keinen Zugriff mehr auf mich, I.: mmh, C.H.: und das war dann automatisch wurde das dann I.: mmh, C.H.: annulliert da diese Vorverträge, man musste da auch nen Vorvertrag och haben, tja und dann bin ich zum Bauprojekt in die Projektierungsgruppe da gekommen (3), und ((langgezogen)) tja, was soll ich da so erzählen ((fragend)), hab da ((langgezogen)) angefangen erst mal auch so unerfahren ((lachend)), ich hatt ja nun auch kein Bauberuf, I.: mmh, C.H.: is auch son bisschen schwierig gewesen, so diese Praxiserfahrung, I.: mmh, C.H.: wenn man nur so das Zeichnerische gelernt hat und währ- während des Studiums war ich auch in ein_einer Entwurfsabteilung im Praktikum, ich hatte also die Statik nicht durchlaufen, nur noch mal so Kosten und Preise in so_ner Abteilung, und hatte mich dann auch für Entwurf entschieden und war dann auch in F-Stadt beim Bau in so einer Entwurfsabteilung, wo ich dann als Assessor meine Startreppe ((lachend)) entworfen habe und mit ((lachend)) nen bissl Schwierigkeiten ((lachend)), weil man keine Ahnung hatte von Profilstärken und so weiter ((lachend)), aber I.: mmh, C.H.: durch Unterstützung von ner Kollegin hab ich das dann auch hingekriegt und hab dann verschiedene Bereiche da mitgearbeitet am Verwaltungsgebäude, so danach ((Schlucken)) kam dann das Krankenhaus als Projekt, I.: mmh, C.H.: Rekonstruktion und Neubau, hab ich so ab sechsundsiebzig, also dreiundsiebzig war ich mit dem Studium fertig und bis sechsundsiebzig war das Verwaltungsgebäude fertig und da sind wir da eingestiegen in die in diese Planung da des Krank- Krankenhauses und das hat mir auch sehr viel Spaß gemacht, wir haben einen Neubau, die äh Funktionsdiagnostik, wo man och verschiedene in den Ebenen äh Bereichen wie Röntgen_äh_abteilung, dann kardiovaskuläre Diagnostik, I.: mmh, C.H.: Laborebene, da äh, ich hab also hauptsächlich im Röntgenbereich und kardiovaskuläre Diagnostik gearbeitet mit, I.: mmh, C.H.: Grundrisse, Schnitte, Ansichten, Absprachen mit den Ärzten, wir hatten dann auch son Kollegium kann man sagen von den Ärzten, die als Vermittler zu uns äh von der Planung her die Abstimmungen getroffen haben, wie was geplant wird und hatten natürlich auch Medizintechniker, die dann auch zugearbeitet haben, I: mmh, C.H.: In_Innenarchitekten, die dann die Möblierung gemacht haben, also, für mich war es schon ne interessante Aufgabe, hab auch ((Schlucken)) dann im Rekonstruktionsbereich gearbeitet, in der in_ inneren Medizin teilweise, Nervenklinik, hatte auch Zugang zur geschlossenen Abteilung in der Nervenklinik, das hat mich auch sehr beeindruckt, das so zu besichtigen, um jetzt Anregung zu kriegen für die Planung dann, und äh, gut, das lief bis ((langgezogen)) (2), wie lange haben wir das gemacht ((fragend)), oh Gott, ((lachend)) zweiundneunzig wohl in_in etwa so, ne und denn nach äh zog äh nach der Wende äh kam ja dann die Wende nun, das ((lachend)) äh , war für mich och sehr interessant, äh weil ich ne Tante in der Großstadt habe, äh die Schwester von meinem Vati (2), die hab ich dann äh nach der ersten Euphorie als es so vorbei war ((lachend)), hab ich die dann auch besucht und habn wir auch bis jetzt noch Kontakt, denn drei Cousinen noch, da hab ich zwar weniger Kontakt, aber ab und zu noch, tja ((seufzend)), und danach ähm ((langgezogen)) (2) war dann also äh das Krankenhausprojekt erst mal abgeschlossen, des war dann so, dass also mit Ostarchitekten nicht mehr gebaut werden sollte mehr, I.: mmh, C.H.: ähm (4) dann kamen andere Aufgaben, och Rekonstruktion teilweise in Schulen ((schlucken)), für ((langgezogen)) einen Verkehrsbetrieb in C-Stadt, da war aber auch nur teilweise äh nicht bis zu_Ende (3) äh was hab ich noch gemacht ((fragend)) ähm na gut, weiß nicht, ob ich jetzt die ganze Arbeit ausrechnen muss ((lachend))".

Clara Hachenberg gestaltet den Einstieg klassisch: Geburtsort und -datum werden an das Gegenüber adressiert. Mit den Bestimmungen: 1952 geboren, in einem der Interviewerin höchstwahrscheinlich unbekanntem „Dorf A im ostdeutschen Bundesland A" wird gleich zu Beginn ein ‚ostdeutscher Hintergrund' markiert. Über die schulische Ausbildung kommt Frau Hachenberg schließlich auf ihren beruflichen Werdegang zu sprechen. Da sich der institutionalisierte Lebenslauf in der ehemaligen DDR vom Lebensverlaufsmuster in der BRD unterschied, ist es wesentlich, einige der Besonderheiten festzuhalten.

Der institutionalisierte Lebenslauf in der ehemaligen DDR war durch spezifische Abläufe und Institutionen geprägt. So wurde beispielsweise 1958 die Polytechnische Oberschule (POS) verpflichtend eingeführt (Schiebel 2003: 30; Wingens 1999: 260). Der Abschluss dieser Schule stellte

> „die Voraussetzung sowohl für den Zugang zur Erweiterten Oberschule (EOS) als auch zu einer Berufsausbildung dar. Die Aufgabe des einheitlichen Schultyps in der DDR bestand somit nicht nur in der Vorbereitung auf die Abiturstufe, sondern auch auf eine praxisorientierte Berufsausbildung. Diese Funktion erfüllte insbesondere der polytechnische Unterricht der 7. bis 10. Oberschulklasse, der neben Themen wie Technisches Zeichen und Einführung in die sozialistische Produktion auch Phasen praktischer Arbeit in Betrieben und mehrwöchige Praktika enthielt" (Schiebel 2003: 30f.).

Das Ablaufmuster, das der Erzählung von Clara Hachenberg zugrunde liegt, wird nur verständlich, wenn Wissen über seine gesellschaftliche Strukturierung vorliegt:

> „Lebensverläufe in modernen Gesellschaften müssen im Zusammenhang mit staatlichem Handeln gesehen werden, denn der Staat stellt spezifische Institutionen für bestimmte Altersgruppen bereit. Von den Betreuungseinrichtungen für Kleinkinder, über die Institutionen des Bildungssystems und der Arbeits- und Rentengesetzgebung (...) bis hin zur Pflegeversicherung – moderne Lebensverläufe sind in diese institutionellen Regelungen eingebettete soziale Phänomene" (Windzio 2000: 257).

In diesem Kontext ist zu konstatieren, dass Lebenswege weder ausschließlich Ausdruck individueller Neigungen und Ressourcen noch ausschließlich Ausdruck gesellschaftlicher und institutioneller Gegebenheiten sind: Sie sind vielmehr Resultat „des *Zusammenspiels* von beidem unter charakteristischen historischen Bedingungen" (Diewald 2002: 132, Hervorhebung im Original).

Der POS schließt sich im Fall Hachenberg eine Berufsausbildung zur Hochbauzeichnerin an, sie absolviert also den beruflich orientierten Ausbildungspfad, der in einen Facharbeiterabschluss mündet. Der mit der beruflichen Ausbildung verbundene Fachschulbesuch eröffnete zugleich den Hochschulzugang (ausführlich Wingens 1999: 262f.), wenn der „Nachweis hoher fachlicher Leistung" erbracht wurde (Schiebel 2003: 32). Aus sozialgeschichtlicher Perspektive ist festzuhalten, dass von den sechziger bis in die siebziger Jahre politisch das Ziel verfolgt wurde, die Zahl der Ingenieure und Wissenschaftler signifikant zu heben (Rothert 1994: 76), wenngleich sich Aufstiegschancen in den siebziger Jahren verschlechterten (Diewald 1997: 114). Auch ist mit Blick auf die Geschichte zu konstatieren, dass seit den fünfziger Jahren im Kontext der staatlichen Frauenpolitik verstärkt Bemühungen einsetzten, Frauen an Qualifizierungsmaßnahmen in Beruf und Ausbildung partizipieren zu lassen (stellvertretend vgl. Becker 1998: 321). Formal wurde nach Abschluss des Studiums von den Akademikerinnen erwartet, dass sie den „Forderungen der sozialistischen Gesellschaft" nachkommen und „ein Arbeitsverhältnis entsprechend der Absolventenordnung" abschließen (Wiedmann in Schiebel 2003: 32). Zuständig für die Abwicklung waren die lokalen Einrichtungen der „Absolventenvermittlung/-lenkung" an den Hochschulen (Sackmann/Wingens 1996: 13). Doch berichtet die Interviewte über andere Formen des institutionalisierten Berufseinstiegs, die in ihrem Fall aber keine entscheidende Relevanz besaßen:

> „Zwei Akademikergruppen unterlagen nicht der offiziell vorgesehenen Absolventenvermittlung: Eine Ausnahme waren die ‚Forschungsstudenten', die individuell vermittelt wurden. Die zweite Gruppe waren die von einem Betrieb zum Studium delegierten Beschäftigten, die nach Studienabschluß für mindestens drei Jahre wieder in den Betrieb zurückkehren sollten (diese Verpflichtungserklärung zu einer langfristigen Betriebsbindung war zwar nicht rechtsverbindlich – auch für die Betriebe nicht – dennoch kehrten 70%-90% der Delegierten nach Studienabschluß wieder in ihren alten Betrieb zurück)" (Wingens 1999: 263, Anm. 30).

Die skizzierten Bedingungen des Übergangs von der schulischen Ausbildung in den Beruf bzw. von der Hochschule in den Beruf werden gelegentlich auch als „staatlich garantierte", „risikolose Statuspassage(n)" bezeichnet (Sackmann/Wingens 1996: 12; Wingens 1999: 265). Das Konzept ist eng mit Vorstellungen von der DDR-Planwirtschaft verbunden:

> „Zugespitzt ist diese (...) Vorstellung der planwirtschaftlichen Arbeitskräfteallokation, in der im Rahmen eines hierarchisch abgestuften Weisungsprozesses die Arbeitskraftanbieter außengesteuert an Arbeitsplätze ‚gelenkt' werden, im Begriff der ‚Kommandowirtschaft' mit seiner Akzentuierung direkter Herrschaft. In diesem (auch DDR-offiziellen) Bild planwirtschaftlicher Allokationen mit seiner umfassenden zentralen Regulierung des Arbeitsmarktes erfüllen die Arbeitsmarktakteure (...) lediglich eine passive Funktion" (Sackmann/Wingens 1996: 13).[108]

---

[108] Die geschilderten Strukturbedingungen veranlassten unter anderem Meyntz von einem spezifischen Charakter ostdeutscher Bürger, konkret einem „entscheidungsentwöhnten und außengelenkten Sozialcharakter" auszugehen (Sackmann/Wingens 1996: 13, zur ‚Defizitthese' vgl. auch Struck 2000: 198; Diewald 2002: 135). Diesen Aspekt stellen wir zunächst zurück, kommen jedoch im Verlauf der Ausführungen wieder auf ihn zu sprechen.

Doch nicht nur die Untersuchung von Sackmann und Wingens illustriert, dass der Übergang von der Hochschule in den Beruf in der DDR in nahezu 66 Prozent der Fälle über informelle Wege realisiert wurde (1996: 14) – auch Clara Hachenberg berichtet von anderen Mechanismen, die ihren Berufseinstieg regulieren: Der Arbeitskräftebedarf auf einer Großbaustelle, der in die Anwerbung motivierter Fachkräfte zwecks Mitarbeit mündete, veranlasste Frau Hachenberg, eine Bewerbung einzureichen und schließlich in F-Stadt einer Beschäftigung nachzugehen.[109] Doch zurück zum Interview und zu den Identitätskonstruktionen, die sich im Horizont des institutionalisierten Ablaufmusters spiegeln.

Im Rekurs auf Luhmann ist bereits im Motto, das den Analysen voransteht, konstatiert worden, dass Karrieregeschichten eine der möglichen strukturell-inhaltlichen Darstellungsformen von Identität darstellen. Clara Hachenberg orientiert sich an diesem Skript[110] und organisiert die Darstellung von Ereignissen im positiven Modus. Die Aufwärtsbewegung vollzieht sich indessen nicht ausschließlich im Hinblick auf den schulischen bzw. beruflichen Werdegang, sondern umfasst narrativ auch eine soziale Bewegung im Räumlichen: vom Dorf in ein größeres Dorf, in die Klein- und schließlich in die Großstadt, von der Volksschulklasse zur POS, in die Berufsausbildung mit Abitur (Hochbauzeichner) und schließlich der Karrierepfad hin zur studierten Ingenieurin. Dass dieser Karriereweg auch durch Unerwartetes strukturiert wird, zeigen die Ausführungen. Zum einen äußert die Sprecherin Unklarheiten bezüglich ihrer Berufswünsche („und ich wusste auch noch nicht so richtig, was was will ich eigentlich <u>werden</u>"), zum anderen gibt sie zu verstehen, dass der Vater einer Freundin sowie die Freundin selbst ihre Berufseinmündung (mit)beeinflussen:

„C.H.: hab ich ne Bauzeichnerlehre in einer mittelgroßen ostdeutschen Stadt in der näheren Umgebung mit meiner Schulfreundin zusammen, also wir, (2) ich bin mehr durch sie ((lachend)) dazu animiert ((lachend)) worden, weil ihr Vater hatte ihr diese Lehre irgendwie besorgt oder ausfindig gemacht".

Zudem werden die eng mit der schulischen Ausbildung verbundenen Einblicke in die Berufswelt sowie lebensweltliche Beobachtungen zu (negativen) Auswahlkriterien im Kontext der ersten Berufsorientierung ‚Chemielaborantin' („bei uns in der Nähe war auch das ein größeres Chemiewerk, wo wir och Unterricht hatten, in ner Produktion (...) und das war so ne Miefbude also, da

---

109 Sackmann/Wingens konstatieren: „Die Absolventenvermittlung fungierte nicht zuletzt als bloß ex post legitimierendes Verfahren für bereits erfolgte Allokationsprozesse. Die Absolventenlenkung entpuppte sich als kontrafaktisches (wenngleich wirksames!) Deutungsmuster" (1996: 14; vgl. auch Wingens 1999: 209f.).
110 Der Begriff Skript bezieht sich auf eine Definition von Leitner, der Skripts als gesellschaftliche, kulturell vorrätige, sprachliche Muster der Identitätskonstruktion bezeichnet (ders. 1990: 362).

brauchte man nur vorbeifahren, dann hat man schon gestunken"). Neben individuellen Entscheidungen gegen das Berufsfeld ist es die Orientierung an sozialen Netzwerken, die die Entscheidung in Richtung Bauzeichnerin motiviert. Die Strukturen der Erzählung widerlegen die Annahme, offizielle Vermittlungssysteme hätten in der ehemaligen DDR den Übergang von der schulischen Ausbildung in die Lehrstelle reguliert, eine These, die auch Wingens in seinen empirischen Untersuchungen unbestätigt findet (vgl. u.a. ders. 1999: 266). In der Erzählung Clara Hachenbergs sind es allerdings nicht die Eltern, die eine ausschlaggebende Rolle spielen, sondern Freundschaftsbande. Obwohl an dieser Stelle von einem institutionalisierten Muster der Berufseinmündung gesprochen werden kann, thematisiert Frau Hachenberg auch eigene Anteile im Horizont der Darstellungen zur Berufsfindung („da ich technisches Zeichnen sehr gern gemacht habe"). Im Interview wird also auch eine Form der neigungs- bzw. begabungsmotivierten Berufswahl und -einmündung präsentiert. Der Berufsentscheidung liegt eine doppelte Orientierung zugrunde: Die Orientierung dient zum einen der *Aufrechterhaltung von Freundschaftsbeziehungen*, zum anderen werden Modifikationen von *individuellen Neigungen* veranlasst. Doch auch die Orientierung an Freundschaftsbeziehungen besitzt eine klare Funktion. Mit der Auslassung „weil ich vielleicht auch son bisschen ((lachend)) schüchtern war da noch" gibt Frau Hachenberg zu verstehen, dass der sozialen Absicherung in der Adoleszenz, räumlich von zu Hause entfernt, Bedeutung zukommt. Insgesamt bilanziert Frau Hachenberg ihre Berufswahl positiv („hat mir auch Spaß gemacht").

Mit dem Attribut ‚erfolgreich' – ein konstitutives Merkmal für positive Karrieremuster – lässt sich die erste Ausbildungsphase umschreiben. Ihre Ausbilderinnen legen ihr nahe, ein Hochschulstudium anzuschließen. Der Vorschlag wird als nicht intentional charakterisiert, der mit der Hochschulausbildung verbundene soziale Aufstieg („"Na ja Ingenieur, dann biste ((lacht)) is ja ne höhere Stellung"") als nicht antizipierte Entwicklung vorgestellt, da er aus Sicht der Sprecherin mit der Entscheidung für eine Übernahme von (gesteigerter) Verantwortung zusammenhängt. Clara Hachenberg stellt sich der ‚Herausforderung', die zwar wiederum als institutionalisiertes Muster – gemeint ist hier insbesondere die Delegation durch die Betriebe (ausführlich Wingens 1999: 267f.) – konzipiert wird („von den Lehr_Meisterinnen (...) kam dann so auch der Anstoß (...) ein Studium (...) noch äh zu absolvieren"), doch der Darstellungsmodus lässt die Deutung zu, dass Clara Hachenberg die Entscheidung, sich (erfolgreich) an einer Ingenieurschule für Bauwesen zu bewerben (also eine Karriere zu machen), letztlich selber trifft. In diesem Fall, wie im Fall der Berufsausbildung, ist die Entscheidung wiederum eng mit Freundschaftsbeziehungen verbunden. Allerdings bekommt die Freundin zunächst keinen Studienplatz, sondern beginnt ihre

Hochschulausbildung ein Jahr später an einem anderen Studienort. Dies mündet nicht in soziale Probleme: Frau Hachenberg baut sich ein neues soziales Umfeld auf („wieder Freunde gefunden und wir haben im Wohnheim gewohnt und zusammengearbeitet viel äh gemacht"). Der geographische (Lebens-)Raum hat sich aufgrund der Mobilität erneut erweitert – Urbanität als Kennzeichen der äußeren sozialen Welt hält mit der Berufausbildung Einzug in die Erzählung und rahmt die Zeit des Studiums.

Nach erfolgreichem Abschluss kehrt Clara Hachenberg nicht, wie es das institutionalisierte Ablaufmuster vorsieht, in den Betrieb zurück, der sie zum Studium delegiert. Arbeitskräftemangel auf einer geplanten Großbaustelle veranlasst Frau Hachenberg nochmals zu beruflicher Mobilität. Der sozialgeographische Raum vergrößert sich mit diesem Berufseinstieg erneut: vom städtischen zum großstädtischen Raum. Die Erzählerin stellt sich hier als initiativ Handelnde dar, die Gelegenheitsstrukturen nutzt, sich erfolgreich bewirbt und auf diese Weise den Vorvertrag mit dem WBK außer Kraft setzt. Der Berufseinstieg wird als Resultat von Bemühungen, die in Eigenregie betrieben werden, dargestellt; hier handelt es sich um einen Darstellungsmodus im Kontext Berufseinstieg, der von vielen Akademikerinnen aus der ehemaligen DDR geteilt wird (vgl. diesbezüglich Wingens 1999: 269; Sackmann/Wingens 1996: u.a. 15, 16; Diewald 2002: 136). Das neue Tätigkeitsfeld bringt neue Anforderungen mit sich, die Clara Hachenberg erfolgreich meistert, obwohl sie sich Praxiswissen im Baubereich aneignen muss. Es gelingt ihr schließlich, „als Assessor" eine „Startreppe" zu entwerfen und diese mit der Unterstützung durch das Wissen einer Kollegin baulich zu realisieren: Der Aufstieg realisiert sich nicht nur im Hinblick auf den akademischen Status, sondern bestätigt sich im Tätigkeitsfeld. Das Bild vom staatlich gelenkten Statuspassagenübergang wird in der Erzählung konterkariert, was ungewöhnlich ist: „Lehr- und Hochschulabsolventen erscheinen nicht als bloße ‚Steuerungs-Objekte', sondern treten vielmehr als initiative, eigene Interessen verfolgende und selbstbewußte Akteure auf" (Wingens 1999: 270). Zugleich wird mit einer derartigen Konstruktion die Idee vom „entscheidungsentwöhnten Sozialcharakter" der DDR-Bürger (ausführlich und ebenfalls kritisch vgl. ebd.: 257ff.) außer Kraft gesetzt.[111] Möglichkeiten, die innerhalb des institutionalisierten Ablaufmusters liegen, werden von Clara Hachenberg erfolgreich und handlungsschematisch genutzt. Wie schon im Zusammenhang mit der

---

111 Doch trotz handlungsschematischem Darstellungsmodus dürfen Differenzen zwischen Plan- und Marktwirtschaft nicht außer Acht gelassen werden: Zwar zeigt Wingens (und auch das Beispiel Hachenberg), dass die Planwirtschaft, was den Berufseinstieg in der DDR betrifft, eher als semantisches Konstrukt denn als gesellschaftliche Realität gewertet werden muss, dennoch bleibt zu bedenken, dass die den handlungsschematischen Entschlüssen zugrunde liegenden Orientierungen eher „*privater Art*, nicht aber ökonomisch bzw. marktdeterminiert" waren (1999: 275, Hervorhebungen im Original, ausführlich vgl. ebd.: 273ff.).

ersten Berufsausbildung wird auch diesmal die berufliche Tätigkeit unter dem Motto „das hat mir auch sehr viel Spaß gemacht" evaluiert. Positiv konnotiert wird beispielsweise die Vielfältigkeit der Aufgabenstellungen, die Option, Neues (kennen) zu lernen, und die Kooperation mit anderen Professionen, insbesondere im Krankenhausprojekt. Der soziale und berufliche Aufstieg hat sich vollzogen: von der ländlichen Volksschule hin zur verantwortungsvollen, abwechslungsreichen und herausfordernden Tätigkeit als Ingenieurin im großstädtischen Milieu. Die Befähigung, soziales Kapital in Form von Beziehungen aufzubauen und zu nutzen, wird fortgeschrieben (zu den Kapitalsorten vgl. Kapitel 4.1). Für den Zeitraum 1973 bis 1992, also für nahezu 20 Berufsjahre, werden Status und Berufszufriedenheit in Anspruch genommen.

Die Wende kommt mit der Wende. Auffällig ist, dass Clara Hachenberg das Themenfeld Beruf zunächst verlässt und auf die positive Option der Familienbegegnung Ost/West rekurriert. Die Wendung, dass sie erst verwandtschaftliche Kontakte in den Westen Deutschlands aufnimmt, nachdem die erste „Euphorie (...) vorbei war", lässt allerdings schon eine Form der distanzierten Positionierung zur Wiedervereinigung erahnen. Doch statt zu erzählen, wird in der Hintergrundskonstruktion gleich bilanziert – der Kontakt zur Tante wird aufrechterhalten, der Kontakt zu den Cousinen gestaltet sich sporadisch – und wieder zum Themenfeld Beruf gewechselt: „war dann also äh das Krankenhausprojekt erst mal abgeschlossen, des war dann so, dass also mit Ostarchitekten nicht mehr gebaut werden sollte". Was mit der Wende in der Erzählung einsetzt, ist eine von außen verordnete Ausgrenzung, die die Erzählerin zum Ausdruck bringen will. Ostarchitekten, so die Argumentation, wurden nach Abwicklung der laufenden Bauprojekte von (öffentlichen) Bauvorhaben abgezogen bzw. ferngehalten. Diese im Außerhalb eigener Verantwortung angesiedelte, generalisierte, makrosoziale Regel veranlasst im Fall der Erzählung Carla Hachenbergs den Wechsel der Berufsfelder und -einsatzorte: Das zuvor stabile wird in ein dynamisches Berufsfeld umdekliniert. Zwar noch im ‚alten' Tätigkeitsfeld beschäftigt, wechseln Einsatzorte und Projekte, die Dauer ihrer Mitarbeit ist nicht länger von der Realisierung der Bauvorhaben abhängig. Was sich in der Erzählung zeigt, kann soziologisch wie folgt gefasst werden:

> „In der DDR gab es keine (nachfrageproduzierte) Arbeitslosigkeit, und Entwertungen von Bildungsqualifikationen waren äußerst selten. Mit der ‚Wende' wurden Berufsverläufe kontingent, risikobehaftet, allenfalls kurzfristig planbar. Berufsbiographisch stellte diese Kontingenzerfahrung, die außerhalb des biographischen Referenzrahmens lag, ein qualitativ völlig neuartiges Phänomen dar" (Sackmann/Wingens 1996: 18).

Wenngleich im Eingangssegment (noch) nicht von einem Berufsaustieg (Arbeitslosigkeit) die Rede ist, wird die narrative Aufwärtsbewegung bzw. Konsolidierung der Karriere doch durch die Wende unterbrochen. An dieser Stelle lässt sich das Thema der Ich-Präsentation und die zugrunde liegende Erzählstruktur zusammenfassen: von beruflichen Auf- und Abstiegen wird berichtet. Das zeitgeschichtliche Datum ‚Wiedervereinigung' wird als Wendepunkt in der Erzählung markiert. Sind das institutionalisierte Ablaufschema und handlungsschematische Darstellungen zu Beginn der Erzählung konstitutiv, kündigt sich mit der Thematisierung ‚Wende' eine Änderung des Modus an: Die Erzählung schlägt von der progressiven in Richtung regressive Erzählung um. Die Inszenierung als Akteurin berufsbiographischer Prozesse tritt zugunsten eines externalisierten Deutungsmusters zurück. Zwar sprechen Diewald, Huinink und Heckhausen von „externalen Kontrollüberzeugungen", doch lassen sich die Strukturdimensionen auch unter dem Gesichtspunkt des Deutungsmusters fassen. Charakteristisch ist, dass

> „das eigene Lebensschicksal eher als das Ergebnis verschiedener, außerhalb der eigenen Person liegenden Faktoren und Umstände wie Glück oder gesellschaftliche Rahmenbedingungen erscheinen, und zwar ohne daß der einzelne meint, sie beeinflussen zu können" (1996: 223).

Solche Verschiebungen sind vor allem dann nicht ungewöhnlich, wenn ein besonders erfolgreicher Lebensverlauf für die Zeit vor der Wende vorlag (vgl. ebd.: 229). Gerade bei Abstiegsgeschichten bzw. -karrieren ermöglicht die Fokussierung äußerer Rahmenbedingungen die Zurückweisung von Eigenverantwortung oder Schuld (ebd.: 240) und wird von den Autoren unter anderem unter dem Aspekt der „selbstwertschützenden Strategie" verhandelt (ebd.: 242). Was den weiteren Verlauf der Erzählung betrifft, wird die These zu prüfen sein, ob „Enttäuschungs- und Entwertungserfahrungen" (ebd.: u.a. 239, 241) die thematische Darstellung strukturieren, ob die Geschichte in die Tragik der Erwerbslosigkeit einmündet, die der Abbruch der Beschäftigung bei der Verkehrsgesellschaft – hier wird ein Bauprojekt zum ersten Mal nicht von seinem Anfang bis zu seinem Abschluss durch die Mitarbeit von Frau Hachenberg begleitet – bereits vage ankündigt. Der Eingangssegmentschluss kündet jedoch zunächst einmal von einer Form der Weigerung, sämtliche Beschäftigungsverhältnisse im Anschluss an die Wende Revue passieren zu lassen. Die Frage, ob die Dynamik, die sich unzweifelhaft schon hier spiegelt, in eine erneute Konsolidierung oder Aufwärtsbewegung, in den Verlust des Arbeitsplatzes oder in atypische bzw. prekäre Beschäftigungsverhältnisse[112] mündet, ist anhand der Beschäftigung mit

---

112 Atypische bzw. prekäre Erwerbstätigkeit wird von Hradil wie folgt definiert: „Die wichtigsten Formen atypischer Erwerbsarbeit sind Teilzeitarbeit, geringfügige bzw. sozialversicherungsfreie

dem Schluss zu beantworten. Sollte es sich bei der autobiographischen Stegreiferzählung Clara Hachenbergs um eine kohärente Geschichte handeln, wird der Schluss diesbezüglich Auskunft geben.

4.4.2 Das Ende der Stegreiferzählung und Zusammenfassung

Im Prinzip beendet Clara Hachenberg die Erzählung vorrangig aus berufsbiographischer Perspektive, allerdings dokumentierten wir ausnahmsweise kein komplettes Segment, sondern einen längeren Interviewauszug, der die Schlusskoda einschließt. Die Berufsbiographie ist letzten Endes prekär geworden.

"C.H.: Ende Januar hatt ich dann auch die Kündigung bekommen [Anstellung als Zeichnerin, B.G./H.R.G.], weil äh die Auftragslage im Rückgang war, es wurden also mehrere Kollegen entlassen, schon vorher auch welche, und na ja ich hatt es dann auch geahnt, weil wir waren drei, die das die gleiche Arbeit gemacht haben, und (3) ähm ich war die Letzte, die denn da eingestellt wurde, mit dreieinhalb Jahre dabei, und vom Alter her, die andere war auch genauso alt wie ich, äh die andere etwas jünger, also wäre da auch (2) kein Grund gewesen, jetzt ne andere zu entlassen, und (2) ich hatte dann noch geklagt, noch ne Abfindung bekommen, gut ((lacht leise)), so seit dem ((langgezogen)) (3) bin ich (2) wieder auf der Suche nach Arbeit, aber (2) also nich so motimiert motiviert mehr wie bei meiner ersten Arbeitslosigkeit, da war ich viel motivierter und irgendwie kommt das so dazu, das Alter (2), bin ja (2) seit achtundneunzig, na ja gut, nicht ganz zehn Jahre, sieben Jahre älter inzwischen oder sechs äh acht Jahre fast, und äh so dieses außen reingebracht äh über fünfzig ((langgezogen)) und zu alt und das äh ((Schlucken)) setzt sich irgendwie doch fest und so, und das verinnerlich nich ich, irgendwo so lass mich davon auch son bisschen runterziehn, bin dann dadurch auch nich mehr motiviert, und dann auch äh, dass man immer hört, die Arbeit wird nicht mehr so bezahlt (2), das Gehalt, was man mal hatte, kann man sowieso nicht mehr verlangen ((langgezogen)), so nach dem Motto ((lacht kurz)), und dadurch verliert sich für mich auch schon so der Sinn in der Arbeit, tja, und dann such ich eigentlich auch immer nach anderen Wegen ((langgezogen)), noch äh Geld zu verdienen ((schlucken)), und bin innerlich irgendwie auch son bisschen nich so klar in_in meiner Perspektive, und versuch immer so vieles und auch unter Menschen zu gehen, deshalb bin ich jetzt auch hier in der Gruppe, war vorher auch in einer Gruppe, so montags, wo wir auch noch mal geguckt haben auch unseren Fähigkeiten und was kann ich, was will ich und bewerbungsmäßig, Lebenslauf überarbeitet und Bewerbungsanschreiben, hab mich auch beworben in meinem Beruf, aber meistens auch zurückgekriegt, keine einzige Einladung zu irgend_nem Vorgespräch, Vorstellungsgespräch (2), dann ((langgezogen)) weiß ich nich äh guck ich, jetzt hab ich wieder so was in Angriff genommen in die Kosmetikrichtung, über eine Firma, die eigentlich auch ihre Produkte verkaufen wollen, aber Hautfachberater da ausbilden wollen, kostenlos, mal sehen, da (2) war ich erst zu einem Termin, werde ich jetzt noch mal in vierzehn Tagen zum nächsten Termin gehen und mal sehen, ich weiß noch

---

Beschäftigung, Leiharbeit und befristete Beschäftigung. Prekär sind diese Formen der Erwerbstätigkeit dann, wenn sie unfreiwillig aufgenommen werden oder unzureichend vor sozialen Risiken (wie Krankheit, Arbeitslosigkeit, Alter und Armut) abgesichert sind. Solche ‚minderwertigen' Beschäftigungsverhältnisse können in unterschiedlicher Weise mit weiteren Nachteilen verknüpft sein (z.B. mit niedrigem Einkommen, gefährlichen, ungesunden oder belastenden Arbeitsbedingungen, hohem Entlassungsrisiko)" (2001: 181f.).

nicht, ob das das ist, was ich machen werde (4), ansonsten ((langgezogen)) meine Eltern hatten ne Bäckerei, also selbstständig (2) und ((langgezogen)) ja, wir haben als Kind-, ich hab noch ne Schwester, hab noch eine ((lachend)), die ist vier Jahr jünger als ich, wohnt auf einer Insel in der Ostsee (2), wir mussten auch viel mit anpacken zu Hause, mithelfen, Familienbetrieb ist das so wahrscheinlich ((lacht kurz)), I.: mmh, C.H.: und ((langgezogen)) ja ich hab so miterlebt, wie mein Vater eigentlich auch, also meine Eltern hatten es doch ziemlich schwer mit der Arbeit, und mein Vati ((langgezogen)) is och gesundheitlich da gescheitert (2), hat auch schon Ende vierzig Herzinfarkt und dann auch nicht mehr arbeiten können, ist dann Invalidenrentner geworden, weil er Probleme kriegte mit den Beinen, nicht mehr laufen konnte und meine Mutti hat dann ne Anstellung angenommen im Dorfkonsum, um och in der Nähe zu sein, dass sie ihn betreuen konnte, er brauchte auch immer Hilfe, weil er nicht mehr selbstständig zurechtkam (4), tja ((langgezogen)), meine Kindheit hab ich so ganz gut in Erinnerung, draußen, frische Luft, im Wald und auf der Wiese, eigentlich wollt ich meine Tochter auch mal so großziehen, aber leider ((lachend)) bin ich doch in die Stadt hängen geblieben und mich hat_s auch in die Stadt gezogen, weil ich als Kind die Stadt erlebt habe und mich das immer fasziniert hat in der Stadt, I.: mmh, C.H.: so und diese ((langgezogen)), na ich ka- war noch vor dem Mauerbau, wie alt war ich da ((fragend)), einundsechzig war ich neun, ne, so mit acht Jahren hab ich noch so einige Erinnerungen und fand die Großstadt immer toll, und das war auch mit nen Grund, wahrscheinlich, das ich dahin gegangen bin, als sich das anbot, dieses Angebot, I.: mmh, C.H.: auf der Großbaustelle arbeiten (3), tja, was wäre sonst noch ((fragend)) (6), dann bin ich erst mal zu Ende ((lachend)), I.: mmh, ja, C.H.: wenn Sie noch Fragen haben, I.: vielen Dank erst mal, C.H: können Sie mich fragen ((lachend))".

Der Interviewauszug dokumentiert unter anderem den Übergang in die Arbeitslosigkeit. Die Begründung für den Verlust des Arbeitsplatzes weist eine typische Struktur auf, die für ‚Unschuldskonstruktionen' im Kontext Erwerbslosigkeit konstitutiv sind. Clara Hachenberg weist auf die schwierige ökonomische Situation in ihrer Firma hin, auf die „Auftragslage", die sich „im Rückgang" befindet. In der Konsequenz werden Mitarbeiter entlassen. Die je aktuelle wirtschaftliche Situation eines Betriebes wird von Beschäftigten oft zum Anlass genommen, hinsichtlich der eigenen Beschäftigung verunsichert zu sein oder von Stabilität auszugehen, was den eigenen Arbeitsplatz betrifft (vgl. Jakob/Mutz 1999: 79). (Drohende) Firmenpleiten sind laut Jakob/Mutz (1999) ein diskursives Element zur Konstruktion unverschuldeter Arbeitslosigkeit. Zwar spricht Frau Hachenberg nicht vom Konkurs, doch veranlasst die wirtschaftliche Situation bzw. die „Auftragslage" das Unternehmen, im Bereich der Arbeitsplätze zu rationalisieren („weil wir waren drei, die (...) die gleiche Arbeit gemacht haben"). Zwei weitere Gesichtspunkte werden als Konstituenten der Frage nach Entlassung bzw. Weiterbeschäftigung eingeführt: die Dauer der Betriebszugehörigkeit sowie das Alter der Beschäftigten („dreieinhalb Jahre dabei, und vom Alter her, die andere war auch genauso alt wie ich, äh die andere etwas jünger").[113] Scheint

---

[113] Zur Dauer der Betriebszugehörigkeit als Schutz älterer Arbeitnehmer vor Arbeitslosigkeit vgl. Hradil 2001: 197, zur strukturellen Ungleichheit aufgrund des Lebensalters u.a. ebd.: 196f.: „Das Arbeitslosenrisiko jüngerer Arbeitnehmer in Deutschland", gesetzt den Fall, der Start in

Clara Hachenberg im Vergleich mit der Kollegin zunächst die Dimension ‚Alter' als Grund der Erwerbslosigkeit abzuschwächen und die Dauer der Zugehörigkeit zum Betrieb argumentativ starkmachen zu wollen, relativiert sich diese Sicht einerseits bei näherer Betrachtung – sie gehört zu den Ältesten –, andererseits im Verlauf der weiteren Ausführungen, in denen sie den Zusammenhang von Alter/Erwerbstätigkeit erörtert. Bevor diese Darstellung im Interview detailliert betrachtet wird, werden hier noch einmal Jakob/Mutz zitiert, die in Anlehnung an Bonß bemerken:

> „Dagegen wird Arbeitslosigkeit aufgrund von Pleiten oder hohem Alter als *Gefahren* [sic!] gedeutet, da sie ‚unabhängig von Handlungssubjekten existieren und weder zurechenbar noch verantwortbar sind' – die Individuen sind exkulpiert, und der ‚Betroffenheitsdiskurs' herrscht vor" (1999: 84, Hervorhebung im Original).

Mit dem Rekurs auf das Alter entzieht sich das sprechende Subjekt ebenso eigener Verantwortung wie mit dem Hinweis auf Pleiten bzw. die desolate wirtschaftliche Situation in Unternehmen. Argumentiert wird in diesem Kontext aus Sicht der Betriebe oder allgemeiner der wirtschaftlichen Rahmenbedingungen, das Ich als Akteur ‚verschwindet':

> „Wenn das berufliche Fortkommen allgemein weniger von Fähigkeiten und Anstrengungen, sondern von Glück, sozioökonomischen Rahmenbedingungen und sozialen Beziehungen abhängt, braucht sich ein Arbeitsloser nicht selbst anzuklagen" (Diewald/Huinink/Heckhausen 1996: 240).

Die von Clara Hachenberg artikulierten Strukturen des Betroffenheitsdiskurses schließen Entlastungsstrategien ein; die Verlagerung der finalen Gründe in ein (wie auch immer geartetes) ‚Außerhalb' kann erneut als „selbstwertschützende Strategie" verstanden werden (ebd.: 242). Doch formuliert Clara Hachenberg die Darstellung ihrer Erwerbslosigkeit nicht ausschließlich im Modus des Betroffenheitsdiskurses: „ich hatte dann noch geklagt, noch ne Abfindung bekommen, gut ((lacht leise))". Als Arbeitnehmerin verfügt sie über Wissen, was ihre Rechte betrifft, und nimmt sie (handlungsschematisch) in Anspruch.

Die rhetorische Figur des Alters im Konnex Arbeitslosigkeit, die auf Ebene der gesellschaftlichen Realität vielfältige Entsprechungen findet, bringt Frau Hachenberg jedoch vor allem mit ihrer derzeitigen Haltung zur aktuellen Arbeitslosigkeit in Verbindung. Unabhängig davon, dass die Sprecherin Schwierigkeiten hat, den genauen zeitlichen Umfang ihrer Beschäftigungszeiten *nach* der Wiedervereinigung zu rekapitulieren, hält sie fest, dass sie in der gegenwär-

---

das Berufsleben gelingt, „ist wesentlich geringer als das älterer Menschen" (Hradil 2001: 196). So waren in der BRD „1999 *ältere* Arbeitnehmer (ab 55 Jahre) etwa doppelt so häufig arbeitslos wie der Durchschnitt" (ebd.: 197, Hervorhebung im Original).

tigen Phase der Erwerbslosigkeit, die nicht die erste seit der Wende ist, vergleichsweise unmotiviert ist, was den beruflichen Wiedereinstieg betrifft. Hier findet die am Lebensalter orientierte Argumentationsstruktur ihren Einsatz. Über „fünfzig ((langgezogen)) und zu alt", um sich Chancen auf dem Arbeitsmarkt auszurechnen – so die Begründung für ihre derzeitige Haltung, die sich dadurch auszeichnet, dass sie „nich (mehr) so (...) motiviert" in ihren Bemühungen zur Wiedererlangung eines Arbeitsplatzes ist wie bei der „ersten Arbeitslosigkeit". Deutlich markiert Clara Hachenberg, dass dieses ‚Urteil' nicht mit ihrem Selbstbild bzw. ihrer Selbstwahrnehmung übereinstimmt: „und äh so dieses außen reingebrachte äh über fünfzig ((langgezogen)) und zu alt und das äh ((Schlucken)) setzt sich irgendwie doch fest und so, und das verinnerlich nich ich, irgendwo so lass mich davon auch son bisschen runterziehn". Die vage Formulierung „dieses [von, B.G./H.R.G.] außen reingebrachte" Alter als Strukturkomponente der Arbeitslosigkeit lässt verschiedene Deutungen zu; sie rekurriert jedoch prinzipiell auf die Dimension der sozialen Ungleichheit (ausführlich vgl. u.a. Hradil 2001). Ausgrenzung, die mit sozialer Ungleichheit verwoben ist, findet auf unterschiedlichen Ebenen statt, mikro-, meso- oder makrostrukturelle Parameter können je nach Perspektive eine Rolle spielen, wir wollen noch einmal die Situation nach der Wende, also makrostrukturelle Phänomene betrachten.

Grundsätzlich wird, auch mit Blick auf die BRD, von sozialer Ungleichheit und von Irregularitäten bei beruflichen Verläufen aufgrund gesteigerter makrosozialer Veränderungen in der Moderne ausgegangen (Sackmann/Wingens 1996: 11). Das Normalarbeitsverhältnis und die damit verbundenen Normalbiographien gehören, gleichgültig ob in Ost oder West, der Vergangenheit an (ausführlich Mutz 1997: 23ff.), doch führte die Wende in extremem Umfang zur Destabilisierung beruflicher Verläufe im Osten (Schenk 2000: 180f.; Diewald/Sørensen 1996: 63). Der mit der Wiedervereinigung verbundene Strukturwandel (nicht nur) der ostdeutschen Wirtschaft führte zu einem „beispiellosen Beschäftigungsabbau" und zu einer „tiefgreifenden Veränderung der Berufs- und Branchenstruktur" (Sackmann/Wingens 1996: 18). Unabhängig von der beruflichen Position im Allgemeinen waren insbesondere Ältere und Frauen von Arbeitslosigkeit, Berufs- und Stellenwechseln oder Abstiegen betroffen (Sackmann/Wingens 1996: 20; allgemein Brinkmann/Wiedemann 1994: 176; Hradil 2001: 197; dezidiert zur Situation der Frauen vgl. Diewald/Sørensen 1996; Becker 1998; Schiebel 2003).[114] Ob Frau Hachenberg auf die makrostrukturellen Ungerechtig-

---

114 Es soll keinesfalls dem Missverständnis Vorschub geleistet werden, die Wiedervereinigung hätte nur Opfer/Verlierer ‚produziert'. Im Feld der Beruflichkeit lassen sich vielfältige Formen erkennen: Ob es sich um Abbrüche, Neuorientierungen, Verlust- oder Gewinnerfahrungen bzw.

keiten bzw. Ungleichheiten in ihrer Formulierung „dieses [von, B.G./H.R.G.] außen reingebrachte" rekurriert, ob auf mesostrukturelle Dimensionen – dies wäre der Fall, würde beispielsweise das ‚Außerhalb' an Betriebspolitik gekoppelt – oder mikrostrukturelle Aspekte – wenn zum Beispiel konkrete signifikante andere ihr verständlich machen würden, dass sie als über Fünfzigjährige keine Chancen hat – angespielt wird, muss offen bleiben.[115] Dessen ungeachtet ist festzuhalten, dass die Interviewte Erwerbslosigkeit in der Erzählung als fremdverursachte Beschränkung konzipiert (allgemein vgl. Becker 1998: 347), die von der Eigenwahrnehmung entkoppelt ist. Unberührt bleibt Clara Hachenberg von der sozialen Ausgrenzung/Ungleichheit nicht: „setzt sich irgendwie doch fest (...), irgendwo lass mich davon auch son bisschen runterziehn". Generell gilt für Identitätskonstruktionen, dass sie Elemente der Fremdzuschreibung integrieren können (ausführlich vgl. Kapitel 3.3; 4.2): Die Trennlinie zwischen Selbst- und Fremddeutungsmustern bzw. -zuschreibungen ‚verwischt' in der Interviewdarstellung, trotzdem ist festzuhalten, dass der Zusammenhang Alter/Arbeitslosigkeit vorrangig als etwas von außen, von anderen Zugemutetes ausbuchstabiert wird („das verinnerlich nich ich") und somit aus dem Handlungs- und Verantwortungsbereich des Individuums fällt. In diesem Kontext erklärt sich die Demotivierung von selbst: „Wenn persönlicher Einsatz und Geschick ohnehin als wirkungslos erlebt werden, lohnt es sich nicht, in Anstrengungen zu investieren" (Diewald/ Huinink/Heckhausen 1996: 235). Diese Einstellung wird von Clara Hachenberg als ‚erfahrungsgesättigt' ausgewiesen: Bewerbungstraining und Bewerbungen blieben erfolglos. Bevor der Schluss interpretiert wird, lohnt es sich, einen Augenblick beim Zusammenspiel von Arbeit und *Sinn* im Interview zu verweilen.

Um den Sinn, den Clara Hachenberg der Arbeit zuschreibt, zu entziffern, kann vorderhand in Anlehnung an Bourdieu zwischen drei Kapitalsorten unterschieden werden: zwischen kulturellem, ökonomischem und sozialem Kapital (1997: 196ff.; ausführlich vgl. Kapitel 4.1.1). Den Sinn der Arbeit koppelt Clara Hachenberg an die Dimension des ökonomischen Kapitals, das nach Bourdieu unter anderem an den Parameter ‚Einkommen' gekoppelt ist. Sie argumentiert: „Arbeit wird nicht mehr so bezahlt (2), das Gehalt, was man mal hatte, kann man sowieso nicht mehr verlangen ((langgezogen)) (...) dadurch verliert sich für mich auch schon so der Sinn in der Arbeit". Zurückstufungen im Bereich des ökonomischen Kapitals liefern die Begründung für den Sinnverlust, den die Arbeit aus Sicht der Sprecherin erfährt, und legitimieren zugleich die ‚unmoti-

---

-bilanzierungen handelt (vgl. Sackmann/Wingens 1996: 22), kann nicht generalisiert werden, sondern ist am Einzelfall zu diskutieren (vgl. ferner Diewald/Huinink/Heckhausen 1996: 239).

115 Die makrosoziologische Dimensionen umfassende Deutung fände allerdings Entsprechungen im Eingangssegment („dass also mit Ostarchitekten nicht mehr gebaut werden sollte").

vierte Haltung'. Darüber hinaus setzt Frau Hachenberg dieser (Sinn-)Entwertung Aktives entgegen: „jedoch dann such ich eigentlich auch immer nach anderen Wegen ((langgezogen)), noch äh Geld zu verdienen". Das aktuell erwogene Tätigkeitsfeld der Hautfachberaterin weist indessen Besonderheiten auf, die nun skizziert werden.

Frau Hachenberg präsentiert sich also nicht als absolut unmotiviert und versucht den Sinn der Arbeit (Einkommen) über ein neues Tätigkeitsfeld wiederherzustellen: „jetzt hab ich wieder so was in Angriff genommen in die Kosmetikrichtung, über eine Firma, die eigentlich auch ihre Produkte verkaufen wollen, aber Hautfachberater da ausbilden wollen, kostenlos". Das ‚Berufsfeld' Kosmetikberaterin bzw. „Hautfachberater" hat allerdings nichts mit dem Beruf der Ingenieurin/Bauzeichnerin gemeinsam.[116] Sollte Frau Hachenberg die anvisierte Option verfolgen, wäre ein Wechsel der Tätigkeitsfelder die Folge. Grundsätzlich gilt für Ost- und Westdeutschland, dass die „üblichen Karrieremuster und die bislang *‚monogamen'*, *quasi-lebenslangen Bindungen an nur einen Betrieb und nur einen Beruf* (...) brüchig geworden (sind)" (Jakob/Mutz 1999: 73, Hervorhebungen im Original). Mit anderen Worten: Diskontinuitäten im Erwerbsverlauf, wie Arbeitslosigkeit oder Berufswechsel, sind in Ost und West der Regelfall, wenngleich die Frage nach der Verlaufsform zu klären bleibt. Mutz differenziert zwischen *stabilen, instabilen* und *gebrochenen* Verläufen (1997: 28). Clara Hachenberg berichtet, dass es ihr nach der Wende möglich war, für etwa acht Jahre annähernd in ihrem Tätigkeitsfeld beschäftigt zu bleiben, wenngleich sich ihre soziale Position und das Einkommen verschlechtern. Und auch in diesem Stück biographischer Selbstdarstellung spiegeln sich gesellschaftliche Strukturen: Im Verlauf der Wende wurden Ausbildungsqualifikationen und berufliche Kompetenzen entwertet (Sackmann/Wingens 1996: 18). Diese Strukturdimensionen zeigen sich auch bei der Gruppe der Akademiker, obwohl sie insgesamt weniger Schwierigkeiten auf dem Arbeitsmarkt hatten als andere Statusgruppen (vgl. u.a. Diewald/Sørensen 1996: 68). Von Abstiegen vom Fach- in den ‚Jedermannsarbeitsmarkt' – also in Tätigkeitsbereiche, in denen berufliche Abschlüsse irrelevant sind – waren nach der Wende insbesondere Frauen betroffen (Sackmann/Wingens 1996: 23). Gelegentlich kam es zu „Ketten von Abstiegswechseln" (ebd.: 24), die Destabilisierungen nach sich zogen; „(Ausbildungs-)Zertifikat und ausgeübte Berufstätigkeit" entkoppelten sich (ebd.: 25).[117] Prinzipiell mussten Frauen nach der Wende weitaus häufiger

---

116 Stellen-/Betriebswechsel „waren, folgt man der offiziellen Norm, im DDR-Arbeitsmarkt nicht vorgesehen, sondern vielmehr als kostenträchtige Fluktuationen verpönt und wurden durch Vertragskonstruktionen und sozialen Konformitätsdruck erschwert" (Sackmann/Wingens 1996: 14).
117 Schenk geht allerdings davon aus, dass Auf- oder Abstiegsprozesse insgesamt eher untypisch sind und dass insgesamt von großer Kontinuität hinsichtlich der Erwerbsverläufe die Rede sein

als Männer einer Tätigkeit nachgehen, die als nicht ausbildungsadäquat bezeichnet werden kann (ebd.: 20). Dieses Strukturmuster schimmert in der Erzählung Clara Hachenbergs auf. Erfolgt der thematisierte Abstieg zunächst noch im Feld des gelernten Berufs, ist der Zukunftsentwurf des ‚Hautfachberaters' von Ausbildungen und Qualifikationen jenseits der (Kurz-)Schulung losgelöst. Das ökonomische Risiko wird im Fall der „Hautfachberaterin" individualisiert. Als ‚Kleinstunternehmerin' müsste Clara Hachenberg privat für Versicherungen aufkommen und wäre für die Höhe ihres Einkommens (Umsatz/Provision) selbst verantwortlich. Die Äußerung „über eine Firma, die eigentlich auch ihre Produkte verkaufen" will, zeigt, dass die Bezeichnung Selbstständigkeit in Anführungszeichen zu setzen ist. Das neue Tätigkeitsfeld ist im Bereich des Franchising anzusiedeln, den Schäfers wie folgt definiert:

> „(E)s gibt inzwischen Weltfirmen, die über das Prinzip des **Franchising** die Risiken auf eine große Zahl von ‚Inhabern' oder Pächtern kleiner Verkaufsstellen übertragen, die von der Zentrale die Namenslizenz, Know-how und das jeweilige Produkt beziehen" (2002: 175, Hervorhebung im Original).

Diese Strategie sichert den Unternehmen den Vorteil, dass „alle Risiken des Arbeitsplatzes und der sozialen Sicherheit nicht mehr bei ihnen liegen" (ebd.), gleichzeitig liegt eine Abhängigkeit in der (scheinbaren) Unabhängigkeit vor (vgl. Egbringhoff 2005: 156). Der ehemals *stabile* berufliche Verlauf, der sich durch fortgesetzte Tätigkeit im erlernten *Beruf* und *Einkommenskontinuität* auszeichnet, wird durch Erwerbslosigkeit unterbrochen und in einen *instabilen* Verlauf transformiert, der das Potenzial eines *gebrochenen* Verlaufs birgt. Obwohl Frau Hachenberg die Möglichkeit einer ‚kostenlosen Ausbildung' im Kontext des berufswechselnden Trajekts hervorhebt, wird klar, dass sie, zumindest hypothetisch, aus der beruflichen Tätigkeit in das Feld der un- bzw. angelernten Arbeiter und aus dem Bereich der abhängig Beschäftigten bzw. Angestellten in eine spezifische Form der ‚Selbstständigkeit' wechselt. Die Bewegung Richtung Selbstständigkeit ist angesichts der Beschäftigungssituation in Ostdeutschland nicht untypisch und stellt ein ‚Lösungsmuster' mit Blick auf die Erwerbslosigkeit dar:

> „Stark überrepräsentiert sind im Vergleich zu Westdeutschland **Klein-** und **Kleinstbetriebe** mit wenig Eigenkapital, deren Aktionsradius auf lokale und regionale Märkte beschränkt ist. Überrepräsentiert sind ‚Notgründungen' aus der tatsächlichen oder drohenden **Arbeitslosigkeit** heraus" (Geißler 1996: 120, Hervorhebungen im Original; vgl. auch Leicht 2005: 234f.).

---

kann, auch wenn gehäuft auftretende, temporäre Arbeitslosigkeit vermehrt auftritt (vgl. dies. 1996: u.a. 306f.).

Frauen setzen überproportional auf diese Möglichkeit (Geißler 1996: 121; Leicht 2005: 231), die wirtschaftlichen Entwicklungschancen sind jedoch oft gering. Geißler verwendet die umgangssprachliche Bezeichnung des ‚Sichdurchwurstelns', um die Situation zu beschreiben (1996: 121). Der im Interview noch hypothetisch vollzogene Wechsel kann als Wechsel aus stabilen in prekäre Arbeitsverhältnisse bezeichnet werden, zieht man die Definitionen Hradils (vgl. Anm. 112) heran.[118] Die These vom prekären Wechsel findet ferner Bestätigung, wenn der Sektorenwechsel in Rechnung gestellt wird: Frau Hachenberg wechselt vom sekundären in den tertiären Sektor.[119] Der „dynamischere Dienstleistungssektor", in dem die „qualifikatorischen Eintrittsschwellen" erheblich niedriger ausfallen, zeichnet sich durch Konkurrenz, durch Instabilitäten und Unsicherheiten aus (Geißler 1996: 120). Der Versuch, erneut den Sinn der Arbeit herzustellen, der angedachte Wechsel ist das Mittel, um die materielle Situation zu verbessern, um „Geld zu verdienen", die Idee würde unterdessen wahrscheinlich nur eine Position am Rand der Gesellschaft ermöglichen.

Doch trotz der hier hervorgehobenen Abstiegsbewegungen illustriert die Darstellung auch Facetten der Identitätskonstruktion eines ‚modernen Menschen'. Programmatisch umschreibt Meschnig das ‚neue Ideal' schon im Titel seines Beitrags: Unternehme dich selbst! Der von ihm beschriebene moderne Mensch – den Sennett auch als „flexiblen Menschen" (ausführlich vgl. ders. 2000) bezeichnet – verfügt über einen „proteischen Charakter":

> „In der griechischen Mythologie gilt Proteus als mächtiger Gott. Er ist der Bewahrer der Siegel des Meeresgottes Poseidon, ausgestattet mit der Gabe, sich beliebig zu verwandeln und in völlig unterschiedlichen Gestalten aufzutreten. Alle Versuche, ihn festzusetzen, scheitern an seiner Wandlungsfähigkeit, die er immer wieder unter Beweis stellt. Das aus diesen Eigenschaften von Lifton abgeleitete Selbstbild ist demgemäß offen und vielseitig, wandelbar und flexibel" (Meschnig 2003: 26).

Risikobereitschaft, die Abwendung von Vertrautem sowie eine gewisse Form der „Spielermentalität" sind „Grundeigenschaften für das neue Verhältnis zur Arbeit" (ebd.: 28). Diese Form des Selbstbildes und der tätigen Zuwendung zur (Arbeits-)Welt hat seinen Preis: Die vita contemplativa, Freizeit und Müßig-

---

118 Egbringhoff spricht im Kontext der neuen Einpersonen-Selbstständigkeit auch von ‚entgrenzter' Arbeit, die sich jenseits der klassischen Arbeitsverhältnisse etabliert (2005). „Arbeitskraft und Betrieb (fallen) in einer Person zusammen" (ebd.: 152).
119 Klassisch, und nach Ansicht Geißlers zu grob, wird zwischen primären (Land- und Forstwirtschaft, Urgewinnung, Fischerei), sekundärem (Industrie, Handwerk, Baugewerbe) und tertiärem Sektor (Dienstleitung) unterschieden (knapp vgl. auch Schäfers 2002: 176; ausführlich Geißler 1996: 135ff.).

gang, haben in diesen Konzeptionen keinen Raum (vgl. ebd.: 31).[120] Auch kann diese Form der Subjektkonstitution in Anlehnung an die von Foucault beschriebenen ‚Mikropolitiken der Macht' folgendermaßen gefasst werden:

> „Im Rahmen neoliberaler Gouvernementalität signalisieren Selbstbestimmung, Verantwortung und Wahlfreiheit nicht die Grenze des Regierungshandelns, sondern sind selbst ein Instrument und Vehikel, um das Verhältnis der Subjekte zu sich selbst und zu den anderen zu verändern (...). Der Abbau wohlfahrtsstaatlicher Interventionsformen ist begleitet von einer Restrukturierung der Regierungstechniken, welche die Führungskapazität von staatlichen Apparaten und Instanzen weg auf ‚verantwortliche', ‚umsichtige' und ‚rationale' Individuen verlegt (...). Es geht also (...) um (...) den Entwurf neuer Selbsttechnologien: (...) Entscheidend ist die Durchsetzung einer ‚autonomen' Subjektivität als gesellschaftliches Leitbild, wobei die eingeklagte Selbstverantwortung in der Ausrichtung des eigenen Lebens an betriebswirtschaftlichen Effizienzkriterien und unternehmerischen Kalkülen besteht" (Lemke/Krasmann/Bröckling in von Felden 2006: 61).

Die von Krasmann und anderen in Anlehnung an Foucault formulierten Perspektiven weisen augenfällige Übereinstimmungen mit den Intentionen neoliberaler Politik auf (vgl. ebd.). Ob die im Interview thematisierte Form der ‚Selbstständigkeit', mit Wünschen und Absichten der Erzählerin korrespondiert, lässt sich am Material nicht ablesen („ich weiß noch nicht, ob das das ist, was ich machen werde"). Sie könnte, neben der Ankunft in einer neoliberalen Marktwirtschaft, ebenso als ein Fortschreiben der Abwärtsbewegung gelesen werden.[121] Festgehalten werden kann jedoch, dass berufsbiographische Perspektiven konstitutiv für die Erzählung sind, und zwar sowohl in struktureller Hinsicht als auch bezüglich des thematischen Fokus. Die eingangs skizzierte Bewegung eines sozialen Aufstiegs und beruflicher Zufriedenheit hat jedoch narrativ die Richtung gewechselt: von der progressiven zur regressiven Erzählung bzw., um es in Anlehnung an Schütze zu pointieren, hin zur Verlaufskurvenstruktur. Was definitiv mit einer Entscheidung für die Selbstständigkeit weitgehend verloren geht, sind „Einkommenssicherheit, biografische Planungssicherheit und soziale Sicherung" (Egbringhoff 2005: 155). Um die Rekonstruktion abzuschließen, gilt ein letzter analytischer Blick dem Schluss.

---

120 Statistisch ausgedrückt: „Jungunternehmer arbeiten im Durchschnitt 76 Stunden pro Woche und leisten sich nur 12 Tage Jahresurlaub" (Geißler 1996, 121f.). Zwar fällt Clara Hachenberg nicht in die Kategorie ‚Jungunternehmer', die Daten illustrieren jedoch die Tendenz, dass Freizeit eine Kategorie ist, die mit der Selbstständigkeit an Relevanz verliert.
121 Egbringhoff lokalisiert verschiedene Typen der Ein-Personen-Selbstständigen, unter anderem den Typus „Selbstständigkeit wider Willen" (2005: 168), der mit einer „Ökonomie der Not" verwoben ist. Dieses Strukturmuster scheint auch in der Erzählung von Clara Hachenberg dominant.

Obwohl auch familienbiographische Aspekte im Schlusssegment verhandelt werden, werden auch diese aus berufsbiographischer Perspektive (vorrangig der Eltern) abgehandelt. Am Beispiel der Eltern werden mit der Selbstständigkeit verbundene, problematische Dimensionen konturiert. Die berufliche Selbstständigkeit des Vaters als Bäcker wird nicht nur als Grund angeführt, der die Mitarbeit der Kinder, also von Clara und ihrer Schwester Marianne, forciert, sondern wird darüber hinaus als Begründung für die gesundheitlichen Probleme des Vaters genannt:[122] Die Schwere der (selbstständigen) Arbeit ist Grund für das ‚gesundheitliche Scheitern', für den Herzinfarkt und die Bewegungseinschränkungen des Vaters, die ihn mit Ende 40 in die Erwerbsunfähigkeit führen („Invalidenrentner"). In der Konsequenz arbeitet die Mutter in einem Lebensmittelgeschäft in „Anstellung" und in unmittelbarer Nähe, um den pflege- bzw. hilfebedürftigen Vater zu unterstützen. Aufgrund der Krankheit, verursacht durch Selbstständigkeit, erfährt die Familie einen (ökonomischen) Abstieg. Das ‚Zaudern' hinsichtlich der ‚Selbstständigkeit' als „Hautfachberater" gewinnt vor diesem Hintergrund eine andere Art von Plausibilität, da der (mögliche) Preis der Selbstständigkeit – Verlust der Gesundheit, Verlust der Selbstständigkeit nicht nur im Hinblick auf den Beruf, sondern auch mit Blick auf die alltäglichen Anforderungen des Lebens, Abstieg – in den Blick gerät. Grundsätzlich veranschaulicht die Passage Brüchigkeiten und Ambivalenzen, die die Sprecherin mit dem Thema ‚Selbstständigkeit' verbindet, doch beinhalten die Ausführungen zur Herkunft auch ein weiteres Element: Im Kontext des Eingangssegments betrachtet, erhalten die zu Beginn der Erzählung skizzierten Aufstiegsbewegungen eine neue Dimension: Der Bewegung im sozialen Raum wohnt eine geographische und *berufliche* Entfernung vom elterlichen Milieu inne. Die kurze, positive Bilanz zur Kindheit und die knappen, berichtenden Ausführungen zur ländlichen Umwelt stellen die Folie dar, auf der die Erzählerin einerseits einräumt, dass es schade sei, dass sie ihrer Tochter, entgegen eigenen Wünschen, diese Bedingungen des Aufwachsens nicht ermöglichen konnte. Doch in dieser Form des Scheiterns steckt zugleich die Option, das Positive des Lebens(-verlaufs) noch einmal hervorzuheben: die soziale und selbstinitiierte Bewegung vom Ländlichen hin zur positiv bewerteten Urbanität („fand die Großstadt immer toll"), die Bestand hat.

Abschließend ist festzuhalten, dass Clara Hachenberg eine kohärente Stegreiferzählung präsentiert. Die Ich-Konstruktion dreht sich thematisch um den beruflichen Werdegang, die Berufsbiographie als eine kulturell hochbedeutsame Quelle der Selbstdefinition spielt im Rahmen ihrer lebensgeschichtlichen Arti-

---

122 Die Mitarbeit der Kinder verweist indirekt auf ein zentrales Problem kleiner Selbstständiger: die Ausdehnung der Arbeitszeit – Selbstständigkeit erfordert oftmals „ein Maximum an Arbeitspensum" (Egbringhoff 2005: 154), bei gleichzeitigem Verlust an Freizeit (u.a. Wochenende) (ebd.).

kulation die entscheidende Rolle (vgl. Becker 1998: 347). Erzählt wird die Geschichte eines beruflichen und sozialen Aufstiegs, die durch das zeitgeschichtliche Ereignis ‚Wende' in eine Abwärtsbewegung transformiert wird: von der Ingenieurin zur, um es klassisch auszudrücken, Kosmetikberaterin, von leitenden Positionen im Kontext öffentlicher Bauvorhaben zur ‚kleinen' Angestellten hin zur Arbeitslosen und vielleicht zur angelernten ‚kleinen Selbstständigen', die mit hohem Risiko wenig an Sicherheit, vermutlich ein geringes Einkommen oder nur einen ‚Zuverdienst' zu erwarten hat.[123] Die Wende in der Erzählung fällt mit dem zeitgeschichtlichen Ereignis Wende zusammen, das progressive schlägt in ein regressives Erzählmuster um. Allerdings ist die regressive Erzählung nicht voll ausgebaut, oder, um es im Rekurs auf Schütze auszudrücken, die Verlaufskurve ist trotz Abwärtsbewegung noch nicht voll ins Trudeln gekommen: positive Bilanzen und handlungsschematische Facetten sind den Darstellungen innewohnend. Trotzdem ist mit Blick auf den Auftakt und den Schluss Folgendes zu beobachten: Diewald/Huinink/Heckhausen, die sich mit unterschiedlichen Formen der subjektiven Hinwendung zum Lebenslauf beschäftigen, differenzieren zwischen primären und sekundären Kontrollstrategien:

> „Typische *primäre Kontrollstrategien* wären etwa die Investition von Zeit und Anstrengung bzw. ein hartnäckiges Verfolgen von Zielen selbst beim Auftreten von Schwierigkeiten. *Sekundäre Kontrollstrategien* sind dagegen Bemühungen, die eigenen Wünsche und Ziele den Gegebenheiten anzupassen und sich bei Schwierigkeiten mit den Verhältnissen, so wie sie nun mal sind, anzupassen" (1996: 221, Hervorhebungen im Original).

Mit zunehmendem Alter werden zunehmend sekundäre Strategien eingesetzt (vgl. ebd.: 222). Wenngleich hier weder entwicklungs- noch sozialpsychologisch argumentiert wird, so finden doch die von Diewald und anderen vorgenommenen Differenzierungen (erzähl)strukturell eine Entsprechung im Ein- und Ausgang der Stegreiferzählung.

---

123 Sollte sich Clara Hachenberg selbstständig machen, so könnte sie sich eventuell zur Gründung einer ‚Ich-AG', die hohe Anforderungen und Kompetenzen im Feld der Selbstvermarktung nach sich zieht (vgl. Mesching 2003: 33ff.), entschließen. Die Möglichkeit der ‚Einkommensaufbesserung' durch Nebenverdienst sind im Rahmen von ARG II indessen eingeschränkt. Inwieweit Möglichkeiten zur Schwarzarbeit, ein Bereich, der häufig vernachlässigt wird (Klein 2003: 440), gegeben sind oder als Option, um den ‚Sinn der Arbeit' wiederherzustellen, mitschwingen, muss hier unbeantwortet bleiben, da der Text keine Antworten liefert.

4.4.3 Interviewauszüge und Kommentare im Kontext Praxisrelevanz

Biographische Ressourcen: Beruf, soziales Netzwerken, soziales Engagement, Rechtsförmigkeit des Wissens, Urbanität

Als eine biographische Ressource lässt sich die Orientierung an sozialen Netzwerken lokalisieren und die Fähigkeit, Einrichtungen zu nutzen, die Hilfe zur Selbsthilfe anbieten. Das Thema Selbsthilfe war zwar kein Gegenstand der Rekonstruktion, doch weist bereits die institutionelle Rahmung des Interviews (Beratungsstelle) auf diese Ressource hin. In derartigen Kontexten nimmt Frau Hachenberg nicht nur Hilfestellungen und die Möglichkeit zum Austausch in Anspruch, sondern verfügt über ein hohes soziales Vermögen: Sie engagiert sich ehrenamtlich im Bereich alleinerziehende Frauen:

> „C.H.: ja, dann war ich, sagen wir von neunzig bis also circa zehn Jahre lang bis zweitausend allein mit meiner Tochter. Wir haben viel unternommen, auch Urlaub in in Gruppen, ach so, ich bin dann so zweiundneunzig einem Verein beigetreten, für Alleinerziehende, XX heißt der, ich hab sich hier in der Großstadt gegründet neunzehnhundertneunzig, ähm ja, ich hatte den Verein aufgesucht, um ein bisschen Austausch zu haben mit Gleichgesinnten, um Kontakte zu knüpfen und hab dadurch auch äh Gruppenurlaube gemacht über den Verein im im süddeutschen Bereich und auch son son Treffen war von ost- und westdeutschen Frauen, alleinerziehend auch, I.: mmh, C.H.: und das hat mir eigentlich auch sehr gut getan und auch meiner Tochter, die war eigentlich immer unter den Kindern, dann war ich auch mit tätig in dem Verein, im Vorstand, da lange Jahre mitgearbeitet nebenberuflich, ehrenamtlich (1), tja inzwischen, zweitausend, hab ich dann wieder nen Mann kennen gelernt, mit dem ich eine Beziehung führe, aber so jeder hat seine Wohnung, und wir treffen uns meist am Wochenende".

Anknüpfungspunkte für eine ressourcen- und kompetenzorientierte Intervention lassen sich in diesem Interviewausschnitt vielfach finden: Frau Hachenberg präsentiert sich als alleinerziehende Mutter, die zugleich initiativ Handelnde ist, die Gelegenheitsstrukturen nutzt (nebenberufliche/ehrenamtliche Arbeit, Freizeitgestaltung, Austausch), Bindungsnetzwerke knüpft und ihren Alltag meistert. Auch die nachfolgende Interviewpassage bietet sich als „Empowermentgeschichte" an, in der sich gelungene Lebensstrategien spiegeln und biographische Handlungsschemata sichtbar werden.

> „I.: Sie haben erzählt, punktuell haben Sie Möglichkeiten bezüglich Nebenverdienst, also dass Sie oder Sie sind auf der Suche ((fragend)), C.H.: mmh (1) na ja, ich wollte jetzt das mit dieser Kosmetik ausprobieren, ob das äh geht (1) überhaupt hauptberuflich was wird, I.: mmh, C.H.: das ist mir auch alles auch noch nicht so klar, wie komm ich an Kundschaft ran und werde ich sehn ob das überhaupt was ist oder ob ich das nicht zu Ende mache, weil ich sage das ist nicht mein Ding (2) gut, ich arbeite jetzt auch nebenberuflich als Telefoninterviewerin, I.: ah ja, C.H.: bei einem Markt- und Meinungsforschungsinstitut hier in der Großstadt, wo ich so viel verdiene, was ich also dazuverdienen kann, also, diese einhundertfünf-

undsechzig Euro, I.: mmh, C.H.: weil das hatte mich auch schon immer interessiert, hab auch gerne Interviews gegeben, wenn mal jemand angerufen hat".[124]

Die Interviewstelle belegt, dass Clara Hachenberg trotz beruflichem Abstieg in der Lage ist, einen eigenen Handlungsentwurf zu verfolgen und Interessen zu artikulieren. Ausprobieren, Erfahrungen sammeln, an den Herausforderungen wachsen, Entscheidungen treffen: In diese Strukturmuster reiht sich auch die Befähigung ein, eine Nebentätigkeit zu akquirieren, zu akzeptieren und positiv zu bewerten. Der ‚Sinn der Arbeit' kann über die finanziellen Nebeneinkünfte zum Teil wiederhergestellt werden. Die Passage illustriert zudem und nicht zum ersten Mal, dass Rechtsansprüche bekannt sind und rechtliche Spielräume genutzt werden. Pädagogische Unterstützung sollte die Kompetenzen im Feld der Hilfe zur Selbsthilfe und das soziale Engagement auf jeden Fall zur Kenntnis nehmen und produktiv integrieren. Kommunikativ wären insbesondere das Thema der Selbstständigkeit und die Möglichkeiten einer Realisierung – auch jenseits des ‚Berufsfeldes Kosmetikberaterin' und unter Berücksichtigung der vorhandenen beruflichen und sozialen Kompetenzen – zu eruieren. Die artikulierten Ängste und Bedenken sind dialogisch zu verhandeln. Unterstützung sollte im Modus der (Berufs-)Beratung erfolgen, Raum zum Austausch bieten und vor allem Informationen zugänglich machen.

Das Fremdwerden der eigenen Biographie und ungelebtes Leben: Gesellschaftliche (Um-)Brüche, Erwerbslosigkeit, Demotivierung

Das ungelebte Leben lässt sich im ‚Fall' Hachenberg unter dem Gesichtspunkt der verhinderten bzw. versagten beruflichen Möglichkeiten betrachten. Mit der ‚Wende' kommt gleichzeitig eine von außen gesetzte Ausgrenzung (Berufsende/ Arbeitslosigkeit) zum Tragen. Die Erzählerin präsentiert sich als Frau, die ihre erfolgreiche berufliche Laufbahn bzw. ihren Beruf unverschuldet nicht fortsetzen bzw. ausüben durfte. Der nachstehende Interviewauszug dokumentiert den Umgang mit der Arbeitslosigkeit sowie die Bemühungen im Bereich der Weiterbildung.

„I.: Sie haben von dem Unterschied gesprochen, dass Sie jetzt nicht mehr so motiviert sind ((fragend)), C.H.: ja, I.: können Sie mir da noch mal was zu erzählen, was diesen Unterschied ausmacht ((fragend)), C.H.: ja erst mal, weil ich jetzt schon die Erfahrung habe, find ich, damals hatte man ja noch keine Erfahrung, ja wie ist das arbeitslos zu sein, I.: mmh, C.H.: das

---

124 Urbanität als Ressource spiegelt sich nur indirekt im Material. Zwar existieren auch auf dem ‚Lande' Netzwerke. Die Möglichkeit zur Vernetzung und sich bietende Gelegenheitsstrukturen – im Kontext Nebenverdienst – dürften in der Großstadt jedoch ausgeprägter sein.

war ja erst mal neu, und ich und damals gab_s auch noch diese Weiterbildung wo man sagte, gut dann mache ich eben noch mal ne Weiterbildung (2), im Nachhinein war_s auch ne falsche Entscheidung für mich jetzt und man hat auch keinen Ansprechpartner, ich hab mir das selbst gesucht im Arbeitsamt, die waren froh, wenn man was denen vorgelegt hatte (1), die haben einen auch nicht beraten und ich hätte äh wenn ich_s jetzt noch mal entscheiden könnte hätt ich nicht Baukalkulator gemacht, weil das auch wieder Neuland war und man dann keine Berufserfahrung hatte und ich da auch keine Arbeit bekommen habe, I.: mmh, C.H.: in der Richtung, ich hätte dann eher in meiner Richtung so Planung, zeichnerisch mehr in in dieser Richtung mehr machen sollen, I.: mmh, C.H.: ich hab das zwar mitgemacht ein, zwei Module (1), aber gut, das hat auch gereicht, ich hab damit auch wieder Arbeit gefunden (1), also in der Beziehung war sie schon auch erfolgreich alles auch für mich, I.: mmh, C.H.: und die Situation ist jetzt ne andere (1), die ist nicht mehr so wie sie damals war (1), erst mal gibt es nur noch mit großem Kampf Weiterbildung, I.: mmh, C.H.: ich hab_s versucht oder auch nicht intensiv (1), ich wüsste äh ich hab auch gar nicht das Interesse mehr irgendwas anzufangen (1), ne Weiterbildung weil ich keine Perspektive sehe mit ner Weiterbildung, I.: mmh, C.H.: weil ich von vielen höre selbst Weiterbildungseinrichtungen äh reden so, dass sie sagen: „Ja, von denen, die hier ne Weiterbildung machen, da kriegt eh keiner Arbeit, weil Sie haben keine Erfahrungen", wenn ich jetzt äh ich bin Architektin oder Bauingenieurin und fang jetzt noch mal an, kaufmännisch jetzt irgendwas zu machen, hab ich keine Chance auf dem Markt, I.: mmh, C.H.: für mich, also so seh ich_s, ich seh_s ja schon in meinem Beruf, wo ich Erfahrung habe und jahrelange Erfahrung, I.: mmh, C.H.: das äh man nicht mehr gefragt ist (2), so und deshalb hab ich das irgendwie abgeschlossen so (2), ist irgendwie so demotivierend alles".

Clara Hachenberg skizziert hier den Prozess ihrer beruflichen Demotivierung über den Lauf der Zeit nach der ‚Wiedervereinigung'. Im Auszug kommt noch einmal der verlaufskurvenförmige Charakter der beruflichen Situation zum Ausdruck und wird in einem Zusammenhang mit dem gesellschaftlichen Transformationsprozess ‚Wende' gestellt („damals hatte man ja noch keine Erfahrung, ja wie ist das arbeitslos zu sein"). Angesichts einer unbekannten Situation, inklusive der entsprechenden institutionalisierten Ablaufmuster (Weiterbildung), trifft Frau Hachenberg ‚falsche Entscheidungen', setzt auf Um- bzw. Neuorientierung („Baukalkulator"), statt an bereits vorhandenen Berufskompetenzen und -erfahrungen anzuknüpfen. Zwar wird in der Passage auch das Thema des (eigenen) Auswahlverschuldens angesprochen, doch wird mangelnde Beratung/Begleitung und mangelndes Interesse seitens der Arbeitsagentur mitverantwortlich gemacht („haben einen auch nicht beraten"). Das ungelebte Leben stellt sich hier in den Kategorien der verpassten Möglichkeiten und falschen Entscheidungen dar, die schließlich zur Demotivierung führen. Der ‚Glaube an die Weiterbildung' als Weg zur Bekämpfung der Arbeitslosigkeit bzw. des Abstiegs wird nicht zuletzt anhand der Positionen, die in den Einrichtungen bezogen werden, bestätigt. Verzweiflung stellt sich angesichts der Erkenntnis ein, dass sich der ‚Halbwertszeit des Wissens' in der neoliberalen Marktwirtschaft reduziert („ich seh_s ja schon in meinem Beruf, wo ich Erfahrung habe und jahrelange Erfahrung").[125] Ein kompletter beruflicher Neuanfang wird als utopisch zurückgewiesen („hab ich keine Chance auf dem Markt"). Ohnmacht stellt sich mit Blick auf die ‚übermächtigen' Marktstrukturen ein. Ungelebtes Leben ist konstitutiver Teil der Erzählung und verschränkt sich mit der Zukunft:

> „I.: wie sehen Sie Ihre Zukunft ((fragend)), C.H.: die Zukunft sehe ich eventuell noch mal mit Arbeit, aber auch nicht so hundertprozentig, eigentlich seh ich die Zukunft Hartz vier weniger Geld (2), mmh ja (1), mich darauf einzustellen mit äh weniger Geld auszukommen, Bedürfnisse runterzuschrauben, I.: mmh, C.H.: und das macht mich schon auch ein bisschen traurig (4), I.: mmh das glaube ich".

Frau Hachenberg entwirft eine Zukunftsperspektive, in der sie eine verlaufskurvenartige Entwicklung (Hartz IV) prognostiziert und sich zu reaktiven Verhaltensweisen („weniger Geld", „Bedürfnisse runterschrauben") genötigt sieht. Akkumuliertes kulturelles und ökonomisches Kapital werden entwertet und schließlich verloren. Das Fremdwerden der eigenen Biographie stellt sich ein: Frau Hachenberg kann nicht länger in ihrer sozialen Position verweilen, noch kann sie ihr berufliches Wissen und ihre Erfahrungen gewinnbringend auf dem ‚Markt platzieren'. Professionelle Hilfe könnte gemeinsam mit der ‚Klientin' nach Handlungsspielräumen jenseits der Entwertung suchen und an die beruflichen Kompetenzen und Fertigkeiten (positiv) anschließen. Es wäre allerdings zynisch, die von Clara Hachenberg thematisierten gesellschaftlichen Dimensionen zu ignorieren, und an ‚Patentlösungen' zu glauben: Die Entwertung von Humankapital (nicht nur im Transformationsprozess, sondern in der Moderne generell), Stigmatisierung und Ausgrenzung auf dem Arbeitsmarkt – unter anderem über die soziale Strukturkategorie Alter (und Geschlecht) – sind nicht nur als ‚Protagonisten' einer regressiven Erzählung zu betrachten, sondern sie sind als Strukturmerkmale sozialer Wirklichkeit in Rechnung zu stellen. Hier zeigt sich, dass Soziale Arbeit oder die Pädagogik im Allgemeinen auf gesellschaftspolitische Aktivitäten nicht verzichten kann und an Diskussionen über die ‚Zukunft der Arbeit' teilnehmen sollte (stellvertretend vgl. Beck (Hg.) 2000).

---

125 „Die Bundesrepublik ist auf dem Weg zur Wissensgesellschaft. Wissen wird immer mehr zur treibenden Kraft der ökonomischen und gesellschaftlichen Entwicklung. Auf dem Arbeitsmarkt werden Fähigkeiten zur raschen Aneignung und zur professionellen Umsetzung neuer Wissensbestände immer wichtiger. Dauerhaft erfolgreiche berufliche Karrieren scheinen ohne die nachhaltige Entwicklung des individuellen Humankapitals in Form des lebenslangen Lernens kaum noch möglich" (Schiener 2006: 44). Zugleich entwertet sich das Wissen durch seine schnelle Zirkulation in der Moderne gleichsam ‚von selbst'.

5. Ausblick: Biographieforschung und Praxisrelevanz

Im Anschluss an die präsentierten Fallrekonstruktionen wird hier noch einmal rekapituliert, welche Kompetenzen und Wissensbestände einer am Paradigma der erzählten Identitäten orientierten Rekonstruktion zugrunde liegen. Darüber hinaus wird in diesem Passus der Wissenschafts-Praxis-Differenz Rechnung getragen.

Angesichts einer biographieorientierten professionellen Arbeit ist die Bedeutung von Kompetenzen im Bereich der Kommunikation kaum zu hoch zu veranschlagen. In Anlehnung an Lucius-Hoene lässt sich konstatieren: „Das Verstehen von Narrativen baut auf unserer alltäglichen Sprachkompetenz auf, ist aber gleichzeitig lern- und entwicklungsbedürftig" (2006: o.S.). Reflektiert und ausgebaut werden sollte das

- Textsortenwissen

als ein wesentlicher Wissensbestand. Textsortenmuster – „narrativ, deskriptiv, expositorisch, argumentativ, instruktiv" (Heinemann 2000: 12) – müssen bekannt sein. Bestenfalls bzw. perspektivisch sollte dieses Wissen dergestalt internalisiert werden, dass diese Strukturmuster schon *im Kommunikationsprozess* erkannt werden. Auch Fischer beschäftigt sich mit diesem Aspekt und kommt mit Blick auf die Soziale Arbeit zu dem Schluss:

> „Der Sozialarbeiter, der analytische Werkzeuge der Textbetrachtung habitualisiert hat, ist auch in der Lage, schon im Prozess des Zuhörens zu erkennen, wo erzählt wird, wo argumentiert oder emotionsneutral beschrieben wird, wo Redeübergabetaktiken versucht werden etc. Er kann durch entsprechende *narrative Nachfragen* versuchen, stärker an die Erlebnisebene zurück- oder heranzuführen. Dies mag im Lichte klientenzentrierter Gesprächsführung, die sich vor allem auf der Schiene der Verbalisierung emotionaler Erlebnisgehalte (VEE) bewegt, schon als zu direktiv oder steuernd, gar analytisch empfunden und zurückgewiesen werden. Abgesehen davon, das auch die GT-Technik prinzipiell ein Selektionsmechanismus ist, kann konzediert werden, dass die narrative Nachfrage fokussiert. Wenn sie jedoch an dem Themenmaterial ansetzt, das die Klientin angeboten hat, folgt die Nachfrage nur der bereits sprecherseitig gelegten Spur" (Fischer 2002: 78f., Hervorhebungen im Original).

Zugleich sensibilisieren die Ausführungen Fischers bezüglich eines weiteren kommunikativen Gesichtspunkts. Angesprochen wird die Fähigkeit,

- erzählgenerierende (Nach-)Fragen

stellen zu können, die sich allerdings nicht jenseits der durch den Sprecher eröffneten thematischen Horizonte bewegen. Seine Kommentare rund um die Kommunikationssituation verweisen darauf, dass „‚die Faktoren der kommunikativen Situation die Textsorte bestimmen'" (Diewald in Heinemann 2000: 13). Diese Überlegung ist in zweierlei Hinsicht interessant und zwar einerseits, wie von Fischer thematisiert, mit Blick auf die Form der Fragestellung. Die so genannten klassischen W-Fragen (wieso, wann, weswegen) evozieren keine Erzählungen, sondern provozieren knappe, informative Antworten, Begründungen, Erklärungen oder Theoretisierungen. Erzählgenerierendes Nachfragen will also geübt sein (für Beispiele vgl. Rosenthal 2002: 210). Andererseits werden die Faktoren der Kommunikation unzureichend berücksichtigt, wird der institutionelle Rahmen ignoriert. Die Einrichtung muss sich für die Einführung und Umsetzung biographischer Ansätze entscheiden und dementsprechende Zeitkontingente für Beratungsgespräche oder Intervention (und ggf. für die sich anschließende hermeneutische Rekonstruktion) einräumen.

Neben der Fertigkeit, Narrationen ‚provozierende' Nachfragen formulieren zu können, erwähnt Rosenthal im Kontext der wissenschaftlichen Interviewführung einen weiteren Kommunikationsaspekt:

> „Die immer wieder zu hörende Einschätzung (...) zur Führung eines offenen bzw. narrativen Interviews genüge die Alltagskompetenz, beruht auf dem Verkennen der Schwierigkeit eines wirklich zurückhaltenden und gleichwohl aufmerksamen Zuhörens einerseits und der Unterstützung andererseits, wirklich sensible und erzählgenerierende Fragen zu formulieren – eine Fähigkeit, die im Alltag leider wenig gelernt und eingeübt bzw. teilweise eher wieder verlernt wird" (dies. 1995: 186).

Unabhängig davon, ob im wissenschaftlichen Kontext ein narratives Interview geführt oder in der Praxis biographieorientiert kommuniziert und gearbeitet wird – auch das

- Zuhören

ist zu schulen und in seiner Eigenschaft als soziale kommunikative Praxis zu reflektieren. Zudem ist es in diesem Zusammenhang wichtig zu erkennen, wann (Erzähl-)Gestalten geschlossen werden. Rosenthal, deren Konzeptionen bisweilen den Horizont pädagogischer Intervention überschreiten, weist ferner auf die Möglichkeit hin, kommunikativ Hilfestellung bei der Thematisierung traumatischer Ereignisse zu leisten (vgl. dies. 1995: 206f.). Nun sind in diesem Kontext zwei Aspekte zu behandeln. Zum einen wird in den theoretischen Debatten kontrovers diskutiert, ob Traumata überhaupt artikulierbar sind, zum anderen stellt sich hier die Frage nach den Grenzen zwischen Pädagogik bzw. sozialarbeiterischer Praxis und therapeutischer Intervention. Was den ersten Punkt anbelangt, wird hinsichtlich der Verbalisierung traumatischer Ereignisse aus postmoderner Warte eine der den Diskurs strukturierenden Extrempositionen bezogen:

> „‚Trauma' bündelt im Kontext dekonstruktivistischer Theorien Erinnern als rhetorische und ‚arabeske' Figur, die einzig das Vergessen erinnert und es bezieht sich auf eine Referenz, die einzig als Latenz auftritt. ‚Trauma' wird somit zur Leerstelle, zur Lücke, die die Anstrengung des Gedächtnisses nicht zu schließen vermag. Es trägt leere Räume, leere Geschichten in sich" (Rabelhofer o.J.: o.S.).

Andere Wissenschaftlerinnen gehen hingegen davon aus, dass das Erzählen der Lebensgeschichte generell die Option beinhaltet, das Verdrängte, Vergessene, das Trauma zum Vorschein zu bringen. Die Artikulation(-smöglichkeit) wiederum birgt die Chance zur Integration dessen, was zuvor unthematisiert, unbearbeitet blieb. In diesen Diskussionszusammenhängen findet auch die Chiffre vom ‚Heilsamen des Erzählens' ihren Ort (ausführlich zu unterschiedlichen theoretischen Positionen vgl. Schreiber 2006: 90ff.). Die kommunikativen Anforderungen, die sich in diesem Kontext ergeben, lassen sich mithilfe der Begriffe Akzeptanz, Anerkennung, Empathie, Offenheit sowie Information und Reflexion, was den Gegenstand der Traumatisierung betrifft, umschreiben (ausführlich vgl. Schreiber 2006: 94ff.; Rosenthal 2002). Techniken des ‚szenischen Erinnerns' werden eingesetzt, um problematischen Vergangenheiten und Erfahrungen Raum zur sprachlichen Entfaltung zu geben (vgl. Rosenthal 2002: 211; kurz dies. 1995: 206f.). Wird die theoretische Frage nach der Artikulierbarkeit eines traumatischen Erlebnisses zurückgestellt, ist der aufgeworfenen Differenz zwischen Therapie und professionellem pädagogischen Handeln Rechnung zu tragen. Rosenthal ist zuzustimmen, wenn sie auf die Notwendigkeit eines „*aktiven Zuhörens*" (ebd., Hervorhebung im Original) in Anlehnung an die klientenorientierte Gesprächsführung nach Rogers oder Gordin verweist, jedoch verschiebt das Kommunikationsmodell des szenischen Erinnerns den Kommunikationsprozess in den therapeutischen Handlungsbereich. Nichtsdestotrotz ist festzuhalten, dass die kommunikativen Kompetenzen im Rahmen einer biographieorientierten Intervention, Beratung oder Unterstützung auch die Dimension des Zuhörens umfassen, wenngleich wir dem szenischen Erinnern eher skeptisch gegenüberstehen (ausführlicher im Verlauf).

Gelingt die Kommunikation, in deren Rahmen das Gegenüber erzählend seine Sicht auf die Welt, auf sich selbst und die (sozialen Handlungs-)Probleme entfaltet, sind die protokollierten Informationen hermeneutisch zu bearbeiten, will die Praxis für sich in Anspruch nehmen, professionell zu agieren. Mögliche

Sinnentschlüsselungsverfahren wurden in Kapitel 2 theoretisch entfaltet, der Ansatz Narrativer Identität in Kapitel 4 exemplarisch vorgestellt. Neben dem

- gestaltgebenden Thema

sind die Strukturen der Darstellungsverkettung zu untersuchen. Wesentlich ist es, zwischen

- regressiven und progressiven Darstellungsstrukturen, in der Terminologie Schützes zwischen handlungsschematischen Darstellungen und Verlaufskurvenstrukturen zu unterscheiden,
- Wendepunkte (sich vage andeutend oder erzählerisch vollausgebaut) zu berücksichtigen sowie
- die institutionalisierten Ablaufmuster, wie sie beispielsweise im Modell des Lebenslaufs vorliegen, in Augenschein zu nehmen.

Die Analysen dürften indessen gezeigt haben, dass es sich bei dem institutionalisierten Ablaufmuster des Lebensverlaufs nicht um das einzige zur Verfügung stehende Modell handelt. Die Konversionsgeschichte von Bernd Weißmann oder die Erzählung rund um den Aufenthalt in einer Suchtklinik dürften illustriert haben, dass vielfältige, kulturell geprägte und institutionalisierte Ablaufschema zur Verfügung stehen. Zudem sind

- die Sinnuniversa und Deutungsmuster, die zur Kohärenzbildung in der Erzählung beitragen, einer genauen Betrachtung zu unterziehen.

Selbst und Welt können im Rekurs auf die Astrologie (Carsten Müller), mit Bezug auf die (genetische) Vererbung (Klaus Brand) oder im Verweis auf das schicksalsförmige, aber auch fatalistische Elemente bergende Prinzip ‚Im Leben geht alles vorüber' (Katharina Scholz) entworfen werden. Identität kann ebenso im Horizont der sozialen Ideen im Feld von ‚Rationalität'/‚Irrationalität', ‚Vernunft'/‚Unvernunft' (Linda Ahlers, Tatjana Roganova) hergestellt wie im Rahmen von Sozialisations- bzw. Erziehungstheorien (Ahlers, Scholz) konturiert werden. Gesellschaftliche ‚Großereignisse', beispielsweise die ‚Wende' (Clara Hachenberg) oder der Zweite Weltkrieg (Linda Ahlers), können ebenso wie die soziale Lage (Scholz, Hachenberg, Ahlers) oder der religiöse Glaube (Bernd Weißmann) zu konstitutiven Bestandteilen der Welt- und Selbstkonstruktion avancieren. Alle Deutungsmuster und Sinnuniversa besitzen Erklärungskraft im Hinblick auf die je aktuelle Konstruktion von Identität und lassen den Eindruck von Kohärenz entstehen. Den in der Erzählung präsentierten Deutungsmustern und den aufgespannten Sinnhorizonten ist in Forschung und Praxis mit *Anerkennung* gegenüber den Konstruktionsleistungen im Konnex von Ich und Welt zu begegnen – Anerkennung ist die Grundlage eines hermeneutisch-reflexiven Stils (stellvertretend vgl. Hanses 2000: 362). Gelegentlich wird festzustellen sein, dass Deutungsmuster oder (geschlossene) Sinnuniversa mit den Mustern der Verkettung ‚harmonieren': So verschränkt sich die astrologische Deutung des Ichs mit der Formulierung einer generellen Handlungsunsicherheit oder das ‚väterliche Erbe' legitimiert eine (quasi) unausweichliche Dramatik. Dessen ungeachtet wird jedoch Sinn hergestellt, den es im professionellen Handeln zu berücksichtigen gilt. Nur so lässt sich *Vertrauen* aufbauen und halten bzw. nur so lassen sich in der jeweils spezifischen Form der Kohärenzbildung auch Ressourcen entdecken. Überdeutlich skizziert Lucius-Hoene derartige Risiken und Chancen angesichts einer Begegnung zwischen Arzt und Patient, in der das Expertenwissen als Informationsfilter dient und die vom Patienten mitgeteilten Informationen lediglich im Horizont professionellen Wissens reformuliert und rekapituliert werden: Es

> „besteht die Gefahr, dass er [der Arzt, B.G./H.R.G.] im Narrativ nur die Aspekte wahrnimmt, die sich möglichst zeitökonomisch und widerspruchsfrei in seine Expertenkategorien einfügen lassen. Jedes Krankheitsnarrativ des Patienten beinhaltet jedoch seine eigene subjektive Wahrheit. Auch scheinbar verquere Krankheitstheorien können fruchtbare Bewältigungsversuche darstellen, die zu ignorieren oder abzuwerten der Arzt oft mit einem Vertrauensverlust oder dem Scheitern seiner Bemühungen um den Patienten bezahlen muss. Was im Patientennarrativ als Information irrelevant erscheinen mag, kann wichtige Botschaften enthalten, wie der Patient als Person und als Leidender verstanden werden möchte" (Lucius-Hoene 2006: o.S.).

Was im Zitat über subjektive Krankheitstheorien ausgesagt wird, gilt im Prinzip für sämtliche Projekte, in denen der Versuch unternommen wird, (kohärente) Identität herzustellen, die sich per se aus Argumentationen, Theorie(fragmente)n und Erzählungen zusammensetzt. Mag die Astrologie aus kritischer Warte das Verlaufskurvenschema flankieren (vgl. Kapitel 4.3), stellt sie zugleich ein wenn auch nicht zwangsläufig geteiltes, so doch bekanntes Deutungsmuster dar, das die Ereignisse des Lebens und Identität mit Sinn ausstattet und für ‚Bewältigung' sorgt. Die Kategorie ‚Bewältigung' bezieht sich bei Lucius-Hoene keinesfalls auf zeitliche Prozesse, die in der Vergangenheit ihren Ausgang nehmen und einer Gegenwart ihre Resultate präsentieren. Ihr geht es weniger um die Frage

> „cccnach den berichteten Ereignissen wie in der Oral History oder den sich manifestierenden biographischen Strukturen wie in eher soziologisch motivierten Ansätzen (z.B. bei SCHÜTZE 1981) im Zentrum (...), sondern die Art und Weise, wie die Erzähler die aktuelle Kommunikationssituation während des Interviews auffassen und nutzen, um sich mit ihren Erinnerungen

und Erfahrungen auseinanderzusetzen, mit ihren narrativen und rhetorischen Mitteln eine bestimmte Selbst- und Weltsicht her- und darzustellen und diese sich selbst wie dem Hörer plausibel zu machen. Die Fragen nach dem subjektivem Erleben wie nach den Bewältigungsleistungen auf der Ebene von Sinnstiftungsprozessen konvergieren (...) schwerpunktmäßig in der zu leistenden ‚Identitätsarbeit' während des Erzählens, ihrer Begründung und Rechtfertigung in den jeweiligen biographischen Erfahrungen und ihrem Niederschlag in den sprachlichen Äußerungen der Betroffenen" (Lucius-Hoene 2000: o.S., Hervorhebung im Original).

Bewältigung bezieht sich grundsätzlich auf die Sinn- und Konstruktionsleistung im Akt des sprachlichen Vollzugs. Und auf dieser Ebene kann professionelles Handeln ansetzen, wenn es im Paradigma Narrative Identität arbeitet, denn in diesen Fähig- und Fertigkeiten liegen die aktuellen Ressourcen (auch der Problembewältigung), die genutzt werden können. Werden diese Perspektiven berücksichtigt, ist der Aufbau von Vertrauen möglich, den ein technizistisches Vorgehen – das prinzipiell einer rekonstruktiven Haltung und dem damit verbundenen Ansatz einer stellvertretenden Deutung zuwider läuft – tendenziell gefährdet. Ackermann skizziert die Praxisrelevanz rekonstruktiver Fallarbeit im Sinne stellvertretender Deutung im Gegensatz zum advokatorischen Handeln folgendermaßen:

> „Aufgabe der *stellvertretenden Deutung* ist es i.S. Oevermanns, das durch den Hilfesuchenden an die Sozialarbeit herangetragene Problem ‚per Rekonstruktion der fallspezifischen Ausdrucksgestalt sichtbar zu machen und zu identifizieren, sodann: es mäeutisch zum Bewußtsein zu bringen und zum Ansatzpunkt einer *von der gestörten Lebenspraxis selbst* in Angriff genommenen Fallstruktur-Transformation zu machen'" (Ackermann 1995: 44, Hervorhebungen im Original).

Nur auf diese Weise gelingt es, die „subjektiven Erfahrungen, Sichtweisen und Interessen des Klientels" (vgl. ebd.: 43) in den Interventions-, Beratungs- oder Hilfeprozess zu integrieren. Auch im Zusammenhang mit der stellvertretenden Deutung nach Oevermann wird der Aspekt der ‚Bewältigung' und der Orientierung an den Sinnleistungen des Gegenübers hervorgehoben:

> „Der Sozialarbeiter versteht sich nicht als Experte, der lediglich fachliches/wissenschaftliches Wissen auf den jeweiligen Fall anwendet, der weiß, was angesichts der Lebenspraxis ‚gut' für diesen ist, vielmehr muß er versuchen zu rekonstruieren, inwiefern die vom Klienten verwendeten Handlungsmuster als situativ und temporär sinnvolle für die Bewältigung einer je konkreten Lebenspraxis anzusehen sind. Die Intervention orientiert sich in diesem Verständnis somit nicht an theoretisch explizierten Normalbiographien, gefragt wird vielmehr, was die individuelle biographische Situation an angemessenen Problemstrategien ermöglicht (...). Die Achtung vor der Autonomie der Lebenspraxis wird zum zentralen Element einer Sozialen Arbeit als *stellvertretender Deutung* auch dann, wenn diese Autonomie lediglich kontrafaktisch (z.B. bei Sucht) besteht" (Ackermann 1994: 44, Hervorhebungen im Original).

Ähneln sich die Intentionen, die Ackermann im Rekurs auf Oevermann formuliert und die im Paradigma Narrative Identität mit Bezug auf Lucius-Hoene konturiert worden sind, ist doch festzustellen, dass die Kategorie der Bewältigung, vielmehr noch die Idee einer (beschädigten) autonomen Lebenspraxis, von Oevermann auf spezifische Weise konzeptionalisiert wird. Oevermann, der jegliches pädagogisches als therapeutisches Handeln betrachtet (vgl. ders. 1996), legt seinem Konzept einer autonomen Lebenspraxis die psychoanalytisch bzw. entwicklungspsychologisch begründete Vorstellung einer gelungenen sozialisatorischen Situation in der Familie zugrunde. Das zentrale Augenmerk gilt den dyadischen und triadischen Konstellationen innerhalb der Familie und den Ablösungsprozessen, die in verschiedenen Lebensphasen unterschiedlich jedoch grundsätzlich zu bewältigen sind und die die Autonomie des einzelnen Menschen konstituieren. Nach Erläuterung der vorgeburtlichen symbiotischen Beziehung Mutter-Kind, der sich anschließenden Mutter-Kind-Symbiose, der ödipalen Triade und der Loslösung im Prozess der Adoleszenz (ausführlich vgl. ebd.: 113ff.) konstatiert Oevermann mit Blick auf das professionelle Handeln:

> „Die hier sehr abgekürzt dargestellte strukturelle Konstellation der sozialen Geburt des autonomen Subjekts in seinem ontogenetischen Bildungsprozeß bildet zugleich theoretisch-analytisch wie material den entscheidenden Bezugspunkt des professionalisierten Handelns im Focus ‚Therapie'" (ebd.: 114).

Den Dreh- und Angelpunkt seines Professions- bzw. Professionalisierungsverständnisses (und der hermeneutischen Verfahren) bildet also eine entwicklungspsychologische Perspektive, die allerdings im Paradigma der erzählten Identitäten aufgrund der Verankerung in der Vergangenheit ausgeschlossen bleibt. Am Beispiel der Erzählung von Linda Ahlers ließen sich die Differenzen gut aufzeigen. So muss eine an der sprachlichen und aktuellen Inszenierung von Identität anknüpfende Rekonstruktionsperspektive zwar vermerken, dass Geschichten beispielsweise im Modus einer (nicht voll ausbuchstabierten) „phobischen Störung" im Kontext kindlicher Sozialisation und häuslicher Gewalt präsentiert werden können (vgl. Kapitel 4.2), psychopathologische Identitätsbestimmungen lassen sich aber nicht ableiten. Auch ließe sich der Verbleib im elterlichen Haushalt bis zum Tode der Eltern aus der Oevermann'schen Warte (entwicklungs)psychologisch deuten, jedoch setzt dies den Zugriff auf Vergangenheit und ein Konzept von Soziogenese voraus. Das Erzählmuster des ungelebten Lebens, das konstitutiver Bestandteil dieser Identitätsdar- und -herstellung ist, reicht hin, um das sozialisatorische Begründungsmodell *in* der Erzählung, das die kohärente, soziale Konstruktion von Identität begleitet, zu entziffern. Die Rekonstruktion sensibilisiert *zugleich* im Hinblick auf die Frage nach der für die Fallbearbeitung zuständigen Profession. Einmal mehr zeigt sich an dieser Stelle, dass das der Fallrekonstruktion zugrunde liegende Verfahren mit methodologischen Annahmen und Konzeptionen von Identität bzw. Biographie und sozialer Zeitlichkeit verbunden ist, die konstitutiv für die Sicht auf den ‚Fall' werden. Mit dieser Feststellung soll indessen keine Diskreditierung der Objektiven Hermeneutik hinsichtlich ihrer rekonstruktiven Leistungen vorgenommen werden, primär geht es hier darum, auf die unterschiedlichen Möglichkeiten einer Verortung rekonstruktiver Praxis hinzuweisen.

Im Paradigma der erzählten Identitäten sowie im Rahmen einer biographischen Diagnostik rücken die konstruktiven und kreativen Leistungen in den Fokus analytischer Betrachtung, die unter den Gesichtspunkten

- Ressourcenanalyse, die Form und Inhalt einer kohärenten Ich-Darstellung fokussiert und/oder sich auf die Vernetzung, Verortung in sozialen Räumen und Zusammenhängen beziehen kann,
- Artikulation des ungelebten Lebens,
- Fremdwerden der eigenen Biographie

weitere Anschlussmöglichkeiten bzw. Aufmerksamkeitsrichtungen einer biographieorientierten professionalisierten Handlungspraxis entstehen lässt.

Im Gegensatz zum sequenzanalytischen Analyseverfahren der Objektiven Hermeneutik, wie von Fischer bevorzugt, oder in Abgrenzung zum narrationsstrukturellen Ansatz, dem Hanses folgt, wird in den abkürzenden Verfahren der Rekonstruktion narrativer Identität Form und Inhalt der aktuellen Konstruktion rekonstruiert und, um es im Rekurs auf Oevermann zu pointieren, den

- Eröffnungs- und Beschließungsprozeduren der Konstruktion von Ich, Welt und sozialem Problem besondere analytische Aufmerksamkeit gewidmet.

Das Befremdende an der Dar- und Herstellung sozialen Sinns im Horizont von Ich, Welt und ‚problematischem Ereignis' oder ‚Zustand', wird schließlich ebenso wie das (vermeintlich) Vertraute und Bekannte

- unter Zuhilfenahme theoretischer Abhandlungen, deren Auswahl sich den vom Erzählenden aufgespannten thematischen Rahmen verdankt,

‚entziffert'. Anthropologische Grundannahmen – falls ihnen in den herangezogenen theoretischen Erörterungen eine wichtige Funktion zukommt und sie auf Prozesse des personalen Gewordenseins abheben – sind einzuklammern. Die Abkürzungsverfahren funktionieren unterdessen nur (wie jede Form einer biographieorientierten Handlungspraxis), stellt die Praxisseite ausreichend Raum für die Entwicklung von ‚(Erzähl-)Gestalten' zur Verfügung (vgl. diesbezüglich auch Hanses 2000). Im Prinzip knüpft auch die oben bereits angesprochene These vom ‚Heilsamen des Erzählens' an die Existenz dieses Artikulationsraumes an. Erst wenn die Möglichkeit besteht, Gestalten zu entwerfen, kann eine kohärente Geschichte erzählt werden: „Aus der geordneten Geschichte können Zukunftsperspektiven und Handlungsspielräume mit dem Gefühl verbesserter Kontrollierbarkeit abgeleitet werden. So wirkt das Narrativ unmittelbar therapeutisch" (Lucius-Hoene 2006: o.S.). Eine ähnliche Position nimmt beispielsweise auch Rosenthal ein:

> „Was können nun die heilsamen Chancen einer biographischen Großerzählung bei Menschen sein, die sich in einer stabilen Lebenssituation befinden? Dadurch, daß die GesprächspartnerInnen zunächst zu einer längeren Erzählung von selbsterlebten Ereignissen motiviert werden, können sie die Erzählung nach ihren eigenen Relevanzkriterien gestalten, es werden Erinnerungsprozesse unterstützt und nicht all zu selten finden hier bereits Prozesse des Selbstverstehens statt. Über Kognitionen, Gefühle und Motive erfahren wir ZuhörerInnen, aber auch die Erzählenden selbst, etwas im Kontext einer Handlungsgeschichte, also eingebettet in ihre Erzählungen biographischer Erlebnisse" (Rosenthal 2002: 215).

Relativ einhellig wird im Hinblick auf eine biographieorientierte Arbeit angenommen, dass biographisches Erzählen Chancen im Hinblick auf das Selbstverstehen und die Selbstreflexion eröffnet (vgl. Kötting 2007: 86f.; Kapitel 1).[126] Nun wollen wir keineswegs bestreiten, dass die Möglichkeit zu aktueller Kohärenzbildung die Chance einer ‚Bewältigung' im Sinne der Definition von Lucius-Hoene beinhaltet. Das Zitat von Rosenthal weist aber auf eine Voraussetzung hin, die gegeben sein sollte: eine „stabile Lebenssituation". Einmal abgesehen davon, dass aus der Perspektive Rosenthals im Erzählen ‚Vergangenheit' bewältigt wird und dem Erzählen – im Gegensatz zum Argumentieren oder Theoretisieren – ausschlaggebende Relevanz bescheinigt werden muss (vgl. Rosenthal 2002: 215), ist zu überlegen, welche Konsequenzen die Voraussetzung beinhaltet. In der Beratung, der psychosozialen Krisenintervention oder der Drogenhilfe ist nicht uneingeschränkt anzunehmen, die Menschen nähmen vor dem Hintergrund einer stabilen Lebenslage professionelle Unterstützung oder Hilfe in Anspruch. In diesem Zusammenhang ist (hypothetisch) zum einen davon auszugehen, dass kein kohärenter Zusammenhang gebildet wird, zum anderen, dass das regressive Erzählmuster dominiert. In beiden Fällen ist wohl kaum von einer

---

126 Die Idee korrespondiert mit den Zugzwängen des Erzählens: „Auch die Dynamik des Erzählstroms und die Interaktion mit Gesprächspartnern enthält Chancen zu Reorganisationen. (...) In der Thematisierung bisher an den Bewußtseinsrand gedrängter Bestandteile der erlebten Lebensgeschichte liegt der entscheidende Effekt für Reorganisationen – und diese Thematisierung tritt fast unausweichlich auf, wenn sich der Autobiograph einem Erinnerungs- und Erzählstrom überläßt" (Rosenthal 2002: 216).

‚heilsamen Kraft des Erzählens', die sich durch die bloße Möglichkeit zu biographischer Selbstthematisierung und somit -reflexion eröffnet, auszugehen. An dieser Stelle müssen, wie anderenorts bereits kommentiert, Risiken und Chancen balanciert werden, da das Erzählen durchaus das Potenzial birgt, Krisen aktuell zu verschärfen (vgl. Griese/Griesehop 2007: 82) – ein Moment, das übrigens jeder Form von Selbstreflexion innewohnt. Anders ausgedrückt: Die „Überführung einer chaotischen und überwältigenden Erfahrung in eine narrative Ordnung" (Lucius-Hoene 2005: o.S.), narrative Sinnstiftungsvorgänge sind Leistungen, die nicht immer gelingen. Aufgrund dieser Ausgangslage sind die folgenden Ausführungen Rosenthals, die zudem auf die (Re-)Formulierung traumatischer Ereignisse/Erlebnisse abheben, unter Vorbehalt zu rezipieren:

> „Dieses Vergegenwärtigen bisher zurückgehaltener Erlebnisse kann dem Autobiographen deren biographische Relevanz für seinen Lebensweg deutlich machen und ihn zu Reinterpretationen veranlassen, die zu einer Veränderung seiner biographischen Gesamtsicht führen. Fritz Schütze (...) sieht die therapeutische Wirkung biographischer Erzählungen gerade darin, daß mit der Reflexion ‚narrativ explizit gemachter traumatischer Erfahrungszusammenhänge und -passagen' diese wieder für eine ‚konsistente Identitätskonzeption' zurückgewonnen werden. Die bisher aus der biographischen Selbstwahrnehmung ausgeklammerten traumatischen Lebensbereiche können mit dem Erzählen und ihrer biographischen Verarbeitung – im Sinne der Reflexion ihrer Bedeutung für die eigene Lebensgeschichte – wieder in die Lebensgeschichte integriert werden" (Rosenthal 2002: 216f.).

Dass die Begriffe Kohärenz und Konsistenz inhaltlich nahe beieinander liegen und trotzdem auseinandergehalten werden müssen, ist im methodologischen Teil der Abhandlung mit Verweis auf einen Aufsatz von Straub ausgeführt worden; das Thema steht hier nicht erneut zur Disposition (vgl. 48f.). Interessant und diskussionswürdig erscheinen allerdings der Prozess des „Vergegenwärtigen(s) bisher zurückgehaltener Erlebnisse" und die Integration „ausgeklammerte(r) traumatische(r) Lebensbereiche". Keineswegs geht Rosenthal davon aus, dass sich Verdrängtes oder Zurückgehaltenes per se selbstständig entfaltet. Vielmehr wird die Gesprächsmethode des szenischen Erinnerns eingesetzt, um das, was nicht (vielleicht niemals) zur Sprache kommen kann, zur Sprache zu bringen. Im Kontext einer hypothetischen Auseinandersetzung mit jüdischen (Über-)Lebensgeschichten beschreibt Rosenthal die Methode des szenischen Erinnerns anschaulich wie folgt:

> „Ähnlich wie in den unterschiedlichen Therapieansätzen, die sich der Vergangenheit rekonstruierend zuwenden (...) unterstützt die Technik des ‚szenischen Erinnerns' die Autobiographen dabei, sich in die vergangenen Szenen zurückzuversetzen und sie dann in Geschichten zu übersetzen. Vor allem an sinnlichen und leiblichen Erinnerungsfragmenten ansetzend, können wir mit Fragen nach den einzelnen Details, jene Szenen allmählich ausgestalten, indem wir zunächst den ‚äußeren Rahmen' – den Ort, das Klima, die Geräusche, die Gerüche, die anwesenden Menschen etc. – wieder in Erinnerung rufen. (...) Wir fragen also die Biographin nicht,

ob sie sich daran erinnern kann [in diesem Fall an Auschwitz, B.G./H.R.G.], sondern fordern sie zum Zurückversetzen in die Situation auf und beginnen die Szene auszumalen, wobei wir die Fragen im historischen Präsens formulieren. Von Detail zu Detail können wir uns dann vorwärts bewegen: ‚Was sehen Sie?'; ‚Mit wem stehen Sie zusammen?'; ‚Was hören Sie?'; Ist es dunkel?'; Ist es kalt?'" (Rosenthal 1995: 207).

Rosenthal ist zuzustimmen, wenn sie festhält, dass Abwehrreaktionen auf präsentierte Inhalte zu vermeiden sind: Das, was zur Sprache kommt, ist ernst zu nehmen, anzunehmen, zu betrachten. Auch ist ihr beizupflichten, wenn sie angesichts ‚akuter Lebenskrisen' zu dem Fazit kommt, dass ‚szenisches Erinnern' zu vermieden ist und mit narrativen Nachfragen gearbeitet werden sollte (2002: 226). Darüber hinaus wollen wir jedoch unterstreichen, dass die Methode des szenischen Erinnerns eindeutig in den Bereich der Therapie gehört und weder als Bestandteil eines wissenschaftlichen Interviews noch als Aufgabe einer pädagogischen Beratungspraxis oder Intervention in der Sozialen Arbeit aufzufassen ist. Das in diesem Zusammenhang zu balancierende ‚Risikopotenzial' sollte ernst genommen werden – zum Wohle der Erzählenden. Gleichwohl liefert die Präsentation nichtkohärenter Erzählungen oder die augenfällige Nichtthematisierung wesentlicher (bzw. als wesentlich unterstellter) Aspekte der Geschichte einen Hinweis, um über die zuständige Profession, die die Fallbearbeitung übernimmt, nachzudenken. Schließlich sollte die Idee, den Klienten an eine andere Profession zu empfehlen, nach reiflicher Überlegung sinnvoller erscheinen als die Probleme innerhalb der eigenen Praxis zu bearbeiten, ist das Themengebiet dialogisch, niemals im klassischen Modus der Diagnose, mit dem Gegenüber zu verhandeln.[127] Um das Thema Kommunikation, das die Darstellung durchzog,

---

127 Die Bedeutung von (kohärenten) Erzählungen ist seit langem Thema einer spezifischen Form der Psychotherapie. Stellvertretend sei auf die Abhandlung von Hardtke/Levitt/Angus verwiesen. Mit Bezug auf Schafer führen sie aus: „Schafer zu Folge sind der Akt des Erzählens, das Ablegen von Rechenschaft, das Darlegen einer Sichtweise, das Entwickeln eines ‚roten Fadens', das Revidieren und Reinterpretieren Kernbestandteile des narrativen Ansatzes und Schlüssel zum erfolgreichen Therapieausgang innerhalb der psychodynamischen Psychotherapie (...). Insbesondere die Narrative Prozesstheorie der Therapie (...) basiert auf der Annahme, dass alle Formen erfolgreicher Psychotherapie die Artikulation, Elaboration und Umformung der selbstberichteten Lebensgeschichte des Klienten (macronarrative) beinhalten. Sowohl Klient als auch Therapeut erreichen dieses Ziel, indem sie sich in Zusammenarbeit auf drei verschiedene Modi einlassen: 1) den Externalen Erzählmodus (...), der die Beschreibung und Elaboration von Lebensereignissen betrifft (...); 2) den Internalen Erzählmodus (...), der die Beschreibung und Elaboration subjektiver Gefühle und Reaktionen beinhaltet, die mit Lebensereignissen in Verbindung stehen. (...) Schließlich gibt es 3) den Reflexiven Erzählmodus (...), der die reflektierende Analyse dessen, was passierte (Ereignis/external) und was dabei empfunden wurde (internal) zum Gegenstand hat. Hier wird die Frage nach der Bedeutung gestellt. Diese narrativen Prozessmodi umfassen sowohl die kognitiven als auch die erlebensmäßigen Prozesse, auf die sich Klient und Therapeut einlassen, wenn sie Beschreibungen über das Selbst des Klienten und seine Mitmenschen ko-konstruieren. (...) Im Kontext des Modells Narrative Prozesse werden die Beschreibungen von subjektivem Erleben und von Beziehungsepisoden als fruchtbarer Boden

abzuschließen, wird anschließend ein Blick auf die Frage nach der Vermittlung von ‚Analyseergebnissen' geworfen. Diesbezüglich sind vor allem Unterschiede zwischen der Wissenschaft, die ihre Ergebnisse einer Fachöffentlichkeit unterbreitet, und den face-to-face zu erbringenden Vermittlungsleistungen im Bereich der sozialen Dienstleistungen bzw. Hilfen hervorzuheben.

Mit Blick auf die Wissenschaft in ihrer Eigenschaft als ‚Nichtpraxis' (ausführlich s.u.) ist auf grundständige Differenzen hinzuweisen. Resultate ihrer rekonstruktiven Bemühungen beschreibt Garz, der die rekonstruktive von einer ethnographisch oder qualitativ orientierten Sozialforschung abgrenzt, wie folgt:

> „Während es die (...) qualitative oder auch die so genannte ethnographische Sozialforschung als ihre primäre Aufgabe ansieht, die Intentionen der Beteiligten in ihren je subjektiven Ausprägungen (...) zum Ausdruck zu bringen, geht es einer rekonstruktiv-interpretativ verfahrenden Forschung im Hinblick auf die Datenauswertung darum, zu Aussagen zu gelangen, die unabhängig von den sich auf der Oberfläche spiegelnden bzw. präsentierenden Mustern sind. Es geht (...) um Tiefenstrukturen, die auch (und eventuell gerade) das, ‚was sich hinter dem Rücken der Subjekte' befindet und abspielt, zu erfassen vermögen. Insofern sie Verfahren durchaus verstehend, interpretierend oder hermeneutisch, sie stellen jedoch ‚Interpretationen zweiter Ordnung' dar. Während qualitative Forschung das Alltagsgeschehen in seinem ‚Hier und Jetzt' und gewissermaßen mit den Augen der beteiligten Subjekte nachvollzieht, fragen rekonstruktive Verfahren nach den Grundlagen jener Interakte bzw. deren Objektivationen, nach Strukturen, die Bestand haben, ohne dass dies der Zustimmung durch die Subjekte der Forschung bedürfte" (Garz 2007: 13f.).

Unabhängig davon, dass man dem der Objektiven Hermentik inhärenten Objektivitätsanspruch grundsätzlich kritisch begegnen kann – es können keine Wahrheiten durch wissenschaftliche Rekonstruktion ‚freigelegt' werden (vgl. diesbezüglich Brumlik 1984: 60ff.; Schütze 1992: 139) – und statt vom Wissen zweiter Ordnung vom Versuch eines (Fremd-)Verstehens ausgehen kann, weist das Zitat auf etwas Zentrales hin: Das via Rekonstruktion ermittelte Wissen ist nicht identisch mit dem, was in einer spezifischen Situation ausgesagt wurde, und jede Rekonstruktion ist zugleich eine „*Neukonstruktion* des Falles" (Giebeler 2007: 20, Hervorhebung im Original). Angesichts des hier umgesetzten Analyseverfahrens ist darauf hinzuweisen, dass sich das dem Versuch des Fremdverstehens geschuldete Wissen mit theoretischem Wissen bzw. Diskursen verschränkt, was jedoch für alle rekonstruktiven Verfahren (auf unterschiedliche Weise) gilt. Nun kann die Forschung ggf. auf die „Zustimmung durch die Subjekte" verzichten (ausführlich vgl. Miethe 2003; Miethe/Riemann 2007),[128] das

---

für die Schaffung neuer Bedeutungen und geteilten Verstehens aufgefasst" (Hardtke/Levitt/Angus 2003: 124f.).

128 Miethe hat sich dezidiert mit der Frage nach der Rückmeldung der Ergebnisse wissenschaftlicher Fallrekonstruktionen beschäftigt. Im Rekurs auf die (Frauen-)Forschung führt die Autorin drei Gründe an, die konstitutiv für die Debatten sind: 1. Die Ergebnisse können bzw. sollen Ein-

berufliche Handeln kann es nicht bzw. nicht auf diese Weise. Gesetzt den Fall, der reflexiv-hermeneutische Stil kommt in der Praxis zur Anwendung oder Rekonstruktionen werden in Wissenschafts-Praxis-Projekten (s.u.) realisiert, stellt sich die Frage nach der kommunikativen Vermittlung (dies gilt für alle Vermittlungsprozesse in sozialen Berufen, die auf einer Form von professioneller Diagnose basieren). Fischer hat sich mit diesem Problem beschäftigt und argumentiert, dass die Ergebnisse einer wissenschaftlich fundierten Fallrekonstruktion nicht eins zu eins kommuniziert werden können. Sie müssen in Form alternativer Lesarten, als mögliche Deutungen, die es interaktiv zu verhandeln gilt, in die Situation eingebracht werden (vgl. Fischer 2002: 83). Die Ergebnisse der Rekonstruktion, so auch Schütze, sind als Versuch eines kontrollierten Fremdverstehens (Schütze 1992: 139) zu fassen, das im Sinne „einer Hilfe zur Selbstanalyse" (ebd.: 136), im Sinne einer Hilfe zur Selbsthilfe zum Einsatz gebracht werden soll. Die Mitteilung der ‚Ergebnisse' an Klienten aber ist die Voraussetzung, um die zentrale Dimension Vertrauen zu etablieren und über den Prozess der Intervention aufrecht zu erhalten (vgl. ebd.: 155). Dass die Analyseergebnisse als Lesarten in die kommunikative Situation eingebracht werden können bzw. müssen, ist mithin eine notwendige, aber keine hinreichende Voraussetzung. Patentrezepte für gelungene ‚Übersetzungen' finden sich in der wissenschaftlichen Literatur nicht, allerdings bietet Fischer implizite Lösungen an: In seinem Supervisionsmodell kommt, neben der Fallrekonstruktion, Interaktionsanalysen (Professioneller/Klientin) tragende Bedeutung zu (detailliert vgl. Fischer 2002; 2004). Abgesehen von den ‚Wissenschaft-Praxis-Unstimmigkeiten' im Feld der Adressaten ihrer Resultate, sind generelle Divergenzen zu benennen.

Festzuhalten ist, dass Forschung bzw. Wissenschaft und die Handlungsseite sozialer Berufe *im Kern* unterschiedlich sind. Was die Differenzen betrifft, ist insbesondere auf die klärenden kultur- und sozialgeschichtlichen Reflexionen Oevermanns hinzuweisen. Gerade die „Praxisentlastetheit" der modernen Wissenschaft ist es, die idealtypisch als „Befreitheit von allen konkreten Einreden und funktionalen Indienstnahmen der Praxis" gedacht wird, die sie zu dem wer-

---

fluss auf die konkreten Handlungspraxen nehmen (politische Dimension), 2. das Prinzip der gemeinsamen kommunikativen Validierung der Untersuchungsergebnisse kann bzw. soll zur Güte wissenschaftlicher Fallrekonstruktionen beitragen, 3. die Forschungsethik verlangt nach Zustimmung der Befragten vor Veröffentlichung der Ergebnisse (Miethe 2003: kurz 226). Letzten Endes jedoch „gibt es keine ‚Patentlösung' für dieses Problem" (ebd.: 224) und jede Rückmeldung birgt die Gefahr einer Verletzung oder (Re-)Traumatisierung, so denn eine beschädigte Lebenspraxis Gegenstand der Rekonstruktion war. Kompliziert gestaltet sich die Rückmeldung angesichts der mithilfe der Objektiven Hermeneutik realisierten Ergebnisse, denen, so Miethe in Anlehnung an Bohnsack, „eine gewisse ‚Tendenz zur Pathologisierung' innewohnt" (ebd.: 234). Rückmeldungen eröffnen das Feld des Therapeutischen, das seine eigenen Chancen und Risiken birgt (Miethe/Riemann 2007: 230ff.; Miethe 2003: 233ff.).

den lässt, was sie derzeit (noch) auszeichnet (1996: 102). Dementsprechend wäre hier erneut festzuhalten, dass die Zeit-, Handlungs- und Entscheidungsrahmen unterschiedlich strukturiert sind (vgl. Kapitel 2.2 bzw. Riemann 1991; 2003; anschaulich Giebeler 2007: 14). Diese notwendig auch von der Praxis anzuerkennende, relative, kulturell gewachsene und zu bewahrende Autonomie der Wissenschaft (im Detail vgl. Oevermann 1996: 95–109) gilt selbstverständlich vice versa:

> „Komplementär gehört dazu [zur Autonomie der Wissenschaft und Forschung, B.G./H.R.G.] aber auch, daß es die Wissenschaft der Praxis vollständig selbst überlassen muß, welchen Gebrauch sie von den Forschungsergebnissen und Ergebnissen der Erkenntniskritik in ihren je konkreten Entscheidungen macht. Die Wissenschaft kann nicht mehr tun als in möglichst großer Klarheit und argumentativer, methodischer Stringenz die wissenschaftlichen erweisbaren Konsequenzen einer Entscheidung zu explizieren. Aber die Entscheidung selbst zu treffen, ist sie in keiner Weise kompetent" (ebd.: 104).

Demzufolge kann in Wissenschaft und Forschung debattiert werden, auf welche Weise (Methodologie), unter Einsatz welcher Methoden (Interpretationsverfahren) Erkenntnis oder Verstehen möglich wird und welcher ‚Natur' die Resultate dieser Verstehens- oder Erkenntnisvorgänge sind. Ihre (Diskussions-)Ergebnisse kann sie hingegen nur im Modus des Vorschlags an die Praxis adressieren, die ihren eigenen ‚Regieanweisungen' folgt. Nichtsdestotrotz haben sich rekonstruktive Perspektiven und biographieorientierte Ansätze ihren Platz auch mit Blick auf die Praxis ‚erobern' können – dies nicht zuletzt, weil diese Ansätze einen ausgewiesenen Subjekt- bzw. Identitätsbezug, eine Ressourcen- und/oder Lebensweltorientierung und vor allem *hermeneutische Methoden bzw. Fertigkeiten* einschließen. Praxisrelevanz besitzen die begründeten methodischen Vorgehensweisen also insofern, als sie dem Prozess einer Professionalisierung entgegenkommen – sie erlauben es, „das eigene Handeln nach innen und außen kommunizierbarer zu machen" (Galuske/Müller 2002: 487). Insbesondere die hermeneutischen Kompetenzen scheinen vielversprechend und konstitutiv im Hinblick auf die Arbeitsvollzüge in sozialen Berufen, innerhalb derer es der in der beruflichen Welt Aktive mit Menschen, mit Befremdlichem und (scheinbar) Bekanntem sowie *grundständig mit Interaktion und Kommunikation* (vgl. diesbezüglich Haupert 1995: 38) zu tun hat, in deren Rahmen *Sinn* hergestellt wird. Eine der vornehmsten Aufgaben der berufsbezogenen Wissenschaften bzw. der wissenschaftlichen Ausbildung ist es demgemäß,

> „mit ethnographischen und biographieanalytischen Verfahren vertraut [zu, B.G./H.R.G.] machen, mit deren Hilfe sie [Studentinnen und künftige Praktiker, B.G./H.R.G.] unterschiedliche Wirklichkeitsbereiche der sozialarbeiterischen Praxis [für andere pädagogische oder soziale Handlungsbereiche gilt Ähnliches, B.G./H.R.G.] und die Biographien und Milieus ihrer Adressaten untersuchen können. Die Einsozialisation in solche Erhebungs- und Analyseverfahren

aus unterschiedlichen Traditionen der interpretativen Sozialforschung ist eine gute Vorbereitung auf eine spätere Berufspraxis, in der es darum geht, Fremde und Fremdes zu verstehen und nicht durch vorschnelle Zuschreibungen in das eigene Bezugssystem einzupassen und ‚einzugemeinden'" (Riemann 2003: 257).

Der vorberuflichen Einübung, Internalisierung, Habitualisierung oder Sozialisation – gleichgültig, welcher Begriff gewählt wird, es differieren wie üblich die Konzeptionen von Identität, was hier aber ignoriert wird – gilt das Hauptaugenmerk, und dies ist ebenso gemeint, wenn beispielsweise Hanses oder Thiersch von einem reflexiv-hermeneutischen Stil sprechen (ausführlich vgl. auch Riemann 2005a; 2005b; 2004; Kraimer 2007). Selbstredend können in der Praxis keine drei Wochen aufgewendet werden, um eine Rekonstruktion im Paradigma der erzählten Identitäten vorzunehmen. Neben Erhebung und aufwendigen Transkriptionen, die eigens Zeit beanspruchen, ist der entstandene Text gründlich zu lesen, Erzählstrukturen sind zu ‚dechiffrieren', die angebotenen Sinnhorizonte im Ein- und Ausgang der Erzählung zu rekonstruieren, die wissenschaftliche Literatur muss recherchiert, besorgt, gelesen sowie im Hinblick auf die inhaltliche und strukturelle Ähnlichkeit der Aussagen geprüft werden (wobei der Text stets ‚Recht' behält), nur langsam lassen sich Ergebnisse kondensieren. Und das Resultat ist keineswegs mit absolutem Verstehen zu verwechseln, sondern als Versuch einer Annäherung zu betrachten. *Gelernt* aber hat jeder, der diesen Vorgang mit- oder nachvollzieht, gleichgültig ob er objektive mit subjektiven, manifeste mit latenten Sinnstrukturen kontrastiert, Identitätsentwicklung in der Zeit oder erzählte Identitäten rekonstruiert: Dies ist einer der Gründe, wieso im Kontext der Vermittlung qualitativer bzw. rekonstruktiver Methoden beständig und berechtigt auch vom *forschenden Lernen* (stellvertretend vgl. Alheit 2004; Hanses 2007; Beneker 2007) gesprochen wird – und dieser Prozess vollzieht sich nicht nur seitens der Studierenden, die ‚einsozialisiert' werden, sondern auch auf Seiten der forschenden Wissenschaftlerinnen. Der Raum fürs Lernen ist allerdings in der Praxis knapp bemessen und die Einübung in einen reflexiv-hermeneutischen Stil nicht im Ausbildungskanon jeder (Fach-)Hochschule verankert. Auch muss, hier wollen wir nichts vormachen, die hermeneutisch-reflexive Kompetenz in der Praxis ‚irgendwie abgekürzt' zum Einsatz kommen. Wissenschaftliche Untersuchungen sowie Ratschläge in diesem Bereich stehen aus, wenngleich die Rede von oder die Forderung nach abkürzenden Strategien nichts Ungewöhnliches darstellt (vgl. stellvertretend Schütze 1992: 133; Hanses/Sander 2004: 20).

Jenseits der universitären Ausbildung und der allgemeinen Friktionen zwischen wissenschaftlicher Rekonstruktion und berufsbezogener Praxis ist zu konstatieren, dass auch die Ansätze einer biographischen bzw. narrativ-biographischen Diagnostik in Wissenschaft-Praxis-Kooperationsprojekten entstanden sind bzw. erprobt werden.[129] ‚Importe' wiederum,

"egal ob aus anderen nationalen Kontexten oder aus anderen Professionen (wie z.b. der Psychologie oder der Soziologie) sind sinnvoll und notwendig, aber nur dann, wenn sie auf dem Hintergrund der spezifischen sozialhistorischen, organisatorischen, situativen und personalen Handlungsbedingungen des jeweiligen Arbeitsfeldes und Arbeitszusammenhangs auf Möglichkeiten und Grenzen der Anwendung überprüft werden" (Galuske/Müller 2002: 502).

Die Institutionslogiken, ihre Aufgabenbereiche und etablierten Methoden versperren unter Umständen den Weg in Richtung einer biographieorientierten, wissenschaftlich fundierten Praxis (einige Probleme werden von Hanses (vgl. ders. 2000) angesprochen), obwohl die Bedeutung des Biographischen im Bereich der sozialen Dienstleistungen steigt (stellvertretend vgl. Alheit/Hanses 2004 sowie die rechtlichen Fixierungen innerhalb der Pflege, vgl. Kapitel 1). Dies bedeutet unseres Erachtens nun keineswegs, dass das Anliegen, die Praxisseite über die berufsbezogene Ausbildung hinaus für professionelles biographieorientiertes Handeln zu interessieren, unterbleiben sollte. Vielmehr scheint es sinnvoll, bestehende Forschungswerkstätten für ‚Praktiker' zu öffnen oder (Praxis-)Forschungswerkstätten unter Beteiligung von Erwachsenenbildnern, Sozialarbeiterinnen/-pädagogen und Pflegenden zu initiieren. Sollte das Vorhaben auch bei den so genannten klassischen bzw. etablierten Professionen – zum Beispiel Ärzte – Interesse hervorrufen, umso besser: Auf eine ‚gute Mischung' zwischen Wissenschaftlern, universitär oder beruflich Auszubildenden und Praktikern kommt es an. Allerdings reicht es in diesem Zusammenhang nicht aus, einzig Rekonstruktionsverfahren, die sich auf die Biographieanalyse beziehen, einzusetzen. Ethnomethodologische oder konversationsanalytische Verfahren, Verfahren der Objektiven Hermeneutik oder der Grounded Theory können zum Einsatz kommen, um nur einige Ansätze zu nennen. Anknüpfen kann das gemeinsame rekonstruktive Vorgehen an Situationen, die sich im Arbeitsvollzug ‚problematisch' gestalten und ferner an Begebenheiten, die vom „Verlust eines fremden Blicks" (Riemann 2003) geprägt sind. Riemann illustriert diese Problematik am Beispiel einer Beratungspraxis, die ihre Klientinnen über einen langen Zeitraum begleitet. Der Verlust

"entsteht vor allem daraus, dass sich in einer solchen Beratungsstelle (das Gleiche lässt sich auch in vielen Allgemeinen Sozialen Diensten oder ganz anderen Einrichtungen nachweisen) zwischen Professionellen und Klienten bzw. Klientenfamilien über einen langen Zeitraum (...) dichte Beziehungsgeflechte entwickeln. (...) Es entsteht jedenfalls das strukturelle Problem: Wie kann man in der Verständigung über Klienten, die zugleich gewissermaßen ‚alte Bekann-

---

129 Mit Spannung sind die Evaluationen der Implementation einer narrativ-biographischen Diagnostik in die stationäre Jugendhilfe (vgl. Goblirsch 2007: 61) zu erwarten.

te' sind (...) analytische Distanz entwickeln, wie entsteht ein fremder Blick, durch den eingefahrene Denkmuster und kollektive Stimmungen aufgebrochen und neue Erkenntnismöglichkeiten eröffnet werden?" (Riemann 2003: 249f.).

Die fehlende Vertrautheit, die Neugier und das Interesse, grundlegend aber die rekonstruktiven Verfahren, befremden das, was Usuell, Gewöhnlich oder Unhinterfragbar scheint. Profitieren können alle von dieser Situation: Die professionelle Handlungspraxis und somit die Klientinnen sowie die Professionellen, die in der Auseinandersetzung mit dem ‚Fall' garantiert etwas dazu lernen.

Literaturempfehlungen

Denjenigen, die in das Thema Biographieforschung im Allgemeinen und Praxisrelevanz im Besonderen einsteigen möchten, empfehlen wir folgende Literatur:

Fuchs-Heinritz, Werner: Biographische Forschung. Eine Einführung in Praxis und Methoden, Wiesbaden 2005
Giebeler, Cornelia; Fischer, Wolfram; Goblirsch, Martina; Miethe, Ingrid und Riemann, Gerhard (Hg.): Fallverstehen und Fallstudien. Interdisziplinäre Beiträge zur rekonstruktiven Sozialarbeitsforschung, Opladen/Farmington Hills 2007
Jakob, Gisela und von Wensierski, Hans-Jürgen (Hg.): Rekonstruktive Sozialpädagogik. Konzepte und Methoden sozialpädagogischen Verstehens in Forschung und Praxis, Weinheim/München 1997
Lucius-Hoene, Gabriele und Deppermann, Arnulf: Rekonstruktion narrativer Identität. Ein Arbeitsbuch zur Analyse narrativer Interviews, Opladen 2004
Krüger, Heinz-Hermann und Marotzki, Wilfried (Hg.): Erziehungswissenschaftliche Biographieforschung, Opladen 1995

Literatur

Ackermann, Friedhelm: Qualitative Forschung und Professionalisierung Sozialer Arbeit, in: Rundbrief Gilde Soziale Arbeit – GiSA, 2/1995, S. 43–59
Ader, Sabine; Schrapper, Christian und Thiesmeier, Monika (Hg.): Sozialpädagogisches Fallverstehen und sozialpädagogische Diagnostik in Forschung und Praxis, Münster 2001
Adorno, Theodor: Aberglauben aus zweiter Hand, in: ders.: Soziologische Schriften I, Frankfurt am Main 1979, S. 147–177
Aeppli, Ernst: Der Traum und seine Deutung, München 1984
Aichinger, Ingrid: Probleme der Autobiographie als Sprachkunstwerk, in: Niggl, Günter (Hg.): Die Autobiographie. Zu Form und Geschichte einer literarischen Gattung, Darmstadt 1989, S. 170–199
Alheit, Peter: Die Bedeutung qualitativer Sozialforschung im Kontext universitärer Ausbildung, in: Griese, Birgit; Griesehop, Hedwig und Schiebel, Martina (Hg.): Perspektiven qualitativer Sozialforschung. Beiträge des 1. und 2. Bremer Workshops, Bremen 2004, S. 27–39
Alheit, Peter: Biografizität, in: Bohnsack, Ralf; Marotzki, Winfried und Meuser, Michael (Hg.): Hauptbegriffe Qualitative Sozialforschung. Ein Wörterbuch, Opladen 2003, S. 25
Alheit, Peter: Biographieforschung und Erwachsenenbildung, in: Kraul, Margret und Marotzki, Winfried (Hg.): Biographische Arbeit. Perspektiven erziehungswissenschaftlicher Biographieforschung, Opladen 2002, S. 211–240
Alheit, Peter: Reading Body Stories. Zur ‚leibhaftigen' Konstruktion der Biographie, in: ders.; Dausien, Bettina; Fischer-Rosenthal, Wolfram; Hanses, Andreas und Keil, Annelie (Hg.): Biographie und Leib, Gießen 1999, S. 223–244
Alheit, Peter: Biographizität als Lernpotential. Konzeptionelle Überlegungen zum biographischen Ansatz in der Erwachsenenbildung, in: Krüger, Heinz-Hermann und Marotzki, Wilfried (Hg.): Erziehungswissenschaftliche Biographieforschung, Opladen 1995, S. 276–307
Alheit, Peter: Leben lernen? Bildungspolitische und bildungstheoretische Perspektiven biographischer Ansätze, Bremen 1992

Alheit, Peter: Erzählform und ‚soziales Gedächtnis'. Beispiel beginnender Traditionsbildung im autobiographischen Gedächtnis, in: ders. und Hoerning, Erika (Hg.): Biographisches Wissen. Beiträge zu einer Theorie lebensgeschichtlicher Erfahrung, Frankfurt am Main/New York 1989, S. 123–147

Alheit, Peter: Das narrative Interview. Eine Einführung. Arbeitspapiere des Forschungsprojekts ‚Arbeiterbiographien', Bremen 1984

Alheit, Peter und Hanses, Andreas: Institution und Biographie, in: Hanses, Andreas (Hg.): Biographie und Soziale Arbeit. Institutionelle und biographische Konstruktionen von Wirklichkeit, Baltmannsweiler 2004, S. 8–28

Alheit, Peter und Dausien, Bettina: Die biographische Konstruktion der Wirklichkeit. Überlegungen zur Biographizität des Sozialen, in: Hoerning, Erika (Hg.): Biographische Sozialisation, Stuttgart 2000, S. 257–283

Alheit, Peter und Dausien, Bettina: Biographieforschung in der Erwachsenenbildung, in: Krüger, Heinz-Hermann und Marotzki, Winfried (Hg.): Handbuch erziehungswissenschaftliche Biographieforschung, Opladen 1999, S. 407–432

Ambost, Ingrid: Forschung zur Erwachsenenbildung. Zusammenfassung der Beiträge und Ergebnisse des Forschungsworkshops in Hofgeismar im Januar 2001, Frankfurt am Main 2001

Arnold, Rolf; Faulstich, Peter; Mader, Wilhelm, Nuissl von Rein, Ekkehard, Schlutz, Erhard und Wittpoth, Jürgen: Forschungsschwerpunkte zur Weiterbildung, Frankfurt am Main 2002

Arnold, Rolf; Faulstich, Peter; Mader, Wilhelm; Nuissl von Rein, Ekkehard und Schlutz, Erhard: Forschungsmemorandum für die Erwachsenen- und Weiterbildung, Frankfurt am Main 2000

Assmann, Jan: Der Mensch und sein Tod. Einführende Bemerkungen, in: ders. und Trauzettel, Rolf (Hg.): Tod, Jenseits und Identität. Perspektiven einer kulturwissenschaftlichen Thanatologie, München 2002, S. 12–27

Assmann, Jan: Religion und kulturelles Gedächtnis. Zehn Studien, München 2000

Baer, Udo: Das ungelebte Leben und Viktor von Weizsäckers anthropologische Medizin, in: Therapie kreativ, 3/2005, S. 3–15

Bakhtin, Michail: The problem of Speech Genres, in: ders.: Speech Genres & Other Late Essays, Texas 1996, S. 60–102

Bamberg, Michael: Identität in Erzählung und im Erzählen. Versuch einer Bestimmung der Besonderheit des narrativen Diskurses für die sprachliche Verfassung von Identität, in: Journal für Psychologie, 1/1999, S. 43–55

Bartmann, Sylke: Biographische Ressourcen – ein heuristisches Modell für die erziehungswissenschaftliche Biographieforschung, in: von Felden, Heide (Hg.): Methodendiskussion in der Biographieforschung. Klassische und innovative Perspektiven rekonstruktiver Forschung, Mainz 2007, S. 81–102 (im Druck)

Bartmann, Sylke: Rezension zu: Birgit Schreiber: Versteckt. Jüdische Kinder im nationalsozialistischen Deutschland und ihr Leben danach. Reihe "Biographie- und Lebensweltforschung" des Interuniversitären Netzwerkes Biographie- und Lebensweltforschung (INBL), Band 3, Frankfurt am Main/New York 2006, o.O. 2006a, o.S., verfügbar unter: http://www.klinkhardt.de/ewr/59337746.html, abgerufen am 01.02.2007

Bartmann, Sylke: Flüchten oder Bleiben? Rekonstruktion biographischer Verläufe und Ressourcen von Emigranten im Nationalsozialismus, Wiesbaden 2006b

Bartmann, Sylke: Zur Bildung von Selbst- und Weltverständnissen, in: Griese, Birgit (Hg.): Theoretische und empirische Perspektiven auf Lern- und Bildungsprozesse, Mainz 2006c, S. 27–52

Bartmann, Sylke: Ressourcenbildung im Biographieverlauf, in: ZBBS. Zeitschrift für qualitative Bildungs-, Beratungs- und Sozialforschung, 1/2005, S. 23–42

Beck, Ulrich: Das Zeitalter des ‚eigenen Lebens'. Individualisierung als paradoxe Sozialstruktur und andere offene Fragen, in: Aus Zeitgeschichte und Politik, 29/2001, S. 3–6

Beck, Ulrich (Hg.): Die Zukunft von Arbeit und Demokratie, Frankfurt am Main 2000

Becker, Bettina: Warum ostdeutsche Frauen auf dem Wunsch nach Erwerbsarbeit beharren – Betrachtung von Biographien, in: Bertram, Hans; Kreher, Wolfgang und Müller-Hartmann, Irene (Hg.): Systemwechsel zwischen Projekt und Prozeß. Analysen zu Umbrüchen in Ostdeutschland, Opladen 1998, S. 319–352

Behrens-Cobet, Heidi und Reichling, Norbert: Biographische Kommunikation. Lebensgeschichten im Repertoire der Erwachsenenbildung, Neuwied/Kriftel/Berlin 1997

Beland, Henry: Multiple Sklerose. Verlauf und Bewältigung einer chronischen Krankheit und ihre Bedeutung im Leben der Betroffenen, Göttingen 1982

Beneker, Hanna: Biografien begegnen und verstehen lernen. Die Forschungswerkstatt als Erfahrungsraum, in: Giebeler, Cornelia; Fischer, Wolfram; Goblirsch, Martina; Miethe, Ingrid und Riemann, Gerhard (Hg.): Fallverstehen und Fallstudien. Interdisziplinäre Beiträge zur rekonstruktiven Sozialarbeitsforschung, Opladen/Farmington Hills 2007, S. 181–192

Berger, Horst; Bulmahn, Thomas und Hinrichs, Wilhelm: Erwerbsverläufe in Ostdeutschland und ihre Auswirkungen auf das Wohlbefinden, in: Diewald, Martin und Mayer, Karl (Hg.): Zwischenbilanz der Wiedervereinigung. Strukturwandel und Mobilität im Transformationsprozeß, Opladen 1996, S. 33–61

von Berswordt, Ludowica: Peter Kreuder Werkverzeichnis, o.O. 2005, verfügbar unter: http://peter-kreuder-werkverzeichnis.de.user-seiten.de/uploads/media/kreuder_werkverzeichnis.pdf, abgerufen am 01.03.2007

Bertram, Hans: Die verborgenen familiären Beziehungen in Deutschland. Die multilokale Mehrgenerationenfamilie, in: Kohli, Martin und Szydlik, Marc (Hg.): Generationen in Familie und Gesellschaft, Opladen 2000, S. 97–121

Blankenburg, Wolfgang: Lebensgeschichte und Krankengeschichte. Zur Bedeutung der Biographie für die Psychiatrie, in: ders. (Hg.): Biographie und Krankheit, Stuttgart/New York 1989, S. 1–11

Blaumeiser, Heinz: Biographiearbeit – ein Überblick. Lebensgeschichten in der Forschung, in der Bildungs- und Kulturarbeit und in der Erinnerungspflege – und weiter wohin? o.O. o.J., S. 1–16, verfügbar unter: http://www.kvw.org/cms/filewrapper.php?md5id=009505a3615682babc8a97bb22173c10&objid=352&media_id=2700&filename=Fachartikel%20von%20Heinz%20Blaumeiser.pdf, abgerufen am 01.04.2007

Bock, Karin: Erleidensprozesse im Berufsalltag eines Sozialbeamten, in: Schweppe, Cornelia (Hg.): Qualitative Sozialforschung in der Sozialpädagogik, Opladen 2003, S. 207–224

Böhler, Michael: Die verborgene Tendenz des Witzes. Zur Soziodynamik des Komischen, in: Deutsche Vierteljahresschrift für Literaturwissenschaft und Geistesgeschichte, 3/1981, S. 351–378

Bohn, Cornelia: Habitus und Kontext. Ein kritischer Beitrag zur Sozialtheorie Bourdieus, Opladen 1991

Böhnke, Petra: Die exklusive Gesellschaft. Empirische Befunde zu Armut und sozialer Ausgrenzung, in: Sell, Stefan (Hg.): Armut als Herausforderung. Bestandsaufnahme und Perspektiven der Armutsforschung und Armutsberichterstattung, Berlin 2002, S. 45–64

Bohnsack, Ralf: Rekonstruktive Sozialforschung. Einführung in Methodologie und Praxis qualitativer Forschung, Opladen 2000

Boothe, Brigitte; von Wyl, Agnes und Wepfer, Res: Erzähldynamik und Psychodynamik, in: Neumann, Michael (Hg.): Erzählte Identitäten. Ein interdisziplinäres Symposion, München 2000, S. 59–76

Bormann, Regina: Raum, Zeit, Identität. Sozialtheoretische Verortungen kultureller Prozesse, Opladen 2001

Bourdieu, Pierre: Die feinen Unterschiede, in: Steinrücke, Margareta (Hg.): Pierre Bourdieu. Die verborgenen Mechanismen der Macht. Schriften zur Politik und Kultur 1, Hamburg 2005a, S. 31–47

Bourdieu, Pierre: Ökonomisches Kapital – Kulturelles Kapital – Soziales Kapital, in: Steinrücke, Margareta (Hg.): Pierre Bourdieu. Die verborgenen Mechanismen der Macht. Schriften zur Politik und Kultur 1, Hamburg 2005b, S. 49–79
Bourdieu, Pierre: Die feinen Unterschiede. Kritik der gesellschaftlichen Urteilskraft, Frankfurt am Main 1997
Bourdieu, Pierre: Der Begriff ‚Volk' und sein Gebrauch, in: ders.: Rede und Antwort, Frankfurt am Main 1992, S. 167–173
Bourke, Joanna: Fear. A Cultural History, London 2005
Borst, Eva: Bildung im Prozess des Lebenslangen Lernens, in: Griese, Birgit (Hg.): Theoretische und empirische Perspektiven auf Lern- und Bildungsprozesse, Mainz 2006, S. 9–26
Brendgens, Guido und König, Norbert: Berlin Architektur, Berlin 2003
Brinkmann, Christina und Wiedemann, Eberhard: Individuelle und gesellschaftliche Folgen von Erwerbslosigkeit in Ost und West, in: Montada, Leo (Hg.): Arbeitslosigkeit und soziale Gerechtigkeit, Frankfurt am Main 1994, S. 175–192
Brockmeier, Jens: Erinnerung, Identität und autobiographischer Prozeß, in: Journal für Psychologie, 1/1999, S. 22–42
Brüggen, Susanne: Letzte Ratschläge. Der Tod als Problem für Soziologie, Ratgeberliteratur und Expertenwissen, Wiesbaden 2005
Brüsemeister, Thomas: Qualitative Forschung. Ein Überblick, Wiesbaden 2000
Bruner, Jerome: Self-Making und World-Making. Wie das Selbst und seine Welt autobiographisch hergestellt wird, in: Journal für Psychologie, 1/1999, S. 11–21
Bude, Heinz: Der Sozialforscher als Narrationsanimateur. Kritische Anmerkungen zu einer erzähltheoretischen Fundierung der interpretativen Sozialforschung, in: Kölner Zeitschrift für Soziologie und Sozialpsychologie, 2/1985, S. 327–336
Butterwegge, Christoph; Holm, Karin; Imholz, Barbara; Klundt, Michael; Michels, Caren; Schulz, Uwe; Wuttke, Gisela; Zander, Margherita und Zeng, Matthias: Armut und Kindheit. Ein regionaler, nationaler und internationaler Vergleich, Opladen 2003
Ciesla, Burghard: Wirtschaft in beiden deutschen Staaten (Teil 2), in: Bundeszentrale für politische Bildung. Informationen zur politischen Bildung, 256/1997, S. 1–11, verfügbar unter: www.bpb.de/publikationen/OY8Z60.html, abgerufen am 20.12.2006
Cloer, Ernst: Erziehungswissenschaftliche Biographieforschung und Allgemeine Erziehungswissenschaft, in: Zeitschrift für Erziehungswissenschaft, 1/2002, S. 123–127
Coenen-Huther, Josette: Das Familiengedächtnis. Wie Vergangenheit rekonstruiert wird, Konstanz 2002
Combe, Arnold und Helsper, Werner (Hg.): Pädagogische Professionalität. Untersuchungen zum Typus pädagogischen Handelns, Frankfurt am Main 1996
Dausien, Bettina: Biografieorientierung in der Sozialen Arbeit. Überlegungen zur Professionalisierung pädagogischen Handelns, in: Sozialextra. Zeitschrift für soziale Arbeit & Sozialpolitik, 11/2005, S. 6–11
Dausien, Bettina: Biographie und/oder Sozialisation? Überlegungen zur paradigmatischen und methodischen Bedeutung von Biographie in der Sozialisationsforschung, in: Marotzki, Winfried (Hg.): Biographische Arbeit. Perspektiven erziehungswissenschaftlicher Biographieforschung, Opladen 2002, S. 65–91
Dausien, Bettina: Biographie und Geschlecht. Zur biographischen Konstruktion sozialer Wirklichkeit in Frauenlebensgeschichten, Bremen 1996
Dausien, Bettina und Rothe, Daniela: Wissenschafts-Praxis-Kooperation als Erfahrungsraum. Entwicklung und Umsetzung eines Fortbildungskonzepts ‚Pädagogische Biographiearbeit', in: Arbeitsgemeinschaft Betriebliche Weiterbildung e.V./Projekt Qualifikations-Entwicklungs-Management (Hg.): Neue Lerndienstleistungen. Vision und Wirklichkeiten, Berlin 2005, S. 107–135

Degkwitz, Peter: ‚Sucht' in einer ‚praxeologischen' Sicht – Überlegungen zum Potential des soziologischen Ansatzes Bourdieus, in: Dollinger, Bernd und Schneider, Wolfgang (Hg.): Sucht als Prozess. Sozialwissenschaftliche Perspektiven für Forschung und Praxis, Berlin 2005, S. 63–88

Der Spiegel: Panorama, o.O. o.J., o.S., verfügbar unter: http://www.spiegel.de/panorama/ 0,1518,456165,00.html, abgerufen am 04.01.2007

Detka, Carsten: Zu den Arbeitsschritten der Segmentierung und der Strukturellen Beschreibung in der Analyse autobiographisch-narrativer Interviews, in: ZBBS. Zeitschrift für qualitative Bildungs-, Beratungs- und Sozialforschung, 2/2005, S. 351–364

Deutsche Alzheimer Gesellschaft: Andere Demenzformen, o.O. o.J., o.S., verfügbar unter: http://www.deutsche-alzheimer.de/index.php?id=26, abgerufen am 01.02.2007

Deutsche Alzheimer Gesellschaft: Das Wichtigste. Die Frontotemporale Demenz (Pick-Krankheit), o.O. o.J., o.S., verfügbar unter: http://www.deutsche-alzheimer.de/fileadmin/alz/pdf/FactSheet11.pdf, abgerufen am 01.02.2007

Dick, Michael: Leben oder Biographie? Zum Stand der Dinge in der Biographieforschung aus psychologischer Sicht, in: FQS. Forum Qualitative Sozialforschung, 2/2001, verfügbar unter: http://www.qualitative-research.net/fqs-texte/2-01/2-01review-dick-d.htm, abgerufen am 01.04.2007

Dierkes, Hans: Arbeitstexte für den Unterricht. Philosophische Anthropologie, Stuttgart 1989

Diewald, Martin: Die ostdeutsche Transformation im Spiegel der Lebensverlaufsforschung, in: Glatzer, Wolfgang; Habich, Roland und Mayer, Karl (Hg.): Sozialer Wandel und gesellschaftliche Dauerbeobachtung, Opladen 2002, S. 131–142

Diewald, Martin: Neu-Rekrutierung und Anpassung? Zur Erklärung von Kontinuitäten und Brüchen in ostdeutschen Berufsverläufen nach der Wende, in: Corsten, Michael und Voelzkow, Helmut (Hg.): Wirtschaftliche Transformationsprobleme zwischen Markt, Staat und Drittem Sektor, Marburg 1997, S. 107–124

Diewald, Martin und Sørensen, Annemette: Erwerbsverläufe und soziale Mobilität von Frauen und Männern in Ostdeutschland: Makrostrukturelle Umbrüche und Kontinuitäten im Lebensverlauf, in: ders. Mayer, Karl (Hg.): Zwischenbilanz der Wiedervereinigung. Strukturwandel und Mobilität im Transformationsprozeß, Opladen 1996, S. 63–88

Diewald, Martin; Huinink, Johannes und Heckhausen, Jutta: Lebensverläufe und Persönlichkeitsentwicklung im gesellschaftlichen Umbruch. Kohortenschicksale und Kontrollverhalten in Ostdeutschland nach der Wende, in: Kölner Zeitschrift für Soziologie und Sozialpsychologie, 2/1996, S. 219–248

Dittmann-Kohli, Freya: Das persönliche Sinnsystem. Ein Vergleich zwischen frühem und späten Erwachsenenalter, Göttingen/Bern/Toronto/Seattle 1995

Dollinger, Bernd: Sucht als Prozess. Eine Einführung, in: ders. und Schneider, Wolfgang (Hg.): Sucht als Prozess. Sozialwissenschaftliche Perspektiven für Forschung und Praxis, Berlin 2005, S. 7–22

Dörr, Margret: Lebensgeschichte als MitTeilung, in: Hanses, Andreas (Hg.): Biographie und Soziale Arbeit. Institutionelle und biographische Konstruktionen von Wirklichkeit, Baltmannsweiler 2004, S. 127–142

Dykierek, Petra und Hüll, Michael: Demenz und Pflege durch Angehörige. Eine Übersicht, in: Psychomed, 4/2000, S. 200–205

Ecarius, Jutta: Biografie, Lernen und Familienthemen in Generationsbeziehungen, in: Zeitschrift für Pädagogik, 4/2003, S. 534–549

Ecarius, Jutta: Ostdeutsche Kindheiten im sozialgeschichtlichen Wandel. Familiale Generationslinien der Jahrgänge 1908–1929, 1939–1953 und 1968–1975, in: Aus Politik und Zeitgeschichte, 22–23/2002a, S. 31–39

Ecarius, Jutta: Familienerziehung im historischen Wandel. Eine qualitative Studie über Erziehung und Erziehungserfahrungen von drei Generationen, Opladen 2002b

Ecarius, Jutta: Zum Wandel von Generationsbeziehungen und seine Bedeutung für Familienverhältnisse, in: Schweppe, Cornelia (Hg.): Generation und Sozialpädagogik. Theoriebildung, öffentliche und familiale Generationenverhältnisse, Arbeitsfelder, Weinheim/München 2002c, S. 201–221

Eerland-de-Jong, Ria: Alt in einem jungen Körper, in: Pflegezeitschrift, 5/2002, S. 321–324

Egbringhoff, Julia: Wenn die Grenzen fließen. Zur individuellen Rekonstruktion von ‚Arbeit' und ‚Leben' von Ein-Personen-Selbstständigen, in: Gottschall, Karin und Voß, Günter (Hg.): Entgrenzung von Arbeit und Leben. Zum Wandel der Erwerbstätigkeit und Privatsphäre im Alltag, München/Mering 2005, S. 149–184

Ehlich, Konrad und Rehbein, Jochen: Halbinterpretative Arbeitstranskriptionen (HIAT). Arbeitspapier III des Projekts ‚Kommunikation in der Schule (KidS)', Düsseldorf 1976

Elias, Norbert: Über den Prozeß der Zivilisation. Soziogenetische und psychogenetische Untersuchungen. Band II: Wandlungen der Gesellschaft. Entwurf einer Theorie der Zivilisation, Frankfurt am Main 1988

Elias, Norbert: Über den Prozeß der Zivilisation. Soziogenetische und psychogenetische Untersuchungen. Band I: Wandlungen des Verhaltens in den weltlichen Oberschichten des Abendlandes, Frankfurt am Main 1976

Elias, Norbert und Scotson, John: Etablierte und Außenseiter, Frankfurt am Main 1993

Engel, Frank und Sickendiek, Ursel: Narrative Beratung: Sprache, Erzählungen und Metaphern in der Beratung, in: Nestmann, Frank; Engel, Frank und Sickendiek, Ursel (Hg.): Das Handbuch der Beratung. Band 2: Ansätze, Methoden und Felder, Tübingen 2004, S. 749–762

von Engelhardt, Michael: Kultureller Habitus und Unterhaltung, in: Petzold, Dieter und Späth, Eberhard (Hg.): Unterhaltung. Sozial- und literaturwissenschaftliche Beiträge zu ihren Formen und Funktionen, Erlangen 1994, S. 7–26

von Engelhardt, Michael: Biographie und Identität. Die Rekonstruktion und Präsentation von Identität im mündlichen autobiographischen Erzählen, in: Sparn, Walter (Hg.): Wer schreibt meine Lebensgeschichte? Biographie, Autobiographie und Hagiographie und ihre Entstehungszusammenhänge, Gütersloh 1990, S. 197–247

Erikson, Erik: Wachstum und Krisen der gesunden Persönlichkeit, in: ders.: Identität und Lebenszyklus. Drei Aufsätze, Frankfurt am Main 1996, S. 55–122

Fabel, Melanie: Rekonstruktion biographischer und professioneller Sinnstrukturen – methodische Schritte einer fallinternen Zusammenhangsanalyse, in: ZBBS. Zeitschrift für qualitative Bildungs-, Beratungs- und Sozialforschung, 1/2003, S. 145–151

Fehlhaber, Axel: Die Entschlüsselung literarischer Gestaltungen in autobiographischen Texten mithilfe der Analyse und Interpretation objektiver Daten, in: von Felden, Heide (Hg.): Methodendiskussion in der Biographieforschung. Klassische und innovative Perspektiven rekonstruktiver Forschung, Mainz 2007, S. 45–66 (im Druck)

von Felden, Heide: Erziehungswissenschaftliche Biographieforschung als Bildungsforschung und Untersuchungsansätze zum Lebenslangen Lernen, in: Griese, Birgit (Hg.): Theoretische und empirische Perspektiven auf Lern- und Bildungsprozesse, Mainz 2006, S. 51–73

Fischer, Wolfram: Fallrekonstruktion und Intervention, in: Giebeler, Cornelia; Fischer, Wolfram; Goblirsch, Martina; Miethe, Ingrid und Riemann, Gerhard (Hg.): Fallverstehen und Fallstudien. Interdisziplinäre Beiträge zur rekonstruktiven Sozialarbeitsforschung, Opladen/Farmington Hills 2007, S. 23–34

Fischer, Wolfram: Fallrekonstruktion im professionellen Kontext: Biographische Diagnostik, Interaktionsanalyse und Intervention, in: Hanses, Andreas (Hg.): Biographie und Soziale Arbeit. Institutionelle und biographische Konstruktionen von Wirklichkeit, Baltmannsweiler 2004, S. 62–87

Fischer, Wolfram: Fallrekonstruktion und Intervention, in: Burkart, Günter und Wolf, Jürgen (Hg.): Lebenszeiten. Erkundungen einer Soziologie der Generationen, Opladen 2002, S. 63–88

Fischer, Wolfram und Goblirsch, Martina: Fallrekonstruktion und Intervention in der Sozialen Arbeit. Narrativ-biographische Diagnostik im professionellen Handeln, in: psychosozial, II/2004a, S. 71–90
Fischer, Wolfram und Goblirsch, Martina: Narrativ-biographische Diagnostik in der Jugendhilfe. Fallrekonstruktion im Spannungsfeld von wissenschaftlicher Analyse und professioneller Handlungspraxis, in: Heiner, Maja (Hg.): Diagnostik und Diagnosen in der Sozialen Arbeit. Ein Handbuch, Berlin 2004b, S. 127–140
Fischer, Wolfram und Kohli, Martin: Biographieforschung, in: Voges, Wolfgang (Hg.): Methoden der Biographie- und Lebenslaufforschung, Opladen 1987, S. 25–49
Fischer-Rosenthal, Wolfram: „Der zugeschnürte Arm und die abgewürgte Lebenswut". Zur Biographik eines Falles von Arbeitsunfähigkeit, Migration nach Deutschland und psychiatrischer Karriere, in: Apitzsch, Ursula (Hg.): Migration und biographische Traditionsbildung, Opladen 1999, S. 206–231
Fischer-Rosenthal, Wolfram: Biographie und Leiblichkeit. Zur biographischen Arbeit und Artikulation des Körpers, in: Alheit, Peter; Dausien, Bettina; Fischer-Rosenthal, Wolfram; Hanses, Andreas und Keil, Annelie (Hg.): Biographie und Leib, Gießen 1999, S. 15–43
Fischer-Rosenthal, Wolfram: Schweigen – Rechtfertigen – Umschreiben. Biographische Arbeit im Umgang mit deutschen Vergangenheiten, in: Alheit, Peter und Fischer-Rosenthal, Wolfram (Hg.): Biographien in Deutschland. Soziologische Rekonstruktionen gelebter Gesellschaftsgeschichte, Opladen 1995, S. 43–86
Fischer-Rosenthal, Wolfram: Von der ‚biographischen Methode' zur Biographieforschung. Versuch einer Standortbestimmung, in: Alheit, Peter; Fischer-Rosenthal, Wolfram und Hoerning, Erika (Hg.): Biographieforschung. Eine Zwischenbilanz in der deutschen Soziologie, Bremen 1990, S. 11–32
Fischer-Rosenthal, Wolfram und Rosenthal, Gabriele: Warum Biographieforschung und wie man sie macht, in: Zeitschrift für Sozialisationsforschung und Erziehungssoziologie, 4/1997, S. 405–427
Flick, Uwe: Konstruktion und Rekonstruktion. Methodologische Überlegungen zur Fallrekonstruktion, in: Kraimer, Klaus (Hg.): Die Fallrekonstruktion. Sinnverstehen in der sozialwissenschaftlichen Forschung, Frankfurt am Main 2000, S. 179–200
Flöttmann, Holger Bertrand: Angst. Ursprünge und Überwindung, Stuttgart 2005
Foucault, Michel: Diskurs und Wahrheit. Berkeley-Vorlesungen 1983, Berlin 1996
Foucault, Michel: Macht und Körper. Ein Gespräch mit der Zeitschrift ‚Quel Corps', in: ders.: Mikrophysik der Macht. Über Strafjustiz, Psychiatrie und Medizin, Berlin 1976, S. 91–99
Frese, Michael: Psychische Folgen von Arbeitslosigkeit in den fünf neuen Bundesländern: Ergebnisse einer Längsschnittstudie, in: Montada, Leo (Hg.): Arbeitslosigkeit und soziale Gerechtigkeit, Frankfurt am Main 1994, S. 193–213
Friedrich, Hans-Edwin: Deformierte Selbstbilder. Erzählmodelle der Nachkriegsautobiographie (1945–1960), Tübingen 2000
Freud, Sigmund: Das Lesebuch. Schriften aus vier Jahrzehnten, Frankfurt am Main 2006
Freud, Sigmund: Neue Folge der Vorlesungen zur Einführung in die Psychoanalyse, Frankfurt am Main 1991
Frischmann, Bärbel: Ironie, in: Sandkühler, Hans (Hg.): Enzyklopädie Philosophie, Band 2, Hamburg 1999, S. 665–669
Früchtel, Frank: Fallunspezifische Arbeit oder: Wie lassen sich Ressourcen mobilisieren? in: ders. (Hg.): Umbau der Erziehungshilfe, Weinheim/München 2001, S. 155–163
Fuchs-Heinritz, Werner: Biographische Forschung. Eine Einführung in Praxis und Methoden, Wiesbaden 2005
Fuhs, Burkhard: Fotografie und qualitative Forschung. Zur Verwendung fotografischer Quellen in den Erziehungswissenschaften, in: Friebertshäuser, Barbara und Prengel, Annedore (Hg.): Handbuch qualitative Sozialforschung in der Erziehungswissenschaft, Weinheim/München 2003, S. 265–285

Galuske, Michael und Müller, Wolfgang: Handlungsformen in der Sozialen Arbeit. Geschichte und Entwicklung, in: Thole, Werner (Hg.): Grundriss Soziale Arbeit. Ein einführendes Handbuch, Opladen 2002, S. 485–508

Garz, Detlef: Zur Rekonstruktion autobiographischer Texte – Methoden im Vergleich, in: von Felden, Heide (Hg.): Methodendiskussion in der Biographieforschung. Klassische und innovative Perspektiven rekonstruktiver Forschung, Mainz 2007, S. 13–24 (im Druck)

Garz, Detlef: Die Methode der Objektiven Hermeneutik. Eine anwendungsbezogene Einführung, in: Friebertshäuser, Barbara und Prengel, Annedore (Hg.): Handbuch qualitative Sozialforschung in der Erziehungswissenschaft, Weinheim/München 2003, S. 535–543

Garz, Detlef: „Das Leben stört natürlich ständig". Qualitativ-biographische Verfahren als Methoden der Bildungsforschung, in: Kraimer, Klaus (Hg.): Die Fallrekonstruktion. Sinnverstehen in der sozialwissenschaftlichen Forschung, Frankfurt am Main 2000, S. 157–178

Garz, Detlef (Hg.): Die Welt als Text. Theorie, Kritik und Praxis der Objektiven Hermeneutik, Frankfurt am Main 1994

Geißler, Rainer: Die Sozialstruktur Deutschlands. Zur gesellschaftlichen Entwicklung mit einer Zwischenbilanz zur Vereinigung, Bonn 1996

Gereben, Cornelia und Kopinitsch-Berger, Susanne: Auf den Spuren der Vergangenheit. Anleitung zur Biographiearbeit mit älteren Menschen, Wien 1998

Gergen, Kenneth: Erzählung, moralische Identität und historisches Bewusstsein. Eine sozialkonstruktionistische Darstellung, in: Straub, Jürgen (Hg.): Erzählung, Identität und Bewußtsein. Die psychologische Konstruktion von Zeit und Geschichte, Frankfurt am Main 1998, S. 170–202

Giddens, Anthony: Konsequenzen der Moderne, Frankfurt am Main 1996

Giddens, Anthony: Die Konstitution der Gesellschaft. Grundzüge einer Theorie der Strukturierung, Frankfurt am Main/New York 1995

Giebeler, Cornelia: Perspektivenwechsel in der Fallarbeit und Fallanalyse, in: dies.; Fischer, Wolfram; Goblirsch, Martina; Miethe, Ingrid und Riemann, Gerhard (Hg.): Fallverstehen und Fallstudien. Interdisziplinäre Beiträge zur rekonstruktiven Sozialarbeitsforschung, Opladen/Farmington Hills 2007, S. 9–22

von Glasersfeld, Ernst: Radikaler Konstruktivismus. Ideen, Ergebnisse, Probleme, Frankfurt am Main 1996

Glinka, Hans-Jürgen: Das narrative Interview. Eine Einführung für Sozialpädagogen, München 1998

Goblirsch, Martina: Wie entstehen Lebensgeschichten? Ein interdisziplinärer Zugang zur Fallrekonstruktion, in: Giebeler, Cornelia; Fischer, Wolfram; Goblirsch, Martina; Miethe, Ingrid und Riemann, Gerhard (Hg.): Fallverstehen und Fallstudien. Interdisziplinäre Beiträge zur rekonstruktiven Sozialarbeitsforschung, Opladen/Farmington Hills 2007, S. 53–66

Gosepath, Stefan: Rationalität, in: Sandkühler, Hans (Hg.): Enzyklopädie Philosophie, Band 2, Hamburg 1999, S. 1337–1343

Grathoff, Richard: Soziologischer Kulturbegriff und alltägliche Begriffskultur. Zum Beispiel Florian Znaniecki, in: Soeffner, Hans-Georg (Hg.): Kultur und Alltag, Göttingen 1988, S. 21–27

Griese, Birgit: Rezension zu: Birgit Schreiber: Versteckt. Jüdische Kinder im nationalsozialistischen Deutschland und ihr Leben danach, Frankfurt am Main/New York 2006, in: FQS. Forum Qualitative Sozialforschung/Forum: Qualitative Social Research, 3/2007a, o.S., verfügbar unter: http://www.qualitative-research.net/fqs-texte/3-07/07-3-16-d.htm, abgerufen am 28.03.07

Griese, Birgit: Forschungsökonomie im Paradigma Narrative Identität. Ausführungen zur Rekonstruktion der ‚Gestalt' autobiographischer Stegreiferzählungen, in: von Felden, Heide (Hg.): Methoden-Diskussion in der Biographieforschung. Klassische und innovative Perspektiven rekonstruktiver Forschung, Mainz 2007b, S. 103–136 (im Druck)

Griese, Birgit: Zwei Generationen erzählen. Narrative Identität in autobiographischen Erzählungen Russlanddeutscher, Frankfurt am Main 2006

Griese, Birgit: Redenormen – Interpellation – Aussagenanalyse. Entwurf einer forschungsökonomischen Methode zur Analyse biographisch-narrativer Interviews, Bremen 2000

Griese, Birgit und Griesehop, Hedwig: Fallrekonstruktion und Praxisrelevanz, in: neue praxis. Zeitschrift für Sozialarbeit, Sozialpädagogik und Sozialpolitik, 1/2007, S. 59–87

Griese, Birgit und Schiebel, Martina: Vom Kollektiv, zum Individuum, zum Kollektiv ... Das soziale Erbe in zwei Generationen Vertriebener, in: dies.; Griesehop, Hedwig und Schiebel, Martina (Hg.): Perspektiven qualitativer Sozialforschung. Beiträge des 1. und 2. Bremer Workshops, Bremen 2004, S. 133–165

Griesehop, Hedwig: Klinische Sozialarbeit in der Gerontopsychiatrie. Biographieorientierte Methoden im Kontext Demenzkranke und pflegende Angehörige, in: psychosozial. Schwerpunktthema: Klinische Sozialarbeit – die Kunst psychosozialen Helfens, 3/2005, S. 75–84

Griesehop, Hedwig: Leben mit Multipler Sklerose. Lebensgestaltung aus biographischer Sicht, Frankfurt am Main 2003

Groh-Samberg, Olaf und Grundmann, Matthias: Soziale Ungleichheit im Kindes- und Jugendalter, in: Aus Politik und Zeitgeschichte, 26/2006, S. 11–18

Gross, Peter: Die Multioptionsgesellschaft, Frankfurt am Main 1994

Grothe, Heinz: Anekdote, Stuttgart 1971

Gudjons, Herbert; Pieper, Marianne und Wagener, Birgit: Auf meinen Spuren. Das Entdecken der eigenen Lebensgeschichte. Vorschläge und Übungen für pädagogische Arbeit und Selbsterfahrung, Hamburg 2003

Gülich, Elisabeth: Textsorten in der Kommunikationspraxis, in: Kallmeyer, Werner (Hg.): Kommunikationstypologie. Handlungsmuster, Textsorten, Situationstypen, Düsseldorf 1986, S. 15–46

Günther, Susanne und Knoblauch, Hubert: Gattungsanalyse, in: Hitzler, Ronald und Honer, Anne (Hg.): Sozialwissenschaftliche Hermeneutik. Eine Einführung, Opladen 1997, S. 281–307

Günther, Susanne und Knoblauch, Hubert: „Forms are the Food of Faith". Gattungen als Muster kommunikativen Handelns, in: Kölner Zeitschrift für Soziologie und Sozialpsychologie, 4/1994, S. 693–723

Hahn, Alois: Tod und Sterben in soziologischer Sicht, in: Assmann, Jan und Trauzettel, Rolf (Hg.): Tod, Jenseits und Identität. Perspektiven einer kulturwissenschaftlichen Thanatologie, München 2002, S. 55–89

Hahn, Alois: Konstruktion des Selbst, der Welt und der Geschichte. Aufsätze zur Kultursoziologie, Frankfurt am Main 2000

Hahn, Alois: Biographie und Religion, in: Soeffner, Hans-Georg (Hg.): Kultur und Alltag, Göttingen 1988, S. 49–60

Halbwachs, Maurice: Das kollektive Familiengedächtnis, in: ders.: Das Gedächtnis und seine sozialen Bedingungen, Berlin/Neuwied 1966, S. 203–242

Hall, Stuart: Rassismus und kulturelle Identität. Ausgewählte Schriften, Hamburg 1994

Haller, Max: Soziologische Theorie im systematisch-kritischen Vergleich, Opladen 1999

Hammer, Regina: Pflegende Angehörige – Frauen zwischen Erwerbstätigkeit und häuslicher Pflege, in: Pflegezeitschrift, 11/2004, S. 2–8

Hanses, Andreas: Perspektiven forschenden Lernens für die Soziale Arbeit. Erfahrungen aus lehrender und studierender Perspektive, in: Giebeler, Cornelia; Fischer, Wolfram; Goblirsch, Martina; Miethe, Ingrid und Riemann, Gerhard (Hg.): Fallverstehen und Fallstudien. Interdisziplinäre Beiträge zur rekonstruktiven Sozialarbeitsforschung, Opladen/Farmington Hills 2007, S. 141–154

Hanses, Andreas: Einleitung, in: ders. (Hg.): Biographie und Soziale Arbeit. Institutionelle und biographische Konstruktionen von Wirklichkeit, Baltmannsweiler 2004, S. 1–5

Hanses, Andreas: Biographie und sozialpädagogische Forschung, in: Schweppe, Cornelia (Hg.): Qualitative Sozialforschung in der Sozialpädagogik, Opladen 2003, S. 19–42

Hanses, Andreas: Biographische Diagnostik in der Sozialen Arbeit. Über die Notwendigkeit eines hermeneutischen Fallverstehens im institutionellen Kontext, in: neue praxis. Zeitschrift für Sozialarbeit, Sozialpädagogik und Sozialpolitik, 4/2000, S. 357–379

Hanses, Andreas: Epilepsie als biographische Konstruktion. Eine Analyse von Erkrankungs- und Gesundungsprozessen anfallserkrankter Menschen anhand erzählter Lebensgeschichten, Bremen 1996

Hanses, Andreas und Sander, Kirsten: Entwicklung und Perspektiven qualitativer Sozialforschung, in: Griese, Birgit; Griesehop, Hedwig und Schiebel, Martina (Hg.): Perspektiven qualitativer Sozialforschung. Beiträge des 1. und 2. Bremer Workshops, Bremen 2004, S. 12–25

Hardtke, Karen; Levitt, Heidi und Angus, Lynne: Narrative Prozesse im Beratungs- und Psychotherapiediskurs: Das Narrative Process Coding System (NPCS), in: ZBBS. Zeitschrift für qualitative Bildungs-, Beratungs- und Sozialforschung, 1/2003, S. 123–141

Harnach-Beck, Viola: Psychosoziale Diagnostik in der Jugendhilfe. Grundlagen und Methoden für Hilfeplan, Bericht und Stellungnahme, Weinheim/München 1995

Haupert, Bernhard: Modernisierungsverlierer – Hooligans, Jugendliche in der Ausweglosigkeit? Biographische Fall- und Milieurekonstruktion mit dem Verfahren der Objektiven Hermeneutik, in: Jakob, Gisela und von Wensierski, Hans-Jürgen (Hg.): Rekonstruktive Sozialpädagogik. Konzepte und Methoden sozialpädagogischen Verstehens in Forschung und Praxis, Weinheim/München 1997, S. 193–208

Haupert, Bernhard: Vom Interventionismus zur Professionalität. Programmatische Überlegungen zur Gegenstandsbestimmung der Sozialen Arbeit als Wissenschaft, Profession und Praxis, in: neue praxis. Zeitschrift für Sozialarbeit, Sozialpädagogik und Sozialpolitik, 1/1995, S. 32–55

Haupert, Bernhard und Kraimer, Klaus: „Ich bin ein Bauernbub" – zur Analyse lebensgeschichtlicher Interviews in der Sozialarbeit/Sozialpädagogik, in: Archiv für Wissenschaft und Praxis der sozialen Arbeit, 3/1991, S. 193–202

Hausendorf, Heiko: Zuordnen, Zuschreiben und Bewerten. Die Konstruktion kollektiver Identität in Alltagsgesprächen, in: Reichmann, Eva (Hg.): Narrative Konstruktion nationaler Identität, St. Ingbert 2000, S. 343–361

Haye, Britta und Kleve, Heiko: Systemische Schritte helfender Kommunikation, in: Kleve, Heiko; Haye, Britta; Hampe-Grosser, Andreas und Müller, Matthias: Systemisches Case Management, Aachen 2003, S. 111–135

Heiner, Maja: Diagnostik: psychosoziale, in: Otto, Hans-Uwe und Thiersch, Hans (Hg.): Handbuch Sozialarbeit/Sozialpädagogik, Neuwied/Kriftel 2005, S. 253–265

Heiner, Maja (Hg.): Diagnostik und Diagnosen in der Sozialen Arbeit. Ein Handbuch, Frankfurt am Main 2004

Heinemann, Wolfgang: Textsorten. Zur Diskussion der Basisklassen des Kommunizierens. Rückschau und Ausblick, in: Adamzik, Kirsten (Hg.): Textsorten. Reflexionen und Analysen, Tübingen 2000, S. 9–30

Heinz, Walter: Selbstsozialisation im Lebenslauf. Umrisse einer Theorie biographischen Handelns, in: Hoerning, Erika (Hg.): Biographische Sozialisation, Stuttgart 2000, S. 165–186

Helmholf-Schlösser, Gabriele: „Ich hab´ so viel Schuld!" Muster generativer Erbschaft und die Bildung weiblicher Identität im Spiegel der Generationen, in: Sozialextra. Zeitschrift für soziale Arbeit & Sozialpolitik, 11/2005, S. 28–32

Helmhold-Schlösser, Gabriele: FrauenLeben am Rande. Generationsübergreifende Aspekte sozialer Benachteiligung, Wiesbaden 2004

Helsper, Werner; Krüger, Heinz-Hermann und Rabe-Kleberg, Ursula: Professionstheorie, Professions- und Biographieforschung. Einführung in den Themenschwerpunkt, in: ZBBS. Zeitschrift für qualitative Bildungs-, Beratungs- und Sozialforschung, 1/2000, S. 5–19

Herder, Babette: Biographiearbeit und biographische Dokumentation unter dem Aspekt der Lebensweltgestaltung, in: Unterricht Pflege. Biographieorientierte Ansätze, 1/2006, S. 8–16

Hergovich, Andreas: Die Psychologie der Astronomie, Bern 2005

Hermann, Ulrich: "ungenau in dieser Welt" – kein Krawall, kein Protest: Der unaufhaltsame Aufstieg um 1940 Geborener in einer ‚Generationen'-Lücke, in: Reulecke, Jürgen (Hg.): Generationalität und Lebensgeschichte im 20. Jahrhundert, München 2003, S. 159–186

Hermanns, Harry: Narratives Interview, in: Flick, Uwe; von Kardorff, Ernst; Keupp, Heiner; von Rosenstiel, Lutz und Wolff, Stephan (Hg.): Handbuch Qualitative Sozialforschung. Grundlagen, Konzepte, Methoden und Anwendungen, Weinheim 1995, S. 182–185

Herriger, Norbert: Empowerment in der Sozialen Arbeit. Eine Einführung, Stuttgart/Berlin/Köln 1997

Herzberg, Heidrun: Biographie und Lernhabitus. Eine Studie im Rostocker Werftarbeitermilieu, Frankfurt am Main/New York 2004

Hoerning, Erika: Erfahrungen als biographische Ressourcen, in: Alheit, Peter und Hoerning, Erika (Hg.): Biographisches Wissen. Beiträge zu einer Theorie lebensgeschichtlicher Erfahrung, Frankfurt am Main 1989, S. 148–165

Hoffmann, Sven und Holzapfel, Gerd: Neurosenlehre, Psychotherapeutische und Psychosomatische Medizin, Stuttgart 1995

Hoffmann-Richter, Ulrike: Das Verschwinden der Biographie in der Krankengeschichte. Eine biographische Skizze, in: Bios. Zeitschrift für Biographieforschung, Oral History und Lebensverlaufsanalysen, 2/1995, S. 204–221

Hopf, Christel: Qualitative Interviews – ein Überblick, in: Flick, Uwe; von Kardorff, E./Steinke, I. (Hg.): Qualitative Forschung. Ein Handbuch, Reinbek bei Hamburg 2000, S. 349–360

Hörster, Reinhard: Kasuistik/Fallverstehen, in: Otto, Hans-Uwe und Thiersch, Hans (Hg.): Handbuch zur Sozialarbeit/Sozialpädagogik, Neuwied 2001, S. 916–926

Hradil, Stefan: Soziale Ungleichheit in Deutschland, Opladen 2001

Ilbach, Bernd: Behandlung – aktueller Stand der Forschung, in: Deutsche Alzheimer Gesellschaft e.V. (Hg.): Im Fokus: Frontotemporale Demenz, München 2006, S. 8–11, verfügbar unter: http://www.deutsche-alzheimer.de/fileadmin/alz/pdf/Dokumentation-FTD.pdf, abgerufen am 01.02.2007

Jakob, Alexander und Mutz, Gerd: Arbeitslosigkeit in der Erwerbsbiographie. Ergebnisse einer dynamischen Deutungsmusteranalyse, in: Bios. Zeitschrift für Biographieforschung, Oral History und Lebensverlaufsanalysen, 1/1999, S. 73–91

Jakob, Gisela: Das narrative Interview in der Biographieforschung, in: Friebertshäuser, Barbara und Prengel, Annedore (Hg.): Handbuch qualitative Sozialforschung in der Erziehungswissenschaft, Weinheim/München 2003, S. 445–458

Jakob, Gisela: Forschung in der Ausbildung zur Sozialen Arbeit, in: Thole, Werner (Hg.): Grundriss Soziale Arbeit, Opladen 2002, S. 923–936

Jensen, Stefan: Einleitung, in: ders. (Hg.): Zur Theorie sozialer Systeme, Opladen 1976, S. 9–67

Jureit, Ulrike: Erinnerungsmuster. Zur Methodik lebensgeschichtlicher Interviews mit Überlebenden der Konzentrations- und Vernichtungslager, Hamburg 1999

Kade, Jochen und Nittel, Dieter: Biographieforschung – Mittel zur Erschließung von Bildungswelten Erwachsener, in: Friebertshäuser, Barbara und Prengel, Annedore (Hg.): Handbuch qualitative Sozialforschung in der Erziehungswissenschaft, Weinheim/München 2003, S. 745–757

Kallmeyer, Alexander und Schütze, Fritz: Zur Konstitution von Kommunikationsschemata der Sachverhaltsdarstellung, in: Wegner, Dirk (Hg.): Gesprächsanalysen, Hamburg 1977, S. 159–274

Keil, Annelie: Gesundheit und Krankheit als biographische Gestaltbewegung, in: Hanses, Andreas (Hg.): Biographie und Soziale Arbeit. Institutionelle und biographische Konstruktionen von Wirklichkeit. Grundlagen der Sozialen Arbeit, Baltmannsweiler 2004, S. 111–126

Keller, Reiner: Wissenssoziologische Diskursanalyse, in: ders.; Hirseland, Andreas; Schneider, Werner und Viehöver, Willy (Hg.): Handbuch sozialwissenschaftliche Diskursanalyse. Band 1: Theorien und Methoden, Opladen 2001, S. 113–144

Keupp, Heiner: Bedroht und befreite Identitäten in der Risikogesellschaft, in: Barkhaus, Annette; Mayer, Matthias; Roughley, Neil und Thürnau, Donatus (Hg.): Identität, Leiblichkeit, Normativität. Neue Horizonte anthropologischen Denkens, Frankfurt am Main 1996, S. 380–403

Kimminich, Eva: Macht und Entmachtung der Zeichen. Einführende Betrachtungen über Individuum, Gesellschaft und Kultur, in: dies. (Hg.): Kulturelle Identität. Konstruktionen und Krisen, Frankfurt am Main/Berlin/Bern/Bruxelles/New York/Oxford/Wien 2003, S. VII–XLII

Kirsch, Sandra: Themenanalyse als Erschließungsvariante in der objektiv-hermeneutischen Analyse und Interpretation (auto-)biographischer Texte, in: von Felden, Heide (Hg.): Methodendiskussion in der Biographieforschung. Klassische und innovative Perspektiven rekonstruktiver Forschung, Mainz 2007, S. 25–44 (im Druck)

Klein, Hans: Wirtschaft, in: Schäfers, Bernhard (Hg.): Grundbegriffe der Soziologie, Opladen 2003, S. 439–442

Kleve, Heiko: Einleitung – Soziale Arbeit in der Postmoderne, in: ders.; Haye, Britta; Hampe-Grosser, Andreas und Müller, Matthias: Systemisches Case Management, Aachen 2003, S. 7–14

Knatz, Lothar: Mythos/Mythologie, in: Sandkühler, Hans (Hg.): Enzyklopädie Philosophie, Band 1, Hamburg 1999, S. 887–894

Kohli, Martin und Szydlik, Marc: Einleitung, in: dies. (Hg.): Generationen in Familie und Gesellschaft, Opladen 2000, S. 7–18

König, Heinz: Tiefenhermeneutik, in: Flick, Uwe; von Kardorff, Ernst und Steinke, Ines (Hg.): Qualitative Forschung. Ein Handbuch, Reinbek bei Hamburg 2000, S. 556–569

Köttig, Michaela: Zwischen Handlungsdruck im Interaktionsgeschehen und Fallverstehen. Zur Übersetzung rekonstruktiven Vorgehens aus dem Forschungsprozess in die offene Jugendarbeit, in: Giebeler, Cornelia; Fischer, Wolfram; Goblirsch, Martina; Miethe, Ingrid und Riemann, Gerhard (Hg.): Fallverstehen und Fallstudien. Interdisziplinäre Beiträge zur rekonstruktiven Sozialarbeitsforschung, Opladen/Farmington Hills 2007, S. 79–92

Köttig, Michaela und Rätz-Heinisch, Regina: „Potenziale unterstützen, Selbstverstehen fördern". Dialogische Biografiearbeit in der Kinder- und Jugendhilfe, in: Sozialextra. Zeitschrift für soziale Arbeit & Sozialpolitik, 11/2005, S.16–20

Kowal, Sabine und O'Connell, Daniel: Zur Transkription von Gesprächen, in: Flick, Uwe; von Kardorff, Ernst und Steinke, Ines (Hg.): Qualitative Forschung. Ein Handbuch, Reinbek bei Hamburg 2000, S. 437–447

Kraimer, Klaus: ‚Form und Stoff' der Fallrekonstruktion, in: Giebeler, Cornelia; Fischer, Wolfram; Goblirsch, Martina; Miethe, Ingrid und Riemann, Gerhard (Hg.): Fallverstehen und Fallstudien. Interdisziplinäre Beiträge zur rekonstruktiven Sozialarbeitsforschung, Opladen/Farmington Hills 2007, S. 35–51

Kraimer, Klaus: Narratives als Erkenntnisquelle, in: Friebertshäuser, Barbara und Prengel, Annedore (Hg.): Handbuch qualitative Sozialforschung in der Erziehungswissenschaft, Weinheim/München 2003, S. 459–467

Kraimer, Klaus (Hg.): Die Fallrekonstruktion. Sinnverstehen in der sozialwissenschaftlichen Forschung, Frankfurt am Main 2000

Kraimer, Klaus: Die Fallrekonstruktion – Bezüge, Konzepte, Perspektiven, in: ders. (Hg.): Die Fallrekonstruktion. Sinnverstehen in der sozialwissenschaftlichen Forschung, Frankfurt am Main 2000, S. 23–57

Kraimer, Klaus: Die Rückgewinnung des Pädagogischen. Aufgaben und Methoden sozialpädagogischer Forschung, Weinheim/München 1994

Kraul, Margret und Marotzki, Winfried (Hg.): Biographische Arbeit. Perspektiven erziehungswissenschaftlicher Biographieforschung, Opladen 2002

Kraul, Margret und Marotzki, Winfried: Bildung und Biographische Arbeit – Eine Einleitung, in: dies. (Hg.): Biographische Arbeit. Perspektiven erziehungswissenschaftlicher Biographieforschung, Opladen 2002, S. 7–21

Kraus, Wolfgang: Identität als Narration. Die narrative Konstruktion von Identitätsprojekten, o.O. 1999, o.S., verfügbar unter: http://web.fu-berlin.de/postmoderne-psych/berichte3/kraus.htm, abgerufen am 03.03.2007

Krüger, Heinz-Hermann: Erziehungswissenschaftliche Biographieforschung, in: Friebertshäuser, Barbara und Prengel, Annedore (Hg.): Handbuch qualitative Sozialforschung in der Erziehungswissenschaft, Weinheim/München 2003, S. 43–55

Krüger, Heinz-Hermann und Marotzki, Winfried (Hg.): Handbuch erziehungswissenschaftliche Biographieforschung, Opladen 1999

Krumenacker, Franz-Josef (Hg.): Sozialpädagogische Diagnosen in der Praxis. Erfahrungen und Perspektiven, Weinheim/München 2004

Kuhlmann, Carola: Zur historischen Dimension der Diagnostik am Beispiel von Alice Salomon, in: Heiner, Maja (Hg.): Diagnostik und Diagnosen in der Sozialen Arbeit. Ein Handbuch, Berlin 2004, S. 11–25

Kunstreich, Timm; Langhanky, Michael; Lindenberg, Michael und May, Michael: Dialog statt Diagnose, in: Heiner, Maja (Hg.): Diagnostik und Diagnosen in der Sozialen Arbeit. Ein Handbuch, Berlin 2004, S. 26–39

Kurt, Ronald: Hermeneutik. Eine sozialwissenschaftliche Einführung, Konstanz 2004

Kurz, Alexander; Hallauer, Johannes; Jansen Sabine und Diehl, Jörg: Zur Wirksamkeit von Angehörigengruppen bei Demenzerkrankungen, in: Der Nervenarzt, 3/2005, S. 261–269

Lahno, Bernd und Kliemt, Hartmut: Spieltheorie, in: Sandkühler, Hans (Hg.): Enzyklopädie Philosophie, Band 2, Hamburg 1999, S. 1493–1497

Lamnek, Siegfried und Ottermann, Ralf: Tatort Familie. Häusliche Gewalt im gesellschaftlichen Kontext, Opladen 2004

Lazarus, Horst und Bosshard, Marianne: Bildung als Chance. Ressourcenorientierte Biografiearbeit mit chronisch psychisch kranken und drogenabhängigen Menschen, Bonn 2005

Leicht, Renè: Profil und Arbeitsgestaltung soloselbstständiger Frauen und Männer: Versuch einer empirischen Verortung von Ein-Personen-Unternehmer/innen, in: Gottschall, Karin und Voß, Günter (Hg.): Entgrenzung von Arbeit und Leben. Zum Wandel der Erwerbstätigkeit und Privatsphäre im Alltag, München/Mering 2005, S. 231–259

Leitner, Hartmann: Die temporale Logik der Autobiographie, in: Sparn, Walter (Hg.): Wer schreibt meine Lebensgeschichte? Biographie, Autobiographie und Hagiographie und ihre Entstehungszusammenhänge, Gütersloh 1990, S. 315–359

Lenzen, Dieter: Erziehungswissenschaft – Pädagogik, in: ders. (Hg.): Erziehungswissenschaft. Ein Grundkurs, Reinbek bei Hamburg 2002, S. 11–41

Liebsch, Burkhard: Identitäts-Fragen in Zeiten des Verrats. Zum Missverhältnis von erzähltem und praktischen Selbst, in: Straub, Jürgen und Renn, Joachim (Hg.): Transistorische Identitäten. Der Prozesscharakter des modernen Selbst, Frankfurt am Main/New York 2002, S. 132–158

Lindenmeyer, Johannes: Alkoholabhängigkeit, Göttingen/Bern/Toronto/Seattle 1999

Lindmeier, Christian: Biografiearbeit mit geistig behinderten Menschen. Ein Praxisbuch für Einzel- und Gruppenarbeit, Weinheim/München 2006

Lindner, Bernd: „Bau auf, Freie Jugend Deutschland" – und was dann? Kriterien für ein Modell der Jugendgenerationen der DDR, in: Reulecke, Jürgen (Hg.): Generationalität und Lebensgeschichte im 20. Jahrhundert, München 2003, S. 187–215

Lipis, Galina: Sprachliche Raumerfahrung als Textdimension, in: Simmler, Franz (Hg.): Textsorten und Textsortentraditionen, Bern/Berlin/Frankfurt am Main/New York/Paris/Wien 1997, S. 181–186

Loch, Ulrike und Schulze, Heidrun: Biographische Fallrekonstruktionen im handlungstheoretischen Kontext der Sozialen Arbeit, in: Thole, Werner (Hg): Grundriss Soziale Arbeit. Ein einführendes Handbauch, Opladen 2002, S. 559–576

Lorenzer, Alfred: Sprache, Lebenspraxis und szenisches Verstehen in der psychoanalytischen Therapie, in: Psyche, 37. Jg., 1983, S. 97–115

Lorenzer, Alfred: Sprachzerstörung und Rekonstruktion. Vorarbeiten zu einer Metatheorie der Psychoanalyse, Frankfurt am Main 1972
Lucius-Hoene, Gabriele: Erzählen von Krankheit und Heilung, in: Berliner Ärzte, 2/2006, o.S., verfügbar unter: http://www.aerztekammer-berlin.de/10_Aktuelles/bae/18_BERLINER_AERZTE/Berliner_Aerzte_bis_2005/BAEthemen/ThemaArtikel2006_02/TitelthemaNarratMed/Luciu sHoehne_NarrMed.html, abgerufen am 01.04.2007
Lucius-Hoene, Gabriele: Narrativ steht darauf – was ist darin? Vortragsmaterialien, o.O. o.J., S. 1–35, verfügbar unter: http://www.asklepios.com/schaufling/AK_Schaufling/Veranstaltungen_Vortraege/Gabriele%20Lucius-Hoene%20-%20Narrativ%20steht%20drauf%20-%20was%20ist%20drin.pdf, abgerufen am 20.03.2007
Lucius-Hoene, Gabriele: Konstruktion und Rekonstruktion narrativer Identität, in: FQS. Forum Qualitative Sozialforschung, 2/2000, o.S., verfügbar unter: http://qualitative-research.net/fqs/fqsd/2-00inhalt-d.htm, abgerufen am 12.12.2006
Lucius-Hoene, Gabriele: „Ich hatte das Bestreben, den Gesunden zu markieren". Hirnverletzungssymptome und Identitätskonstitution, in: Alheit, Peter; Dausien, Bettina; Fischer-Rosenthal, Wolfram; Hanses, Andreas und Keil, Annelie (Hg.): Biographie und Leib, Gießen 1999, S. 133–151
Lucius-Hoene, Gabriele: Erzählen von Krankheit und Behinderung, in: PPmP. Zeitschrift für Psychotherapie, Psychosomatik, med. Psychologie, 48/1998, S. 108–113
Lucius-Hoene, Gabriele: Leben mit einem Hirntrauma. Autobiographische Erzählungen von Kriegshirnverletzten und ihren Ehefrauen, Bern/Göttingen/Toronto/Seattle 1997
Lucius-Hoene, Gabriele und Deppermann, Arnulf: Rekonstruktion narrativer Identität. Ein Arbeitsbuch zur Analyse narrativer Interviews, Opladen 2004
Luckey, Hans: Die Gemeinde der Gläubigen, in: Hughey, John (Hg.): Die Baptisten, Stuttgart 1964, S. 58–72
Luckmann, Thomas: Die unsichtbare Religion, Frankfurt am Main 1991
Luckmann, Thomas: Die ‚massenkulturelle' Sozialform der Religion, in: Soeffner, Hans-Georg (Hg.): Kultur und Alltag, Göttingen 1988, S. 37–48
Luckmann, Thomas: Kanon und Konversion, in: Assmann, Alida und Assmann, Jan (Hg.): Kanon und Zensur. Beiträge zur Archäologie der literarischen Kommunikation II, München 1987, S. 38–46
Luckmann, Thomas: Lebensweltliche Zeitkategorien, Zeitstrukturen des Alltags und der Ort des historischen Bewußtseins, in: Cerquiglini, Bernard und Gumbrecht, Hans (Hg.): Der Diskurs der Literatur- und Sprachhistorie, Frankfurt am Main 1983, S. 13–28
Luhmann, Niklas: Copierte Existenz und Karriere. Zur Herstellung von Individualität, in: Beck, Ulrich und Beck-Gernsheim, Elisabeth (Hg.): Riskante Freiheiten. Individualisierung in modernen Gesellschaften, Frankfurt am Main 1994, S. 191–200
Lutz, Helga: Biographisches Kapital als Ressource der Bewältigung von Migrationsprozessen, in: Gogolin, Ingrid und Nauck, Bernhard (Hg.): Migration, gesellschaftliche Differenzierung und Bildung. Resultate des Forschungsprogramms FABER, Opladen 2000, S. 179–210
Mader, Wilhelm: Zur Einführung, in: Autorinnen der Schreibwerkstatt biographisches Schreiben (Hg.): Im Spiegel lebensgeschichtlicher Bilder – Anleitung zur Praxis biographieorientierter Erwachsenenbildung, Bremen 1997, S. 4–9
Mader, Wilhelm: Altwerden in einer alternden Gesellschaft? Auf dem Weg zu pluralen Alterskulturen, in: ders. (Hg.): Kontinuitäten und Krisen in biographischen Verläufen, Opladen 1995, S. 13–36
Mainusch, Herbert: Überlegungen zur Komödie, in: ders. (Hg.): Europäische Komödie, Darmstadt 1990, S. 1–12
Mansel, Jürgen: Lebenssituation und Wohlbefinden von Jugendlichen in Armut, in: Butterwegge, Christoph und Klundt, Michael (Hg.): Kinderarmut und Generationengerechtigkeit. Familien- und Sozialpolitik im demographischen Wandel, Opladen 2002, S. 115–136

Markus, Sandra: „Schreiben heißt, sich selber lesen". Geschichtsschreibung als erinnernde Sinnkonstruktion, in: Wischermann, Clemens (Hg.): Vom kollektiven Gedächtnis zur Individualisierung der Erinnerung, Stuttgart 2002, S. 159–184

Marotzki, Winfried: Allgemeine Erziehungswissenschaft und Biographieforschung, in: Kraul, Margret und Marotzki, Winfried (Hg.): Biographische Arbeit. Perspektiven erziehungswissenschaftlicher Biographieforschung, Opladen 2002, S. 49–64

Marotzki, Winfried: Qualitative Biographieforschung, in: Flick, Uwe; von Kardorff, Ernst und Steinke, Ines (Hg.): Qualitative Forschung. Ein Handbuch, Reinbek bei Hamburg 2000, S. 175–186

Marotzki, Winfried: Forschungsmethoden und -methodologie der Erziehungswissenschaftlichen Biographieforschung, in: Krüger, Heinz-Hermann und Marotzki, Winfried (Hg.): Handbuch erziehungswissenschaftliche Biographieforschung, Opladen 1999, S. 109–133

Meinders, Frauke; Stegie, Reiner und Bengel, Jürgen: „Ich habe Angst, daß das Leben an mir vorbeigeht". Auswirkungen der Pflege für Angehörige von Demenzpatienten, in: Psychomed, 4/2000, S. 206–210

Meinhold, Marianne: Über Einzelfallhilfe und Case Management, in: Thole, Werner (Hg.): Grundriss Soziale Arbeit. Ein einführendes Handbuch, Opladen 2002, S. 509–522

Merchel, Joachim: ‚Diagnose' in der Hilfeplanung: Anforderungen und Problemstellungen, in: neue praxis. Zeitschrift für Sozialarbeit, Sozialpädagogik und Sozialpolitik, 6/2003, S. 527–542

Merten, Roland: Psychosoziale Folgen von Armut im Kindes- und Jugendalter, in: Butterwegge, Christoph und Klundt, Michael (Hg.): Kinderarmut und Generationengerechtigkeit. Familien- und Sozialpolitik im demographischen Wandel, Opladen 2002, S. 137–152

Merten, Roland und Olk, Thomas: Sozialpädagogik als Profession. Historische Entwicklung und künftige Perspektiven, in: Combe, Arnold und Helsper, Werner (Hg.): Pädagogische Professionalität. Untersuchungen zum Typus pädagogischen Handelns, Frankfurt am Main 1996, S. 570–613

Meschnig, Alexander: Unternehme dich selbst! Anmerkungen zum proteischen Charakter, in: ders. und Stuhr, Matthias (Hg.): Arbeit als Lebensstil, Frankfurt am Main 2003, S. 26–43

Meuter, Norbert: Müssen Individuen individuell sein? in: Straub, Jürgen und Renn, Joachim (Hg.): Transitorische Identitäten. Der Prozesscharakter des modernen Selbst, Frankfurt am Main/New York 2002, S. 187–210

Mey, Günter: Adoleszenz, Identität, Erzählung. Theoretische, methodologische und empirische Erkundungen, Berlin 1999

Miethe, Ingrid: Das Problem der Rückmeldung. Forschungsethische und -praktische Erfahrungen und Konsequenzen in der Arbeit mit hermeneutischen Fallrekonstruktionen, in: ZBBS. Zeitschrift für qualitative Bildungs-, Beratungs- und Sozialforschung, 2/2003, S. 223–240

Miethe, Ingrid und Riemann, Gerhard: Mehr Fragen als Antworten. Überlegungen zu einem selbstkritischen Umgang mit forschungsethischen Problemstellunen in unserer Arbeit, in: Giebeler, Cornelia; Fischer, Wolfram; Goblirsch, Martina; Miethe, Ingrid und Riemann, Gerhard (Hg.): Fallverstehen und Fallstudien. Interdisziplinäre Beiträge zur rekonstruktiven Sozialarbeitsforschung, Opladen/Farmington Hills 2007, S. 219–236

Misch, Georg: Begriff und Ursprung der Autobiographie, in: Niggl, Günter (Hg.): Die Autobiographie. Zu Form und Geschichte einer literarischen Gattung, Darmstadt 1989, 33–54

Mitteldeutscher Rundfunkt: Keine Klippe umschifft, 25 Jahre ‚Titanic', o.O. o.J., o.S., verfügbar unter: http://www.mdr.de/atour/archiv/1681252.html, abgerufen am 04.01.2007

Mollenhauer, Klaus und Uhlendorff, Uwe: Sozialpädagogische Diagnosen I. Über Jugendliche in schwierigen Lebenslagen, Weinheim/München 1999

Mollenhauer, Klaus und Uhlendorff, Uwe: Sozialpädagogische Diagnosen II. Selbstdeutungen verhaltensschwieriger Jugendlicher als empirische Grundlage für Erziehungspläne, Weinheim/München 2000

Müller, Burkhard: Sozialpädagogisches Können. Ein Lehrbuch zur multiperspektivischen Fallarbeit, Freiburg im Breisgau 1993

Müller, Burkhard: Was heißt Soziale Diagnose? in: Sozialmagazin, Die Zeitschrift für Soziale Arbeit, 7–8/2005, S. 21–31

Müller, Carl: Wie Helfen zum Beruf wurde. Band 1: Eine Methodengeschichte der Sozialarbeit 1883–1945, Weinheim/Basel 1988

Müller, Hans-Rüdiger: Exzentrische Positionalität. Bildungstheoretische Überlegungen zu einem Theorem Helmuth Plessners, in: Zeitschrift für Erziehungswissenschaft, 1/2002, S. 53–61

Müller, Ulrich: Thesen zu einer Geschichte der Autobiographie im deutschen Mittelalter, in: Niggl, Günter (Hg.): Die Autobiographie. Zu Form und Geschichte einer literarischen Gattung, Darmstadt 1989, S. 297–320

Mutz, Gerd: Dynamische Arbeitslosigkeit und diskontinuierliche Erwerbsverläufe. Wie stehen die Chancen für eine zukünftige Tätigkeitsgesellschaft? in: Berliner Debatte Initial. Zeitschrift für sozialwissenschaftlichen Diskurs, 5/1997, S. 23–36

Nassehi, Armin: Die Form der Biographie. Theoretische Überlegungen zur Biographieforschung in methodologischer Absicht, in: Bios. Zeitschrift für Biographieforschung, Oral History und Lebensverlaufsanalysen, 1/1994, S. 46–63

Nestmann, Frank: Diagnose, in: Grubitzsch, Siegfried und Rexilius, Günter (Hg.): Psychologische Grundbegriffe. Mensch und Gesellschaft in der Psychologie. Ein Handbuch, Reinbek bei Hamburg 1990, S. 205–211

Neubert, Daniela: Biographische rekonstruktion einer Essstörung, in: Giebeler, Cornelia; Fischer, Wolfram; Goblirsch, Martina; Miethe, Ingrid und Riemann, Gerhard (Hg.): Fallverstehen und Fallstudien. Interdisziplinäre Beiträge zur rekonstruktiven Sozialarbeitsforschung, Opladen/Farmington Hills 2007, S. 67–77

Niggl, Günter (Hg.): Die Autobiographie. Zu Form und Geschichte einer literarischen Gattung, Darmstadt 1989

o.A.: Alles Banane, o.O. o.J., o.S., verfügbar unter: http://www.orf.at/050920-91426/91484txt_story.html, abgerufen am 04.01.2007

Oevermann, Ulrich: Zur Analyse der Struktur von sozialen Deutungsmustern, in: Sozialer Sinn. Zeitschrift für hermeneutische Sozialforschung, 1/2001, S. 3–33

Oevermann, Ulrich: Die Methode der Fallrekonstruktion in der Grundlagenforschung sowie der klinischen und pädagogischen Praxis, in: Kraimer, Klaus (Hg.): Die Fallrekonstruktion. Sinnverstehen in der sozialwissenschaftlichen Forschung, Frankfurt am Main 2000, S. 58–156

Oevermann, Ulrich: Theoretische Skizze einer revidierten Theorie professionellen Handelns, in: Combe, Arnold und Helsper, Werner (Hg.): Pädagogische Professionalität. Untersuchungen zum Typus pädagogischen Handelns, Frankfurt am Main 1996, S. 70–182

Oevermann, Ulrich: Klinische Soziologie. Konzeptualisierung, Begründung, Berufspraxis und Ausbildung, Frankfurt am Main 1990, S. 1–27, verfügbar unter: http://user.uni-frankfurt.de/~hermeneu/KlinischeSoz-1990.rtf, abgerufen am 01.02.2007

Oevermann, Ulrich: Eine exemplarische Studie zum Typus der versozialwissenschaftlichten Identitätsformation, in: Brose, Hans-Georg und Hildenbrand, Bruno (Hg.): Vom Ende des Individuums zur Individualität ohne Ende, Opladen 1988, S. 243–286

Oevermann, Ulrich: Kontroversen über sinnverstehende Soziologie. Einige wiederkehrende Probleme und Mißverständnisse in der Rezeption der ‚objektiven Hermeneutik', in: Aufenanger, Stefan und Lenssen, Margrit (Hg.): Handlung und Sinnstruktur, München 1986, S. 19–83

Oevermann, Ulrich: Fallrekonstruktionen und Strukturgeneralisierung als Beitrag der objektiven Hermeneutik zur soziologisch-strukturtheoretischen Analyse, Frankfurt am Mainz 1981, S. 1–56, verfügbar unter: http://user.uni-frankfurt.de/~hermeneu/Fallrekonstruktion-1981.rtf, abgerufen am 02.02.2007

Oevermann, Ulrich; Allert, Tilmann; Konau, Elisabeth und Krambeck, Jürgen: Die Methodologie einer ‚objektiven Hermeneutik' und ihre allgemeine forschungslogische Bedeutung in den Sozialwissenschaften, in: Soeffner, Hans-Georg (Hg.): Interpretative Verfahren in den Sozial- und Textwissenschaften, Stuttgart 1979, S. 352–434

Patzel-Mattern, Katja: Jenseits des Wissens – Geschichtswissenschaft zwischen Erinnerung und Erleben, in: Wischermann, Clemens (Hg.): Vom kollektiven Gedächtnis zur Individualisierung der Erinnerung, Stuttgart 2002, S. 119–158

Parsons, Talcott: Pattern Variables Reconsidered, in: American Social Review, 25/1960, S. 457–483

Pätzold, Detlev: Reflexion, in: Sandkühler, Hans (Hg.): Enzyklopädie Philosophie, Band 2, Hamburg 1999, S. 1370–1375

Peters, Friedhelm (Hg.): Diagnosen – Gutachten – hermeneutisches Fallverstehen. Rekonstruktive Verfahren zur Qualifizierung individueller Hilfeplanung, Frankfurt am Main 1999

Pöhl, Stefan: Lernbiographien von ErwachsenenbildnerInnen. Lebensgeschichtliche Einbettung der erwachsenenbildnerischen Lern- und Lehrgegestände von vier Südtiroler ErwachsenenbildnerInnen, o.O. 1998, o.S., verfügbar unter: http://www.stefan.poehl.name/text/lernbiographien-erwachsenenbildner-Die-3.html, abgerufen am 01.04.2007

Polkinghorne, Donald: Narrative Psychologie und Geschichtsbewusstsein, in: Straub, Jürgen (Hg.): Erzählung, Identität und Bewußtsein. Die psychologische Konstruktion von Zeit und Geschichte, Frankfurt am Main 1998, S. 12–45

Polti, Adolf: Eine Philosophie der Narrativität. Zur Funktion der ‚Synthesis des Heterogenen' bei Paul Ricœur, Bochum 1997, verfügbar unter: www.-brs.ub.ruhr-uni-bochum.de/metahtml/H'SS/Diss/PoltiAdolf/diss.pdf, abgerufen am 27.08.2004

Pongs, Armin: In welcher Gesellschaft leben wir eigentlich? Gesellschaftskonzepte im Vergleich, München 1999

Raabe, Wolfgang: Biografiearbeit in der Benachteiligtenförderung, Heidelberg 2004

Rabelhofer, Bettina: Trauma. Erinnern. Erzählen, Graz o.J., o.S, verfügbar unter: http://www-gewi.kfunigraz.ac.at/moderne/heft12r.htm, abgerufen am 20.03.2007

Rauschenbach, Thomas: Der Sozialpädagoge, in: Lenzen, Dieter (Hg.): Erziehungswissenschaft. Ein Grundkurs, Reinbek bei Hamburg 2002, S. 253–281

Rehbein, Jochen: Theorien, sprachwissenschaftlich betrachtet, in: Brünner, Gisela und Graefen, Gabriele (Hg.): Texte und Diskurse. Methoden und Forschungsergebnisse der Funktionalen Pragmatik, Opladen 1994, S. 25–67

Reichertz, Jo: Objektive Hermeneutik und hermeneutische Wissenssoziologie, in: Flick, Uwe; von Kardorff, Ernst und Steinke, Ines (Hg.): Qualitative Sozialforschung. Ein Handbuch, Reinbek bei Hamburg 2000, S. 514–524

Reichertz, Jo: Objektive Hermeneutik, in: Flick, Uwe; von Kardorff, Ernst; Keupp, Heiner; von Rosenstiel, Lutz und Wolff, Stephan (Hg.): Handbuch Qualitative Sozialforschung. Grundlagen, Konzepte, Methoden und Anwendungen, Weinheim 1995, S. 223–228

Reichertz, Jo: Von Gipfeln und Tälern. Bemerkungen zu einigen Gefahren, die den objektiven Hermeneuten erwarten, in: Garz, Detlef (Hg.): Die Welt als Text. Theorie, Kritik und Praxis der Objektiven Hermeneutik, Frankfurt am Main 1994, S. 125–152

van Reijen, Willem: Utopie und Gesellschaft, in: Sünker, Heinz und Krüger, Heinz-Hermann (Hg.): Kritische Erziehungswissenschaft am Neubeginn?! Frankfurt am Main 1999, S. 112–134

Rheinheimer, Martin: Lebenslauf, Generation und Identität als Herausforderung der Geschichte, in: ders. (Hg.): Der Durchgang durch die Welt. Lebenslauf, Generation un Identität in der Neuzeit, Neumünster 2001, S. 7–20

Richter, Stefanie: Essstörung. Eine fallrekonstruktive Studie anhand erzählter Lebensgeschichten betroffener Frauen, Bielefeld 2006

Ricker, Kirsten: Schulentwicklung und -kultur. Entwicklungsprozess und Entscheidungsmomente in einem qualitativen Forschungsprojekt, in: Griese, Birgit; Griesehop, Hedwig und Schiebel, Martina (Hg.): Perspektiven qualitativer Sozialforschung. Beiträge des 1. und 2. Bremer Workshops, Bremen 2004, S. 97–113

Ricker, Kirsten: Migration, Sprache und Identität. Eine biographieanalytische Studie zu Migrationsprozessen von Französinnen in Deutschland, Bremen 2000

Ricker, Kirsten und Griese, Birgit: Schulentwicklung im Spannungsfeld berufsbiographischer und institutioneller Entwicklungsprozesse, in: Dirks, Unna und Hansmann, Wilfried (Hg.): Forschendes Lernen in der Lehrerbildung. Auf dem Weg zu einer professionellen Unterrichts- und Schulentwicklung, Bad Heilbrunn/Obb. 2002, S. 96–114

Ricœur, Paul: Narrative Identität, in: ders.: Vom Text zur Person. Hermeneutische Aufsätze (1970–1999), Hamburg 2005, S. 209–226

Ricœur, Paul: Das Selbst als ein Anderer, München 1996

Riemann, Gerhard: Zur Bedeutung ethnographischer und erzählanalytischer Arbeitsweisen für die (Selbst-)Reflexion professioneller Arbeit, in: Völter, Bettina; Dausien, Bettina; Lutz, Herma und Rosenthal, Gabriele (Hg.): Biographieforschung und Diskurs, Wiesbaden 2005a, S. 248–270

Riemann, Gerhard: Ethnographies of Practice-Practising Ethnography, in: Journal of Social Work Practice, 1/2005b, S.87–102

Riemann, Gerhard: Befremdung der eigenen Praxis, in: Hanses, Andreas (Hg.): Biographie und Soziale Arbeit. Institutionelle und biographische Konstruktionen von Wirklichkeit. Grundlagen der Sozialen Arbeit, Baltmannsweiler 2004, S. 190–208

Riemann, Gerhard: Erkenntnisbildung und Erkenntnisprobleme in professionellen Fallbesprechungen am Beispiel der Sozialarbeit, in: ZBBS. Zeitschrift für qualitative Bildungs-, Beratungs- und Sozialforschung, 2/2003, S. 241–260

Riemann, Gerhard: Die Arbeit in der sozialpädagogischen Familienberatung. Interaktionsprozesse in einem Handlungsfeld der sozialen Arbeit, Weinheim/München 2000

Riemann, Gerhard: Arbeitsschritte, Anwendungsgebiete und Praxisrelevanz der sozialwissenschaftlichen Biographieanalyse, in: Sozialwissenschaften und Berufspraxis (SUB), 3/1991, S. 253–263

Riemann, Gerhard: Das Fremdwerden der eigenen Biographie. Narrative Interviews mit psychiatrischen Patienten, München 1987

Riemann, Gerhard: „Na wenigstens bereitete sich da wieder was in meiner Krankheit vor". Zum Umgang psychiatrischer Patienten mit übermächtigen Theorien, die ihr eigenes Selbst betreffen, in: Kohli, Martin und Robert, Günther (Hg.): Biographie und soziale Wirklichkeit. Neue Beiträge und Forschungsperspektiven, Stuttgart 1984, S. 118–141

Rink, Jürgen: Einleitung. Rückfall oder Kontrollgewinn? Oder: Ist Abstinenzorientierung noch zeitgemäß? in: ders. (Hg.): Die Suche nach der Kontrolle. Von der Abstinenzabhängigkeit zur Kontrollabhängigkeit. Beiträge zum Wandel der Zieldiskussion in der Suchtkrankenhilfe, Geesthacht 2004, S. 5–13

Roesler, Christian: Individuelle Identitätskonstitution und kollektive Sinnstiftungsmuster. Narrative Identitätskonstruktionen in den Lebensgeschichten chronischer Kranker und Behinderter und die Bedeutung kultureller Sinngebungsangebote, Freiburg im Breisgau 2001, verfügbar unter: http://www.freidoc.uni-freiburg.de/volltexte/527/pdf/disstotal.pdf, abgerufen am 29.07.2004

Rosenthal, Gabriele: Interpretative Sozialforschung. Eine Einführung, Weinheim/München 2005

Rosenthal, Gabriele: Biographisch-narrative Gesprächsführung. Zu den Bedingungen heilsamen Erzählens im Forschungs- und Beratungskontext, in: Psychotherapie und Sozialwissenschaften. Zeitschrift für Qualitative Forschung, 3/2002, S. 204–227

Rosenthal, Gabriele: Biographische Methode, in: Keupp, Heiner und Weber, Klaus (Hg.): Psychologie. Ein Grundkurs, Reinbek 2001, S. 266–275

Rosenthal, Gabriele: Trennende und bindende Vergangenheiten. Zur familienbiographischen Arbeit und Dynamik in Ehen zwischen Nachkommen von Überlebenden der Shoah und von Nazi-Tätern, in: Staffa, Christian und Klinger, Katherine (Hg.): Die Gegenwart der Geschichte des Holocaust. Intergenerationelle Tradierung und Kommunikation der Nachkommen, Berlin 1998, S. 7–46

Rosenthal, Gabriele: Erlebte und erzählte Lebensgeschichte. Gestalt und Struktur biographischer Selbstbeschreibungen, Frankfurt am Main 1995

Rosenthal, Gabriele; Köttig, Michaela; Witte, Nicole und Blezinger, Anne: Biographisch-narrative Gespräche mit Jugendlichen. Chancen für das Selbst- und Fremdverstehen, Opladen 2006

Rosenthal, Gabriele und Fischer-Rosenthal, Wolfram: Analyse biographisch-narrativer Interviews, in: Flick, Uwe; von Kardorff, Ernst und Steinke, Ines (Hg.): Qualitative Forschung. Ein Handbuch, Reinbek bei Hamburg 2000, S. 456–468

Rosenthal, Gabriele; Völter, Bettina und Gilad, Noga: Folgen der Zwangsemigration über drei Generationen. Israelische Familien und Großeltern in Deutschland, in: Apitzsch, Ursula (Hg.): Migration und Traditionsbildung, Opladen/Wiesbaden 1999, S. 45–75

Rothert, Heinrich: Zur Ausbildung von Bauingenieuren und Architekten in den 5 neuen Bundesländern vor und nach der Wende, in: Braunschweigerische Wissenschaftliche Gesellschaft, Jahrbuch 1994, S, 75–92

Ruhe, Hans: Methoden der Biografiearbeit. Lebensgeschichte und Lebensbilanz in Therapie, Altenhilfe und Erwachsenenbildung, Weinheim/Basel 1998

Sackmann, Reinhold und Wingens, Matthias: Berufsverläufe im Transformationsprozess, in: Diewald, Martin und Mayer, Karl (Hg.): Zwischenbilanz der Wiedervereinigung. Strukturwandel und Mobilität im Transformationsprozeß, Opladen 1996, S. 11–31

Salomon, Alice: Frauenemanzipation und soziale Verantwortung. Ausgewählte Schriften. Band 3: 1919–1948, München/Unterschleißheim 2004

Salomon, Jutta: Häusliche Pflege zwischen Zuwendung und Abgrenzung. Wie lösen pflegende Angehörige ihre Probleme? Eine Studie mit Leitfaden zur Angehörigenberatung, Köln 2005

Sander, Gabriele: Epik (Erzähltexte), in: Becker, Sabina; Hummel, Christine und Sander, Gabriele: Grundkurs Literaturwissenschaft, Stuttgart 2006, S. 109–147

Sander, Kirsten: Biographiearbeit. Erste Überlegungen für ein konzeptionelles Verständnis, in: Zeitschrift Unterricht Pflege. Schwerpunkt: Biographieorientierte Ansätze, 1/2006, S. 2–7

Sander, Kirsten: Biographieforschung und Pflege, in: Schneider, Kordula; Brinker-Meyendriesch, Elfriede und Schneider, Alfred (Hg.): Pflegepädagogik für Praxis und Studium, Berlin 2003, S. 35–56

Schäfers, Bernhard: Sozialstruktur und sozialer Wandel in Deutschland, Stuttgart 2002

Schenk, Sabine: Familienstrukturen, Geschlechterverhältnisse und die Flexibilisierung der Beschäftigung in Ostdeutschland, in: Lenz, Ilse; Nickel, Hildegard und Riegraf, Birgit (Hg.): Geschlecht – Arbeit – Zukunft, Münster 2000, S. 180–221

Schenk, Sabine: Von der geschlossenen zur offenen Gesellschaft? Ostdeutsche Erwerbsverläufe im Spiegel von Umfrageergebnissen, in: Diewald, Martin und Mayer, Karl (Hg.): Zwischenbilanz der Wiedervereinigung. Strukturwandel und Mobilität im Transformationsprozeß, Opladen 1996, S. 303–316

Schiebel, Martina: Wechselseitigkeiten. Lebensgeschichtliche Institutionalisierungen ostdeutscher Frauen in Führungspositionen in der Wohlfahrtspflege, Bremen 2003

Schiener, Jürgen: Das lebenslange Lernen im Umbruch oder in der Flaute? in: Griese, Birgit (Hg.): Theoretische und empirische Perspektiven auf Lern- und Bildungsprozesse, Mainz 2006, S. 74–91

Schlegel, Ulrike: Alkoholprobleme am Arbeitsplatz. Eine deskriptive Feldstudie, Tübingen 2004, verfügbar unter: http://w210.ub.uni-tuebingen.de/dbt/volltexte/2004/1398/index.html, abgerufen am 03.01.2007

Schmid, Peter: Gefährdungen des Reifens. Aggression, Angst, Sucht, Lüge, Luzern 2003

Schmid, Wilhelm: Philosophie der Lebenskunst. Eine Grundlegung, Frankfurt am Main 1999
Schmidt, Siegfried: Über die Fabrikation von Identität, in: Kimminich, Eva (Hg.): Kulturelle Identität. Konstruktionen und Krisen, Frankfurt am Main/Berlin/Bern/Bruxelles/New York/Oxford/ Wien 2003, S. 1–19
Scholz, Oliver: Verstehen, in: Sandkühler, Hans (Hg.): Enzyklopädie Philosophie, Band 1, Hamburg 1999, S. 1698–1702
Schreiber, Birgit: Versteckt. Jüdische Kinder im nationalsozialistischen Deutschland und ihr Leben danach, Frankfurt am Main/New York 2006
Schreiber, Werner: Sozialpädagogische Diagnose und Intervention. Ansätze in der Arbeit mit psychosozial geschädigter Klientel, in: neue praxis. Zeitschrift für Sozialarbeit, Sozialpädagogik und Sozialpolitik, 6/2003, S. 515–526
Schrimpf, Hans: Komödie und Lustspiel. Zur terminologischen Problematik einer geschichtlich orientierten Gattungstypologie, in: Zeitschrift für Deutsche Philologie, 97/1978, S. 152–181
Schröer, Norbert: Wissenssoziologische Hermeneutik, in: Hitzler, Ronald und Honer, Anne (Hg.): Sozialwissenschaftliche Hermeneutik. Eine Einführung, Opladen 1997, S. 109–132
Schuhmann, Michael: Qualitative Forschungsperspektiven in der (sozial)pädagogischen Ausbildung, in: Friebertshäuser, Barbara und Prengel, Annedore (Hg.): Handbuch qualitative Sozialforschung in der Erziehungswissenschaft, Weinheim/München 2003, S. 661–677
Schulz-Hausgenoss, Adelheid: Die Bedeutung der Sozialen Arbeit in der Behandlung von Demenzerkrankten, in: Theorie und Praxis der Sozialen Arbeit, 6/2004, S. 27–33
Schulze, Heidrun: Biografietheoretische Kompetenz in der klinischen Praxis, in: Sozialextra. Zeitschrift für soziale Arbeit & Sozialpolitik, 11/2005, S. 21–27
Schulze, Theodor: Interpretation von autobiographischen Texten, in: Friebertshäuser, Barbara und Prengel, Annedore (Hg.): Handbuch qualitative Sozialforschung in der Erziehungswissenschaft, Weinheim/München 2003, S. 323–340
Schulze, Theodor: Allgemeine Erziehungswissenschaft und erziehungswissenschaftliche Biographieforschung, in: Zeitschrift für Erziehungswissenschaft, 1/2002, S. 129–146
Schütz, Alfred: Der sinnhafte Aufbau der sozialen Welt. Eine Einleitung in die verstehende Soziologie, Konstanz 2004
Schütz, Alfred und Luckmann, Thomas: Strukturen der Lebenswelt, Konstanz 2003
Schütze, Fritz: Eine sehr persönliche Sicht auf qualitative Forschung, in: ZBBS. Zeitschrift für qualitative Bildungs-, Beratungs- und Sozialforschung, 2/2005, S. 211–248
Schütze, Fritz: Ein biographieanalytischer Beitrag zum Verständnis von kreativen Veränderungsprozessen, in: Burkholz, Roland; Gärtner, Christel und Zehenfreiter, Ferdinand (Hg.): Materialität des Geistes, Weilerswist 2001, S. 137–162
Schütze, Fritz: Schwierigkeiten bei der Arbeit und Paradoxien des professionellen Handelns. Ein grundlagentheoretischer Aufriß, in: ZBBS. Zeitschrift für qualitative Bildungs-, Beratungs- und Sozialforschung, 1/2000, S. 49–96
Schütze, Fritz: Verlaufskurven des Erleidens als Forschungsgegenstand der interpretativen Soziologie, in: Krüger, Heinz-Hermann und Marotzki, Winfried (Hg.): Handbuch erziehungswissenschaftliche Biographieforschung, Opladen 1999, S. 191–224
Schütze, Fritz: Organisationszwänge und hoheitsstaatliche Rahmenbedingungen im Sozialwesen. Ihre Auswirkungen auf die Paradoxien professionellen Handelns, in: Combe, Arno und Helsper, Werner (Hg.): Pädagogische Professionalität. Untersuchungen zum Typus pädagogischen Handelns, Frankfurt am Main 1996, S. 183–275
Schütze, Fritz: Sozialarbeit als ‚bescheidene' Profession, in: Dewe, Bernd; Ferchhoff, Wilfried und Radtke, Frank (Hg.): Erziehen als Profession. Zur Logik professionellen Handelns in pädagogischen Feldern, Opladen 1992, S. 132–170
Schütze, Fritz: Kognitive Figuren des autobiographischen Stegreiferzählens, in: Kohli, Martin und Robert, Günther (Hg.): Biographie und soziale Wirklichkeit. Neue Beiträge und Forschungsperspektiven, Stuttgart 1984, S. 78–117

Schütze, Fritz: Biographieforschung und narratives Interview, in: neue praxis. Zeitschrift für Sozialarbeit, Sozialpädagogik und Sozialpolitik, 3/1983, S. 283–293

Schütze, Fritz: Prozeßstrukturen des Lebensablaufs, in: Matthes, Joachim; Pfeifenberger, Arno und Stosberg, Manfred (Hg.): Biographie in handlungswissenschaftlicher Perspektive, Nürnberg 1981, S. 67–156

Schütze, Fritz: Das narrative Interview in Interaktionsfeldstudien. Erzähltheoretische Grundlagen, o.O. o.J. (unveröffentlichter Studienbrief)

Schweikle, Günter: Symbolik, in: ders. und Schweikle, Irmgard (Hg.): Metzler Literatur Lexikon. Begriffe und Definitionen, Stuttgart 1990, S. 451

Schweitzer, Friedrich: Bekehrung und religiöse Entwicklung. Religionspsychologische Lebenslaufforschung zwischen autobiographischer und sozialwissenschaftlicher Konstruktion, in: Sparn, Walter (Hg.): Wer schreibt meine Lebensgeschichte? Biographie, Autobiographie und Hagiographie und ihre Entstehungszusammenhänge, Gütersloh 1990, S. 296–314

Schweppe, Cornelia: Das Studium der Sozialpädagogik als biographischer Aneignungsprozess, in: Hanses, Andreas (Hg.): Biographie und Soziale Arbeit. Institutionelle und biographische Konstruktionen von Wirklichkeit, Baltmannsweiler 2004, S. 144–165

Schwitalla, Johannes: Zum Textsortenfeld narrativer mündlicher Geschichte, in: Simmler, Franz (Hg.): Textsorten und Textsortentraditionen, Bern/Berlin/Frankfurt am Main/New York/Paris/Wien 1997, S. 41–62

Segebrecht, Wulf: Über die Anfänge von Autobiographien und ihre Leser, in: Niggl, Günter (Hg.): Die Autobiographie. Zu Form und Geschichte einer literarischen Gattung, Darmstadt 1989, S. 158–169

Sennett, Richard: Der flexible Mensch. Die Kultur des neuen Kapitalismus, Berlin 2000

Soeffner, Hans-Georg und Hitzler, Roland: Hermeneutik als Haltung und Handlung. Über methodisch kontrolliertes Verstehen, in: Schröer, Norbert (Hg.): Interpretative Sozialforschung – Auf den Weg zu einer hermeneutischen Wissenssoziologie, Opladen 1994, S. 28–55

Sparn, Walter: Dichtung und Wahrheit. Einführende Bemerkungen zum Thema Religion und Biographik, in: ders. (Hg.): Wer schreibt meine Lebensgeschichte? Biographie, Autobiographie und Hagiographie und ihre Entstehungszusammenhänge, Gütersloh 1990, S. 11–29

Spode, Hasso: Was ist Alkoholismus? Die Trunksucht in historisch-wissenssoziologischer Perspektive, in: Dollinger, Bernd und Schneider, Wolfgang (Hg.): Sucht als Prozess. Sozialwissenschaftliche Perspektiven für Forschung und Praxis, Berlin 2005, S. 89–121

Stanzel, Franz: Typische Formen des Romans, Göttingen 1987

Stark, Wolfgang: Empowerment. Neue Handlungskompetenzen in der psychosozialen Praxis, Freiburg im Breisgau 1996

Stegemann, Viktor: Sternbild, Tierkreisbilder, in: Bächtold-Stäubli, Hans (Hg.): Handwörterbuch des deutschen Aberglaubens, Berlin/New York 1987, S. 596–677

Steiner, Andrè: Von Plan zu Plan. Eine Wirtschaftsgeschichte der DDR, München 2004

Stolz, Jörg: Die evangelische Bekehrung in systemtheoretischer Sicht, in: Soziale Systeme. Zeitschrift für soziologische Theorie, 1/2000, S. 55–84

Straub, Jürgen: Identität als psychologisches Deutungskonzept, in: Greve, Werner (Hg.): Psychologie des Selbst, Weinheim 2000, S. 279–303

Straub, Jürgen: Geschichten erzählen, Geschichte bilden. Grundzüge einer narrativen Psychologie historischer Sinnbildung, in: ders. (Hg.): Erzählung, Identität und Bewußtsein. Die psychologische Konstruktion von Zeit und Geschichte, Frankfurt am Main 1998, S. 81–169

Straub, Jürgen: Identität und Sinnbildung. Ein Beitrag aus der Sicht einer handlungs- und erzähltheoretisch orientierten Sozialpsychologie, in: ZiF Jahresbericht 1994/95, S. 1–31, verfügbar unter: www.uni-bielefeld.de/ZIF/Publikationen/94-95-Straub-Aufsatz.pdf, abgerufen am 31.03.2006

Straub, Jürgen und Sichler, Ralph: Metaphorische Sprechweisen als Modi der interpretativen Repräsentation biographischer Erfahrung, in: Alheit, Peter und Hoerning, Erika (Hg.): Biographisches Wissen. Beiträge zu einer Theorie lebensgeschichtlicher Erfahrung, Frankfurt am Main/New York 1989, S. 221–237

Strauss, Anselm: Spiegel und Masken. Die Suche nach Identität, Frankfurt am Main 1974

Strauss, Anselm und Corbin, Juliet: Grounded Theory. Grundlagen qualitativer Sozialforschung, Weinheim 1996

Streib, Heinz: Erzählte Zeit als Ermöglichung von Identität. Paul Ricœurs Begriff der narrativen Identität und seine Implikationen für die religionspädagogische Rede von Identität und Bildung, in: Georgi, Dieter und Heimbrock, Hans-Günther (Hg.): Religion und die Gestaltung der Zeit, Weinheim 1994, S. 181–198

Struck, Olaf: Ostdeutsche Risikolagen und Handlungsspielräume in biographischer Perspektive, in: Sackmann, Reinhold; Weymann, Ansgar und Wingens, Matthias (Hg.): Die Generation der Wende. Berufs- und Lebensverläufe im sozialen Wandel, Wiesbaden 2000, S. 197–218

Sutter, Hansjörg: Oevermanns methodologische Grundlegung rekonstruktiver Sozialwissenschaften. Das zentrale Erklärungsproblem und dessen Lösung in den forschungspraktischen Verfahren einer strukturalen Hermeneutik, in: Garz, Detlef (Hg.): Die Welt als Text. Theorie, Kritik und Praxis der objektiven Hermeneutik, Frankfurt am Main 1994, S. 23–72

Tausch, Reinhard: Sinnfindung und Lebensqualität, in: Fichten, Wolfgang und Gottwald, Peter (Hg.): Sinnfindung und Lebensqualität. Diskussionsbeiträge zur Bewältigung der Krebserkrankung, Oldenburg 1994, S. 20–38

Terhart, Ewald: Entwicklung und Situation des qualitativen Forschungsansatzes in der Erziehungswissenschaft, in: Friebertshäuser, Barbara und Prengel, Annedore (Hg.): Handbuch qualitative Sozialforschung in der Erziehungswissenschaft, Weinheim/München 2003, S. 27–42

Tesch-Römer, Clemens; Salewski, Christel und Schwarz, Gudrun (Hg.): Psychologie der Bewältigung, Weinheim 1997

Thiersch, Hans: Lebensweltorientierte Soziale Beratung, in: Nestmann, Frank; Engel, Frank und Sickendiek, Ursel (Hg.): Das Handbuch der Beratung. Band 2: Ansätze, Methoden und Felder, Tübingen 2004, S. 699–709

Thiersch, Hans: Positionsbestimmungen der Sozialen Arbeit. Gesellschaftspolitik, Theorie und Ausbildung, Weinheim/München 2002

Thiersch, Hans; Grunwald, Klaus und Köngeter, Stefan: Lebensweltorientierte Soziale Arbeit, in: Thole, Werner (Hg.): Grundriss Soziale Arbeit. Ein einführendes Handbuch, Opladen 2002, S. 161–178

Tiefel, Sandra: Die formale und die deskriptive Interviewanalyse und ihre Potenziale für die vergleichende Kodierung offener und teilstandardisierter Interviews, in ZBBS: Zeitschrift für qualitative Bildungs-, Beratungs- und Sozialforschung, 1/2003, S. 153–161

Trilling, Angelika; Bruce, Errollyn; Hodgson, Sarah und Schweitzer, Pam: Erinnerungen pflegen. Unterstützung und Entlastung für Pflegende und Menschen mit Demenz, Hannover 2001

Tschainer, Sabine: Hilfen für Angehörige, in: Hallbauer, Johannes und Kurz, Alexander (Hg.): Weißbuch Demenz, Stuttgart 2002, S. 100–103

Tschuggnall, Karoline: Erzählte und gelebte Geschichten. Narrative Dimensionen eines biographischen Interviews, in: Journal für Psychologie, 1/1999, S. 56–66

Uchtenhagen, Ambros: Kontrollverlust und Verhaltenskontrolle, in: Rink, Jürgen (Hg.): Die Suche nach der Kontrolle. Von der Abstinenzabhängigkeit zur Kontrollabhängigkeit. Beiträge zum Wandel der Zieldiskussion in der Suchtkrankenhilfe, Geesthacht 2004, S. 14–23

Uhlendorff, Uwe: Sozialpädagogisch-hermeneutische Diagnosen in der Jugendhilfe, in: Thole, Werner (Hg.): Grundriss Soziale Arbeit. Ein einführendes Handbuch, Opladen 2002, S. 577–588

Uhlendorff, Uwe: Sozialpädagogische Diagnosen III. Ein sozialpädagogisch-hermeneutisches Diagnoseverfahren für die Hilfeplanung, Weinheim/München 2001

Ullrich, Heiner; Idel, Till-Sebastian und Kunze, Katharina (Hg.): Das andere erforschen. Empirische Impulse aus Reform- und Alternativschulen, Wiesbaden 2004
Ulmer, Bernd: Die autobiographische Plausibilität von Konversionserzählungen, in: Sparn, Walter (Hg.): Wer schreibt meine Lebensgeschichte? Biographie, Autobiographie und Hagiographie und ihre Entstehungszusammenhänge, Gütersloh 1990, S. 287–295
Ulmer, Bernd: Konversionserzählungen als rekonstruktive Gattung. Erzählerische Mittel und Strategien bei der Rekonstruktion eines Bekehrungserlebnisses, in: Zeitschrift für Soziologie, 1/1988, S. 19–33
Viehöver, Willy: Diskurse als Narrationen, in: Keller, Reiner; Hirseland, Andreas; Schneider, Werner und Viehöver, Willy (Hg.): Handbuch sozialwissenschaftliche Diskursanalyse. Band 1:: Theorien und Methoden, Opladen 2001, S. 177–206
Voges, Wolfgang: Die Zeitdimensionen der Biographieforschung, in: ders. (Hg.): Methoden der Biographie- und Lebenslaufforschung, Opladen 1987, S. 125–141
Wagner, Peter: Fest-Feststellungen. Beobachtungen zur sozialwissenschaftlichen Diskussion über Identität, in: Assmann, Alida und Friese, Heidrun (Hg.): Identitäten. Erinnerung, Geschichte, Identität, Frankfurt am Main 1998, S. 44–72
Waldenfels, Bernhard: Aporien der Gewalt, in: Dabag, Mihran; Kapust, Antje und Waldenfels, Bernhard (Hg.): Gewalt. Strukturen, Formen, Repräsentationen, München 2000, S. 9–24
von Weizsäcker, Viktor: Pathosophie, Göttingen 1956
von Weizsäcker, Viktor: Der Gestaltkreis. Theorie und Einheit von Wahrnehmung und Bewegung, Leipzig 1940
Welter, Nicole: „I was victorious". Eine Biographie im Kampf gegen die Ungleichheit, in: von Felden, Heide (Hg.): Methodendiskussion in der Biographieforschung. Klassische und innovative Perspektiven rekonstruktiver Forschung, Mainz 2007, S. 66–80 (im Druck)
von Wensierski, Hans-Jürgen und Jakob, Gisela: Rekonstruktive Sozialpädagogik. Sozialwissenschaftliche Hermeneutik, Fallverstehen und sozialpädagogisches Handeln. Eine Einführung, in: Jakob, Gisela und von Wensierski, Hans-Jürgen (Hg.): Rekonstruktive Sozialpädagogik. Konzepte und Methoden sozialpädagogischen Verstehens in Forschung und Praxis, Weinheim/München 1997, S. 7–22
Wernet, Andreas: Einführung in die Interpretationstechnik der Objektiven Hermeneutik, Opladen 2000
Weymann, Ansgar: Handlungsspielräume im Lebenslauf. Ein Essay zur Einführung, in: ders. (Hg.): Handlungsspielräume. Untersuchungen zur Individualisierung und Institutionalisierung von Lebensläufen in der Moderne, Stuttgart 1989, S. 1–39
Wicke, Peter: Populäre Musik im faschistischen Deutschland, Berlin o.J., o.S., verfügbar unter: http://www2.hu-berlin.de/fpm/texte/wicke2.htm, abgerufen am 01.03.2007
Wigger, Lothar: Ein Neubeginn der Allgemeinen Erziehungswissenschaft. Die 1. Tagung der Sektion ‚Allgemeine Erziehungswissenschaft' der DGfE, in: Zeitschrift für Erziehungswissenschaft, 1/2002, S. 5–8
Windzio, Michael: Transformation als Experiment sozialen Wandels. Die Beobachtung von Lebensverläufen, in: Sackmann, Reinhold; Weymann, Ansgar und Wingens, Matthias (Hg.): Die Generation der Wende. Berufs- und Lebensverläufe im sozialen Wandel, Wiesbaden 2000, S. 257–274
Wingens, Matthias: Der ‚gelernte DDR-Bürger'. Biographischer Modernisierungsrückstand oder Transformationsblockade? Planwirtschaftliche Semantik, Gesellschaftsstruktur und Biographie, in: Soziale Welt. Zeitschrift für sozialwissenschaftliche Forschung und Praxis, 3/1999, S. 255–280
Wohlrab-Sahr, Monika: Prozessstrukturen, Lebenskonstruktionen, biographische Diskurse. Positionen im Feld soziologischer Biographieforschung und mögliche Anschlüsse nach außen, in: Bios. Zeitschrift für Biographieforschung, Oral History und Lebensverlaufsanalysen, 1/2002, S. 3–23

Wohlrab-Sahr, Monika: Konversion als Re-Sozialisation, in: Zeitschrift für Soziologie der Erziehung und Sozialisation, 4/1998, S. 373–388

Wohlrab-Sahr, Monika; Krech, Volkhard und Knoblauch, Hubert: Religiöse Bekehrung in soziologischer Perspektive. Themen, Schwerpunkte und Fragestellungen der gegenwärtigen religionssoziologischen Konversionsforschung, in: dies. (Hg.): Religiöse Konversion. Systematische und fallorientierte Studien in soziologischer Perspektive, Konstanz 1998, S. 7–43

Wojnar, Jan: Der schwierige Heimalltag – die (Nicht-)Integration von Menschen mit Frontotemporaler Demenz, in: Deutsche Alzheimer Gesellschaft e.V. (Hg.): Im Fokus: Frontotemporale Demenz, München 2006, S. 11–18, verfügbar unter: http://www.deutsche-alzheimer.de/fileadmin/alz/pdf/Dokumentation-FTD.pdf, abgerufen am 01.02.2007

Wollgast, Siegfried: Mystik, in: Sandkühler, Hans (Hg.): Enzyklopädie Philosophie, Band 1, Hamburg 1999, S. 885–887

Zacher, Albert: Kategorien der Lebensgeschichte. Ihre Bedeutung für Psychiatrie und Psychotherapie, Berlin 1988

Zacher, Albert: Der Begriff des ‚ungelebten Lebens' im Werk Viktor von Weizsäckers, in: Psychother. med. Psychol., 34/1984, S. 237–241

Zarzitzky, Christine: Begleitung der Angehörigen während des Krankheitsverlaufs, in: Deutsche Alzheimer Gesellschaft e.V. (Hg.): Im Fokus: Frontotemporale Demenz, München 2006, S. 40–42, verfügbar unter: http://www.deutsche-alzheimer.de/fileadmin/alz/pdf/ Dokumentation-FTD.pdf, abgerufen am 01.02.2007

Zimmermann, Petra: Die Bedeutung von Angststörungen für die Entwicklung von erhöhtem Alkoholkonsum und Alkoholstörungen bei Jugendlichen und jungen Erwachsenen, Dresden 2003, verfügbar unter: http://hsss.slub-dresden.de/deds-access/hsss.urlmapping.MappingServlet?id=1058363386328-1755, abgerufen am 03.01.2007

Lehrbücher

Heinz Abels
Einführung in die Soziologie
Band 1: Der Blick auf die Gesellschaft
3. Aufl. 2007. 402 S. Br. EUR 24,90
ISBN 978-3-531-43610-4

Band 2: Die Individuen in ihrer Gesellschaft
3. Aufl. 2007. 434 S. Br. EUR 24,90
ISBN 978-3-531-43611-1

Andrea Belliger / David J. Krieger (Hrsg.)
Ritualtheorien
Ein einführendes Handbuch
3. Aufl. 2006. 483 S. Br. EUR 34,90
ISBN 978-3-531-43238-0

Nicole Burzan
Soziale Ungleichheit
Eine Einführung in die zentralen Theorien
2. Aufl. 2005. 210 S. Br. EUR 17,90
ISBN 978-3-531-34145-3

Paul B. Hill / Johannes Kopp
Familiensoziologie
Grundlagen und theoretische Perspektiven
4., überarb. Aufl. 2006. 372 S.
Br. EUR 28,90
ISBN 978-3-531-53734-4

Wieland Jäger / Uwe Schimank (Hrsg.)
Organisationsgesellschaft
Facetten und Perspektiven
2005. 591 S. Br. EUR 26,90
ISBN 978-3-531-14336-1

Hermann Korte
Einführung in die Geschichte der Soziologie
8., überarb. Aufl. 2006. 235 S.
Br. EUR 16,90
ISBN 978-3-531-14774-1

Stefan Moebius / Dirk Quadflieg (Hrsg.)
Kultur. Theorien der Gegenwart
2006. 590 S. Br. EUR 26,90
ISBN 978-3-531-14519-8

Bernhard Schäfers / Johannes Kopp (Hrsg.)
Grundbegriffe der Soziologie
9., grundl. überarb. und akt. Aufl. 2006.
373 S. Br. EUR 16,90
ISBN 978-3-531-14686-7

Erhältlich im Buchhandel oder beim Verlag.
Änderungen vorbehalten. Stand: Januar 2007.

www.vs-verlag.de

VS VERLAG FÜR SOZIALWISSENSCHAFTEN

Abraham-Lincoln-Straße 46
65189 Wiesbaden
Tel. 0611.7878 - 722
Fax 0611.7878 - 400

Theorie

Dirk Baecker (Hrsg.)
Schlüsselwerke der Systemtheorie
2005. 352 S. Geb. EUR 24,90
ISBN 978-3-531-14084-1

Ralf Dahrendorf
Homo Sociologicus
Ein Versuch zur Geschichte, Bedeutung und Kritik der Kategorie der sozialen Rolle
16. Aufl. 2006. 126 S. Br. EUR 14,90
ISBN 978-3-531-31122-7

Shmuel N. Eisenstadt
Die großen Revolutionen und die Kulturen der Moderne
2006. 250 S. Br. EUR 34,90
ISBN 978-3-531-14993-6

Shmuel N. Eisenstadt
Theorie und Moderne
Soziologische Essays
2006. 607 S. Geb. EUR 49,90
ISBN 978-3-531-14565-5

Rainer Greshoff / Uwe Schimank (Hrsg.)
**Integrative Sozialtheorie?
Esser – Luhmann – Weber**
2006. 582 S. Geb. EUR 39,90
ISBN 978-3-531-14354-5

Axel Honneth /
Institut für Sozialforschung (Hrsg.)
Schlüsseltexte der Kritischen Theorie
2006. 414 S. Geb. EUR 29,90
ISBN 978-3-531-14108-4

Niklas Luhmann
Beobachtungen der Moderne
2. Aufl. 2006. 220 S. Br. EUR 24,90
ISBN 978-3-531-32263-6

Uwe Schimank
Differenzierung und Integration der modernen Gesellschaft
Beiträge zur akteurzentrierten Differenzierungstheorie 1
2005. 297 S. Br. EUR 27,90
ISBN 978-3-531-14683-6

Uwe Schimank
Teilsystemische Autonomie und politische Gesellschaftssteuerung
Beiträge zur akteurzentrierten Differenzierungstheorie 2
2006. 307 S. Br. EUR 29,90
ISBN 978-3-531-14684-3

Erhältlich im Buchhandel oder beim Verlag.
Änderungen vorbehalten. Stand: Januar 2007.

www.vs-verlag.de

VS VERLAG FÜR SOZIALWISSENSCHAFTEN

Abraham-Lincoln-Straße 46
65189 Wiesbaden
Tel. 0611.7878-722
Fax 0611.7878-400

MIX
Papier aus verantwortungsvollen Quellen
Paper from responsible sources
FSC® C105338

If you have any concerns about our products,
you can contact us on
ProductSafety@springernature.com

In case Publisher is established outside the EU,
the EU authorized representative is:
**Springer Nature Customer Service Center GmbH
Europaplatz 3, 69115 Heidelberg, Germany**

Printed by Libri Plureos GmbH
in Hamburg, Germany